STUTTGARTER ARBEITEN ZUR GERMANISTIK
herausgegeben von
Ulrich Müller, Franz Hundsnurscher und Cornelius Sommer

Nr. 252

INDIKATION UND KATALYSE
FUNKTIONSANALYTISCHE STUDIEN ZUM LESEN IN DER DEUTSCHEN LITERATUR DES AUSGEHENDEN 18. JAHRHUNDERTS

von
Martin Neubauer

VERLAG HANS-DIETER HEINZ
AKADEMISCHER VERLAG STUTTGART
1991

Die Reihe **"STUTTGARTER ARBEITEN ZUR GERMANISTIK"**
ist die **neugermanistische** Fortsetzung der Reihe
"GÖPPINGER ARBEITEN ZUR GERMANISTIK".
Kümmerle Verlag, Göppingen.
In den "GÖPPINGER ARBEITEN ZUR GERMANISTIK"
erscheinen ab Band 160 ausschließlich Veröffentlichungen aus
dem Gebiet der Altgermanistik und der Sprachgeschichte.
Die Reihe "Stuttgarter Arbeiten zur Germanistik" steht in
keinem organisatorischen Zusammenhang mit
der Universität Stuttgart.

Verlag Hans-Dieter Heinz, Akademischer Verlag Stuttgart
D-7000 Stuttgart 30, Steiermärker Straße 132
Druck: Sprint-Druck GmbH, Stuttgart 30
ISBN 3-88099-254-1
Printed in Germany

INHALTSÜBERSICHT

DRITTER TEIL
LESEN UND LESER IN AUTOBIOGRAPHISCHEN TEXTEN

VORBEMERKUNG

Wir alle lesen. Und werden in einem bestimmten Grade dadurch verändert. So in der Sprache - man eignet sich gewisse Floskeln und Vokabeln an, literarische Begebenheiten und Figuren werden als Vergleichsobjekte herangezogen. So in verschiedenen Ritualen - das Buch vor dem Einschlafen wird zur festen Instanz, ebenso die morgendliche Zeitungslektüre in Omnibus oder Straßenbahn; Möbelfirmen spekulieren mit eigens konstruierten Lesesesseln auf gute Geschäfte. Schließlich die Veränderungen in unserem Verhalten - gute und schlechte Beispiele sind es, die uns zuweilen zu guten Taten aufmuntern oder zu schlechten verleiten können.

Besonders der letzte Punkt - Verführung durch Literatur - wurde selbst zum Thema der Literatur. Bücher wecken Wünsche und Begierden. Eines der frühesten und bekanntesten Beispiele innerhalb der europäischen Dichtung ist Dantes "Divina Commedia", in der Francesca da Rimini als Opfer der Artuslektüre im Inferno zu büßen hat.[1] Cervantes' "Don Quixote" vollzieht das durch Romane vermittelte Ritterideal eher deplaciert in seinem tätigen Leben nach. Literarische Interessen werden an einigen Stellen zum Instrument der Persönlichkeitsprofilierung: Anhand der Bücher, die eine Person liest, kann man sich ein ungefähres Bild von ihrem Wesen machen. Auch Gebrauchstexte erfüllen ihre funktional bedingte Aufgabe im literarischen Werk: Als Brief, als Anklageschrift, als Reisebericht, als Zeitungsartikel und ähnliches kann schriftlich Niedergelegtes in mannigfaltigen Formen in eine Handlung eingebaut werden und somit direkt oder indirekt Einfluß auf die Protagonisten ausüben oder ihre geheimen Wünsche und Ängste aufzeigen. Lesen bildet demnach nicht nur, sondern verändert auch - im allgemeinsten Sinne.

Literatur - im Sinne des intensiven Literaturbegriffs aufgefaßt - wird deshalb häufig selbst zum Thema der Literatur. Gewiß mag man sich mit dem oberflächlichen Reiz begnügen, den das Buch im Buch ausübt - Literatur thematisiert sich selbst in der Darstellung des Leseaktes. Der Leser sieht sich plötzlich einem anderen

Leser gegenübergestellt. Der Prozeß der Rezeption als Stück seiner eigenen, momentan erfahrenen Gegenwart spiegelt sich in der Gegenwart der Kunstfiguren. Das Transponieren auf eine Meta-Ebene bewirkt also ein Moment des Wiedererkennens, möglicherweise zitathaft angereichert durch die namentliche Nennung dessen, was gelesen wird. Allerdings: hinter all dem steckt weit mehr als ein bloßes Spiel mit dem Apperzeptionsvorgang.

Innerhalb der deutschen Dichtung ist es auffällig, wie sehr sich solche Erscheinungen im letzten Drittel des 18.Jahrhunderts zusammenballen. Immer wieder tauchen in Lyrik, Epik und Dramatik Anspielungen auf literarische Texte auf, die nicht nur in bezug auf ihre ästhetische Gestalt für den Dichter interessant sind (was sich beispielsweise in implizit im Kunstwerk verborgener Kritik deutlich machen kann), sondern die vor allem in ihrer Beziehung zum lesenden Publikum gesehen werden.

Was lesen die Gestalten in der Dichtung jener Zeit? Das literarische Spektrum ist groß: in Goethes "Werther" Homer und Ossian, in Schillers "Räubern" und Klingers "Zwillingen" Plutarch, in Wagners "Kindermörderin" die "Night Thoughts" von Edward Young, in den beiden großen Dramen von Jakob Michael Reinhold Lenz, dem "Hofmeister" und den "Soldaten", Shakespeare und Richardson. Daneben auch Fielding, Rousseau, Lessing und andere, nicht zu vergessen der zahlreichen Liebesgeschichten, Märchen und Ritterbücher. Von der Antike bis zu den epischen Ergüssen der Empfindsamkeit, von historischer Biographie zu tränenreicher Poesie spannt sich der Bogen von Texten, die sich die Protagonisten zu Gemüte führen, die am Gemüte der Protagonisten rühren. Aufgrund ihrer sprachlichen und inhaltlichen Eigenheiten lassen sich all diese Werke kaum auf einen gemeinsamen Nenner bringen, ebensowenig aufgrund ihres künstlerischen Anspruchs. Das Gemeinsame liegt in der Geschichte ihrer Rezeption. Alle angeführten Werke standen im späten 18.Jahrhundert beim Publikum hoch im Kurs - entweder bei den Exponenten der zeitgenössischen Dichtung selbst, die jene Bücher, die ihrem Geschmack entsprachen, in ihre Texte einbauten, oder bei der vielzitierten 'breiten Masse', deren bevorzugte, freilich trivialer ausgeprägte Lektüre ebenfalls in der Literatur jener Zeit ihren Eingang fand.

Somit offeriert die Grundsituation 'Literatur in der Literatur' eine Vielfalt von Gestaltungsmöglichkeiten. Das breite Spektrum reicht von der Verklärung eines Dichters bis zur Kritik am Leseverhalten; allerdings immer gebrochen durch die subjektive Linse des jeweiligen Verfassers.

- Die vorliegende Arbeit bemüht sich, diesem Phänomen in Beschreibung, Theorie und Interpretation gerecht zu werden. Beschreibung in dem Maß, als die Kenntnisse über literarische Öffentlichkeit, Buchmarkt und Publikum das Bewußtsein für die Problemstellung aufbauen helfen. Somit will der Großteil des einführenden Abschnitts über die literaturhistorischen Grundlagen keine neuen Wege für die Leseforschung gangbar machen, sondern überblicksartig die nötigen, geschichtlich erfaßbaren Grundlagen darstellen. Der sich daraus ergebende, das historische Bild abrundende theoretische Abschnitt, genauer: die Definition von literarischer Indikation und Katalyse, findet schließlich seine Fortsetzung in den Einzelinterpretationen, aus denen sich die Arbeit zur Hauptsache zusammensetzt. Die Kapitelstruktur folgt dabei in der Regel nicht systematisch zusammengefaßten Problemen, sondern stellt einen Autor oder einen Text in den Mittelpunkt. Die Textinterpretation bildet gewissermaßen das Rückgrat für die Untersuchung gewisser Aspekte, die für die Thematisierung des Lesens dank ihrer unübersehbaren Persistenz von Wichtigkeit sind.

Einige dieser Leitphänomene lassen sich ungefähr folgendermaßen formulieren: In welchen Formen werden Lesen und Lektüre in den literarischen Text eingebaut? Inwieweit spiegeln sich in diesem Prozeß sozialhistorische Gegebenheiten? Welche Intentionen, Positionen und Ideologien sind dahinter abzulesen? Mit welchen Bewertungsfragen verbindet sich ein dermaßen auffälliger Einsatz? Wie wirkt die Thematisierung des Lesens auf die Gesamtkonzeption einzelner Werke? Und schließlich: Inwieweit kann die Verarbeitung des Leseaktes zum poetologischen Selbstverständnis einer Gattung beitragen?

Die Arbeit beschreibt ungefähr den Zeitraum zwischen den Jahren 1760 und 1800, wobei gelegentlich über diese beiden Marken hinausgegriffen wurde. Zeitlicher Schwerpunkt sind die beiden Jahrzehnte von 1770 bis 1790. Heikel war die Frage, mit welcher Textauswahl dem gestellten Thema zu begegnen sei. Selektion bedeutet Wertung; doch bleibt einem methodisch kein anderer Ausweg, als auf einen begrenzten Textkorpus zurückzugreifen. Alles andere ist Utopie: Gerade für einen Zeitraum , in dem die literarische Produktion dermaßen im Ansteigen begriffen war, kann die totale Zusammenschau aller verfügbaren Texte niemals erreicht werden. Zum Ausgleich habe ich versucht, bei der sich daraus ergebenden unvermeidlichen Auswahl ein möglichst breit gestreutes Feld verschiedenartiger Beispiele zu liefern. Entscheidende Kriterien hiefür war auf der einen Seite die persönliche Nähe einzelner Dichter zu Goethe, was eine Gewichtung auf die Dichtungen des sogenannten 'Sturm und Drang' bedeutet; auf der anderen Seite war das Grundkonzept der Arbeit maßgeblich, das Lesen in fiktionalen Texten - hauptsächlich Roman und Drama - mit dem in semifiktionalen Texten - repräsentiert durch die Gattung der Autobiographie - gegenüberzustellen. Daß dabei viel Bekanntes, möglicherweise Lohnendes auf der Strecke geblieben ist und nicht - oder sehr oberflächlich - berücksichtigt werden konnte, ist mir bewußt; doch hoffe ich, daß man auch anhand der von mir zur Interpretation und Illustration herangezogenen Zahl von Texten abzuschätzen vermag, was das Lesen für die Volkspädagogen, die Kritiker und die Dichter jener Zeit, nicht zuletzt aber auch für den Leser selbst und dessen Umkreis alles bedeuten konnte.

ERSTER TEIL:

LESEN UND LESER
IN DER ZWEITEN HÄLFTE DES 18.JAHRHUNDERTS

(I) LITERATURGESCHICHTLICHE GRUNDLAGEN

(A) LESEEXPLOSION UND BÜCHERMARKT

Die Literatur der zweiten Hälfte des 18.Jahrhunderts[1] reflektiert den Wandel, der sich mit ihr im Bewußtsein der Öffentlichkeit vollzogen hat, auf unübersehbare Weise. Die Texte suchen ihr Publikum und werden von diesem in verstärktem Maße rezipiert. Als Hauptursache hiefür ist wohl in erster Linie die intensivere Bildungspolitik der Aufklärung zu nennen, die ein numerisches Ansteigen der Lesefähigen bewirkt. Erziehung und 'Bildsamkeit' des Menschen werden in jenen Tagen zum Gegenstand theoretischer und poetischer Werke (wie beispielsweise Jean-Jacques Rousseaus Roman "Emile" aus dem Jahr 1762). In Territorien, die im Geiste des aufgeklärten Absolutismus regiert werden oder nach demokratischen Prinzipien organisiert sind, setzt sich die Idee einer alle Stände umfassenden Fundamentalbildung eher durch als anderswo. Bildung soll keine Sache einer Elite mehr sein: Der Nutzeffekt fürs Gemeinwohl ist dann gesichert, wenn ein Minimum an grundlegenden Kulturtechniken die untersten Gesellschaftsschichten erreicht. Zeichen für diese neue Aufgeschlossenheit setzen etwa Maria Theresia mit der Einführung der allgemeinen Schulpflicht in Österreich (1774) oder der Schweizer Johann Heinrich Pestalozzi mit seinem Reformwerk. Lesen - das bedeutet im 18.Jahrhundert sowohl Voraussetzung als auch Konsequenz der Aufklärung.

Dennoch geht die Alphabetisierung der Massen sehr zögernd vor sich. "Malgré la quantité énorme de livres, combien peu de gens lisent", klagt Voltaire.[2] Nicht überall leuchtet die Sonne der Aufklärung gleich hell: Weite Kreise der Unterschicht - besonders die bäuerliche Bevölkerung - werden von der Dynamik des Bildungsoptimismus nicht erfaßt. Die Unterrichtsbedingungen in den Landschulen spotten jeder Beschreibung: mehrere Altersgruppen in einer Stube zusammengepfercht, fehlende Lehrmittel, dazu noch eine von ödem und inhaltslosem Auswendiglernen diktierte Methodik, die das Lesen in den Augen der meisten Schüler zu einer Luxusbetätigung ohne jeglichen Bezug auf die Bedürfnisse des Alltags macht. "Schulen der Faulheit, der Stupidität und der Unbrauchbarkeit fürs Leben" - mit diesem vernichtenden Verdikt charakterisiert Joachim Heinrich Campe 1786 die Ausbildungsstätten seiner Zeit.[3]

Besonders das Bürgertum zeigt sich aufgeschlossen gegenüber dem Angebot an Lesestoff. War es früher gang und gäbe gewesen, ein einziges Buch wieder und wieder durchzuschmökern, so verlangt der Leser jetzt nach immer neuen Werken. Der Lesehunger ist unersättlich: An die Stelle intensiver Lektüre tritt die extensive Lektüre. Lesezirkel, Lesebibliotheken und Lesekabinette schießen aus dem Boden, Buchhändler und Verleger frohlocken über die Hausse. Für manche Zeitgenossen ist diese Leseexplosion allerdings bloß eine Erscheinung, die sie mit pejorativen Ausdrücken wie 'Lesesucht' oder 'Lesewut' faßbar machen können und damit in die Nähe des Pathologischen rücken.

Es ist vor allem die vehemente Ablehnung des Lesens, die immer wieder zum Vorschein kommt und den heutigen Rezipienten, dem von Kindesbeinen an Eltern und Pädagogen andauernd von der Nützlichkeit des Lesens vorgeschwärmt haben, doch einigermaßen verstören muß. Die so gehäuft vorgebrachten Angriffe gegen die Lektüre mögen vielleicht aufs erste wie eine neidische Trotzreaktion einiger verhärmter Autoren wirken, die nicht mit solchen Publikumsknüllern wie die Schreiberlinge begehrter Trivialliteratur aufwarten können und ihr Erfolgsdefizit daher in giftige Tinte umsetzen. Die Häufung der literarischen Verarbeitung von Rezeptionsmechanismen allein als Ausfluß eines kollektiven Minderwertigkeitsgefühls zu erklären ist ebenso leicht wie falsch. In Wahrheit sind es die ungeheuren Umschichtungen auf dem Büchermarkt und beim lesenden Publikum, was die Schriftsteller beeindruckt und zum Schreibpult drängt.

Wie groß dieser Wandel wirklich war, läßt sich heute neben den Aussagen der Zeitgenossen vor allem aus dem präsenten statistischen Material ablesen. Mögen Diagramme, Übersichten, Statistiken und dergleichen noch so anschaulich und konkret wirken, so machen sich doch gewisse Schwächen bemerkbar. Für unser spezielles Thema sagen sie nichts aus, weil sie das wirkungsästhetische Moment ausgeklammert lassen. Weiters läßt sich die Analphabetenrate nur äußerst unscharf ermitteln - und damit auch jener lesende Komplementärteil, der für die Wirkung der Literatur potentiell anfällig ist. Schließlich - als schier unüberwindliches Hindernis, das sich statistischer Präzision in den Weg stellt - die Diskrepanz zwischen Bücherbesitz und tatsächlicher Lektüre. Ginge es nach Lichtenberg, so wären alle Statistiken bloßes Augenpulver:

> Schreibt man denn Bücher bloß zum Lesen? oder nicht auch zum Unterlegen in die Haushaltung? Gegen eins, das durchgelesen wird, werden Tausende durchgeblättert, andere Tausend liegen stille, andere werden auf Mauslöcher gepreßt, nach Ratzen geworfen, auf andern wird gestanden, gesessen, getrommelt, Pfefferkuchen gebacken, mit anderen werden Pfeifen angesteckt, hinter dem Fenster damit gestanden. (4)

Wer ein Buch besitzt, muß es noch lange nicht lesen; wer keines besitzt, kann es sich leihweise besorgen (etwa in den zahlreichen neueröffneten Lesegesellschaften und Bibliotheken); wer überhaupt nicht lesen kann, kann es sich vorlesen lassen - und damit wird für unseren abgegrenzten Themenkomplex auch die Unterscheidung zwischen Lesefähigkeit und Analphabetentum irrelevant, da sich auch der Nicht-Leser literarischer Manipulation öffnen kann.

Dennoch erweist sich statistisches Material als recht brauchbar, will man nicht versteckten Einzelerscheinungen nachspüren, sondern einen ungefähren Eindruck von der Bedeutung jenes zeitlichen Abschnittes in der Lesergeschichte vermittelt bekommen. In der Folge soll anhand von drei Punkten gezeigt werden, inwieweit sich der historische Wandel am Zahlenmaterial ablesen läßt.

(1) Die Buchproduktion: Für den Schweizer Landmann Ulrich Bräker war die Zahl der im Druck erschienen Bücher einfach unermeßlich. 1769 notiert er:

> Es sind wohl viel Millionentausend Bücher in der Welt ausgegangen, seitdem die Buchdruckerey erfunden worden. Es sind wohl viel mehr Bücher als Menschen in der Welt; ihre Zahl ist wie Sand am Meere. (5)

Und Johann Gottwerth Müller schreibt in der Vorrede zu seinem Roman "Siegfried von Lindenberg": "Unter der lieben Sonne /.../ ist nichts so groß und so klein, davon nach einiger Leute Meynung nicht schon Bücher gemacht wären."[6] Diese subjektiven Befunde - durchaus keine Einzelstimmen - werden bestätigt durch das objektivierbare Quellenmaterial, das dem Leseforscher zur Verfügung steht. Albert Ward hat für das 18. und frühe 19.Jahrhundert die Romanproduktion in Deutschland unetrsucht und in einer Statistik zusammengefaßt.[7] Die Zahl der erschienenen Buchtitel wird für Einheiten zu je fünf Jahren festgestellt. Im Zeitraum von 1765 bis 1769 sind es 135 Werke, die neu auf den Markt kommen; 1770 bis 1774 sind es 183, 1775 bis 1779 sind es 260 Titel. Mit 449 Neuerscheinungen steigt die Zahl im Abschnitt von 1780 bis 1784 sprunghaft an. An der Jahrhundertwende (1800 bis 1804 zählt Ward bereits 1429 Buchtitel. Auch an wahllos herausgegriffenen Stichjahren läßt sich die stetig anwachsende Publikationsflut veranschaulichen. Für 1761 stellt Ward sechs neue Romane fest; für 1771 39 und für 1781 94. Zehn Jahre später sind es bereits 166 Neuerscheinungen, und 1801 beläuft sich deren Zahl auf 252.

Allerdings befriedigten nicht nur reguläre Ausgaben das Leserbedürfnis. Geschäftstüchtige Drucker und Verleger hängten sich an Einzelerfolge an und erschlossen sich mit Raubdrucken neue Geldquellen. Da sich die Nachdrucker unter anderem die Auszahlung eines Autorenhonorars ersparten, konnten sie ihre Produkte umso preiswerter unters Volk bringen. Die bei Göschen erschienene Ausgabe der Schriften Goethes kostete im Nachdruck ungefähr ein Drittel des ursprünglichen Preises; auf dem Markt war die Dumping-Konkurrenz auch weit erfolgreicher als das nur schwer verkäufliche Original.[8] Von 1775 bis 1777 veranstalteten die Piratendrucker sogar ihre eigene Buchmesse in Hanau.[9] Da die Autoren, die nicht durch ein Copyright oder eine vergleichbare Schutzinstanz ihre Interessen wahren konnten, in der Praxis einigermaßen machtlos waren, erfolgte ihre Verteidigung hauptsächlich durch das Wort. In Christian August Vulpius' Räuberroman "Rinaldo Rinaldini" (1799), einem oft kopierten Reißer, will ein Reutlinger Schwarzdrucker in die Verbrecherbande des Titelhelden eintreten. Doch wird er voll Abscheu von den aufgebrachten Outlaws aufgeknüpft, "weil er, meinten sie, für ihre Gesellschaft zu schlecht sei."[10]

Nicht selten ging die schnelle Deckung des Lesehungers auf Kosten des Äußeren. Populäre Bücher waren billig und sahen auch danach aus. Ein europaweites Phänomen: In England etwa mußten die doppelspaltigen, in kleinen Lettern gedruckten Folioausgaben bequemer zu handhabenden und leichter zu lesenden Ausgaben Platz machen.[11] In Frankreich überschwemmten von Troyes aus die ebenso populären wie handlichen, auf blaues Papier gedruckten Taschenbücher der "Bibliothèque Bleue" das Land.[12] Goethe erwähnt in "Dichtung und Wahrheit" einen Frankfurter Verlag, der Volksbücher, "mit stehenden Lettern auf das schrecklichste Löschpapier fast unleserlich gedruckt", zu Billigstpreisen verschleudert -

Der größte Vorteil dabei war, daß, wenn wir ein solches

> Heft zerlesen oder sonst beschädigt hatten, es bald wieder angeschafft und aufs neue verschlungen werden konnte. (13)

(2) Die Beschaffenheit des Distributionsapparates: Ab der Mitte des 18. Jahrhunderts wächst die Zahl der Bibliotheken in deutschen Städten rapide. Engelsing gibt deren Bestand mit 200 Büchern aufwärts an und vermerkt mit 50 000 Bänden den Rekord eines Berliner Antiquars (1769),[14] während Ward als größte deutsche Bibliothek jene zu Dresden mit 30 000 Exemplaren angibt.[15] Möglicherweise liegt in dieser Verschiedenheit der Angaben eine Unsicherheit über die eigentlichen Aufgaben des Buchhändlers verborgen, der in jener Zeit sowohl Bücher zum Ausborgen zur Verfügung stellt als auch selbst Bücher produziert. Allerdings löst sich die Personalunion Buchhändler-Verleger im Laufe des späten 18.Jahrhunderts langsam auf, ein Prozeß, den Ward mit den Worten "the book trade's own period of Sturm und Drang"[16] umschreibt. In der Parodie "Empfindsamster aller Romane" von Jakob Michael Reinhold Lenz begegnet der Leser noch einem Buchhändler alten Schlages, der seinem Verlag zwei vazierende Schildkröten als Reiseschriftsteller zu gewinnen trachtet.[17]

Jedenfalls erlebt der Buchhandel zu jener Zeit eine Hochkonjunktur sondergleichen. In Paris erreicht er solche monumentalen Ausmaße, daß die Behörden hinter den von den Antiquaren abgesetzten Bücherbergen unlautere Machenschaften wittern.[18] Kein Wunder, wenn merkantile Interessen das Buch immer mehr zur bloßen Ware degradieren, wenn ein schneller und hoher Absatz über das Ästhetische des literarischen Werkes gestellt wird. Lichtenberg karikiert in einem Aphorismus eine Welt, in der das Buch, jeglicher literarischer Funktion beraubt, nur mehr dem wirtschaftlichen Zweckdenken dienlich ist. Umgeben von kollektiver Verständnislosigkeit, erfüllt das Buch nur mehr die Aufgabe, einer Handvoll Menschen den Broterwerb zu sichern:

> Eine seltsamere Ware, als Bücher, gibt es wohl schwerlich in der Welt. Von Leuten gedruckt, die sie nicht verstehen; von Leuten verkauft, die sie nicht verstehen; gebunden, rezensiert und gelesen von Leuten, die sie nicht verstehen; und nun gar geschrieben von Leuten, die sie nicht verstehen. (19)

(3) Der Anteil der Dichter: Mehr Leser, mehr Bücher, natürlich auch mehr Schreiber - so bringt sich der Büchermarkt in Schwung. In J.G.Meusels

"Lexicon der vom Jahre 1750-1800 verstorbenen teutschen Schriftsteller", im Zeitraum zwischen 1802 und 1816 in Leipzig erschienen, finden sich Angaben über den Zuwachs der Autorenzahl.[20] Für das Jahr 1771 kann das Buch über 3000 Schriftsteller angeben, 1776 sind es über 4300, 1784 über 5200. 1791 ist ihre Zahl auf über 7000 angewachsen, 1795 sind es über 8000. Im Jahre 1800 beläuft sich das Heer der Schreibenden nach Meusel verblüffend genau auf 10 648 Autoren.

Viele Schriftsteller sind peinlich bemüht, ihre Werke auf ein möglichst breites Publikum zurechtzuschneiden. Ein Autor wie beispielsweise Johann Gottwerth Müller achtet sorgfältig darauf, genau nach dem Geschmack der Masse zu schreiben, sodaß er für die zweite Auflage seines "Siegfried von Lindenberg" (1781/82) weniger publikumswirksame Stellen durch neue ersetzt und den Umfang des Romans von ursprünglich 160 Seiten auf 962 Seiten aufbläht.[21] Vielschreiberei bedeutet nicht nur ein numerisches Anwachsen der Buchtitel, sondern auch ein Anschwellen des äußeren Textvolumens.

Der Großteil der damals gängigen Autoren ist heutzutage freilich der Vergessenheit anheimgefallen. Nach Ansicht des französischen Philologen Robert Escarpit ist nur 1% von dem, was jemals geschrieben wurde, in den Kanon der Literaturgeschichtsschreibung aufgenommen worden.[22] Der Großteil alles schriftlich Niedergelegten besteht demzufolge aus minderwertigen oder trivialen Lesestoffen. Aldous Huxley hat dazu einige Gedanken geäußert, die zwar das 20.Jahrhundert ansprechen, jedoch auch für die Situation vor 200 Jahren Gültigkeit beanspruchen können:

> /.../ The proportion of trash in the total artistic is greater now than at any other period. That it must be so is a matter of simple arithmetic. The population of Western Europe has a little more than doubled during the last century. But the amount of reading- and seeing-matter has increased, I should imagine, at least twenty and possibly fifty or even a hundred times. If there were n men of talent in a population of x millions, there will presumably be 2n men of talent among 2x millions. The situation may be summed up thus. For every page of print and pictures published a century ago, twenty or perhaps even a hundred pages are published to-day. But for every man of talent then living, there are now only two men of talent. (23)

Obwohl recht diffus in der Handhabung von Zahlenmaterial, erweisen sich Huxleys Erkenntnisse für unseren Zweck geeigneter als manche detaillierte

Aufschlüsselung. Was er abseits jeglicher mathematischer Fixierbarkeit leistet, ist die wichtige Feststellung, daß die Zuwachsrate an literarischen Talenten mit der der literarischen Produktion nicht Schritt halten kann. Wenn wir dieses Phänomen auf die Phase des ausgehenden 18.Jahrhunderts projizieren wollen, so zeigt es sich, daß sich eine exklusive Dichtergruppe - bezeichnen wir sie als 'Genies' - von einer sprungartig ansteigenden literarischen Produktivität förmlich überrumpelt sehen mußte, ohne daß die Zahl jener in vergleichbarem Maße anstieg, die sich in ihrer Schreibweise nach den ästhetischen Maximen des elitären Autorenzirkels richteten. Da das, was heute in den literaturgeschichtlichen Textkorpus Eingang gefunden hat und so kanonisiert wurde, zum Zeitpunkt des Erscheinens nur von einer schmalen Schicht Interessierter gelesen wurde, formulierten die niveauvolleren Autoren ihren Widerstand gegen den Schund oftmals in der Form wüster Schimpforgien gegen Autoren und Publikum.[24]

Unter diesem Blickwinkel gesehen, versteht sich die Thematisierung von Lektüre und Literatur nicht als Artikulation eines Unterlegenheitsgefühls, sondern spiegelt die numerische Übermacht der 'populären' Bücher - namentlich der Romane - wider. Doch bringen häufig auch 'gute' Bücher einen Effekt hervor, wie er eigentlich nur nach dem Genuß minderwertigerer Texte zu erwarten wäre. Doch zu diesem Problem später.

(B) DER ANTEIL DER TRIVIALLITERATUR

Das Interesse des Lesepublikums an der Trivialliteratur ist ein Phänomen, auf das einzugehen sich auch über den rein statistisch erschlossenen Bereich hinaus lohnt, weil sich hier die vorgegebene Fragestellung und der rezeptionshistorische Abriß direkt berühren. Damals wie heute gilt die These, daß sich die Qualität der Bücher oftmals indirekt proportional zur Quantität verhält, in der sie konsumiert werden. "Deutschland fragt nach Gedichten nicht viel", heißt es klagend in den "Xenien".[25] Triviales und Unterhaltendes spricht das Publikum mehr an, da man keine so große Gedankenarbeit darin investieren muß. Anders bei den anspruchsvolleren und oft auch unverständlicheren Autoren, die intellektuelle Anspannung statt Entspannung herausfordern. Jakob Michael Reinhold Lenz hat auch diese Seite des Literaturbetriebs erkannt. In einem Epigramm mit dem Titel "Über die Dunkelheiten in Klopstock und andern" heißt es:

> Der Schmecker:
>
> Ich bitte, gebt mir Licht,
> Herr, ich versteh euch nicht.
>
> Antwort:
>
> Sobald ihr mich versteht,
> Herr, bin ich ein schlechter Poet. (26)

Das erinnert an das auch heute noch durchaus geläufige Vorurteil, daß gute Literatur ohnehin unverständlich sei und es sich daher gar nicht lohne, sie zu lesen. Der Beifall der Masse ist verdächtig: Nur allzu leicht gerät das Werk in den Verdacht, banal zu sein; nur allzu leicht kann man dem Autor vorwerfen, sich sklavisch nach einem fremden Geschmack zu orientieren und dabei die Freiheit seines persönlichen Kunstwillens aufzugeben.

Für Lenz erwecken die Texte einiger Autoren den Anschein, als ob der direkte Zugang zum Verständnis darin bewußt versperrt sei, um den Vorwürfen der Trivialität entgegenzuwirken. Klopstock und seine Jünger sind es in erster Linie, die er in seinem Epigramm dem feinen Spott preisgibt: Möglichst komplexe Verschlüsselung scheint dem Antwortenden das einzige Kriterium zu sein, nach dem Literatur eingestuft wird. Verschraubte Satzgefüge und gewagte Wortneuschöpfungen werden so zum Gradmesser für

Literarizität - alles Indizien, die die platten Unterhaltungsromane nicht vorweisen können. Gepaart mit den zahlreichen Un-Qualitäten dieser Sorte Literatur wird der positive Begriff 'Verständlichkeit' ins Gegenteil verkehrt. Lichtenberg definiert diese Einstellung als nationale Eigentümlichkeit der Deutschen, und einmal mehr muß Klopstocks vielgerühmter und vielgeschmähter "Messias" als ungenießbares Demonstrationsobjekt herhalten:

> Ich lese die Tausend und eine Nacht und den Robinson Crusoe, den Gilblas, den Findling, tausendmal lieber als die Messiade, ich wollte 2 Messiaden für einen kleinen Teil des Robinson Crusoe hingeben. Unsere meisten Dichter haben, ich will nicht sagen /nicht/ Genie genug, sondern nicht Verstand genug, einen Robinson Crusoe zu schreiben. (27)

Anderswo schien dieser Gegensatz weniger stark ausgeprägt zu sein. Karl Philipp Moritz berichtet von seiner Reise nach England, daß dort auch die einfachen Leute dank billiger Drucke in der Lage wären, anspruchsvolle Literatur zu erwerben und sie zur Unterhaltung zu lesen:

> So findet der Brite seinen Shakespeare, Locke, Milton, Dryden auch an den Plätzen des öffentlichen Vergnügens wieder, und ehret da ihr Andenken. Selbst das Volk lernt diese Namen kennen, und nennt sie mit Ehrfurcht. (28)

Ganz anders die Situation in Deutschland - dort ist "seit Gellerten noch kein Dichtername eigentlich wieder im Munde des Volkes gewesen."[29] Grund genug für Moritz, um Klage zu führen wider das Publikum, das anspruchsvollen Büchern aus dem Weg geht, aber auch gegen die Autoren, die es nicht verstehen, ihre Qualitäten so zu präsentieren, daß sie von einer breiten Leserschichte in hohem Maß geschätzt werden.

Kunst und Popularität miteinander bruchlos zu verschmelzen, die Literatur der Massen auf ein gehobenes ästhetisches Niveau zu bringen - das war für die Literaten des ausgehenden 18.Jahrhunderts eine ständige Herausforderung. So für Schiller: Angesichts eines Publikums, das sich in wachsendem Ausmaße an minderwertigen Texten delektierte, argumentierte er, daß die qualitativ besseren Schriftsteller auf die Erzeugnisse der Unterhaltungsliteratur nicht verächtlich herabblicken sollten, sondern an ihnen vielmehr die Art ansprechender Darbietung studieren müßten. Um die Erziehung eines Volkes mit publikumsgerechten Mitteln zu verwirklichen, sei es durchaus angemessen, sich trivialer Strukturen zu höheren Zwecken zu bedienen.[30] Der Schriftsteller solle dem Leser etwas bieten, ohne gleichzeitig seine ästhetischen Maximen aus dem Auge zu verlieren. Eine wechselseitige Abstimmung von Schreib- und Leseprozeß also, oder - wie Hamann formuliert - :

> Schriftsteller und Leser sind zwo Hälften, deren Bedürfnisse sich aufeinander beziehen, und ein gemeinschaftliches Ziel ihrer Vereinigung haben /.../. (31)

Nach der Französischen Revolution gab Schiller jene Position auf. Er rückte ab von einer Sorte Literatur, die beständig um ein Massenpublikum kreiste. Massenlektüre war ihm in der Folge suspekt, und ein Autor wie Bürger, der "Popularität /.../ zu seinem höchsten Gesetz macht",[32] galt ihm als Exponent einer Bewegung, die sich der Programmatik sich anbiedernder Volkstümlichkeit verschrieben hatte. Wie zuvor hielt Schiller aber an dem Gedanken fest, Kunstwerke zu schaffen, die "die gebildete Klasse" mit Beifall bedenkt, ohne sich jedoch dem "Kinderverstand des Volks" zu verschließen.[33]

Aus diesem Grund hielt er es auch für legitim, sich von trivialen Stoffen anregen zu lassen. In einem Brief an Sophie Mereau empfiehlt Schiller ausdrücklich die Lektüre von "französischen Erzählungen und Mährchen" als Stimulans für die dichterische Inspiration.[34] Für die Trivialliteratur war eine solche Einbindung in den Schaffensprozeß anerkannter Dichter allerdings eine Chance, sich aus dem allgemein verachteten Bodensatz der Literatur herauszuarbeiten.

Die Einschätzung dessen, was eigentlich trivial zu nennen sei, unterlag - und unterliegt - freilich den wechselnden historischen Situationen. Kreuzer nennt als Beispiel dafür Sophie von Laroche und Johann Gottfried Schnabel, erstere als Exempel für die zunehmende Einschätzung als Trivialautorin, letzteren als Exempel für den gegenläufigen Prozeß.[35] Was den trivialen Texten - so Marion Beaujean - letzten Endes gemeinsam ist, ist die Möglichkeit, aus ihnen in stärkerem Maße ein Abbild der Epoche und des Geschmacks der Masse zu gewinnen als aus den vom genialischen Subjektivismus geprägten Literaturkunstwerken der Zeit.[36]

Die Abstimmung der Literatur auf ein Durchschnittspublikum war mit eine Ursache der Leseexplosion gewesen, und die zeitgenössische Poetik tat schon recht früh das Ihre, um diese popularisierende Tendenz argumentativ zu unterstützen. Die künstlerische Qualität eines Werkes, so behauptet Jean Baptiste du Bos in seinen "Réflexions critiques sur la poésie et la peinture" (1719), hänge nicht vom ästhetischen Urteil einer klassisch-humanistisch ausgebildeten Kritikerelite ab, die alles in einen unflexiblen poetischen Regelkanon einpasse, sondern sei Sache jedes einzelnen Lesers, der - kraft seines 'Sentiments' - dazu befähigt sei, rein gefühlsmäßig Literaturkritik zu betreiben. Der aufgeklärten Grundlinie entsprechend wird aber nicht 'le bas peuple', das über keine Routine im Umgang mit Büchern verfügt, zur richtenden Instanz erhoben, sondern nur der zu selbständigem Urteil befähigte Leser. Für die literarische Produktion bedeutet dies, daß sie sich nicht mehr an einem kategorisch festgeschriebenen Rahmen zu orientieren habe, sondern freier auf die Lesebedürfnisse des Publikums, namentlich auf die des dritten Standes, eingehen könne.[37]

Volkstümliche Texte bestimmen das deutsche Literaturleben. Ein ungenannter Verfasser zählt sie in der "Berlinischen Monatsschrift" des Jahres 1785 auf und geht mit ihnen gleichzeitig hart ins Gericht. Volksbücher wie der "Reinecke Fuchs", der "Till Eulenspiegel" oder "Die schöne Magelone" werden da erwähnt; Weissage-, Traum- und Arzneibücher; Lieder- und Rätselsammlungen; Rezeptbücher dubioser Herkunft ("Manche mittelstädtische Köchinnen besitzen es, verstehen aber zum Glük, der Unverständlichkeit wegen, kein einziges Recept ganz."[38]). Genau bei Texten dieser Art müsse ein künftiger Volksschriftsteller ansetzen. Ohne eine gründliche Umstrukturierung des Distributionsapparates könne aber nichts Wirkungsvolles zur Ausmerzung der Schundliteratur unternommen werden. Solange noch niveaulose Werke für ein paar Groschen ihre Besitzer über die Büchertische hinweg wechseln könnten, solange würden qualitätsvollere Texte in ihrer Verbreitung gehemmt werden. Zur Beseitigung der Misere entwirft der Autor einen utopischen Plan: Zunächst benötige man einen Volksschriftsteller von einigem Talent und einigem Idealismus, der bereit sei, 'allem Vorteile zu entsagen';[39] sodann eine "Patriotische Gesellschaft", deren Förderer finanzielle Mittel zum ersten Druck beisteuern. Liegt das Werk einmal in Buchform vor, so wird es zuerst gratis an die ambulanten Buchhändler verteilt, in weiteren Lieferungen aber nur mehr gegen die schlechten alten Volksbücher eingetauscht. Sind die minderwertigen Bücher verdrängt und die qualitätsvollen Neuerscheinungen einigermaßen bekannt und verbreitet, so kann schließlich daran gedacht werden, die Texte an die Einzelhändler zu mäßigen Preisen weiterzuverkaufen. Nachdrucke werden toleriert, da sie dem Sieg der guten Sache dienen; allfällige Gewinne in einen Fonds gesteckt, der die Weiterführung des Projekts ermöglichen soll. - Das alles, wie gesagt, ein in seiner letztem Konsequenz utopischer Plan; ein Beispiel dafür, wie die Aufklärung die Präsenz des trivialen Obskurantismus bewältigen wollte.

Verschiedene Zahlenangaben liefern Indizien für den Stellenwert der trivialen Texte im späten 18.Jahrhundert. Ward stellt für das "Deutsche Museum" des Jahres 1779 fest, daß 42% des Inhalts der Unterhaltung gewidmet sind.[40] Aufschlußreich sind insbesondere die überlieferten Inventarlisten der Leihbibliotheken. In einem vielzitierten Brief an Wilhelmine von Zenge berichtet Heinrich von Kleist im Jahre 1800 über die Zustände in einer Würzburger Bibliothek. Wieland, Goethe und Schiller fehlten völlig im Bestand, stattdessen gäbe es ein Überangebot an Rittergeschichten - "rechts die Rittergeschichten <u>mit</u> Gespenstern, links <u>ohne</u> Gespenster, nach Belieben."[41] Nach Alberto Martino wurden diese Leihbibliotheken aber nur allzu oft zum Opfer germanistischer Vorurteile, indem man sie generell als Sammelstätten der Schundliteratur denunzierte. Einige Bibliotheken jener Zeit verstanden sich in ihrer Primärfunktion sogar als Vermittler von Bildung. Erst nach 1815 wurde die allgemeinwissenschaftliche Bibliothek von der Bücherei mit Beständen belletristischer Sensationsliteratur ersetzt.[42]

Zahlenmäßig ablesbar ist auch die allmählich eintretende Säkularisation der Lesestoffe im Gefolge der Aufklärung. Der Buchhändler in Fieldings "Joseph Andrews" berichtet, daß gedruckte Predigten nur mehr Ladenhüter seien; Theaterstücke zu führen sei viel lukrativer.[43] Populäres ohne Rücksicht auf Qualitätsnormen, speziell Abenteuer- und Liebesgeschichten, läßt die fromme Erbauungsliteratur prozentuell schwinden. Je höher der Stand, desto größer ist der Anteil der gelesenen profanen Texte. Das ist allerdings nur eine einzige Facette in einer allgemeinen Säkularisierungsbewegung, die auch einzelne Motive der Literatur nachhaltig verändert, was aus dem Verlauf der Untersuchung noch hervorgehen wird. Die Listen der Leipziger Ostermesse veranschaulichen deutlich die statthabenden Veränderungen: Belief sich der Anteil theologischen Schrifttums im Jahre 1740 noch auf 38% (bei einem Anteil der Populär- und Unterhaltungsliteratur von etwa 10%), so war er im Jahre 1770 auf 23% zusammengeschrumpft (Populär- und Unterhaltungsliteratur: 24%). Zur Jahrhundertwende war der Anteil der Trivialliteratur auf 30% gestiegen, der der religiösen Schriften auf 14% gesunken.[44]

Selbst die Bibel, so bemerkt Lichtenberg, sei in jenen Tagen schwer zu verkaufen gewesen - außer mit Goldschnitt oder in Hebräisch.[45] Eine Verschiebung vom 'prodesse' zum 'delectare' macht sich also bemerkbar. Signifikant dafür ist die abfällige Bemerkung Dorias in Lenzens Theaterstück "Die Freunde machen den Philosophen": Auf die Frage des Helden Strephon, was er in dessen Bibliothek suche, antwortet er: "Ich sehe schon, Sie haben's nicht, Sie haben da lauter alte Tröster."[46] In einer Zeit, in der die theologische Privatbibliothek als nicht mehr zeitgemäß empfunden wird, muß für religiöses Schrifttum eine neue Form der Präsentation gesucht werden. Tatsächlich paßten sich einige geistliche Autoren an den herrschenden Geschmack an und schlugen sich auf die Seite der Belletristik. Besonders Pastoren aus dem mitteldeutschen Raum entdeckten ihr Talent für den erbaulichen Roman:

> /.../ Der Reiz der Erzählung war das trojanische Pferd, das die religiös-moralische Lehre in das Bollwerk einer weltlichen Gesinnung einschmuggeln sollte. (47)

Lenz hat diese Form des literarischen Mimikry in seiner Erzählung "Der Landprediger" thematisiert. Darin läßt er den Pfarrer Mannheim die Romanform als Vehikel zur Beförderung geistlicher Ideen in Erwägung ziehen, da sie zeitgemäßer als die überkommenen theologischen Gebrauchsformen sei, die nur verlacht und verspottet würden.[48] Er will - wie die Modeschriftsteller Richardson, Fielding oder Young - sein Publikum über die Unterhaltungsliteratur ansprechen:

> Die Buchhändler wollten deren auch nicht mehr /gemeint sind die christlichen Postillen/ und warum sollte ein Prediger nicht auch durch Romane und Schauspiele nützen können, wie durch Predigten und geistliche Lieder? Der Nutzen würde noch weit größer sein, weil dergleichen Bücher in weit mehrere Hände kommen, weit begieriger gelesen werden, wenn es dem Verfasser an Witz nicht mangelt. /.../ (49)

Der Roman (an dessen Realisierung der Landprediger übrigens scheitert) gilt im 18.Jahrhundert als Paradestück unbrauchbarer Literatur schlechthin. Seit jeher den Poetikern durch seine formale Sperrigkeit verdächtig, sich nicht in das aristotelische Dreierschema einordnen zu lassen, wird erimmer wieder herbeizitiert, wenn die negative Thematisierung des Lesens am Platz ist. Dadurch aber, daß formale Struktur mit literarischer Qualität Hand in Hand geht, wird der Begriff der Trivialliteratur einigermaßen problematisch. Wird in den Statistiken bei der qualitativen Einschätzung nur über den Daumen gepeilt, indem die bloße formale Gestalt zum Beurteilungskriterium erhoben wird, oder haben die Leseforscher auch wirklich alles gelesen, was sie zum Gegenstand ihrer statistischen Akribie machen?

Für unser Thema führt die Beantwortung dieser Frage letztlich in eine Sackgasse, weil Statistiken hier nicht auf ihre Genauigkeit überprüft werden sollen, sondern lediglich als skizzenhafte Illustrationen zu den dynamischen Bewegungen im europäischen Lesepublikum dienen. Nur angesichts dieser Umschichtungen ist es verständlich, wenn das Lesen sich dermaßen ins Bewußtsein der Öffentlichkeit drängt und so selbst zum Thema der Schriftsteller - vereinzelt sogar recht polemisch agierender Schriftsteller - wird.

(II) BIBLIOMANIE UND LESESUCHT

'Lesewut' heißt das Schlagwort, mit dem die zeitgenössische Publizistik das Phänomen des extensiven Lesens zumindestens terminologisch in den Griff bekommen möchte. Der Begriff datiert - laut Dominik von König[1] - aus dem Jahre 1773: Rudolph Heinrich Zobel, Professor in Frankfurt an der Oder, ersetzte damit die seit den Dreißigerjahren des Jahrhunderts gebräuchlichen Termini 'Bücher-Sucht' und 'Bibliomanie'.

Das Unbehagen, das die Lesesucht hervorrief, fand nicht nur Platz als Sediment in den poetischen Texten heute anerkannter Dichter wie beispielsweise Lenz, Klinger oder Wagner, sondern artikulierte sich auch in zahlreichen Schriften heute vergessener Publizisten. Insgesamt gesehen bilden diese Veröffentlichungen eine wichtige Ergänzung zu den vorliegenden statistischen Fakten. Und gewissermaßen bilden sie auch ein Gegengewicht: Während den nüchternen Zahlen allgemein größere Objektivität zugesprochen wird, zeigen die Texte der Zeitgenossen durch ihren in Apologie oder Aggression ausformulierten Zeitbezug ein starkes subjektives Moment.

In abwechslungsreicher Form wird der Übergang von der intensiven zur extensiven Lektüre von den Schreibern kommentiert. Entweder schenkt man dem Problem des Lesens Raum in einem Essay, Pamphlet oder dergleichen und widmet den Text ausschließlich diesem Thema, oder man baut es peripher in Gedichten, Theaterstücken, Romanen oder Erzählungen ein: als Anspielungen in literarischen Werken ebenso wie als eingestreute Bemerkungen in Gebrauchsschriften.

Gelehrtensatire, theologisches und pädagogisches Schrifttum, Hausväterliteratur - die Formen, in denen versucht wird, sich publizistisch mit dem Lesen zu beschäftigen, sind mannigfaltig. Was deren Verfasser bewegt, ist vielerorts schon aus dem Titel der Texte allein ablesbar.[2] Die Gegenstände der Untersuchung lassen sich auf einige Kernthemen reduzieren. Beispielsweise die Psychologie des Lesens: "Warum lieset man Bücher? und was hat man dabey zu beobachten?" fragt ein nicht näher ausgewiesener Autor einer 1795 erschienenen Schrift. Beispielsweise die Hintergründe der gesteigerten schriftstellerischen

Produktivität, signalisiert durch das polemisch gefärbte Reizwort 'Vielschreiberei': "Schreiben an einen Freund über die Ursachen der jetzigen Vielschreiberey in Deutschland" (1789), "Über die Ursachen der jetzigen Vielschreiberei in Deutschland" (1790), "Über die gegenwärtige Vielschreiberei, ihre Ursachen und Folgen" (1797) - allesamt anonym erschienene Werke. Beispielsweise das Verhältnis von Publikum und Lektüre: so die Werke eines Johann Ludwig Ewald ("Über Volksaufklärung; ihre Gränzen und Vortheile" (1790); "Ist es rathsam, die niederen Volksklassen aufzuklären?" (1800)), eines Johann Gottfried Hoche ("Vertraute Briefe über die jetzige abentheuerliche Lesesucht und über den Einfluß derselben auf die Verminderung des häuslichen und öffentlichen Glücks" (1794)), eines Johann Rudolph Gottlieb Beyer ("Ueber das Bücherlesen, in so fern es zum Luxus unserer Zeiten gehört" (1795)).

Hervorzuheben ist, daß alle diese Publikationen in einem Zeitraum auf den Markt kommen, dessen Beginn etwa mit dem der Revolution in Frankreich anzusetzen ist. Massiert hat die Thematisierung des Lesens schon in den Siebzigerjahren stattgefunden, und zwar in literarischer Form. Zwischen poetischer und theoretischer Verarbeitung liegt demnach mindestens ein Jahrzehnt, zieht man jetzt nur die Phasen häufigster Verarbeitung in Betracht. Warum diese offensichtliche Kerbe zwischen der Behandlung der Lesesucht in Dichtung und Gebrauchsliteratur? Nicht nur der veränderte politische Hintergrund ist mitentscheidend, sondern auch die unterschiedliche Themenstellung.
Im Sturm und Drang wird das Phänomen des Lesens in seiner allgemeinsten Ausprägung integriert; auch als 'gut' anerkannte Literatur wird herangezogen. Zwar wird auch die ästhetische Struktur der Belletristik angegriffen (wie das beispielsweise bei der Bewertung der Romanform deutlich wird), doch konzentriert sich das Interesse in der Hauptsache auf den Rezeptionsprozeß. Anders bei den Texten, die ungefähr ab 1790 ihr Publikum erreichen wollen. Schon die Titel verraten die Aspekte, unter denen man die stattfindenden Vorgänge untersucht: daß es jetzt nicht nur um Vielleserei, sondern auch um Vielschreiberei geht; daß man sich auch um eine Feststellung der kausalen Zusammenhänge bemüht; daß nicht zuletzt ein pädagogischer Impetus

fühlbar wird, der sich bemüßigt sieht, die Leserschar über Nutzen und Gefahren ihres Treibens aufzuklären. Die Werke der Spätaufklärung und des Sturm und Drang sind noch ohne ständig erhobenen Zeigefinger ausgekommen; die Thematisierung des Leseaktes wird dort nicht mit einer explizit geäußerten Moral junktimiert.

Der Grundton aller Lesekritik ist weitgehend bestimmt von der Sorge, daß Lektüre die natürliche Entwicklung, den natürlichen Charakter und das natürliche Sozialverhalten des Lesers zum Schlechten beeinflussen könnte. Wo die konkreten Erfahrungen der Realität durch die abstrakten der Bücherwelt ersetzt werden, lauern Desorientierung oder zumindestens Entfremdung:

> Zwischen den Büchern und der Wirklichkeit ist eine alte Feindschaft gesetzt. Das Geschriebene schob sich an die Stelle der Wirklichkeit, in der Funktion, sie als das endgültig Rubrizierte und Gesicherte überflüssig zu machen. Die geschriebene und schließlich gedruckte Tradition ist immer zur Schwächung von Authentizität der Erfahrung geworden. (3)

Bücher werden in jenem Augenblick zum Faktor der Entfremdung, wenn sie sich zwischen Individuum und sinnlich aufgenommener, direkt gewonnener Welterfahrung drängen. Karl, der kleine Sohn des Ritters Götz, hat fleißig die Topographie von Jaxthausen memoriert, allein wer Herr des Schlosses sei, vermag er seinem Vater nicht zu sagen.[4] Mit trockenem, akademischem Bücherwissen vollgestopft, verkörpert der Knabe das Gegenprinzip zum pädagogischen Leitsatz eines Rousseauschen "Emile", wonach der sinnlichen Erfahrung in der Erziehung unbedingter Vorrang zukäme. Die deutschsprachige Lesepolemik knüpft in ihren Vorbehalten gegen die literarischen Fremderfahrungen damit indirekt an Rousseau an.[5]

Was wird dem Leser und dem Lesen konkret vorgeworfen? Einmal Mangelhaftigkeit, sowohl was die Auswahl der Lektüre als auch deren Beschaffenheit angeht. Weiters die unglaublichen Büchermassen, die das Publikum verschlingt. Mögen Beispiele wie das Friedrich Christoph Schlossers, der angibt, in einem Zeitraum von drei Jahren über viertausend Bücher konsumiert zu haben,[6] auch Einzelfälle sein, so erschien der generelle quantitative Anstieg vielen Zeitgenossen zumindestens als bedenkenswert. Denn Lesen bedeutete in vielen Fällen Bedrohung von Sitte, Anstand und Moral. In seinen "Stunden der Andacht zur Beförderung wahren Christentums und häuslicher Gottesverehrung" widmet Heinrich Zschokke der Lesesucht ein eigenes Kapitel. Eindringlich ermahnt er dreimal den Leser, nur ja nicht zuviel zu lesen. Denn einerseits sei das Angebot an verderblicher Lektüre auf dem Markt zu groß, andererseits wüßten nur wenige, wie man richtig lese:

> Dieser Fehler, noch unbekannt in den Zeiten Jesu und seiner Jünger, ist heutiges Tages, zumal in größern und kleinern Städten, einer der gewöhnlichsten geworden, und ist die nur allzuselten öffentlich gescholtene Quelle des Sittenverderbens und des Mangels an Kraft und Religiosität. (7)

Und Jean Paul wirft in seinem "Freiheitsbüchlein" der Zensur vor, sie widme sich den falschen Objekten; nicht in den Angriffen gegen Gott und die Fürsten liege die eigentliche Gefahr mancher Bücher, sondern in ihrer amoralischen Stoßrichtung - "/.../ eine gelesene Unzüchtigkeit überreizt die junge Seele im Treibhaus des Körpers zur Fortsetzung." Die radikale Schlußfolgerung: "Wenigstens sollte es Verbote, wenn nicht mancher Bücher, doch mancher Leser geben, nämlich für Leihbibliotheken."[8]

Zwei Gruppen der Leserschaft scheinen den besorgten Volkspädagogen naturgemäß als besonders gefährdet: die heranwachsende Jugend und die Frauen.

> Bei unsrem frühzeitigen und oft gar zu häufigen Lesen, wodurch wir so viele Materialien erhalten ohne sie zu verbauen, wodurch unser Gedächtnis gewöhnt wird die Haushaltung für Empfindung und Geschmack zu führen, da bedarf es oft einer tiefen Philosophie unserm Gefühl den ersten Stand der Unschuld wiederzugeben, <u>sich</u> aus dem Schutt fremder Dinge herauszufinden, <u>selbst</u> anfangen zu fühlen, und <u>selbst</u> zu sprechen und ich mögte fast sagen auch einmal selbst zu existieren. (9)

So Lichtenberg. Bei den Irrungen und Wirrungen, denen ein junger Mensch verstärkt ausgesetzt ist, scheint Lektüre doppelt fragwürdig zu sein. Das Gefühlsleben wird mit fremdem Ballast angereichert und verstellt dadurch den Blick auf das eigene Selbst. Indem ein 'erster Stand der Unschuld' apostrophiert wird, gewinnt der Aphorismus eine religiöse Tönung und die Lektüre das Stigma des Verführers, das nur auszulöschen ist durch die Besinnung auf die eigene Individualität, wie es Lichtenberg gegen Ende betont.

Lektüre kann für den Heranreifenden Verführung bedeuten, nicht zuletzt auch sexuelle Verführung. Bücherlesen wird zuweilen gar mit dem Onanieren verglichen,[10] und wieder ist es Lichtenberg, der schreibt: "/.../ Man sollte gegen das Lesen schreiben, wie gegen eine Selbstbefleckung, nämlich gegen eine gewisse Art von Lektüre."[11] Die Autoren der Goethezeit antizipieren damit psychoanalytische Interpretationsmodelle wie etwa das Dieter Richters, der bei "Anton Reiser" neben sozialen Bezügen auch sexualpsychologische Querverbindungen herstellt, indem er die deutlichen "Momente des sexuell-onanistischen Lesegenusses" festhält.[12]

Damit ist der Gefahren noch kein Ende. Ein Allzuviel an Lektüre schade auch der Gesundheit - Gicht, Augenschwäche, Kopfweh und Hämorrhoiden lauern auf den Vielleser. Zudem stellt sich ein merklicher Grad der Verblödung ein. "Es wird dadurch die geistige Ruhe und Unthätigkeit, die Begierde, Andere für sich denken zu lassen, zum Bedürfnis", meint Zschokke.[13] Und ähnlich Lichtenberg:

> Das viele Lesen ist dem Denken schädlich. Die größten Denker, die mir vorgekommen sind, waren gerade unter allen den Gelehrten die ich habe kennengelernt die, die am wenigsten gelesen hatten. (14)

Lesen birgt die Gefahr in sich, fremdes Gedankengut ohne jede Reflexion für sich zu vereinnahmen. Der Leser denkt nicht selbst, sondern läßt für sich denken: "Es gibt wirklich sehr viele Menschen, die bloß lesen, damit sie nicht denken dürfen."[15] Lektüre ist für Lichtenberg mitnichten ein Zeichen für Bildung, sondern kaschiert in vielen Fällen den nicht vorhandenen Intellekt.

Damit nicht genug. Denn Lektüre bedroht auch den Charakter des Menschen, macht ihn untauglich für die harten Anforderungen des Alltags. Wie empfindsame Lektüre einem sensiblen Leser zusetzen kann, karikiert Christian Friedrich Timme in seinem "Empfindsamen Maurus Pankratius Ziprianus Kurt":

> Tristram Shandis Leben, und Wielands Simpatien,

> Yoriks empfindsame Reisen waren immer seine Lieblingslektüre, sein tägliches Studium, seine Quellen der Welt und Menschenkentnis, seine Erholungs-, Verdauungs- und Erbauungsbücher, seine Bibel und Konkordanz. Mit seiner Kaze simpatisierte er, und bei dem Anblik eines arbeitenden Ochsen vergos er Tränen. Da ihm ein altes Pferd fiel, hielt er eine rührende Parentazion, und nie as er Fleisch, um sich nicht des Mords über ihn seufzender Kreaturen schuldig zu machen. (16)

Lesen hemmt die ordnungsgemäßen und gewohnten Abläufe der Arbeit. Faulheit, Seelenschwäche und Verweichlichung gehen mit dem Lesen einher, das so ganz und gar den utiliaristischen Prinzipien des Wirtschaftslebens und damit dem Ideal der Arbeit widerspricht. Diese Vorbehalte treffen sich mit jenen gegen das kindliche Spiel. Wie das Lesen steht das Spiel für die Masse der spätfeudalen Gesellschaft abseits jeder Zweckmäßigkeit und verfolgt keinen unmittelbaren praktischen Zweck. Das 18.Jahrhundert kennt noch keine ausgereifte Spielpädagogik und verkennt daher auch den Wert des Spielens als Bildungsfaktor. Die Bereitschaft, Spielen als Erholung zu interpretieren und auch zu tolerieren, sinkt mit dem Wohlstand der jeweiligen Gesellschaftsschicht.[17] Je größer die Armut, umso eher wird Spielen als Ablenkung von der Arbeit und damit als Müßiggang empfunden. Gleiches gilt für die Lektüre: Lesen hält nur von der Arbeit ab. Oft wird Lesen auch mit Arbeit gleichgesetzt, was eine Kritik gegen dessen Überbewertung impliziert. In Lenzens "Soldaten" läßt sich Marie von einer Magd wie folgt entschuldigen: "Sie sagt, sie hat zu tun, sie liest in einem Buch."[18]

Spielen ist ein lustbetonter Prozeß, der aus der Nachahmung lebt. Ähnliches gilt zum Teil auch fürs Lesen. Und genauso wie der Umgang mit Büchern für viele Zeitgenossen des 18.Jahrhunderts ein höchst bedenklicher war, so war auch das Spiel zu gewissen Zeiten als anrüchig verpönt.[19] Diese auffälligen Parallelen gehen mit der Theorie Huizingas konform, wonach sich alle menschliche Kultur aus dem Spiel entwickelt habe. Dichtung ist ihrem Ursprung nach nichts anderes als eine Form des Spiels: "Von allen Dingen steht nichts dem reinen Spielbegriff so nahe wie jenes urzeitliche Wesen der Poesie /.../."[20] In seinem 1908 publizierten Vortrag "Der Dichter und das Phantasieren" gesellt Sigmund Freud den fabulierenden Poeten zum spielenden Kind: Beide grenzen sich von der tatsächlichen Welt ab, beide investieren in ihre Tätigkeiten alle Leidenschaften.[21] Dieser Befund Freuds hat gleiche Gültigkeit für den Leser, wie ihn die Aufklärer fürchten - abgekapselt in einer Welt der Phantasie, über den vorgelebten Empfindungen der Kunstfiguren seine Pflichten und seine Verantwortung in der Realität vergessend, das Gelesene in seiner Einbildungskraft fortspinnend. Und interpretiert Freud das Phantasieren des Künstlers als "Ersatz- und Surrogatbildung",[22] die der Verzicht auf die ehedem erlebten Genüsse des kindlichen Spiels sublimieren soll, so gilt das auch für das Phantasieren des Lesers. Nur ist dies, anders als das künstlerische, ein unproduktives Phantasieren und demzufolge der Mißbilligung einer dem Nützlichkeitsdenken verpflichteten Gesellschaft preisgegeben.

- Bis an die Grenze der Diffamierung dringen die besagten Volksaufklärer, wollen sie die weiblichen Leser von den unheilvollen Folgen der Lektüre bewahren. Wie die Jugendlichen, so gehören auch die Frauen zur Kategorie besonders gefährdeter Leser. Eine Einschätzung, die zum Teil aus den Umschichtungen der Lesegewohnheiten im 18.Jahrhundert erwächst. Denn in verstärktem Ausmaß richtet sich Literatur an ein weibliches Publikum, insbesondere die Moralischen Wochenschriften: "There are none to whom this paper will be more useful than to the female world", schreibt Addison im "Spectator".[23] Die so wachsenden Möglichkeiten zur literarischen Ergötzung bieten der bürgerlichen Leserin Gelegenheit, zumindestens auf geistigem Wege dem oftmals eingegrenzten Lebensbereich zu entkommen - dem Kleinstadtmilieu, den Zwängen der Vernunftehe, der Einbettung in die feudale Gesellschaftsordnung. Der Geist sucht und nützt seine Chance, aus der Atmosphäre von Restriktion und Abhängigkeit auszubrechen: Kommunikationserweiterung als emanzipatorischer Vorgang. Das 18.Jahrhundert wird zur großen Zeit des Briefeschreibens, die dadurch gelieferte Möglichkeit zum Freisetzen seiner persönlichsten Gedanken zum Formprinzip einer Epoche - namentlich in Gestalt des Briefromans. Stellten früher ausladende Haupt- und Staatsaktionen für ein bürgerliches Lesepublikum zuwenig Angebot an Identifikation zur Verfügung, so erkennen die Leser in der empfindsam durchwirkten Welt des Romans neuer Prägung zunehmend ihre eigene Welt wieder. Richardson, Gellert, Sophie von Laroche, Jacobi: Exponenten der von der Damenwelt geschätzten und bevorzugten Lektüre, in der gesellschaftliches Ambiente und Lebenssituationen glaubwürdig zur Sprache kommen. Weniger glaubwürdig sind allerdings die darin auftretenden Tugendhelden, Muster an moralischer Vollkommenheit, doch bloß Ausgeburten dichterischer Phantasie. Viele Zeitgenossen sehen in dieser Verklärung männlicher Charaktere eine Gefahr für die unerfahrene Leserin, die nur allzu schnell bereit ist, die angelesenen Ideale in ihrer eigenen, durch die Lektüre verklärten Umgebung zu suchen. Aus dieser vielzitierten unschuldigen Neigung jugendlicher Leserinnen, Ideal und Wirklichkeit miteinander zu vermengen, resultiert das offenkundige Vorurteil der von den Stürmer und Drängern vorgeführten Vaterfiguren, die gegen die Lektürepräferenzen ihrer Töchter mit ungeheurer patiarchalischer Strenge einschreiten, als müßten sie den leibhaftigen Gottseibeiuns verscheuchen. Lektüre empfindet der wohlbehütete bürgerliche Kosmos als Störung. Die Grundsituation in vielen Dramen der Zeit: der gestrenge Herr Papa versus die heimlich lesende Tochter. Ängstlich versucht der Vater, sein Kind von der Umwelt abzukapseln. Er wirkt wie ein Gottvater, der Tyrannei und Liebe in sich vereint.[24]

Das Kernproblem der Lesesucht bei Frauen liegt aber woanders. Immer nur durch ihren Status innerhalb ihrer Familie definiert, gilt die Frau in ihrer Rolle als Tochter, Gattin oder Mutter in erster Linie als Mehrerin des häuslichen Wohls. Diesen vorgesteckten Horizont mittels Lektüre zu überschreiten, ist beinahe ein Sakrileg:

> Ein Frauenzimmer, welches sehr viel weiß, weiß gemeiniglich schon zuviel; über eine gewisse Gränze hinaus dürfen ihre Kenntnisse nicht gehen, wenn sie nicht eine Last der menschlichen Gesellschaft werden soll. (25)

Andachtsbücher, Kochbücher, Gartenbücher, Bücher zur Förderung der häuslichen Glückseligkeit - das sind die Lesereservate, in die sich die bürgerliche Hausfrau allenfalls zurückziehen darf. Kennzeichnend für den Geist der Zeit ist Ulrich Bräkers Empfehlung an seine Kinder: Nur bei den Söhnen bedauert er deren mangelnde Neigung zum Lesen; Hauptanliegen bei den Töchtern ist ihm die Erfüllung im Ehestand.[26] Und Goethe richtet mahnende Worte an seine Schwester Cornelia angesichts der Tatsache, daß sie sich über die wahre Welt offenkundig nur nebelhafte

Vorstellungen macht:

> Ferner mercke ich daß verschiedne Lecktüren deinen Geschmack in verschiednen Dingen mercklich verdorben haben, der denn wie der meisten Frauenzimmer Geschmack bigarrirt wie ein Harlekinskleid ist, deßwegen wollte ich dich bitten, das Jahr über das wir noch von einander seyn werden, so wenig als möglich zu lesen, viel zu schreiben; allein nichts als Briefe, und das wenn es seyn könnte, wahre Briefe an mich, die Sprachen immer fort zu treiben und die Haushaltung, wie nicht weniger die Kochkunst zu studiren, auch dich zum Zeitvertreibe auf dem Claviere wohl zu üben, denn dieses sind alles Dinge, die ein Mädgen, die meine Schülerin werden soll, nohtwendig besitzen muß. (27)

Lesende Frauen werden in der Gesellschaft nur geduldet, solange die tradierten weiblichen Tugenden nicht in Bedrängnis kommen. Der jäh auftretende Beigeschmack der Gelehrsamkeit stört die Männerwelt. Nur allzu leicht gerät das den Frauen aufgestempelte Ideal der Häuslichkeit im Gefolge des auffälligen Bildungsdranges durcheinander. Um dieser Gefahr vorzubeugen, wird zu den ungeheuerlichsten Mitteln gegriffen. Beispielsweise zum Bücherboykott: In dem bereits oben erwähnten Brief an Wilhelmine von Zenge berichtet Kleist, daß es in Würzburg unverheirateten Frauen nicht gestattet sei, sich in den Lesebibliotheken der Stadt Bücher auszuborgen.[28] Und wird den Frauen schließlich die Möglichkeit zur Lektüre eingeräumt, so geschieht dies nicht immer aus uneigennützigen Motiven. Zwar gibt es gemäßigte Aufklärer wie Johann Georg Heinzmann, der den Zweck der Lektüre vornehmlich in der Heranbildung von Herz und Geist des schwachen Geschlechts sieht, sogar von der Romanlektüre nicht prinzipiell abrät, sondern dem weiblichen Publikum einen unschädlichen Rest an Weltflucht zubilligt, solange dies jedoch nicht mit zu großer Gelehrsamkeit oder zu großer Empfindsamkeit wie im "Siegwart" oder im "Werther" geschieht.[29] Doch gibt es auch andere Volkserzieher, denen weibliche Bildung nur dann recht ist, wenn es darum geht, patriarchalische Würde in der Öffentlichkeit nicht durch mangelhaftes Verhalten anzukratzen. Ernst Brandes in seiner Schrift "Ueber die Weiber" aus dem Jahre 1787:

> Das Weib muß lesen, um die Unterredung ihres Mannes

> und seiner Freunde einigermaßen zu verstehen, um nicht durch den Ausdruck der höchsten Langeweile auf ihrem Gesichte diese oft zu unterbrechen. (30)

- Den teilweise irrationalen Auswüchsen der Lesewut versucht man mit aufklärerischer Vernunft zu begegnen. Ein Pädagoge und Philanthrop wie Johann Bernhard Basedow sieht in der Lesewut vorzugsweise eine Angelegenheit der Erzieher. In ihrer Verantwortung liege es, daß der Jugend nur 'rechtschaffene' Bücher in die Hand gegeben werden, sonst seien Religion, Moral, Vernunft und Zufriedenheit aufs höchste gefährdet. Ein entscheidender Schlag gegen die unvernünftige Lektüre könne mit der Einrichtung kommentierter Bibliotheken unternommen werden:

> Selbst Pamela, Clarissa und Grandison, bedürfen solcher Abhandlungen oder Anmerkungen, damit nicht so viele Thoren, Thörinnen und unglückliche Ehen dadurch werden, als bisher wirklich geschehen ist. (31)

Abgesehen von den konstruktiven Ideen in den Moralischen Wochenschriften des frühen und in den Abhandlungen und Pamphleten des späten 18.Jahrhunderts, in denen von der Art des richtigen Lesens oder vom Anlegen einer moralisch zweckmäßigen Bibliothek die Rede ist, fehlt es nicht an satirischen Vorschlägen. Dem Gedanken, die Lesesucht mit Impfungen eindämmen zu wollen, fehlt es sichtlich nicht an Unernst.[32] Und im "Roman meines Lebens" des Freiherrn Adolf von Knigge taucht schließlich jene radikale Endlösung auf, mit der letztendlich ein völliger Neuansatz in der menschlichen Erkenntnis erreicht werden kann: die Verbrennung aller Bibliotheken. Nur durch eine derartige "Hauptrevolution" könne die ewige Kreisbewegung der Welt im "Circul alter aufgewärmter Ideen" unterbrochen werden.[33]

Bibliomanie ist aber nur eine von vielen Manien, die zu jener Zeit kursieren. Die Graphomanie, die Scribomanie, die Criticomanie, die Tragicomanie[34] - sie alle sind Zeichen dafür, daß der Umgang mit Literatur immer mehr zur Sache der Massen wird. Die Neuartigkeit dieses Prozesses liefert den Zeitgenossen den Eindruck des Enthemmten, des Ungeordneten. Alles, was mit Literatur zusammenhängt, kann offenbar nur in exzessiven Ausmaßen betrieben werden.

Das Maß zur vernünftigen Dosierung ist abhanden gekommen.

Als Beispiel die Theaterwut: Die Argumente, die gegen den Besuch der Schaubühne ins Treffen geführt werden, gleichen aufs Haar den Anklagen gegen das Lesen. Hier wie dort wird die Fahne der Ziemlichkeit und der Moral hochgehalten. Der schlechte Ruf eilt im 18. Jahrhundert dem Theater voraus: Polizeiverordnungen behandeln die Schauspieler als anrüchiges Gelichter, das sorgsam von den wohlgeordneten Bahnen der bürgerlichen Lebenswelt ferngehalten wird.[35] Denn das Publikum besucht die Komödie nicht allein aus dem Grund, um ausschließlich den vom Podium herabrezitierten Worten zu lauschen; zuweilen wird die Schaubühne gar zum Rendezvousort. Nicht selten bahnen sich dort Beziehungen an: "Ich ging aus der Komödie und war betroffen, als ich fand, daß mir das Bild dieses jungen Mädchens überall folgte", gesteht Eugenio in Wielands "Don Sylvio" nach seiner ersten Begegnung mit der Schauspielerin Jacinte.[36] Wie Anton Reiser sich in das erotische Substitut seiner Bücherwelt zurückzieht, so verliert auch der verliebte Eugenio in der Folge jegliches Interesse am gesellschaftlichen Umgang:

> Ich entzog mich nach und nach allen Gesellschaften, Lustbarkeiten und Zerstreuungen, um des einzigen Vergnügens ungestört zu genießen, dessen jetzt mein Herz fähig war. (37)

Doch liefert das literarische Erlebnis hier nur den Vordergrund, das äußerliche Szenarium; der kausale Ursprung der Leidenschaft liegt im Außerliterarischen.

Nicht selten wird der Theaterbesuch zum Anlaß zuchtloser Ausschweifungen. In Klingers "Leidendem Weib" berichtet Baron Blum von Sauforgien und lasziven Exzessen nach der Vorstellung.[38] Und die aufgeführten Stücke tun auch das Ihre: Wie die im Übermaß genossenen Bücher pflanzen sie dem jungen Charakter gefährliche Gefühle und Leidenschaften ein -

> als da wär die Verstellung, der Hochmut, der Kleiderpracht, die Rache, die Eifersucht, die Heuchelei, und insbesondere die Liebe. (39)

Nicht minder anrüchig ist die Teilnahme an Liebhaberaufführungen, trotz allen Bildungswerts und Gemeinschaftserlebens. Sind diese Seiten der Amateurbühne auch anerkennenswert,

> so wird doch die ganze Seele so von den Gegenständen des Theaters eingenommen, die Gestalten Don Carlos, Egmont's, Rolla's, Romeo's drücken sich durch die veredelnde Darstellung so innig und tief ein, daß das ganze Wesen nur gar zu leicht einen romantischen Schwung erhält, durch den ein Weib unfähig wird zu seinem ordentlichen Berufe. (40)

Dieser Befürchtungen nicht genug, die Johann Ludwig Ewald in einem Bändchen zur Erziehung von Mädchen hegt. Beifall, Lob, selbst attraktive Kostümierung verführen zur Eitelkeit; das Zusammentreffen mit Männern bei Absprachen, Proben und Aufführungen führe sehr häufig zu Herzensverwirrungen.

Das Unbehagen, das die Schaubühne hervorruft, hat im Grunde genommen dieselbe Wurzel wie das Unbehagen vor den Büchern. Theaterwelt wie Bücherwelt unterliegen im 18.Jahrhundert ziemlich radikalen Umstrukturierungen, die sie stärker in den bürgerlichen Kosmos einbinden. Einzelnen Bühnen gelingt es, in den Städten seßhaft zu werden - "für die Sozialstruktur des Theaters ein Abschnitt von unabsehbarer Bedeutung."[41] Das Theater als fixe Institution wurde dadurch auch dem Bewußtsein des Bürgers präsenter. Außerdem konnte er verfolgen, wie seine Gesellschaftsschichte der Bühne in verstärktem Maße neue Inhalte zur dramatischen Gestaltung liefert. Das Interesse und die Neugier, die dem Theater und den Büchern seitens des Bürgertums entgegengebracht werden, fördern deren Eindringen in die bürgerliche Alltagswelt.

Gerade diese Okkupation ruft aber auch Widerstände hervor. Wie die Polemik gegen die Bücher, so richtet auch die Polemik gegen das Theater das Hauptgewicht ihrer Argumentation auf das bedrohte sittliche Heil der Jugend, insbesondere des weiblichen Geschlechts:

> /.../ So lange die Stücke nicht mit sorgsamer Hinsicht auf Sittlichkeit gewählt werden, so lange können sie unmöglich ganz unschädlich seyn. Zum Glück, daß sie meist nicht gut genug sind, um nur irgend etwas wirken zu können. (42)

Ersetzt man in diesem Passus den Begriff 'Stück' durch den Begriff

'Buch', so sieht man, wie austauschbar die ideologischen Leitlinien der Traktate gegen die Lesewut und gegen das Theater sind. In beiden Fällen Angst vor moralischer Zerrüttung, in beiden Fällen aber auch Angst vor der Volksverdummung:

> Seit das Komödiantenwesen in Teutschland eingerissen ist, /.../ hat die Philosophie einen Stos bekommen. Die Hörsäle stehen leer, und alles rent nach dem Theater. Die herrlichsten philosophischen Schriften vermodern, und nichts als Theatermist wird gelesen. /.../ Anstatt über Aristoteles Organon zu lesen, erklären sie den Plautus und Aristophanes. Kurz wir werden es bald erleben, daß aus allen unsern jungen Herrn nichts als Komödianten werden. (43)

Die ökonomischen Interessen jener Leute, die Literatur unters Volk bringen, laufen den Idealen der Aufklärer entgegen. Der Bildungspessimismus, der hier hervorbricht, geht zu Lasten jener Verleger, für die alleine Romane und Komödien publikationswürdig sind, die Philosophisches schon a priori unter den Passiva rubrizieren. Das Nützliche, das einem entgeht; das Schädliche, dem man nicht entgeht: Diese beiden Vorbehalte bleiben gegen die Literatur bestehen, ob nun als Buch gelesen oder auf der Bühne miterlebt. Jedoch nur gegen eine Sorte Literatur, die in ihrer ästhetischen Qualität und in ihrem sittlichen Gehalt ein gewisses Niveau nicht zu erreichen imstande ist.

(III) DIE BEWERTUNG DES LESENS

Die Begriffe 'Lesesucht' und 'Lesewut', mittels derer das unmäßige Verlangen des Publikums nach Büchern sprachlich charakterisiert wird, zielen unmittelbar auf den Zustand von Körper und Seele. Über den bloßen 'Lesehunger' hinausgehend, haftet ihnen etwas von einer krankhaften Abhängigkeit an. Der Lesesüchtige ist wilder, ungezügelter als der Lesehungrige; er unterliegt dem inneren Zwang, seine Existenz der Anschaffung und dem Genuß von Büchern zu unterwerfen. Lesen als Droge gewinnt die Priorität über alle anderen Bedürfnisse des Lebens.

Wenn ein Lesewütiger wie Anton Reiser vor lauter Lesen sogar aufs Essen vergißt, so nur deshalb, weil der Lektüre selbst dabei alle Attribute eines Nahrungsmittels zugesprochen werden. Der geistige Prozeß literarischen Rezipierens wird dadurch auf eine sinnliche Ebene verlagert, gewinnt etwas Konkretes, Gegenständliches. Vor allem Texte, die sich vom Leser nicht durch ihre hoheitsvolle Kühle distanzieren, verfügen über jene - oft lästig werdende - Körperlichkeit. Gemeint ist hier trivialer Kitsch, der aus der direkten Attacke auf die Gefühlswelt des Individuums lebt, dessen Aufdringlichkeit - nach den Worten von Ludwig Giesz - "auf den spezifischen Sog der Subjekt und Objekt vermanschenden Genüßlichkeit selbst zurückzuführen" ist.[1] Dank seiner "Gewebefreundlichkeit" rückt das ästhetisch Wertlose dem Leser unverfroren auf den Leib, sodaß er sich nur umständlich davon freimachen kann: Kitsch ist klebrig.[2] Und seine Penetranz schier allgegenwärtig.

Die sprachlichen Parallelen, die Bilder und Vergleiche, mit denen Lesen und Essen einander gegenübergestellt werden, konzentrieren sich hauptsächlich auf das Bedürfnis, die Aufnahme, schließlich auf die dem Übermaß des Genusses folgenden Störungen. Lichtenberg konstatiert:

> Nichts erklärt Lesen und Studieren besser, als Essen und Verdauen. Der philosophische eigentliche Leser häuft nicht bloß in seinem Gedächtnis an, wie der Fresser im Magen, da hingegen der Gedächtnis-Kopf mehr einen vollen Magen, als einen starken und

> gesunden Körper bekömmt, bei jenem wird alles was er liest und brauchbar findet, dem System und inneren Körper, wenn ich so sagen darf, zugeführt, dieses hierhin und das andere dorthin, und das Ganze bekommt Stärke. (3)

An anderer Stelle spricht Lichtenberg der Lektüre wiederum jegliche Fähigkeit ab, ein beständiges System im menschlichen Geist zu konstituieren. Die Flüchtigkeit des Leseeindrucks korrespondiert mit der Flüchtigkeit leiblicher Genüsse:

> Ich vergesse das meiste was ich gelesen habe, so wie das, was ich gegessen habe, ich weiß aber so viel, beides trägt nichts desto weniger zu Erhaltung meines Geistes und meines Leibes bei. (besser) (4)

Gemeinhin sind die Folgen des - insbesondere hemmungslos ausgeprägten - Leseappetits gravierenderer Natur. Kernproblem in der Konfrontation mit dem Lesehunger ist für die besorgten Zeitgenossen die Art, wie Literatur wohl verdaut werde. So hegt der Doktor in Timmes "Ziprianus Kurt" schwere Befürchtungen ob der Gesundheit seiner bibliophilen Patienten:

> /.../ Sie /die empfindsamen Bücher/ zur einzigen und beständigen Narung des Geistes zu machen wär eben so viel, als Zukerbrod und süses Bakwerk zur einzigen und beständigen Narung des Magens zu machen. (5)

Nicht nur Speisen, auch Getränke müssen für sprachliche Bilder herhalten. Dem Vielleser wird damit das Konnotat des abgebrühten Alkoholikers beigegeben:

> Aber man liest nun mehr und öfter und die Seele gewöhnt sich an starke Ausdrüke wie an starke Getränke. /.../ Man liest jeden um sagen zu können, ich habe sie alle gelesen. (6)

Immer, wenn die Beziehungen zwischen Lesen und Essen mehr oder weniger subtil in den Text eingearbeitet sind, wird eine machtvolle Chiffre herbeizitiert, die darauf hinweisen soll, daß Lektüre keineswegs eine hermetisch auf das Geistige beschränkte Handlung ist. "Lesen, so vermute ich, ist etwas Körperliches", äußert sich Peter Bichsel in seinen Frankfurter Poetik-Vorlesungen.[7] Für ihn ist der hohe Status, den die Gesellschaft dem Lesen und Lesen-Können einräumt, angesichts der potentiellen Gefährdung von Geist und Körper höchst fragwürdig: Lesen führt im Extremfall zu psychosomatischen Reizungen und Überreizungen, gar zu Rauschzuständen, fordert vom Schlaf, vom Essen, von der Verdauung bedingungslose Unterordnung. Lesen ist gleichzeitig aber auch der Eintritt in eine Gegenwelt, die dem Leser geistige Arbeit abverlangt, ihm Energien abringt, die ihm dann bei der Bewältigung realer Anforderungen fehlen, ihn schutzlos den Gefahren des Alltags aussetzen. Bichsel leistet damit Ähnliches für sein Jahrhundert wie die Lesekritiker der Aufklärung für das ihre: nämlich den Denkanstoß für eine kritischere Bewertung des Lesens zu geben, fernab von jeder bildungsoptimistischen Pauschalierung als nützliche Kulturtechnik.

Im besonderen sind es die mit plumpen Schematismen und gefälliger Einfalt angereicherten Elaborate trivialer Ausprägung, die vom Publikum gierig aufgesaugt werden. Es liegt im Wesen des Geschmack-losen, daß man es ohne Überdruß oder Abneigung in großen Mengen zu sich nehmen kann, daß es sich erst dann auffällig bemerkbar macht, wenn man es sich bereits in großen Portionen einverleibt hat. Im 18.Jahrhundert sind das vorzugsweise Romane, und Romane werden - wie Walter Benjamin meint - grundsätzlich anders gelesen:

> Nicht alle Bücher lesen sich auf gleiche Art. Romane zum Beispiel sind dazu da, verschlungen zu werden. Sie lesen ist eine Wollust der Einverleibung. Das ist nicht Einfühlung. (8)

Eines ist zu bedenken: der Begriff 'Roman' bedeutet für die Zeitgenossen Benjamins etwas ganz anderes als für die Zeitgenossen Goethes. Über keiner anderen Gattung sammelte sich im 18.Jahrhundert so konzentriert der Fluch der Literaturkritik. Zwar wurden die Eigenheiten der Gattung in Friedrich von Blanckenburgs "Versuch über den Roman" im Jahre 1774 als erste deutsche Romantheorie dargelegt, zwar wurden darin die Romane Richardsons verurteilt und der Entwicklungs- und Bildungsroman zum zukunftsweisenden Muster erhoben, doch blieb in weiten Kreisen das Mißtrauen gegen den Roman ebenso bestehen wie die florierende zeitgenössische Romanindustrie in ihren empfindsamen, sentimentalen und heroisiernden Erzeugnissen die Punkte Blanckenburgs ignorierte. Marion Beaujean hält diese Polemik, die im Roman die Verkörperung allen Literaturunfugs sieht, entscheidend für sein weiteres Schicksal in Deutschland. Anders als in England oder in Frankreich weist die deutschsprachige Kritik ständig auf die der Gattung immanente Divergenz von hohem ästhetischen Anspruch einerseits und weitgehender Popularisierung andererseits hin.[9]

Die Schriftsteller der Aufklärung kategorisieren in ihren kritischen Ausführungen die Leser nach drei Gesichtspunkten ihrer Unvernunft - in die erste Gruppe fallen die übertrieben Frommen, in die zweite die übertrieben Gelehrsamen, in die dritte schließlich die übertrieben dem Roman Zugewandten.[10] Der Roman stellt der Polemik gegen das Lesen ihre bevorzugte Zielscheibe zur Verfügung. Für Herder besteht er in der Hauptsache aus "verflochtenen Liebeständeleien" und "idealischen Träumen außer der Natur."[11] Die gleichen Ursprünge haben die Befürchtungen der schottischen Dichterin Anne Grant:

> The great danger of novel reading, is a restless desire to be seen and admitted, kindled by the surprising adventures of the heroines, the wonderful events which the admiration excited by their beauty produces, and the splendid destiny which generally awaits them. (12)

Neben der Unnatürlichkeit, die das Er-Lesene nicht immer erlesen macht, wird den Romanen gelegentlich auch die Sprachverschlampung zum Vorwurf gemacht. Galante Romane fördern den Vormarsch französischer Modevokabel, welsches Geklingel droht die deutsche Sprache zu unterminieren.[13] "Die vermaledeyten französischen Bücher mit ihren zärtlichen Frazzen machen dich toll", warnt in Neugebauers "Teutschem Don Quichotte" eine besorgte Mutter ihre Tochter.[14] Zu französisieren, sich mit fremdartigen Ausdrücken und Wendungen zu schmücken, wirkt als modische Gebärde. Nicht umsonst beweisen die deutschen Autoren galanter Romane wie Talander, Menantes oder Meletaon[15] mit dem Annehmen eines exotisch wirkenden Nom de plume, daß sich das Interesse des Publikums vornehmlich auf das Flair des Fremdartigen richtet.

Der Roman verwandelt den Kampf der Aufklärung gegen die Un-Bildung in einen Kampf gegen die Ver-Bildung.[16] 'Romanhaft' wird zum Schlüsselwort einer Epoche, das immer dann Anwendung findet, wenn man es mit Affektationen oder Verhaltensweisen zu tun bekommt, die eher ihren Platz in Büchern als in der Wirklichkeit zu haben scheinen. Weil der Roman zur Nachahmung verleitet, sollte natürlich besonders auf die jugendliche Leserschar fürsorglich ein Auge geworfen werden:

> Das schönste Kind in seiner Blüte
> Bekommt nur ein Romangemüte,
> Worin ein schlaffer Mondsinn schleicht.
> Das fade Zeug nimmt sie zu Herzen
> Und liebt bei Sternenglanz und Kerzen
> Den ersten, den ihr Aug erreicht. (17)

Immer wieder werden in der Dichtung Bedenken gegen die 'romanhafte' Ausschmückung der Wirklichkeit laut. Vielfach ist es nicht nur die Absurdität des Unterfangens allein, die Romanwirklichkeit als eigene Erfahrung inszenieren zu wollen, was kritische Stimmen laut werden läßt; sondern auch die Angst vor der Gefahr, wenn Romane tatsächlich mit allerletzter Konsequenz nachgespielt werden sollten.

> Aber liebes Mädchen! ich denke nur, die Romans lassen sich bequemer lesen, als spielen. Und die Romans aus der wirklichen Welt nehmen immer kein sogar gutes Ende, wie die geschriebenen, wo es dem Autor am Ende nur einen Bogen Papier kostet, um alles um sich herum glücklich zu machen. (18)

Es gilt als höchst schick, sein Lesen in der Öffentlichkeit zu zeigen. Gibt es doch Ausweis über den Status des Bücherfreundes, dessen Zeit und dessen Geld es ihm offenkundig erlauben, sich in dieser spezifischen Art des Müßiggangs zu präsentieren. Daß den Romanleser angesichts einer Sorte Literatur, die ihn zum lockeren Leben verführen oder ihm zumindestens sündhafte Gedanken und Triebe einpflanzen könnte, das schlechte Gewissen beschleicht, ist für die frühe Lesekritik der Moralischen Wochenschriften vorerst noch kein Thema. Dieses Moment, das Martens für die Literatur der Aufklärung als zuwenig didaktisch einstuft, wird erst in der Lesediskussion gegen Ende des Jahrhunderts akut.[19]

Das widernatürliche Empfinden, das den Romanen in erster Linie zur Last gelegt wird, verzerrt das Bild der Wirklichkeit - verkleinert die wahren Probleme, bläht Nichtigkeiten auf:

> Jedes Gefühl unter dem Mikroskop betrachtet läßt sich durch ein Buch durch vergrößern. /.../ Meine Hand im Schlaf auf eine Falte eines seidenen Vorhangs geschlagen, diese Empfindung kann zu einem Traum aufwachsen und blühen dessen Beschreibung ein Buch erfordert. (20)

Grundvoraussetzung dafür, daß die Gefühle der Romanhelden die der Leserschaft erschüttern können, ist die entsprechende seelische Disposition des Publikums. Die Menschen des 18.Jahrhunderts lassen ihren Empfindungen freien Lauf, zeigen offen Wehmut, Panik, Tränen. Jung-Stilling erzählt während einer Rheinfahrt wildfremden Menschen von der Krankheit seiner Braut; so wie Goethe, der kurz zuvor mit dieser Geschichte konfrontiert worden ist,[21] kullern jetzt auch diesen Leuten "helle Thränen" von den Backen herab.[22] Ans Krankhafte grenzt es, wenn die mitreißenden Predigten des Pastors P. die Phantasie des jungen Anton Reiser in einem solchen Grad erregen und anheizen, daß er "ein unaussprechliches Vergnügen an der wehmütigen Empfindung" findet. Die "Wonne der Tränen" ist ihm "mehr wert als aller anderer Lebensgenuß, er hätte Schlaf und Nahrung darum gegeben."[23] Keine Gelegenheit zum herzhaften Weinen bleibt somit ungenutzt.

Der empfindsame Mensch verschreibt sich ohne Einschränkungen oder Hemmungen allem Erzählten oder Geschriebenen. Hat er sich fremden Erfahrungen einmal ausgeliefert, so kennt seine Anteilnahme kein Halten mehr. Kein Wunder, wenn sich angesichts solcher Rezeptionsvoraussetzungen allerorten gegen das Lesen rühren. Einige Werke, die der Beförderung der Melancholie besonders dienlich sind, stehen bereits derart in Verruf, daß allein die Nennung ihres Titels bei unbeteiligten Personen abwehrende Emotionen aufkeimen läßt.

"Da sey Gott ihr gnädig", entfährt es dem sonst gar nicht so frommen Lieutenant von Hasenpoth in Wagners "Kindermörderin", als er von Evchens neuer Lieblingslektüre erfährt:[24] Edward Youngs "Night Thoughts", im 18.Jahrhundert das Vademecum des Empfindsamen und noch bei Edgar Allan Poe der Inbegriff für melodramatischen Schmerz.[25] Die Hauptgefahr lauert nach wie vor in der Romanlektüre:

> Das ernste Studium der Alten, und der Philosophie hat in unsern Tagen sehr aufgehört. Unsere jungen Leute treiben nicht viel Reelles mehr, und verschwenden jetzt einen großen Theil der Zeit, welcher zu richtiger Ausbildung ihres Verstandes angewandt werden sollte, mit Lesung matter, empfindsam geschriebener Romane, die den Geist erschlaffen und ihren Emfindungen eine schiefe, idealische Richtung geben. (26)

Man versammelt sich in bibliophilen Zirkeln, um zur Lektüre sentimentaler Geschichten die Taschentücher zu zücken. Ungezügelte Tränenseligkeit befällt die Gemeinde, vernimmt sie etwa von den freudlosen Schicksalswegen des Millerschen Siegwart:

> Sie lasen und hörten weiter, und Alle waren für lauter Empfindung ganz weg. Ihre Augen wurden nach und nach nas; einzelne Tränen träufelten herab; endlich wurden Ströme daraus, und die ganze Gesellschaft sas da mit zusammengeschlagenen Händen, und batete sich für lauter Empfindung in Tränen. (27)

Nicht bloß die Lektüre in versammelter Gesellschaft leistet dem Tränenrausch Vorschub, auch die einsame Natur, in die sich Leser zurückziehen, um dort mit ihrem Buch und ihren Gefühlen allein sein zu können. Der Freiraum der Natur liefert den Freiraum der Empfindungen, die sich dadurch umso spontaner artikulieren können. Thomas Koebner führt dieses Leseritual bis in die Antike zurück: Die Landschaft stellt im Gegensatz zur Stadt jenen Bereich dar, in dem sich das Individuum aller Pflichten entziehen kann; in dem es sich von der Betriebsamkeit der Welt abwenden und eine Gelegenheit zur Introspektion wahrnehmen kann. Dieser "Dreiklang Einsamkeit, Landschaft, Lektüre"[28] wird im 18.Jahrhundert erneut angeschlagen. Ein Beispiel unter Dutzenden: Eine Szene aus "Das Nadelöhr", einer moralischen Erzählung von August Heinrich Julius Lafontaine, dem Lieblingsautor Friedrich Wlihelms III. von Preußen. Susanne, die Heldin, liest im Walde gefühlsüberladene Liebesgedichte und wird dabei von einem jungen Mann namens Sorben beobachtet und belauscht. Die larmoyante Emphase, die die Leserin bei ihrer Lektüre befällt, überträgt sich dabei wie bei einer ansteckenden Krankheit binnen weniger Augenblicke auf den Lauscher:

> Auf dem Schooße des Mädchens lag ein Buch. So viel er durch die Blätter von ihrem Gesichte sehen konnte, war sie in großer Bewegung. Er sah, daß ihre Hand sich mit dem Tuche nach dem Gesichte hob; es schien, als ob sie sich die Augen trocknete, und der Seufzer, den er gehört zu haben glaubte, machte ihm das wahrscheinlich.
>
> /.../
>
> Sein Herz schlug ungestüm, und seine Phantasie verwirrte sich. In diesem seltsamen Taumel, in dieser ihm alle Besinnung raubenden Überraschung wollte er sich dem Mädchen zu Füßen werfen. Er breitete schon die Arme aus; da las sie: "sag' es mit einem durchdringenden Ach!" in einem Tone, als ob sie <u>ihm</u> läse. Das Schluchzen ihrer Stimme drang bis an das feinste Gewebe seines Herzens. Er sah, daß ihr Busen in großer Bewegung sich hob, als sie die Worte las: "sag' es mit einem durchdringenden Ach!" und ohne Besinnung rief er laut: Gott! Gott! (29)

Lektüre schlägt sich auf Herz, Hirn und Lungen - ein Symptom dafür, daß Lauscher und Belauschte völlig im Gelesenen aufgehen. Daß solch wonniglich genossene Bäder in der Rührseligkeit zum Spott reizen, ist einsichtig. In Goethes 1778 in Weimar aufgeführter Satire "Der Triumph der Empfindsamkeit" wird mit den überdrehten Lektüreerlebnissen gründlichst abgerechnet. Prinz Onoraro, vom Spleen der Empfindsamkeit besessen, versetzt sich auf zweifache Art in rührselige Aufwallung: Einmal führt er auf seinen Reisen Unmengen von Gepäcksstücken mit sich, die die Accessoires für empfindsame Szenerien beinhalten. Anmutige Quellen, Vogelgezwitscher, Mondschein - ein ambulanter Locus amoenus handlich als "Reisenatur" verpackt.[30] Dem nicht genug: Für seine sentimentalen Herzensangelegenheiten hat der Prinz eine Puppe zur Verfügung, in deren Inneren sich zwischen dem Schnittstroh allerlei gefühlvolle Bücher finden. Rousseaus "Nouvelle Heloise", der "Siegwart", selbst Goethes eigener "Werther" bilden die eigentliche Seele der Figur. Und schon erhebt sich die warnende Stimme des Königs: "Ihr Kinder, da sei Gott vor, daß ihr in das Zeug nur einen Blick tun solltet."[31] Alles in allem eine vertraute Konstellation: Das erfahrene Alter fühlt sich verantwortlich dafür, was die Jugend liest; fühlt sich weiters zum Eingreifen aufgefordert, wenn sich schlimme Folgen am Horizont abzuzeichnen beginnen. Als eines der Hoffräulein einwirft, daß diese Bibliothek doch auf angenehme Weise die Nacht verkürzen könnte, doziert der König: "Es ist wahrlich zu eurem Besten, ihr Kinder! Ihr glaubt's nicht, aber es ist wahrlich zu eurem Besten. Nur ins Feuer damit!"[32]

- Weniger satirisch überzogen waren freilich die sachlichen Ansätze im Gebrauchsschrifttum. Ein Publikum, bei dem die Erschütterungen der Lektüre derart massiv nachzittern, muß in erster Linie dazu angehalten wedden, ein distanzierteres Verhalten zum Buch zu gewinnen, seine Leseweise einer kontrollierenden Ratio zu unterwerfen. Der unmündige Leser muß mündig gemacht werden. Daß höchste Not am Manne ist, klingt aus zahlreichen Stimmen der Zeit. Herder spricht 1778 vom "dürftigen Zustande der <u>Leserei</u>"[33] und untermauert diesen Befund mit der Forderung: "Gebt uns /.../ andre Leser und Leserinnen /.../."[34] Wieland opponiert 1781 gegen die Oberflächlichkeit des Lesepublikums mit den Worten: "Aber gleichwol wäre zu wünschen, <u>daß die Leute besser lesen lernten</u>."[35] Lichtenberg äußert sich zu mehreren Anlässen darüber, daß die bloß an trivialer Kost geschulte Leserschaft anspruchsvolleren Werken eher hilflos ausgesetzt sei: "Ich glaube, daß von 50 die den Homer schön finden ihn kaum einer versteht /.../."[36] Oder in dem berühmten Aphorismus: "Wenn ein Buch und ein Kopf zusammenstoßen und es klingt hohl, ist das allemal im Buch?"[37]

Beständig unterrichteten die Moralischen Wochenschriften von der 'richtigen' Art der Lektüre, betonten die vernünftige Auswahl und den anspruchsvollen geistigen Gehalt der Texte. Unvernünftige Leser wurden der Lächerlichkeit preisgegeben. Dadurch erhöhten sich das Überlegenheitsgefühl und das Bewußtsein der Zusammengehörigkeit bei den 'richtigen' Lesern.[38] Einem Volk, dem die Fähigkeit des richtigen Lesens abhanden gekommen ist, ist auch die Fähigkeit zum richtigen Urteilen abhanden gekommen. Nur wenn man es auf einen Mittelweg zwischen reiner Poesie und reiner Philosophie, zwischen Genuß und Erkenntnis zurückführt, kann man - so Goethe - den Leserausch zur Lesekunst umwandeln.[39] Am 13.Juni 1819 schreibt er an den Weimarer Hofrat Johann Friedrich Rochlitz:

> Es gibt dreierlei Arten Leser: Eine, die ohne Urteil genießt, eine dritte, die ohne zu genießen urteilt, die mittlere die genießend urteilt und urteilend genießt; diese reproduziert eigentlich ein Kunstwerk aufs neue. (40)

Wobei Goethe freilich vermerkt, daß die zuletzt angeführte Klasse zahlenmäßig am geringsten sei.

Aus der Feder des Journalisten, Publizisten und Übersetzers Johann Adam Bergk stammt das 1799 erschienene Werk mit dem Titel "Die Kunst, Bücher zu lesen". Es ist eine Apologie des Lesens. Lesen - so Bergk - tauge generell dazu, um Mündigkeit, geistige Beweglichkeit, Erkenntnisse zu vermitteln. Grundvoraussetzung zum Lektüregenuß sei aber eine intakte Phantasie:

> Das Buch,das wir lesen, darf uns nicht als Sklaven behandeln, sondern wir müssen als freies Wesen über seinen Inhalt herrschen. (41)

Daraus spricht die Polemik gegen unreflektierte Vielleserei, insbesondere gegen schlechte Romane. Doch selbst aus den elendsten Beispielen dieser Gattung läßt sich ein intellektueller Gewinn ziehen. Das dreizehnte Kapitel gibt unter der Überschrift "Wie muß man schlechte Romane lesen, und welchen Nuzzen hat die Lektüre derselben?"[42] dem Romanfreund Anleitung zu gewinnbringender Lektüre. "Was schlechte Romane uns an Wahrheit und Wohlgefallen verweigern, das erkämpfen wir selbst", verkündet der Autor optimistisch. Schlechte Bücher haben ihre Existenzberechtigung als schlechte Beispiele. Je unbeholfener, öder und wirklichkeitsfremder ein Roman verfaßt ist, desto mehr sollte der Leser die Verpflichtung fühlen, in der literaturkritischen Reflexion den Umweg über die Verfälschung zur Wahrheit hin einzuschlagen. Allerdings ist das bloß eine Sache für bereits geschärfte Geister, denn wie ein Raubtier das Schwächste aus einer Herde schlägt, so bemächtigen sich auch verderbliche Bücher am ehesten naiver Seelen:

> Junge Gemüther, deren Verstand und Geschmack noch keine Selbstthätigkeit errungen, und keine Festigkeit erkämpft hat, müssen ein solches für sie gefährliches Wagstück nicht unternehmen, weil ihnen die Strafe auf dem Fuße nachfolgt, und weil ihr Geist eben so verzerrt und widerlich wird, als das Buch, das sie lesen. (43)

Leichter zu umreißen als bei den fiktionalen Texten der Dichtkunst ist das vom Verstand kontrollierte Lesen dort, wo das 'prodesse' auffällig im Mittelpunkt steht, bei Texten, die Wissen und Informationen vermitteln wollen. In einem seiner Aphorismen legt Lichtenberg jene hermeneutischen Schritte klar, die der vernünftigen Lektüre eigen sind. Wohl bezieht er sich in erster Linie auf Texte wissenschaftlich-philosophischer Natur, wenn er die sinnfällige Verknüpfung des Gelesenen mit dem bereits vorhandenen Wissen als grundlegend für eine gewinnbringende Form der Lektüre betont. Mit der Systematisierung des Faktenwissens ist es aber noch nicht genug. Denn zur Optimierung des informatorischen Lesens gehört auch noch ein weiterer entscheidender Schritt: das Aneignen einer Methode. Nicht allein aus dem Inhalt des Gedankens wird gelernt, sondern aus dessen Form. Der Leser wird eingeladen, den Schleichpfaden wissenschaftlicher Überlegung nachzuwandeln, über das Denken selbst nachzudenken. Gerade diese Einsichtnahme in die gelehrten Taktiken erlaubt es nicht, sich 'Büchern von Stümpern' zu widmen, die die Erfüllung jenes Anspruchs ihrer unoriginellen, auf das schematisierte Kopieren ausgerichteten Schreibart wegen versäumen.[44]

- Die bisherigen Ausführungen haben gezeigt, daß die Polemik gegen das Lesen keineswegs eine Polemik gegen das Lesen im allgemeinen ist, sondern in ihren Stoßrichtungen ebenso heterogen ist wie das Publikum. Gerade die Verschiedenheit der Leserschaft verhindert die pauschale Aburteilung.Lektüre wird nur dann als gefährlich eingeschätzt, wenn sie entweder im Übermaß oder mit Unvernunft genossen wird. Daher fehlt es auch nicht an Konzepten und Anleitungen, die das Lesen als einen von der Vernunft gesteuerten Prozeß beschreiben. Die Kritik wird durch die Extremfälle mobilisiert, der Wert der Kulturtechnik Lesen selbst steht unerschütterlich fest. So unterschiedlich die Ausrichtung der jeweiligen Argumentationen auch ist, nie ergeht sich das theoretische Schrifttum in einseitiger, allumfassender Verdammung, nie fordert es ernsthaft den Rückschritt zum Analphabetismus. Zwar mögen die im einzelnen angeführten Nachteile schwerer wiegen als die Vorteile, doch liegt das Grundübel nicht in der Tatsache, daß gelesen wird, sondern darin, wie und was gelesen wird.

Gegen Ende des Jahrhunderts gewinnt das Lesen durch die revolutionären Ereignisse in Frankreich eine neue Dimension. Die politische Wirklichkeit rückt ein etabliertes Phänomen in ein neues Licht. Robespierre erklärt, daß die "Encyclopédie" das Einleitungskapitel zur Revolution gewesen sei - das veranschaulicht, wie sehr Intellektualität und Politik nunmehr miteinander verknüpft sind. Die Literatur der Zeit spart nicht mit der Darstellung von Not, Unglück und Ungerechtigkeit. Die rationale Präsentation des Gegenwärtigen schärft die Kritikfähigkeit des Lesers für Zeitfragen, sensibilisiert ihn für die Diagnose seiner gesellschaftlichen Position, zugleich aber auch für die potentielle Veränderbarkeit derselben. Bücher arbeiten als Werkzeuge, die die verfestigten Mechanismen von Herrschaft und Untertänigkeit aus ihrer Erstarrung zu lösen vermögen.

Die Aufmüpfigkeit des Lesers war freilich nichts Neues mehr. In der Literatur hatte sie sich bereits als Topos eingenistet. Allein schon aus der Tatsache, daß der Leser seine Lektüre oftmals vor elterlichen oder herrschaftlichen Autoritäten verbergen muß, spricht eine Form des Widerstandes. Nicht selten geht diese heimliche Art der Opposition über in eine offen zur Schau getragene; der Lesende vernachlässigt seine Pflichten und wird, wie die beständig lesende Magd in Fieldings "Tom Jones", "very pert and obstinate".[45] Witterte der Zeitgeist im zwecklosen Tun des Lesens zunächst eine Spur von Freiheit, die nicht in sein Konzept paßte, so wirkten lesende Massen in Zeiten umstürzlerischer Massenbewegungen umso beunruhigender. Das Bild des Publizisten oder des Schriftstellers, der um 1770 noch als Gelehrter oder als Originalgenie gesehen wurde, wandelte sich mancherorts zu dem des Demagogen. "Hungriger, greif nach dem Buch: es ist eine Waffe", formulierte Brecht eineinhalb Jahrhunderte später.[46] Die Erkenntnis, daß Literatur den unteren Ständen zur Bewußtwerdung ihrer Unzufriedenheit verhelfen könne, daß mittels der Literatur sogar ein veränderndes Eingreifen in den Gang der Weltgeschichte möglich sei, mobilisierte die Exponenten der Reaktion zur Attacke auf Buchdruck, Schriftstellerei und Lektüre.

Die von der Literatur mitinitiierte Revolution blieb in Deutschland jedoch aus. Die wirtschaftliche, politische, religiöse und rechtliche Zersplitterung, der Untertänigkeitsglaube der Lutheraner, nicht zuletzt die Schwäche des dritten Standes machten die Ereignisse von Frankreich für die Deutschen unwiederholbar. Am Ende des Jahrhunderts macht Hölderlin, noch immer der erhofften Veränderung harrend, seinen Landsleuten den Vorwurf, "thatenarm und gedankenvoll" zu sein, keinen Entschluß zur Umgestaltung der Gegenwart fassen zu können, gipfelnd in der Frage: "Leben die Bücher bald?"[47]

An dem Problem, ob die politischen Schriftsteller des ausgehenden 18.Jahrhunderts tatsächlich in der Lage waren, die Massen aus ihrer Lethargie wach zu rütteln, haben sich in den letzten Jahrzehnten die unterschiedlichsten Lehrmeinungen entzündet. Vor allem aber an der Frage, ob alle Polemik gegen das Lesen in Wahrheit eine Polemik gegen das politische Lesen gewesen sei. Lesekritik als Prophylaxe gegen einen möglichen Umsturz? Rudolf Schenda sieht in seiner grundlegenden Arbeit "Volk ohne Buch" die Wirkungsmächtigkeit von Literatur auf politischem Sektor als weit überschätzt an. Jene Ausrichtung der Forschung, die sich auf die Ängste der Lesekritiker stützt, stütze sich in Wirklichkeit auf die Übertreibungen einer konservativen Propaganda, die die Veränderungen in der literarischen Produktion und Rezeption zu einem für Staat und Individuum bedrohlichen Monstrum aufbläht, um dadurch einer Gefährdung eingespielter gesellschaftlicher Strukturen seitens einer fortschreitenden Emanzipation der Massen Einhalt zu gebieten.[48]

Schendas Theorie von der publizistischen Abschreckung ist vielfach angegriffen worden. Von marxistischer Seite kommt der Einwand, daß das Bildungsprivileg der Alphabetisierung allein noch kein ausreichender Grund sei, um damit revolutionäre Bewegungen zu erklären. Sinkende Buchpreise, verbesserte Distribution und wachsende Lesekenntnis seien trotz ihrer zweifelsohne vorhandenen Relevanz weniger bedeutsam als die Wirkung 'operativer Genres' wie Lied, mündlich vorgetragenes Gedicht, Agitationsvers und ähnlichen literarischen Formen, deren Rezeption nicht vom Leseakt abhängig ist. Politisch motivierte Lesekritik richte sich also an eine Spielart der Rezeption, die nur bedingt für eine mögliche Umgestaltung der Wirklichkeit verantwortlich gemacht werden könne.[49]

Zum radikalen Überdenken des Problemkreises zwingt auch die Fragestellung Helmut Kreuzers: Wie stark sind Bücher überhaupt, um in der poltischen Realität wirksam zu werden? Kreuzer bestreitet, daß Literatur fähig sei, aus einer lesenden auch eine politisch tätige Masse zu machen, da sich andere Faktoren wie feudale Abhängigkeit, territoriale Aufsplitterung und fehlende Zentralinstanzen dagegen als zu übermächtig zeigten. So wenig die Romantik die Restauration herbeigeführt habe, so wenig habe die vorrevolutionäre Literatur die Französische Revolution bewirkt.[50] Die durch das Viellesen herbeibeschworene Verstörung beruhe weniger auf der Angst vor dem Gespenst des Umsturzes als auf der neuartigen, bislang ungekannten Ausprägung des Lesens.

Und so distanzieren sich auch die Verfasser erzählender und dramatischer Dichtungen - von einigen Ausnahmen wie beispielsweise Friedrich Maximilian Klinger abgesehen - von der Thematisierung eines politisch wirksamen Lesens. Wirkung der Literatur ist für sie in erster Linie Wirkung auf die Bildsamkeit, auf das Verhalten des Menschen. Unter dem Eindruck der Bücher verändert sich höchstens die Persönlichkeit, die Gesellschaft selbst bleibt gleich.

(IV) DIE THEMATISIERUNG DES LESENS IN DER LITERATUR

(A) REALISMUS IN DER LITERATUR

Die Arbeit hat sich bisher bemüht, die Veränderungen im bürgerlichen Leseverhalten des 18.Jahrhunderts skizzenhaft festzuhalten. Lesen - so wurde gezeigt - bewegte die gesamte damalige Öffentlichkeit. Viele wurden zu mehr oder weniger lebhaften Lesesüchtigen; einige schürten die Diskussion über die Art des Lesens mit ihren Traktaten, Zeitungsartikeln und Büchern; wohl keinem entging die vermehrte Präsenz von Lesenden in den Straßen, von Bibliotheken und wandernden Bücherhändlern. Aber: Waren diese Umschichtungsprozesse, die die literarische Produktion ebenso betrafen wie die Rezeption, tatsächlich so stark und so eindrucksvoll, wurden sie tatsächlich als so ungeheuerlich empfunden, daß sich die Schriftsteller jener Jahrzehnte dazu angehalten fühlten, das Lesen in ihren Dichtungen auffallend oft zu integrieren und zu thematisieren, auffallend häufig Leseszenen vorzuführen oder auf gelesene Bücher anzuspielen? Prägte sich die Lesewut wirklich dermaßen stark in die Gemüter der Dichter ein, daß sie von ihr förmlich zu ihrer literarischen Gestaltung gedrängt wurden? Ein vergleichbares Phänomen des 20.Jahrhunderts, die Popularisierung des Fernsehens und die Ausformung einer Art 'Videomanie' besonders beim jugendlichen Publikum hat die Literatur in keiner Weise so beeinflußt und gefesselt wie die Leseexplosion die Zeitgenossen des 18.Jahrhunderts: Wie ein roter Faden zieht sich die Darstellung des Lesers, seiner Lektüre und seiner Exzesse durch ihre Werke.

Was die Thematisierung des Lesens in der Dichtung förderte, war nicht nur die Aktualität des Phänomens selbst, sondern dessen Zusammentreffen mit einer neuen Gestaltungsform, die sich der Literatur jener Zeit bemächtigte - der Weg zu einem klassischen bürgerlichen Realismus. Um die Mitte des 18.Jahrhunderts verlagerte sich die Zielrichtung der Dichtung immer deutlicher auf die Seite bürgerlicher Rezeptionsschichten.[1] Vom aristokratischen Publikum hoben sich die Texte insoweit ab, als sie in ihrer Betonung von Individualismus,

Emotionalismus und Moralismus den bürgerlichen Leitsätzen und Tugenden entgegenkamen. In der Darstellung ihrer Lebensweise, ihrer Sorgen und Hoffnungen, ihres geistigen und gefühlsbetonten Erlebens erkannten die Leser die Wirklichkeit des Bürgertums wieder. Nicht zuletzt halfen ihnen die Bücher bei der Prägung eines ständischen Bewußtseins. Bürgerliche Tugend gegen aristokratische Verworfenheit ausspielend, lieferte Dichtung ein Gegenmodell zur feudalen Gesellschaftsordnung. Aus der Moral sprach Ideologie:

> Realismus bedeutete nicht zuletzt das Streben nach einer Dichtung, die mit ihren Helden, Ansprüchen und Ideen die zeitgenössische Kunst um eine über die Verhältnisse der feudalabsolutistischen Ordowelt hinausweisende humanistische Perspektivqualität bereicherte. (2)

Von den humanistischen Erkenntnissen der Aufklärungsphilosophie durchwirkt, wurde die Abbildung zeitgenössischer Wirklichkeit zum Hilfsmittel bei der Standortbestimmung des Bürgertums innerhalb der feudalen Gesellschaftsordnung.

Maßgeblich zur Konstitution eines bürgerlichen Literaturbewußtseins trugen die Moralischen Wochenschriften bei. Begonnen hatte es mit der Publikation dieser Art von Periodika in England. Da die Nützlichkeit von Lektüre an ihrer Bewährung im Alltag gemessen wurde, zogen sich denn auch die Moralischen Wochenschriften in den Alltag zurück. Das englische Publikum legte nach einem politisch turbulenten 17.Jahrhundert gesteigertes Verlangen nach Harmonie und Stabilität an den Tag. In den Büchern wurde daher keine aufregende Flucht in spektakuläre Phantasiewelten mehr gesucht: Weitaus interessanter war da die Wiederentdeckung klar identifizierbarer Elemente aus dem eigenen Dasein.[3]

Die philosophischen Wurzeln dieser realistischen Tendenzen in England lagen bei Descartes und Locke.[4] Descartes war es, der die Individualität des Denkprozesses unterstrich, indem er die Momente persönlichen Zweifels als Möglichkeit interpretierte, sich von überlieferten logischen Mustern freizumachen. Dieser philosophische Grundsatz korrespondierte mit jener Tendenz in der Literatur, die sich überkommenen Stoffen gegenüber verweigerte, stattdessen ihre

Individualität durch die Konzentration auf das Individuelle gewann. Besonders im Roman werden die Absichten der Autoren moderner Prägung spürbar, sich weniger vom Gedanken dichterischer Sendung tragen zu lassen als von dem Drang, ihre eigene Empirie im Text zu konkretisieren, Fiktives mit den Bausteinen der real erfahrenen Umwelt zu konstruieren. Ihre Stoffe sind individuelle Neuerfindungen und keine Rückgriffe auf frühere Gestaltungen in Mythos oder Sage.

Von vergleichbarer Wirkung auf die Ausprägung eines realistischen Stils waren die philosophischen Überlegungen John Lockes. Identität - so Locke - sei bestimmt durch das ungebrochene Inventar an Erfahrungen, durch die Fähigkeit, sich an Vergangenes zu erinnern. Für die Dichtung bedeutete dies, daß die darin vorkommenden Figuren nicht mehr ausschließlich als Repräsentanten universaler Geisteshaltungen gestaltet wurden, sondern als individuell gesetzte Charaktere eine viel persönlichere, glaubwürdigere Konturierung erfuhren. Seinen Ausdruck findet das beispielsweise in der modernen Namensgebung, die - Hobbes' Gedanken zum Assoziationswert von Eigennamen und Allgemeinbegriffen folgend - nicht mehr Anspielungen auf den jeweiligen Charakter enthält, sondern in ihrer Zufälligkeit realistisch und überzeugend wirkt. Zusätzliche Greifbarkeit gewinnen die Gestalten, wenn sie innerhalb konkret gesetzter Dimensionen von Zeit und Raum agieren. Die Topographie und die Chronologie in den Romanen eines Richardson, Sterne, Smollett, Goldsmith oder Fielding werden in wachsendem Maße nachprüfbar. Um die Handlung voranzutreiben, ist es nicht mehr nötig, den Helden in die Fremde zu schicken und ihn einer bunten Folge von wechselnden Schauplätzen auszusetzen. Glück und Unglück warten an vertrauten Orten. Das normale Milieu wird erzählenswert.

Die bürgerliche Literatur in Deutschland übernimmt aus England diese Impulse. Man behandelt in den Büchern vertraute Probleme - die Welt des Erzählten ist im Idealfall kongruent mit der empirisch erfahrenen des Rezipienten: ein "Alltag in zweiter Potenz".[5] Der hohe Authentizitätsgrad in der Abbildung zeitgenössischer Gesellschaftszustände macht jene Texte passagenweise auch für geistes- und sozialwissenschaftliche Untersuchungen zitierfähig. Dem Leser wird ein gesteigertes Identifikationspotential angeboten. Er sieht den Helden als seinen Stellvertreter in einer Umgebung handeln, die als eigene wiedererkannt werden kann:

> Und der Autor ist mir der liebste, in dem ich meine Welt wiederfinde, bei dem es zugeht wie um mich, und dessen Geschichte mir doch so interessant und herzlich wird als mein eigen häuslich Leben, das freilich kein Paradies, aber doch im ganzen eine Quelle unsäglicher Glückseligkeit ist. (6)

So legt Lotte in Goethes "Werther" ihre Lektürepräferenzen klar. Die neue Ästhetik sucht keine unbekannten Welten, sondern reproduziert altbekannte Details der Umwelt. Im Wiedererkennen liegt der Lesegenuß, nicht in der Flucht ins Wunderbare und Exotische. Jörg Schönert faßt die Grundlinien, die für die Praxis des deutschen Romans im ungefähren Zeitraum von 1770 bis 1795 gelten, wie folgt zusammen:

> (1) literarische Realität wird als Reihe von fiktiven Lern- und Erfahrungssituationen innerhalb eines zu konsolidierenden Bewertungssystems aufgebaut;
>
> (2) damit die literarisch ermittelten Erfahrungen auf die Lebenswirklichkeit des Lesers angewendet werden können, muß die Darstellung dem kausalgenetischen Konstruktionsprinzip unterworfen sein, das auf der Basis rationaler Durchdringung der Erscheinungen dem Leser die Kontrolle über die Verbindlichkeit des Dargestellten und damit die zuverlässige Übertragung einzelner Handlungselemente ermöglicht;
>
> (3) der Leser wird durch den Autor zu solchen Übertragungshandlungen veranlaßt und darin gelenkt; direkte Belehrung und Handlungsanweisungen sollen jedoch vermieden werden. (7)

Die Seele des Helden rückt zunehmend in den Mittelpunkt der Dichtungen, das Geschehen verlagert sich immer mehr in die Innenwelt der Protagonisten. Im Entwicklungsroman oder im psychologischen Roman kann der Leser seinen eigenen seelischen Zuständen wiederbegegnen. Die Unmittelbarkeit des Vorgestellten wird intensiviert durch den Abbau von Verschlüsselungen allegorischer und symbolischer Art, auf der anderen Seite durch die Förderung rezeptionsästhetischer Elemente, die "die Verringerung des Abstandes zwischen dem Subjekt und dem Objekt /.../ zum Hauptziel jeder literarischen Bemühung"[8] haben. So tritt der auktoriale Erzähler stark hervor, wird dem Leser zur greifbaren Instanz. Die Direktheit der gewählten Form folgt den Prinzipien der Authentizität ebenso. Der Roman beginnt, sich die Darstellungsweisen von literarischen Zweckformen zu eigen zu machen, indem er Formen der Gebrauchsliteratur zu einer neuartigen ästhetischen Überformung heranzieht.[9] Als jene Gattung, in der der neue Realismus seine markanteste Ausprägung erlebt, lädt er - bedingt durch seine epische Grundstruktur - geradezu ein, Briefe, Tagebücher oder Biographien zur erzähltechnischen Variation zu benutzen. Um 1780 wird ein Drittel aller Romane als fiktiver Briefwechsel gestaltet.[10] Solche Präsentationsmethoden erhöhen den Realitätsgrad des Dargestellten: Ihren mimetischen Impuls holen sie aus der Rechtfertigung ihrer Existenz; nämlich der den Textsorten wie Brief oder Tagebuch innewohnenden Aufgabe, außerliterarische Wirklichkeit direkt zu reflektieren.

Für unsere Untersuchung bedeutet die intendierte Annäherung der Fiktion an die Realität zweierlei:

(1) Bürgerliche Leserschichten partizipieren in hohem Grade an Texten, die die Lebensumstände und Tugendprinzipien des Standes literarisch festhalten. Das Lesen, somit in gesteigertem Maße zur Betätigung des Bürgertums geworden, fließt daher als neuer Teil gesellschaftlicher Realität in die Dichtung ein. Literatur als Faktor, der innerhalb einer spezifischen Gesellschaftsklasse immer mehr an Gewicht gewinnt, thematisiert sich selbst - ein Rückkoppelungseffekt, resultierend aus der Tendenz, ein bürgerliches Lesepublikum durch die Darstellung der allseits vertrauten bürgerlichen Umwelt zu gewinnen. Das von der Literatur neu eingebrachte Wirklichkeitselement - die Lesewut, die Übermacht der Trivialtexte, die Kommerzialisierung und ähnliches - wird nun selbst Teil der Literatur.

(2) Der mimetische Impuls bietet einer seit etwa 1660 immer stärker im Schwange befindlichen Fiktionskritik Paroli,[11] die den

Roman als Auswucherung phantastischer Unwahrheiten attackierte. Den alten Invektiven zeigt der Roman neuer Ausprägung keine Angriffsflächen mehr. 'Romanhaft' im allerschlechtesten Sinne des Wortes bleiben die galanten Romane, die Abenteuerromane, auch die empfindsamen Liebes- und Familienromane.[12] Dadurch vergrößert sich die Kluft zwischen den literarischen Produkten alten und neuen Schlages, zumal die fortschrittlicheren Autoren aus ihrer Verachtung für die von ihnen übernommenen Literaturformen und deren illusionären Charakter kein Hehl machen. Freilich bedeutet das nicht, daß die Vorstöße in die realistische Darstellungsweise vollständig auf die Evokation evasorischer Freiräume für den Leser verzichten. Wenn der Leser im Helden einen Vollstrecker jener Möglichkeiten erkennt, von denen er sich selbst abgeschnitten sieht, so ist nichts natürlicher, als daß er in seiner Phantasie selbst Romane erlebt, sein Defizit in der Phantasie aufarbeitet. In der Präsentation solcher Leser, in denen die Spannung zwischen Realität und Illusion verstärkt zutage tritt, steckt genügend Potential zur Literaturkritik. Gerade in einer Zeit, in der sich die poetischen Grundeinstellungen wandeln, ist eine dermaßen vorgenommene Abgrenzung und Selbstbestimmung von erhöhter Wichtigkeit.

(B) INDIKATION UND KATALYSE

Thematisierung von Lektüre als Teil eines realistischen Literaturkonzepts und als Gelegenheit zur Fixierung des eigenen poetischen Standpunkts - das erklärt zwar die durchgängige Präsenz des Lesens in den Texten des 18. Jahrhunderts, sagt aber noch nichts über dessen spezifische Eigenart als Handlungselement aus. Denn die Einarbeitung des Lesens liefert mehr als nur ein Dekorstück in Schaubildern aus der Zeit des späten Absolutismus, liefert auch mehr als bloße Ansatzpunkte zu literarischer Polemik. Wenn Leser oder Bücher in einem Text auftauchen oder genannt werden, wenn der Vorgang des Lesens dargestellt wird, so erfüllt dies alles innerhalb der Struktur des jeweils vorliegenden Werkes seine bestimmte Aufgabe. Die beiden Aspekte, unter denen Lesen als literarisches Thema gesehen werden muß; die ein nicht allein auf die Literatur des 18. Jahrhunderts, sondern ein universell anwendbares Rüstzeug zur Interpretation und Funktionsbestimmung von Büchern in Büchern darstellen; mittels derer sogar Einblicke möglich sind in die produktionsästhetischen Voraussetzungen und Rahmenbedingungen einzelner literarischer Kunstwerke - diese beiden Aspekte heißen: Indikation und Katalyse.

Indikation und Katalyse - die Termini stammen aus dem Bereich der Chemie. Bereits die in der Naturwissenschaft übliche Wortbedeutung sagt einiges darüber aus, wozu wir den jeweiligen Begriff in der geisteswissenschaftlichen Deskription heranziehen wollen. Unter einem Indikator versteht man eine Substanz, die über eine chemische Reaktion Auskunft gibt - beispielsweise Lackmuspapier, das sich unter der Einwirkung von Säuren oder Laugen verschieden verfärbt. Anders der Katalysator: Er zeigt nicht an, sondern führt chemische Prozesse herbei oder beschleunigt sie. Dementsprechend auch die Begriffserklärung für das indikatorische und das katalytische - aus Gründen der Analogie besser: katalysatorische - Lesen: Die eine Form teilt irgendetwas mit, die andere bringt irgendetwas in Gang.

Das indikatorische Lesen: Dabei sucht der Leser im Buch nach eigenen Wahrnehmungen, forscht nach psychologischen Übereinstimmungen, sieht seine Gegenwart in der Gegenwart der erzählerischen Fiktion abgebildet. Der Lesende ist zur Identifikation bereit. Im Buch sieht er einen Spiegel seines eigenen Erfahrungsrasters - zumeist einen Hohlspiegel, darin sich die subjektiven Empfindungen vergrößern. Das Vertrauen der Leser in die Mannigfaltigkeit der Literatur ist berechtigt, denn offenbar hat bereits jedes Sentiment darin seine Abbildung gefunden: "Dann lese ich einen Dichter der Vorzeit, und es ist mir, als säh' ich mein eignes Herz", schreibt Werther.[13] Signifikant für das indikatorische Lesen ist das kognitive Sammeln von Erkenntnissen über das eigene Ich durch die Parallelisierung des Textes mit der Realität. Im Rückgriff auf das Vorempfundene versucht das Gemüt, die tatsächliche Empfindungswelt mit der fiktiven Welt zur Deckung zu bringen. Der Leser verzichtet aber, die bestehen bleibende Differenz zu überbrücken, tätig zu überwinden. Das ist der entscheidende Unterschied zum katalysatorischen Lesen: der Leser bleibt passiv.

Die Texte, die das indikatorische Lesen vorführen,leisten sich dadurch einen inhaltlichen Rückgriff auf Tradiertes, mögen sie von der Form oder vom geistigen Gehalt her noch so progressiv wirken. Allerdings bedeutet dies noch lange kein bequemes Spiel mit Assoziationen, das den Autor der selbständigen Gestaltung enthebt, wie Marion Beaujean argwöhnt.[14] Nicht hinter jeder Erwähnung fremder Texte steht die Absicht einer plumpen Anspielung; das Buch im Buch stellt vielmehr Potential zur selbständigen Durchgestaltung des eigenen Werkes bereit.

Die Kongruenz von Leser und Gelesenem ist jenes Moment, wodurch Lesen seinen Indikationswert gewinnt. Die Lektürepräferenzen erlauben Schlüsse auf das seelische Innenleben des Lesers, seine momentane Stimmungslage, sein geistiges Niveau. Indikatorisches Lesen ist ein Mittel zur direkten Charakterisierung. Das gilt für einzelne Individualitäten ebenso wie für das Profil einer Gemeinschaft. Kleist schreibt dazu:

> Nirgends kann man den Grad der Cultur einer Stadt und überhaupt den Geist ihres herrschenden Geschmacks schneller und doch zugleich richtiger kennen lernen, als - in den Lesebibliotheken. (15)

Ein typisches Zeichen dafür, daß man es mit einem indikatorischen Leseprozeß zu tun hat, ist die Lektüre in besonderer, veränderter Umgebung. Mit dem äußerlichen Ortswechsel läuft auch ein innerer Ortswechsel synchron. Der Leser ist nur zu bereit, sich auf eine Reise ins Land der Phantasie einzulassen. Eine adequate Umgebung kann da die Reize der Lektüre noch steigern. Klassisches im Schatten der Ruinen Roms, Empfindsames in der anmutigen Einsamkeit lieblicher Natur - das Leseerlebnis wird zur höchsten Potenz gesteigert. Thomas Koebner hat auf die Veränderung in der literarischen Thematisierung hingewiesen, der sich das Motiv des Lesens unterm freien Himmel im Lauf des 18.Jahrhunderts unterworfen hat: Galt es in kürzeren Gattungen als Signal für eine "ekstatische Erfahrung im Umgang mit der Literatur", so wird es am Ende des Säkulums beispielsweise bei Goethe oder Moritz zum Romanmotiv, das stellvertretend für eine "fragwürdige Wahnvorstellung" steht.[16] Wichtig ist in beiden Fällen die indikatorische Bedeutung, die dem vollzogenen Ortswechsel innewohnt: Nicht die Wahl des Buches steht dabei im Vordergrund, sondern das den Leseakt umrahmende Zeremoniell. Das Lesetitual ist sowohl Ausbruchsgeste als auch stiller Protest gegen die Wirklichkeit der Zivilisation. Die Bewußtseinslage des Individuums erhellt sich in dieser Spielart der Indikation aus der Art des Lesens selbst, weniger aus der des Gelesenen, wiewohl beides sehr häufig aufeinander abgestimmt ist.

Ein Aspekt des indikatorischen lesens darf nicht vergessen werden. Bücher in eine Roman- oder Dramenhandlung einzubauen bedeutet meistens auch, sie in eine kontextuelle Situation zu bringen, die sie als gut oder als schlecht erscheinen lassen kann. Thematisierung von Lektüre bedeutet daher vielerorts Literaturkritik, die indirekt wirkt. Allein die Aufzählung eines Werkes in einem diffamierenden Kontext - beispielsweise als Beleg für die ruchbare Gattung des Romans -sagt genug. Und nur zu oft ist die Versuchung so groß, auf diese Art mit den Kollegen in der Schriftstellerzunft abzurechnen. Und selten sind Beispiele wie Goethes "Werther", in der die Gelegenheit zu solcher Polemik nobel umgangen wird, indem der Herausgeber als Zensor agiert - die Nennung der schlechten Bücher, die Lotte mißfallen haben, wird einfach unterdrückt, "um niemand Gelegenheit zu einiger Beschwerde zu geben."[17] Die Bücher helfen nicht nur, den Leser zu charakterisieren, sondern auch umgekehrt: der Leser hilft mit, die Bücher zu charakterisieren. Das gilt gleichermaßen für die katalysatorische Variante der Lektüre: Ein Buch, das dem Leser zu einem neuen, besseren, klareren Bewußtsein über sich und sein Leben verhilft, qualifiziert sich automatisch als positiv; andererseits rückt ein literarisches Werk sofort in ein schiefes Licht, wenn es die Sinne des Lesers verwirrt. An das Leseerlebnis wird der Leisten von Moralität und Normalität angelegt, am Endeffekt die Qualität des Buches bemessen.

Das katalysatorische Lesen: Wie beim indikatorischen Lesen ist dabei die Identifikation mit dem Gelesenen die Grundvoraussetzung.

> Als Teil naiven Alltagswissens bezeichnet Identifikation ein Schema der alltäglichen Verständigung über Fiktion, das die Wirkung der Illusion als Wirkung begreiflich macht, als Illusion aber bestätigt. (18)

Literarische Identifikation wird zu einer Art intellektuellem Spiel, das zur vorübergehenden Aneignung einer fremden Wesenheit führt. Der Leser kann diesen kommunikativen Identifikationsprozeß kontrollieren, das heißt, er erfaßt die Illusion als ästhetisches Mittel. Allerdings kann es vorkommen, daß jenes Regulativ zusammenstürzt, das der dem Identifikationsvorgang innewohnenden Gefahr, zur Selbstentfremdung zu werden, entgegentritt.

Der literarische Text befreit den Leser aus seiner gewohnten Umgebung, versetzt ihn in eine neue. Dadurch wird ihm etwas vermittelt, das sich nicht mit seiner Gegenwart deckt. Auf der einen Seite die Distanz der generellen Erfahrungswelt des Textes zur eigenen alltäglichen Erfahrung; auf der anderen Seite Möglichkeiten genug, im Detail Korrelationen zwischen Fiktion und Wirklichkeit aufzuspüren. Daß die Gefühlswelt der Literatur gerade die Gefühlswelt der Menschen Ende des 18.Jahrhunderts so stark anspricht, führt Georg Jäger auf die Säkularisationsprozesse im Lektüreverhalten zurück: Das an der Erbauungsliteratur geschulte Publikum ist für die Umstellung auf fiktionale Texte zu träge. Die alten Lesegewohnheiten werden beibehalten. Daraus resultiert das Unvermögen zur Abstandnahme: Der Leser erwartet geradezu, daß sein Gemüt aufgerührt wird. Für die Lektüre fiktionaler Literatur bedeutet das Reproduktion.[19]

Anders als beim indikatorischen Lesen, das das Defizit zwischen Wirklichkeit und Dichtung nicht zu verringern trachtet, schreitet das katalysatorische Lesen zu dessen Abbau. Das in der Fiktion dargebotene Fremde soll in die normale Realität transponiert werden. Förderlich ist dabei, daß die realistischen Tendenzen in der Literatur des 18.Jahrhunderts den Abstand zwischen Kunstwelt und Wirklichkeit ohnehin vermindern und somit auch den Arbeitsaufwand bei einer möglichen Verschmelzung der beiden. Katalysatorisches Lesen ist ein aktiver Prozeß. Lektüre wird dadurch wirksam, weil sie den Leser dazu animiert, die zwischen den beiden Empfindungsebenen liegende Differenz zu überwinden. Der Leser verwandelt sich, indem er im Gelesenen aufgeht, seinen Bezugsrahmen vergißt:

> Indem es die fremden Gedanken denkt, muß sich das Subjekt dem Text gegenwärtig machen und damit das, was es bestimmt, hinter sich lassen. /.../ Gegenwärtig sein heißt Herausgehobensein aus der Zeit; die Vergangenheit ist ohne Einfluß, und die Zukunft bleibt unvordenklich. Eine Gegenwart, die ihre temporalen Bestimmungen abgestreift hat, gewinnt für den, der in ihr ist, den Charakter des Ereignisses. Man muß sich vergessen, um dem Geforderten gewachsen zu sein. Daraus entspringt dann der Eindruck, daß man in der Lektüre eine Verwandlung durchlebt. (20)

Die so oft beschworene Gefahr der Lektüre liegt gerade in der schrankenlosen Hingabe an den Text, in dem unerfüllbaren Verlangen, Fiktion und Realität miteinander zur Deckung zu bringen. Die Überführung eines fiktiven Lebensstils in seiner Totalität; die fehlende Bereitschaft des Lesers, dies einzusehen, kann schließlich zu seinem Scheitern führen:

> Aber wir werden die Erfahrung fragen, <u>was</u> und <u>wie</u> man dichterische Charaktere nachahme? Die <u>Pamelen</u> und <u>Henrietten</u> werden allenthalben als

> weibliche Muster angesehn und angepriesen; wieviele unsrer Damen tun nicht alles, um ihnen ähnlich zu werden, und wo sind denn nun die Pamelen und Henrietten? Eigene Verfassung steht ihren sogenannten Nachahmerinnen im Wege, etwas mehr als verzogene Kopien zu werden. Also kann man auch beim besten Vorsatze nicht dichterische Muster erreichen /.../. (21)

So unterschiedlich die individuellen Erfahrungen sind, die der Leser in der subjektiv wahrgenommenen Realität zusammengetragen hat, so unterschiedlich sind auch die Empfindungen, die Bücher zu wecken imstande sind:

> Was Wunder, wenn die Leute in einem Buche finden, was gar nicht darin ist; oder Aegernis an Dingen nehmen, die, gleich einem gesunden Getränke in einem verdorbenen Gefäße, blos dadurch ärgerlich werden, weil sie in dem schiefen Kopfe oder der verdorbnen Einbildung des Lesers dazu gemacht werden? (22)

Lektürepräferenzen ergeben sich nicht allein aus dem Erfahrungshorizont, aus der Wesenheit des Charakters oder aus der momentanen Gemütslage; so sucht auch - laut Heiner Willenberg - "die sprachliche und gedankliche Komplexität des Lesers /.../ ein vergleichbares Niveau in dem, was er liest."[23] Die Art, wie der Intellekt in den Leseprozeß als Kontrollinstanz eingreift, ist in letzter Konsequenz entscheidend, ob der Leser durch Literatur tätig wird, sein Verhalten ändert. Dies ist umso wichtiger, weil die Rezeption von Literatur in vielen Fällen gar nicht "über bewußte Kanäle läuft":

> Man kann eine oberflächliche und eine tiefergehende Aufnahme von Literatur feststellen, die sich u.a. in größerer Wahrnehmungsquantität, größerer Sympathie und Betroffenheit und stärkerer Beeinflussung von Werten unterscheidet. Die tiefergehende Rezeption läuft über die subjektiven, emotionalen und imaginativen Strukturen der Person, die mit Analogien, Wünschen oder Abwehrmechanismen reagiert. Die Richtung der Interpretation, nicht ihre Details, werden von diesen zentralen Entscheidungen gesteuert. (24)

Daraus ergibt sich für Willenberg, daß das bildlich anschauliche

Denken, das für die Aufnahme des Gelesenen verantwortlich ist, gleichzeitig auch für die Transformation des Rezipierten in die persönlichen Sprach- und Wertbereiche verantwortlich zeichnet: "Durch diese Transformation sind die vom Text angebotenen Einsichten auf die Wahrnehmungen der realen Lebenswelt anwendbar."[25] Die Möglichkeiten, in denen sich die dermaßen rezipierten Inhalte in der Wirklichkeit konkretisieren, sind ebenso vielfältig wie die Möglichkeiten, sie zu empfinden. Ob der Leser bloß sein Sprechverhalten der literarischen Mode angleicht, ob er sich zu übersteigerter Nachahmung hinreißen läßt, ob er das Gegenteil in den Text hineininterpretiert und danach handelt - ein Buch kann eine Unzahl von Reaktionen hervorrufen. Das katalysatorische Lesen ist immer abhängig von der Individuallage des Lesenden.

Wie von Leser zu Leser die Art und Weise verschieden ist, in der Literatur ins wirkliche Leben eingreift, so schwankt individuell auch die Bereitschaft, dies überhaupt zuzulassen. Den Regulativen des Lesers unterliegt es, die Transformation des indikatorischen Lesens zum katalysatorischen Lesen zu verhindern. Daß sich literarische Indikation in literarische Katalyse verwandeln kann, liegt in ihrem gemeinsamen Bezugspunkt - nämlich in der Empfindungs- und Erfahrungslage des Rezipienten. Zur Illustration ein Beispiel, von dem Karl Philipp Moritz berichtet. Christian Gragert, ein Berliner Gendarm, führt ein tristes Leben. "Dürftige Umstände, erlittene Unglücksfälle in seiner kleinen Haushaltung, und gänzliche Abneigung gegen das Soldatenleben" lassen ihn zu frommen geistlichen Liedern und Schriften greifen. Ein typisches Beispiel für indikatorisches Lesen also: die Auswahl der Lektüre zeigt, wie sehr der Leser auf die Tröstungen der Religion angewiesen ist. Mit dem Interesse, das er dem Buch Daniel zuwendet, gewinnt dieser ursprünglich indikatorische Aspekt zunehmend katalysatorische Qualitäten. Bald glaubt der Gendarm, selbst zur Ausübung von Wundern befähigt zu sein, dank seiner Macht beispielsweise Kirschen auf einem Apfelbaum wachsen zu lassen.[26] Lektüre wird wirksam, indem sie dem Leser das Gemüt durcheinanderbringt, ihm eine Form des Größenwahns aufpfropft, die sein Gefühl für die vernünftige Naturordnung schrumpfen läßt.

Triviale Lesestoffe scheinen zur katalysatorischen Wirkung eher berufen zu sein als literarisch Hochstehendes. Anspruchsvolle Kunstwerke begründen diesen Anspruch aus den Gestaltungsnormen, vor denen sich nur der Künstler selbst verantworten muß. Anders als diese stark subjektiv überformten Texte richten sich die trivialen Lesestoffe auf den Massenkonsum aus. Weit entfernt davon, für sich den Status eines Kunstwerkes reklamieren zu wollen, richten sich Auswahl und Präsentation der Inhalte einzig nach der Nachfrage bei der Leserschaft. Bei Texten dieser Machart ist auch der Anreiz größer, das Defizit zwischen realer und fiktiver Welt zu verringern, da populäre Lesestoffe recht unverhohlen die Erwartungen ihres Publikums ansteuern, was bedeutet: schon von vornherein eine breitere Identifikationspalette bereitstellen.

Deutlich wird der Unterschied zwischen Indikation und Katalyse auch auf der Ebene der Ästhetik. Literarische Indikation ist ein rezeptionsästhetisches Instrument, literarische Katalyse ein produktionsästhetisches. Die Statik des indikatorischen Lesens läßt es in textimmanenten Bezügen verharren. Dynamik gewinnt es erst mit seiner Ausrichtung auf den Leser, der zur induktiven Entschlüsselung angehalten wird. Der Autor provoziert durch die Affinität seiner fiktiven Figuren zu bestimmten Texten und durch die Erwähnung von Lektürepräferenzen, die in ihrer Motivation eindeutig nachvollziehbar sind, essentielle Schlußfolgerungen, die das Verständnis der Charaktere und des Handlungsganges ermöglichen. Indikatorisches Lesen erfüllt seinen Zweck als flankierendes Element zur Verfeinerung spezifischer Textkonstituenten.

Dient das indikatorische Lesen also dazu, Einblicke in den Text zu gewinnen, bei seinem 'Auseinandernehmen' hilfreich zu sein, so ist katalysatorisches Lesen bei seinem 'Zusammensetzen', bei seiner Produktion dienlich. Die Thematisierung katalysatorischen Lesens hilft dem Autor, den Gang der Handlung näher festzulegen. Wie der Katalysator in der Chemie einen Prozeß in Gang bringen kann, so bringt er in der Literatur ein lesendes Subjekt dazu, die reale Welt der fiktiven anzunähern, ihre Unterschiede zu nivellieren, im Extremfall die beiden Sphären gleichzuschalten. Das Element der

Lektüre gibt einen Impuls, mit dem die Aufmerksamkeit des Lesepublikums ein Buch lang wachgehalten werden kann - wie etwa im Modell des "Don Quixote"-Romans, wo die Wirkung des Lesens zur Kernsubstanz des Plots gemacht wird. Und wie der Katalysator in der Chemie einen Prozeß beschleunigen kann, so kann auch das Buch im Buch die Fabel in neue Bahnen lenken und neue Handlungselemente konstruieren helfen: katalysatorisches Lesen ist dem Autor wichtig beim Einbau dramatischer Wendungen.

Für die Handlungsführung ist das katalysatorische Lesen ungleich konstitutiver als das indikatorische. Katalysatorisches Lesen ist vielfach schon unverzichtbares Element aus dem Grund, weil es selbst Thema des Werkes ist. Indikatorisches Lesen erfüllt hingegen in der Regel nur eine Randfunktion: Die Hingabe an ein gemütstief gehaltenes Werk beim satirischen Entwurf eines Schwärmers ist ein im Notfall austauschbares Element. Katalysatorisches Lesen ist die vordergründigere Form der beiden. Auch für die Zeitgenossen des späten 18.Jahrhunderts war es in seinem Wesen evidenter: Indikatorisches Lesen als innerliterarisches Gestaltungselement war für die Polemik uninteressant. Allein die Resultate katalysatorischer Lektüre, mit denen man es auch in der Realität zu tun hatte, fanden in der Lesediskussion ihre Thematisierung.

Die Begriffe Indikation und Katalyse geben dem Interpreten somit ein Werkzeug in die Hand, mithilfe dessen er die ursprünglichen Intentionen des Autors vielleicht klarer herausschälen kann. Das Element des Lesens wird dadurch in seiner Funktion, daher auch in seiner Bedeutung klarer erkennbar: Deswegen nimmt die vorliegende Arbeit auch von jener Perspektive Abstand, die den Themenkomplex innerhalb seiner einzelnen literarischen Konkretisierungen einzig auf die Akkuratesse in der Abbildung zeitgenössischer Rezeptionsformen hin überprüfen möchte. Gewiß: Der Leser, der in der Literatur jener Zeit so häufig auftaucht, verkörpert zu einem guten Teil die Les-Art seiner Zeit und interessiert schon aus diesem Grund. Darüber hinaus bietet aber gerade das Zeitalter der Lesesucht und der Lesewut eine derart üppige Fülle von anschaulichen Beispielen dar, daß es angemessen scheint, gerade hier mit einer Art 'Poetik des Lesens' anzusetzen und die Thematisierung des Lesens auf ihre innerästhetischen Qualitäten zu befragen.

ZWEITER TEIL:

LESEN UND LESER IN ROMAN UND DRAMA

(I) DER QUIXOTE-ROMAN

Kaum ein Leser kann sich in der gesamten Weltliteratur mit ihm an Popularität messen: Don Quixote. Mit ihm schuf Cervantes eine Fiktion, die ganz aus der Fiktion lebt. "Sein ganzes Wesen ist nur Sprache, Text, bedruckte Blätter, bereits geschriebene Geschichte", formuliert Michel Foucault;

> /.../ Die Ritterromane haben ein für allemal die Vorschrift seines Abenteuers geliefert. Jede Episode, jede Entscheidung, jede Tat werden Zeichen dafür sein, daß Don Quichotte all diesen Zeichen, die er abgepaust hat, ähnlich ist. (1)

Die Grundstruktur läßt an die autobiographischen Romane erinnern: Der Held liest jene Sorte Literatur, die ihn letztlich zur Sinngebung seines Lebens inspiriert. In den Büchern, denen Jung-Stilling, Moritz oder Bräker sich widmen, liegt bereits ihre Existenz als Schriftsteller vorgezeichnet. Sie lesen, um später einmal das zu werden, als was sie der Nachwelt im Bewußtsein sind.

So auch Don Quixote. Nur mit Einschränkungen: Zunächst sind Bücher bei ihm nicht Teil eines Entwicklungsprozesses, der sein Talent heranwachsen läßt und seine Vollendung als reifer Mensch präfiguriert. Don Quixote liest und handelt als Mann in fortgeschrittenen Jahren. Eine weitere Einschränkung: Der autobiographische Roman sieht den Gegenstand seiner Gestaltung im Weg, den der zentrale Charakter zurückzulegen hat. Für den Leser steht bei der Lektüre immer die Person als Schriftsteller im Hintergrund; eine Person, die sukzessive aus verschiedenen biographischen Einzelheiten zusammengesetzt wird - unter anderem auch aus ihren Büchern. Im "Don Quixote" hat die Hauptfigur ihre Lektürephase bereits hinter sich. Das Buch stürzt sofort in die Beschreibung der Leseauswirkungen hinein. Und diese Auswirkungen beschränken sich nicht auf begrenzte Krisen vom Umfang einiger Seiten oder Kapitel, sondern sind die bestimmenden Motoren der Handlung. Das katalysatorische Lesen bestimmt das ganze Buch. Die Zentralgestalt hat sich bereits zu ihrer Bestimmung emporentwickelt. Nicht Quixotes Lektüre interessiert, sondern das, was er daraus gemacht hat.

Dementsprechend ist auch der Lektürekanon nicht so weit gefächert wie in den Autobiographien, sondern eng begrenzt: Ritterbücher. Sie werden zum Inbegriff der Einfalt, weil man darin an der Wirklichkeit vorbeiliest. Lichtenberg schreibt:

> Die Ritterbücher zeigen uns die Welt nach einem ganz falschen Ideal, in einer Art von Kavalier-Perspektiv, aus einem Augenpunkt, wo wir nie hinkommen. (2)

Die Thematik des Buches drängt einem ganz von selbst die Frage nach dem Wert und Unwert von Literatur auf. Inwieweit können Bücher dem Leser richtige Normen für sein Handeln liefern? Inwieweit können sie ihm die Welt erklären? Jedoch: Führt sich Literatur nicht selbst ad absurdum, wenn sie jene ihr innewohnenden Mechanismen publik macht, mithilfe derer sie zur manipulierenden Macht werden kann? Das 'falsche Ideal', von dem Lichtenberg spricht, impliziert freilich nicht bloß Gefährdung; denn dadurch, daß Literatur mithilft, die Welt auf unkonventionelle Art zu inspizieren, "aus einem Augenpunkt, wo wir nie hinkommen", wird sie zum Anwalt der Phantasie, des Schöpferischen. In ihrem Buch "Das Alte im Neuen", einer vergleichenden Studie über Cervantes und Kafka, schreibt Marthe Robert:

> Der Don Quixote ist weder eine Apologie noch eine Anklagerede, sondern der unvergeßliche Beweis, daß die Literatur nicht anders kann, als ihre Träume immer wieder zu träumen, und daß sie sich zwar irrt, wenn sie diese Wiederholung für die Ewigkeit hält, aber immerhin das einzigartige Vorrecht genießt, sich selber auf ihrem Irrtum zu ertappen und ihn aufzuzeigen. (3)

Literatur, das ist zugleich Wahrheit und Illusion. Wahrheit: weil Literatur in die geheimsten Läufe der Welt eindringen und sie sichtbar machen kann. Illusion: weil diese Sichtbarwerdung nur durch das Medium der Sprache erfolgen kann; mehr noch: weil Autor und Leser miteinander einen Kompromiß eingehen, das Vorgeführte nur wie ein 'als ob' zu behandeln. Bricht der Leser diesen Kompromiß und nimmt er dieses 'als ob' plötzlich für bare Münze, so handelt er wie Don Quixote.

Ein Jahrhundert wie das der Aufklärung, in dem sich das Verhältnis zwischen dem Autor und seinem Publikum so radikal verwandelte, in dem das Lesen so eminent an Bedeutung gewann, ein solches Jahrhundert konnte an der Figur des Don Quixote nicht schweigend vorübergehen. Die wichtigsten deutschen Gestaltungen dieses Stoffes stammen aus jener Epoche. Die Thematisierung des Leseaktes war ohnehin zeitgemäß, und Don Quixote als berühmtester Leser aller Zeiten allgemein verfügbares Zitiergut. Warum also nicht die Auswüchse der Lesewut am bekannten Exempel vorführen?

- Um diese Problematik eingehender zu verfolgen, wird unsere Analyse zunächst einmal versuchen, eine Art Phänotyp des Quixote-Romans herauszuarbeiten, der alle Merkmale seiner Gattung - soweit sie für unsere Thematik relevant sind - in idealer Form repräsentiert. Die weiteren Schritte beschränken sich - mit einigen Ausnahmen - auf die Entwicklung des Stoffes in Deutschland. Zunächst ein kurzer historischer Abriß bis etwa ins Jahr 1800, der der ersten Orientierung dienen soll; dann die genauere Interpretation einzelner Texte, immer in Hinblick auf die Thematisierung des Lesens. Aus dem chronologischen Ablauf ist die Darstellung von Wielands "Don Sylvio" ausgeklammert, deren Umfang ein eigenes Kapitel rechtfertigt. Der letzte Schritt soll schließlich zeigen, daß der lesende Held keineswegs bloß kulturhistorisch interessantes Beiwerk seiner Epoche ist, sondern daß sein Mitwirken einen entscheidenden Beitrag zur Reflexion des Romans über sich selbst leistet - und damit zur Entwicklung des Genres generell.

(A) GEMEINSAME STRUKTURELEMENTE

Gibt es überhaupt einen Quixote-Roman? Das, was auf den vorangegangenen Seiten als so selbstverständlicher Terminus eingeführt wurde, stößt in der Literaturwissenschaft nicht immer auf Zuspruch. Immerhin treten die Neuauflagen des traurigen Kämpen ihre Abenteuer unter verschiedenen Voraussetzungen an, und auch die einzelnen Abenteuerketten haben im Detail wenig gemein mit der, die das spanische Urbild bewältigen muß. Dazu Friedemann Berger:

> Wiederholt haben Germanisten versucht, die quijotesken Züge in den Romanen Nicolais, Musäus', Müllers, Hippels festzulegen, allerdings scheint dieses Verfahren wenig fruchtbringend /.../. (4)

Wird das Spezifische dieser Werke wirklich aufgegeben zugunsten eines universalen Kammes, über den sie geschoren werden können? Erweist sich der "Don Quixote" als poetische Hypothek, die die individuellen Züge der Romane zurücktreten läßt hinter ein zweckmäßiges Stichwort? Wird der Blick auf die wahre Qualität der Texte mit dem Verweis auf das Weltliterarische nicht stets verschleiert?

Die Abenteuer des Don Quixote können nur dann vollständig erfaßt werden, wenn man ihre literarischen Bezugspunkte mitliest. In den Episoden wird etwas mit angesprochen, was bereits in früheren Büchern formuliert wurde und gegen das der Autor jetzt anschreibt. Dementsprechend ist auch der Roman im Gefolge des "Don Quixote" auf das stille Mitlesen von anderen Werken ausgerichtet: seien es nun Rittergeschichten, Feenmärchen oder empfindsame Romane. Der Stoff impliziert die Satire im weiteren und die Literaturkritik im engeren Sinne. Dieses Moment des Mitlesens gilt für die Quixote-Romane im 18.Jahrhundert im besonderen Maße, denn nur in ständiger Rückbesinnung auf ihr spanisches Urbild können sie in ihrer vollen Qualität gewürdigt werden. Die Autoren machen ihren Lesern eine solche Rückbesinnung leicht, wird Cervantes' Ritter in ihren Büchern doch sehr oft zum Vergleich herbeibuchstabiert. Der Quixote-Roman greift also weit in die anderen Gefilde der Literatur aus - als Satire, indem er aktuelle Formen attackiert genauso wie als Muster, das die Urform repetiert.

Dieses Repetieren vollzieht sich freilich unter ständiger Einwirkung verändernder Elemente. Mit dem russischen Formalismus kann man hier von einer 'literarischen Reihe' sprechen, deren wesentlichstes innovatorisches

Moment im variierten Anknüpfen an zuvor verfertigte Modelle liegt:

> Ein Werk wird in Korrelation gesetzt zu der einen oder anderen literarischen Reihe, im Hinblick auf seine "Abweichung", seine "Differenz", von eben jener literarischen Reihe, in der es verbreitet wird. /.../ Je stärker die Abweichung von der einen oder anderen literarischen Reihe, um so mehr wird eben jenes System betont, zu dem die Abweichung, eine Differenz besteht. (5)

Das Interesse des Lesers richtet sich primär auf die Differenzen, doch muß er nicht gänzlich auf die vertrauten Modelle verzichten. Das bedeutet, daß die Dynamik, die dem poetischen Schaffen eigen ist, aus diesen Abweichungen erwächst. Literarische Evolution ist gleichbedeutend mit der veränderten Aufnahme von Strukturen, die in ihrer aufs Wesentliche reduzierten Grundkonzeption weitgehend unverändert bleiben. Victor Erlich schreibt in diesem Zusammenhang:

> Die "versteinerten" Kunstformen werden durch neue künstlerische Bildungen ersetzt, die auf Grund ihrer "entscheidenden Neuheit" fähig sind, unserer Wahrnehmung ihre Frische wiederzugeben, bis auch diese wieder veralten und in einer neuen literarischen Umwälzung untergehen. (6)

Und an anderer Stelle:

> Das Alte wird in einer neuen Tonart gebracht. Das veraltete Kunstmittel wird nicht einfach über Bord geworfen, sondern innerhalb eines neuen, widerspruchsvollen Zusammenhanges wiederholt und damit entweder durch Mechanisierung als absurd aufgedeckt oder erneut "wahrnehmbar" gemacht. Mit anderen Worten, eine neue Kunst ist keine Antithese zur vorhergegangenen, sondern ihre Neugestaltung, eine "Umgruppierung der alten Elemente". (7)

Auch der Quixote-Roman des 18.Jahrhunderts ist Teil einer literarischen Reihe. Wenn man will, so ist er nichts anderes als ein bereits entstellter Nachkomme der mittelalterlichen Artusromane: Durch mannigfache Deformierungen und Brechungen gewandert, lassen sich immer noch morphologische Parallelen aufstellen im Schema von Auszug und Wiederkehr, in der Aventiurenkette und ähnlichem. Freilich ist die Gesellschaft des 18.Jahrhunderts nicht mehr diejenige des Mittelalters oder des 'Siglo de oro' in Spanien, freilich sind auch die Probleme der Menschen nicht mehr dieselben - doch schimmert durch all diese Aktualitäten und neuen Akzente immer noch der ferne Glimmer des alten Ritterromans.

Die Quixote-Romane rekurrieren jedoch nicht nur auf ein altes Muster, sie schaffen gleichzeitig ein neues. Der typische Reiz jedes einzelnen Textes entsteht - laut Theorie des Formalismus - durch dessen Differenzqualität, durch die Variation des Grundmusters. Ein Idealschema, das die Gesamtheit der Quixote-Romane des 18.Jahrhunderts umfaßt, würde demzufolge keinen einzigen haargenau abdecken, immerhin aber ein Modell liefern, gegen das die einzelnen Werke anzulesen sind, mithilfe dessen auch die jeweiligen innovatorischen Neuansätze erkennbar und beschreibbar gemacht würden. Der Idealtypus des Quixote-Romans könnte in seinen wichtigsten Stationen etwa so aussehen:

(1) Aufwachsen in der Abgeschiedenheit: Wer in seiner Rolle als neuer Don Quixote das Leben ständig falsch interpretiert, der darf es nicht kennen. Der Quixote-Roman experimentiert mit der Konfrontation von Phantasie und Wirklichkeit, und wie bei einem Experiment läuft alles zunächst ohne Einwirkung der äußeren Umgebung ab. Wie Materie in einem Reagenzglas ist auch der Titelheld geschützt vor allen Beeinflussungen, die von draußen kommen können.

Diese Abkapselung erfolgt in zweifacher Art und Weise. Zum einen gibt es keine Umwelt, in die sich die Hauptfigur integrieren könnte, denn sie lebt in rustikaler Abgeschiedenheit. Als Landjunker und Grundherr fristet der neue Quixote sein Dasein, preisgegeben dem Lachen eines bürgerlichen Lesepublikums, dem die satirische Stoßrichtung auf den niederen Adel nur billig ist. Dieser geographische Faktor der Abkapselung wird unterstützt durch einen pädagogischen: Die Erziehung des Helden ist nämlich darauf aus, ihn in der Abgeschiedenheit zu belassen, jeglichen Kontakt zu unterbinden. Er wird demzufolge zum Sonderling im doppelten Wortsinn: räumlich abgesondert vom Rest der Menschheit, charakterlich abgesondert von den Erscheinungsbildern gemeinhin sanktionierter Normalität.

Denn der Held ist ein reiner Tor reinsten Wassers. Ohne irgendwo Arg und Falsch zu vermuten, spaziert er durchs Leben. Gerade diese naturbelassene Naivität macht ihn aber aufnahmefähig - beziehungsweise anfällig - für Einwirkungen aus der Umgebung.

(2) Lektüre: Absonderung bedeutet Langeweile. Wo Menschen fehlen, in deren Gesellschaft man den Müßiggang bezwingen kann, springt das Buch ein. Lektüre wirkt in der Fadesse der abgeschiedenen Klausur wie Dynamit: Plötzlich lernt der Held auf den Bücherseiten eine Welt kennen, wie er sie nie vor-

her gesehen hat. Und wie es sie auch in Wirklichkeit nicht gibt. Denn die im Buch vorgestellten Realitäten sind nur Sedimente erzählerischer Phantasie. Als solche kann sie der Held jedoch nicht erkennen, fehlt ihm doch jeglicher Maßstab zum Vergleich.

Die expansive Kraft der Literatur steuert die Imaginationskraft des Lesers in ebenso neue wie falsche Bahnen. Sein gestörter Umweltbezug läßt ihn zum Schöpfer einer neuen Wirklichkeit werden, die er in seinem Kopf ausbrütet. Er wird zum Paradebeispiel eines Lesers, dessen Gemüt durch Lektüre erfolgreich bearbeitet wird. Ungestört entfalten die Bücher ihr katalysatorisches Potential: Wo sonst reifen fixe Ideen so rapide aus, wo sonst werden Neurosen so konsequent herangezüchtet, wo sonst werden Leser so beharrlich zu urteilslosen Tagträumern? Oder allgemein formuliert: Wo sonst erweist sich Lektüre als Instrument zur Lebensverdummung so wirkungsvoll?

(3) Auszug: Der partielle Wahnsinn nimmt konkrete Formen an. Der irre Leser verwandelt sich zum irrenden Ritter. Konnte ihm seine bisherige Umgebung das Bild vom 'wahren Leben' nicht vermitteln, wie es die Bücher seiner Meinung nach taten, so muß dieses 'wahre Leben' in einer neuen Umgebung gesucht werden. Der Held beginnt, nach dem Idealen und Wunderbaren zu fahnden. Da seine Weltauffassung von Haus aus verblendet ist, mündet diese Suche in pathologischer Erlebnisverarbeitung. Alltäglichste Dinge wie Mühlen oder Barbierschüsseln werden in die subjektive Realität eingeordnet, bekommen eine neue Wertigkeit verpaßt und provozieren zu Reaktionen, die das Maß tolerierbarer Normalität sprengen.

Drei Faktoren bestimmen den Auszug des Helden: Einmal ein Begleiter, der als Kontrast- und Parallelfigur eine andere Perspektive auf die Ereignisse hat, der aber auch gemeinsam mit dem Leser die seltsamen Gedankengänge des Helden verarbeiten muß. Zweitens: Die Begegnung mit der Welt besteht aus einer Reihung der verschiedensten Stationen. Die Hauptgestalt hantelt sich von Abenteuer zu Abenteuer. Mit dem räumlichen Wechsel geht aber auch ein seelischer Wechsel einher: die äußere Bewegung entspricht einer inneren. Die Entwicklung des Helden - das ist der dritte, entscheidendste Faktor des Auszugs. Der wirre Weg mündet im Segen. Dank seiner Odyssee erhält der Held Aufschluß über die wahre Beschaffenheit der Welt, über die wahren Ziele, für die es tätig zu sein lohnt.

- Das Schema des Quixote-Romans lenkt also hin auf eine abschließende Erkenntnisfindung. Zugleich durchläuft der Held einen Integrationsprozeß im weitesten Sinne. Lektüre erfüllt ihre Funktion vorderhand als Wegweiser, der die Hauptfigur zunächst einmal in die andere Richtung ausschickt, damit sie durch stete Korrektur ihres Kurses schließlich doch auf die richtige Bahn 'normaler' Existenz kommt. Die Katalyse im Quixote-Roman ist eine Katalyse des Umwegs: Ohne Lesen käme der Held nie aus seiner Abgeschiedenheit heraus, ohne Lesen käme er auch nie zur rechten Erkenntnis. Diese Erkenntnis wird ihm aber nicht auf dem Tablett geliefert; er muß sie vielmehr aus dem Gegenbild zu der in den Büchern dargestellten Phantasiewelt schrittweise zusammensetzen.

(B) DON QUIXOTE IN DEUTSCHLAND

(1) Überblick über die historische Entwicklung

Die deutsche Rezeption des "Don Quixote"[8] beginnt zum selben Zeitpunkt wie die des spanischen Schelmenromans. Kaum ist Cervantes' Roman in Spanien erschienen (Teil I: 1605; Teil II: 1615), wird er auch schon in Frankreich von Oudin und Rosset übersetzt (1614-1618). Solche französischen Übersetzungen bilden im 17. und noch im frühen 18.Jahrhundert die Grundlage für die Rezeption in Deutschland. Daneben gibt es bereits deutsche Übersetzungen, dubios und verstümmelt: den "Junker Harnisch aus Fleckenland" von Pahsch Basteln von der Sohle (1621), weiters eine Übertragung von Hans Ludwig Knocke aus dem Jahr 1639, die nicht einmal zur teilweisen Drucklegung gelangt. Die zuerst erwähnte Eindeutschung bedeutete immerhin noch für Gottsched die erste Bekanntschaft mit dem "Don Quixote"; trotz aller Bruchstückhaftigkeit wird bereits die Bibliothek des Landjunkers darin als Ursache für dessen Wahnwitz genannt. 1682-1683 dann die erste komplette Übersetzung, allerdings als Umweg über das Französische.

Was das 17.Jahrhundert noch nicht kennt, sind eigenständige Umformungen des Stoffes. Bloß auf der Opernbühne taucht 1690 der Ritter von der traurigen Gestalt in einer Dramatisierung auf: "Der irrende Ritter Don Quixote de la Mancha" von dem Librettisten Hinrich Hinsch, der damit die wahrscheinlich älteste "Don Quixote"-Oper schuf. Grund für dieses mangelnde kreative Interesse ist wohl die Tatsache, daß dem deutschen Publikum der "Don Quixote" zu jenem Zeitpunkt ein Ritterroman unter vielen ist. Man ist sich kaum der satirischen, romankritischen Stoßrichtung bewußt - im Gegenteil. Daß Cervantes dem Schema des Amadisromans an der Oberfläche treu bleibt, läßt die Leser ohne Tiefgang das Werk mißverstehen.

Das ändert sich gegen das Jahr 1700. Vereinzelt vollzieht sich da eine Neubewertung des Stoffes: Der "Don Quixote" wird zum Argumentationsmittel in der Literaturkritik, besonders als man unter der Kruste des Ritterromanschemas die eigentliche Problematik vom Widerspruch zwischen Wirklichkeit und überdrehter Phantasie entdeckt. Im Gefolge von Pierre Daniel Huet ("Traité de l'origine des Romans"; 1671) entstehen in Deutschland theoretische Schriften, die ihre didaktischen Warnungen gegen die Unmäßigkeit mit dem Fallbeispiel des Don Quixote illustrieren: von Christian Thomasius ("Freymüthige Gedanken"

(1690); "Lustige und Ernsthafte Monatsgespräche (1698)) und von Jakob Volckmann ("De fabulis Romanensibus antiquis et recentioribus" (1703)). Dem Amadisroman, dem die satirischen Spitzen des "Don Quixote" ursprünglich zugedacht waren, hatte die deutsche Literaturkritik zu jenem Zeitpunkt jedoch bereits den Gnadenstoß versetzt. Der Stoff wurde also zu jenem Zeitpunkt als Waffe entdeckt, als die eigentlich von ihm attackierte Gattung bereits darniederlag. Man benötigte für das Geschoß eine neue Zielscheibe. Und man fand sie: in den empfindsamen Romanen.

Sobald sich eine literarische Strömung oder eine bestimmte Gattung in ihren poetischen Prinzipien auffällig von der Realität entfernt, erweist sich das Quixote-Modell als brauchbares Instrument der Satire. Dadurch, daß der Roman die Phantasie thematisiert (besonders ihre ins Pathologische hineinreichende Spielart), greift er einer literarischen Darstellung der objektiven Wahrheit unter die Arme. Kein Wunder daher, wenn die Quixote-Rezeption in Deutschland Hand in Hand geht mit der Rezeption des englischen realistischen Romans, insbesondere von Fielding.

Zur vollen Blüte kommt diese Transformation erst in der zweiten Hälfte des 18.Jahrhunderts. Eingeleitet werden die Quixote-Romane mit einem "Französischen Don Quichotte in Böhmen" (1744), der die Aktualität des Österreichischen Erbfolgekrieges thematisiert, und mit einem "Teutschen D.Q. Marggraf von Bellamonte" (1753), den Lessing rezensierte und der ihn zusammen mit Nicolai 1756/57 zur Planung einer Quixotiade gegen Gottsched anregte. Als erster richtiger Quixote-Roman gilt jedoch der "Teutsche Don Quichotte" des damals siebzehnjährigen Wilhelm Ehrenfried Neugebauer (1753) - Opfer des Spotts sind darin die französischen sentimentalen Liebesromane vom Schlage einer Gräfin d'Aulnoy. Im Roman "Grandison der Zweite" (1761; Umarbeitung 1781) zieht sein Autor Johann Karl August Musäus gegen Richardson zu Felde; im "Don Sylvio von Rosalva" Christoph Martin Wielands (1764) sind die Feenmärchen Ziel des Spotts. Quixoteske Elemente auch in der "Lebensgeschichte Tobias Knauts des Weisen" (1773-1776) von Johann Karl Wezel, in den "Kreuz- und Querzügen des Ritters A bis Z" (1793/94) von Theodor Gottlieb von Hippel und in Johann Pezzls "Ulrich von Unkenbach und seine Steckenpferde" (1800-1802); vor allem aber in Johann Gottwerth Müller von Itzehoes "Siegfried von Lindenberg" (1779-1782), laut Naumann die "beste und erfolgreichste deutsche 'Don Quijote'-

Nachahmung im 18.Jahrhundert."[9]

Daneben erscheint in den Jahren 1775 bis 1777 eine erste maßgebliche Eindeutschung von Friedrich Justin Bertuch, gearbeitet nach dem spanischen Original, aber auch unter Beiziehung von Übersetzungen in französischer, holländischer und italienischer Sprache. Wieland und Lessing haben zu diesem Werk den Anstoß gegeben, Goethe und Schiller haben es benutzt, Daniel Chodowiecki hat es in der zweiten Auflage illustriert. Grundlegend für die Rezeption im deutschen Sprachraum wurde allerdings die Übersetzung von Ludwig Tieck (1799-1801).

Das alles ist freilich nur eine knappe Übersicht der ausladenden Cervantes-Rezeption in der deutschen Literatur der Aufklärung. Nicht erwähnt wurden die Romane von Leonhard Meister, Ernst August Anton von Göchhausen oder Joseph Franz von Ratschky, die an die Traditionen des Quixote-Romans anknüpfen. Nicht erwähnt auch die Schriften von Johann Jakob Bodmer ("Kritische Betrachtungen über die poetischen Gemälde der Dichter"(1741)) oder Heinrich Wilhelm von Gerstenberg ("Briefe über die Merkwürdigkeiten der Literatur" (1766/67)), in denen der Cervantes-Roman zur Sprache kommt. Nicht erwähnt die Umarbeitung des Stoffes zur Fabel bei Lichtwer oder zur Satire bei Rabener; nicht erwähnt die zahlreichen Gestaltungen für das Lach- und Musiktheater; nicht erwähnt die Pläne Lichtenbergs, eine Quixotiade gegen die Alchemisten abzufassen; nicht erwähnt auch August Wilhelm Schlegels Sonettenkranz auf Cervantes aus dem Jahr 1800. Eine genaue Analyse all dieser Texte würde am Kernthema der Untersuchung vorbeigehen - daher sei im folgenden Abschnitt versucht, die jeweiligen Repräsentationen des Don Quixote und seine Handlungsweisen als Leser anhand einiger weniger ausgewählter Beispiele zu prüfen.

(2) Die Rolle des Lesers

(a) Cervantes und Fielding

Die Grundkonzeption des Quixote-Romans liegt ganz auf der Linie eines Begriffes von Aufklärung, wie ihn Kant umrissen hat: als "Ausgang des Menschen aus seiner selbstverschuldeten Unmündigkeit"[10]. Im Quixote-Roman kann das aufgeklärte Publikum die Wege der Erkenntnisfindung mit all ihren Sackgassen und Irrtümern nachvollziehen. Entscheidend dabei ist die Rolle der katalysatorischen Lektüre, wie sie schon im spanischen Urbild wirksam zur Geltung kommt.

Don Alonso Quijano verbringt auf seinem Gut in der Mancha seine Mußestunden mit Lesen. Dabei zeigt er sich als Ahnherr aller Lesewütigen: Er verstrickt sich derart in die Lektüre, daß er darüber den Verstand verliert.

> En resolución, él se enfrascó tanto en su letura, que se le pasaban las noches leyendo de claro en claro, y los días de turbio en turbio; y así, del poco dormir y del mucho leer se le secó el celebro, de manera que vino a perder el juicio. (11)

Doch Quijano verzichtet nicht nur auf die Befriedigung seiner unmittelbarsten körperlichen Bedürfnisse wie dem Schlaf. Seine Güter verwahrlosen, und er verkauft sogar Teile davon, um mit dem Erlös den Erwerb weiterer Bücher zu gewährleisten. Vor dem Glanz der Ritter verblaßt sogar die Pflichtübung des Adels, die Jagd. Wie Unkraut beginnt die in den Büchern auftauchende Problematik bald die private Lebenssituation des lesetollen Edlen zu überwuchern. Zunächst bloß auf passiver Ebene völlig von den Abenteuerromanen absorbiert, debattiert er mit dem Pfarrer und dem Barbier - gleichfalls enthusiastische Amadis-Spezialisten - über die Verstrickungen, Verwicklungen und Wundertaten der Wunderhelden. Dann der katalysatorische Impuls, das errende Moment, ohne das das Buch nicht hätte geschrieben werden können: Aus Quijano wird Quixote, aus passiver Rezeption aktive Imitation. Für den Erzähler ist all das, was den ältlichen Landjunker so schlagartig zum "caballero andante" machen läßt, "el más estraño pensamiento que jamás dió loco en el mundo."[12] Hinter der Brille des Bibliomanen erfährt Quixote die Welt als einzigen großen Amadisroman.

Das ist das Grundmuster: zurückweisend auf die Tradition der Ritterromane; vorverweisend als Begründer einer eigenen Tradition, die das literarische Schema ebenso modifiziert wie sie die satirischen Angriffspunkte verändert. So ist die große Zeit der Ritterromane längst passé, als der Quixote-Roman in England auf produktives Interesse stößt: Das 18.Jahrhundert rückt stattdessen mehr den moralischen Aspekt in den Vordergrund.[13] "The Female Quixote" (1752) von Charlotte Lennox und "Launcelot Greaves" (1762) von Tobias George Smollett sind Werke, in denen sich die Figuren an Leitbildern orientieren, die dem Geist der Zeit zuwiderlaufen. Komik ist hier Resultat eines gesellschaftlichen Vorganges, der vom Leser als Fehlentwicklung gedeutet wird. Ganz anders in Deutschland, wo die soziale Dimension zuweilen einschrumpft, wo die bizarr überentwickelten Charakterzüge der Helden im Vordergrund stehen.[14]

Henry Fielding ist für die Rezeption des "Don Quxote" eine Schlüsselfigur in doppelter Hinsicht: Einerseits verarbeitet er in zeitgenössischer Manier quixoteske Elemente, andererseits wird sein Werk parallel mit dem von Cervantes in Deutschland aufgenommen. Fielding ist eine Art Relais, das Traditionen empfängt und in veränderter Form weiterleitet. Gottsched führt im Jahr 1746 in der Moralischen Wochenschrift "Mahler der Sitten" den "Don Quixote" ebenso in einer Liste von Romanen, deren Lektüre Frauen zuträglich ist, wie den "Joseph Andrews" (1742).[15] Übersetzt in den Jahren 1745, 1770, 1776 und 1784, wurde dieser Erzählerstling Fieldings zunächst in jenen Gegenden Deutschlands gelesen, die - wie die Seestädte - wirtschaftliche oder - wie Hannover - politische Beziehungen zu England unterhielten. Mit der Popularisierung des Englischen wuchs auch die Nachfrage nach dem Original. Fielding galt damals als Exponent des neuen, realistischen Romans: "Don Quixote, Sancho, Falstaff und Pastor Adams haben vermutlich alle existiert", schreibt Lichtenberg.[16] Augustus Wood faßt zusammen:

> Er erschien dem deutschen Publicum in zwei verschiedenen Gestalten, zunächst und vor allem als der Gegner Richardson's, als der Vorkämpfer der Natürlichkeit und Vernunftgemässheit gegen Empfindsamkeit und Ueberschwänglichkeit, und erst danach erschien er als der grosse Künstler, als der geniale Schöpfer eines grossen nationalen Romans, der Cervantes' Schilderung des spanischen Lebens im 16ten Jahrhundert an die Seite gestellt werden konnte /.../. (17)

Die ständige Bezugnahme auf Cervantes' "Don Quixote" kommt nicht von ungefähr, trägt das Werk doch den Untertitel: "Written in Imitation of the Manner of Cervantes". Gerhard Buck hat in seinem gleichlautenden Aufsatz nachgewiesen, daß diese Anspielung von der Forschung oft zu Unrecht als nichtssagend abgetan wurde. Keinesfalls wollte Fielding damit auf die quixoteske Figur des Parson Adams hindeuten oder auf eine Spielart des Humors verweisen, die an den "Don Quixote" erinnert.[18] Die eigentliche Brücke zu Cervantes liegt - so Buck - im praktischen Nachleben einer literarischen Figur, nämlich von Richardsons "Pamela". Wobei die Antipathie, mit der Fielding gegen die empfindsamen Elaborate zu Felde zieht, um ein gutes Stück spürbarer ist als die seines spanischen Vorgängers gegen die Ritterromane.[19] Auch sind die Bezüge direkter: Joseph Andrews ist leiblicher Bruder der Richardsonschen Pamela und als solcher auch ähnlichen Anfechtungen ausgesetzt - die allesamt freilich skurriler verlaufen als bei Richardson.

Wie Cervantes urteilt Fielding von der überlegenen Position eines Dichters aus, der für die Gattung Roman etwas grundlegend Neues leistet. Im "Joseph Andrews" distanziert er sich eindeutig von den Autoren alter Prägung,

> /.../ who without any Assistance from Nature or History, record Persons who never were, or will be, and Facts which never did nor possibly can happen. (20)

Davon abgehoben die Generation moderner Autoren,

> /.../ who are contented to copy Nature, instead of forming Originals from the confused heap of Matter in their own Brains. (21)

Fieldings Credo liegt im Realitätsanspruch, wie ihn der "Don Quixote" beispielhaft verwirklicht hat. Charaktere wie Situationen sind aus dem Leben gegriffen, die Details glaubwürdig plaziert. Aufgabe des Autors ist es demnach nicht, Ausgestalter papierener Hirngespinste zu sein, sondern den Leser zum Wiedererkennen des Vertrauten zu bringen.

Wolfgang Iser sieht in dieser rezeptionsästhetischen Komponente, die zum 'aktiven Lesen' zwingt, die eigentliche Leistung Fieldings und Sternes, aber auch Richardsons. Der Roman bietet Leerstellen, die von einer Vielfalt von Lesertypen vielfältig ausgefüllt werden können. Der Leser ist auch genötigt, die scheinbare Überlegenheit des Lasters zu entlarven, um hinter die wahren Absichten des Dichters zu kommen.[22]

Die Gleichung Quixotes, daß die im Buch vorgestellte Welt für bare Münze zu nehmen sei, ist angesichts der hier abgeforderten Lesearbeit nicht mehr möglich. Das richtige Verhalten wird dem Leser nicht mehr vorgespielt, er muß es aus dem Text heraus erst entdecken. Lesen ist Arbeit - ganz im Sinne der Definition Lichtenbergs: "Lesen heißt borgen, daraus erfinden abtragen."[23] Lektüre soll nicht zur quantitativen Bewältigung herausfordern, sie will vielmehr geistig nachvollzogen werden.

Fieldings neue narrative Technik wird auf inhaltlicher Ebene gegen den Lesertyp alter Prägung ausgespielt. Dazu Iser:

> Für Adams ist es unbefragte Selbstverständlichkeit, daß die Literatur als Nachahmung der Natur das große Arsenal des richtigen Verhaltens verkörpert, weshalb die tatsächlichen Erfahrungen der Menschen immer nur an dieser Vorbildlichkeit gemessen werden können, hinter der sie ständig zurückfallen. Den Wert der Literatur in dieser Form zu affirmieren aber heißt, ein Leben in Phantasiegebilden zu führen, die das richtige Einschätzen empirischer Lagen geradezu verhindern. (24)

All das trifft auch auf den "Don Quixote" zu. Der neue Realismus stellt nicht nur die poetischen Prinzipien der überkommenen Literatur ins Abseits, sondern auch deren Leser. In der Zurschaustellung jenes Rezipienten, der meint, alle realen Konflikte unter Heranziehung von Büchern und im Vertrauen auf das darin waltende mimetische Prinzip auflösen zu können, weist Fielding kontrastiv dem modernen Leser und damit auch dem modernen Roman den Weg.

(b) Wilhelm Ehrenfried Neugebauer

Deutschlands Romanciers erweisen sich in ihren Gestaltungen des Quixote-Stoffes gleichermaßen als Erben von Cervantes wie als Erben von Fielding, was ihr satirisches Potential und ihre Behandlung des Lesens betrifft. Dabei scheint der erste deutsche Roman dieses Genres, Wilhelm Ehrenfried Neugebauers "Teutscher Don Quichotte", seine Anknüpfungspunkte eher in der Literatur französischer Provenienz zu suchen. Das betrifft nicht nur die Autoren, über die hergezogen wird - beispielsweise den Marquis d'Argens oder die Gräfin D'Aulnoy. Denn Neugebauer gibt seinen Roman als Übersetzung aus dem Französischen aus, steuert aber gleichzeitig den Hinweis bei, daß jegliche Suche nach dem Original zwecklos sei. Der Leser wird aber nicht allein durch diese Rechtfertigung der Erzählung genasführt. Auch der Titel selbst suggeriert unselbständiges Nachschreiben und künstlerische Abhängigkeit von Cervantes: ein Unterspielen, dem selbst Lessing und Gerstenberg aufgesessen sind.[25]

Daß der Leser zudem noch Elemente des herkömmlichen Romans wiedererkennt, ist Teil der Verwirrungsstrategie, mit der ihn der Autor konfrontiert. Es werden allerorten Rezeptionsvoraussetzungen geschaffen, die vom Text selbst im Laufe seines Fortschreitens aufgehoben werden. Da zeigt es sich, daß die Phantasienamen, die Neugebauer seinen Protagonisten gegeben hat, dem Roman nur an der Oberfläche den herkömmlich heroisch-galanten Anstrich gegeben haben. Denn gerade mit diesen heroisch-galanten Romanen wird abgerechnet. Hinter der scheinheiligen Maske des Herkömmlichen geht der "Teutsche Don Quichotte" meuchlings gegen die abgestandenen Versatzstücke des Barockzeitalters vor.

Held des Romans ist ein junger Mann namens Johann Glük, dem sein Vater den Lebensweg zwar vorherbestimmt hat, der aber geringe Lust verspürt, ihn auch zu beschreiten:

> /.../ Er war zur Handlung erzogen, aber nicht dazu gemacht, und sein Sinn war zu allen andern Sachen geschikt, ausser zu seiner Handthierung. (26)

Seine Beschäftigung: der Müßiggang. Körperliche Bewegung überläßt er den Pferden, das Denken den Büchern:

> Seine meiste Zeit vertrieb er sich mit Spazieren, wozu er ein Pferd hielt, und zu Hause mit den neuesten Romanen, welche bey uns heraus kommen. (27)

Die galanten Schmöker, die Amadisromane und Volksbücher wollen aber nicht allein genossen sein. Glüks einfältiger Bedienter ist zu diesem Zweck gerade der rechte Mann. Auf gemeinsamen Spazierritten erörtern sie das Gelesene, lassen sie den angestauten Empfindungen in der Natur freien Lauf. Allem voraus wird die Reiselust angestachelt: Johann Glük strebt nach Paris. Damit werden bereits Ausritt und Aventiurensuche angekündigt.

Neugebauer folgt Cervantes in den inhaltlichen Fixposten ebenso wie in seinem satirischen Potential, schöpft der kritische Kern des "Teutschen Don Quichotte" seine Energie immerhin aus dem Gegensatz zwischen übernommenem und neuem Romantyp. Die Kritik vollzieht sich dabei von drei Ansatzpunkten her. Erstens: eine Polemik, die sich weitgehend gegen das Lesen im allgemeinen richtet. Die Aburteilung verderblicher Lesestoffe erfolgt nach konventionellem Muster: Bezug genommen wird auf das katalysatorische Lesen, dessen persönlichkeitsverändernde Wirkung und auf die dämonischen Kräfte, die in den Büchern angeblich walten sollen:

> Aber ja, die verfluchten Bücher! ich wolte sie wären selbst den Narren, welche sie machten, beym Teufel, sonst würden sie meiner Schwester nicht den Schädel verdreht haben: zum Teufel mit den verteufelten Schmierereyen! (28)

Damit keine Zweifel darüber bleiben, wessen Kindes die Bücher seien, taucht der Name des Teufels in diesem Zusammenhang gleich mehrmals auf. Greifbare Hinweise auf die genaue Art der gefährlichen Lektüre fehlen vorerst noch.

Diese werden erst vom zweiten Bezugspunkt beigesteuert. War die kritische Stoßrichtung vorerst ziemlich weit gefaßt, so vollzieht sich jetzt eine Verengung auf das Besondere. Konkrete Namen werden genannt: Herr von B---, "abscheulich auf das lesen der Romane verpicht",[29] widmet sich ausschließlich den Elaboraten von Talander, Meletaon und anderen galanten Schreibern. Die 'ungereimten Erfindungen' spielen ihre katalysatorische Macht in voller Stärke aus: Zuerst führen sie nur dazu, daß dem Leser seine 'besten Stunden' gestohlen werden, daß er über der Lektüre seine Studien vergißt.[30] Nachdem eine von ihm angebetete Gräfin einem anderen die Hand zum Ehebunde gereicht hat, kommt die quixoteske Überidentifikation mit dem Gelesenen voll zum Durchbruch. Von Talanders "Unglückseliger Prinzessin Arsinoe" inspiriert, rührt sich im Herzen des Herrn von B--- finstere Rachsucht. Der Schritt hin zum Konkreten geschieht also auf zweifache Art: Einmal werden die suspekten Bücher beim Namen genannt, zum anderen die von ihnen herbeigerufenen Gemütsveränderungen genauer bezeichnet.

Nach der eher unbestimmt ausgerichteten Lesekritik und den gezielten Salven nach dem galanten Roman pendelt sich die Polemik schließlich auf einer allgemein gearteten Romankritik ein. Das 4.Kapitel des 4.Teils ist zur Gänze der "Critik über die teutsche Romane" gewidmet.[31] Wahrheit und

Natürlichkeit seien den deutschen Schriftstellern fremd; doch als Vorbilder werden nicht die Engländer herbeibemüht, sondern Marivaux und Prévost:

> Denn ein Roman muß den Menschen und seine Leidenschaften zum Original haben: er schildere ihn nach der Natur, oder so wie er ist, allezeit sich selbst gleich, er sey tugend- oder lasterhaft. Das Vergnügen, was uns die Neuigkeit der gelesenen Geschichte verschaft, muß zugleich mit dem Nuzen verbunden seyn, die Menschen zu kennen, und diese Schilderey muß mit dem Original aufs genaueste übereinstimmen. (32)

Damit zeichnet sich bereits eine für den deutschen Roman in der zweiten Hälfte des 18.Jahrhunderts typische Zielrichtung ab: Weg von den 'rechten Ungeheuern von Romanen', dem Monumentalschwulst vom Kaliber einer "Asiatischen Banise"; weg von den Geschichten, die bloß eine "Zusammenhäuffung von unnatürlichen Dingen" sind, in denen die Charaktere "übelgeschildert und niehmalen einander gleich" sind.[33]

(c) Johann Karl August Musäus

Auch "Grandison der Zweite", ein Roman von Johann Karl August Musäus, folgt dieser Entwicklungstendenz. Anders als bei Neugebauer wird hier aber an englische Vorbilder angeknüpft: Guy Stern bezeichnet das Buch als "the first german novel of stature written in the manner of Fielding."[34] 1760 entstand die erste Fassung, 1781 unter dem Titel "Der deutsche Grandison - auch eine Familiengeschichte" eine zweite, die die ursprünglichen Ungeschicklichkeiten und Mängel in der psychologischen Motivierung beseitigte.[35]

Als geistiger Ahnherr steht freilich Cervantes im Hintergrund. Bisweilen entschlüpft dem Titelhelden angesichts seines Begleiters - dem Magister Lampert Willibald - die Anrede "Sancho", er selbst wiederum wird vom Erzähler manchmal mit Don Quixote verglichen. Die Erlebnisarmut, zu der sich der Landadelige verurteilt sieht, sucht ihre Kompensation in der Lektüre. Die Wirkung wie gehabt: Visionen, Träume, Phantasiegebilde. Dort, wo im Generalschema des Quixote-Romans das Element des Ausritts seinen Platz hat, plaziert Musäus eine originelle Abwandlung. Anstatt sich von einem Abenteuer ins andere zu stürzen, bleibt sein Held zu Hause: Statik ersetzt Dynamik. Nichts darf dem Zufall überlassen sein, Identifikation oder Nachempfinden nicht von willkürlichen Irrzügen abhängig gemacht werden. Angehörige und Freunde übernehmen Rollen in einem Nachahmungsprojekt, das die Wirklichkeit des Romans zur sinnlich erfahrbaren Wirklichkeit machen soll. Eine Parallelaktion, die in der Folge dem Familiensitz ein englisches Ambiente aufpfropft. Die Spiegelung der Romanwelt wird damit gleichsam frei Haus geliefert: der Traum eines jeden begeisterungsfähigen Lesers.

(d) Johann Gottwerth Müller

Anders gelagert ist der "Siegfried von Lindenberg" Johann Gottwerth Müllers. Wird der Held bei Cervantes nur Opfer vorübergehender Sinnestäuschungen, so erleidet er hier "irreparable Schäden".[36] Seine Herkunft entspricht wiederum dem gängigen Schema: Als Landedelmann in Pommern verfügt er zwar über gewisse soldatische Fertigkeiten, seine Bildung bewegt sich aber am Rande des Analphabetentums - "Denn in diesem abgelegnen Winkel des Pommerlandes hatten allerdings Kartoffeln und Rüben besseres Gedeihen, als Wissenschaften /.../."[37] Siegfrieds Charakter zeigt edle Anlagen, wird jedoch durch seinen Spleen und den seines Schulmeisters in andere Richtungen gelenkt:

> Seine Güte war in Schwachheit, seine Thätigkeit in Alfanzerey, seine Grösse in Abentheuerlichkeit, und in jenen närrischen Stolz ausgeartet, der Kaisern, Königen, Herzogen und Fürsten nichts voraus lassen wollte. (38)

Mit einem Wort: Alles ist für das katalysatorische Eingreifen der Lektüre bereit. Als der Titelheld in einem Dorfwirtshaus Zeuge wird, wie der Magister der versammelten Bauernschar aus dem "Gehörnten Siegfried" vorliest, ist es soweit. Siegfied ist begeistert. Sofort sieht er sich dazu verleitet, aufgrund der Namensgleichheit genealogische Schlußfolgerungen zu ziehen. Die ritterliche Kraftmeierei des hehren Helden weckt den Wunsch, verwandte Schmöker kennenzulernen. Der "Fortunatus" folgt, dann der "Kaiser Oktavianus", schließlich ein ganzes Sammelsurium von Volksbüchern:

> Die Seele des ehrlichen Junkers war das unbeschriebenste Blatt von der Welt. Stand je Etwas drauf, so warens ein Paar Dintenkleckse. Kein Wunder also, wenn die Rittergeschichte einen tiefen Eindruck auf ihn machte. (39)

Wie sehr man von Büchern dazu verleitet werden kann, den falschen

Lebensweg einzuschlagen, zeigt die Gestalt des Schusters Pfriem. Was seine dürftige Erziehung und sein Faible für verderbte Bücher anlangt, so ist er eine Parallelfigur zu Siegfried; eine Gegenfigur jedoch, was seine moralischen Qualitäten betrifft. Denn Pfriem ist ein Bösewicht und Spitzbube ohne Skrupel, geprägt vom Konsum minderwertiger Massenliteratur.

Was Müllers "Siegfried von Lindenberg" vorführt, sind zu einem guten Teil irregeleitete Opfer katalysatorischer Leseprozesse. Gerade an diesem Aspekt der Lektüre orientiert sich die Anlage des Romans: Der Autor will an seinem Werk demonstrieren, wie Unterhaltsamkeit und Qualität durchaus harmonisch miteinander verschmolzen werden können. Und daß es möglich ist, eine Art von Literatur zu schaffen, die solche negativen Auswüchse vermeidet:

> Was ich für Unarten haben mag, wenn ich ein Buch schreibe, das magst Du, guter Leser! selbst ausfindig machen: denn ich selbst weiß es noch nicht recht. Alles, was ich in diesem Stücke weiß, ist dieses, es sey nie meine Unart gewesen, wissentlich und vorsätzlich etwas Böses in eins meiner Bücher zu bringen, so viel Schlechtes sich auch in ihnen finden mag. (40)

So steht es in der Vorrede. Doch ist das eine etwas schale Apologie, mit der der Autor sein Gewissen zu beschwichtigen trachtet. Müller weiß natürlich um die ungünstigen Folgen, die von einer falschen Lektüre herbeigeführt werden können - immerhin wird diese Tatsache von ihm ja ausgiebig behandelt. Und gerade darin liegt der springende Punkt: Kann man diese negativen katalysatorischen Prozesse überhaupt in einem Roman beschreiben, ohne dadurch wiederum eine negative Katalyse in Gang zu bringen? Wohnt dem Roman als Gattung nicht überhaupt ein anrüchiges Potential inne, das auf sein Lesepublikum ungünstig abfärbt?

Müller versucht in der Folge, die Bücher von diesem Vorwurf freizusprechen. Einbildungskraft und Wirklichkeit werden da gegeneinander ausgespielt, doch diesmal unter veränderten Vorzeichen. Vielleicht ist die Phantasie doch die bessere Seite der Welt, wenn der Autor bekennt:

> Ich war ein ernsthafter Junge, und hatte, wie mans von einem Burschen, der die Welt nur aus einigen Büchern kennt, nicht anders erwarten kann, eine herrliche Meynung von dem Menschengeschlecht, und grosse Hochachtung vor demselben. Es

> thut mir leid, daß Erfahrung und Menschenkenntniß diese Meynung und Hochachtung um sehr viele Oktaven herabgestimmt haben: denn es war mir damals viel besser zu Muthe, so leicht ums Herz, so warm in der Brust, als mir nie wieder seyn wird, nie wieder seyn kann. Wie theuer kömmt mir dies arme bischen Erfahrung und Menschenkenntniß zu stehen! (41)

Anders als üblich wird an dieser Stelle der Weg gesehen, den das Individuum von der Sphäre träumerischer Naivität hin zur Erkenntnis beschreitet. Erfahrung ist kein Gewinn, sondern bedeutet Verlust: Aufgabe einer inneren Harmonie, eines unbelasteten Daseins. Je mehr die Welt ihre wahren Züge enthüllt, desto mehr bröckelt von dieser seelischen Unschuld ab. In der Frage, ob der Erkenntnisgewinn die Zerstörung der ebenso optimistischen wie verzerrten Weltsicht überhaupt aufwiegen kann, ob idealistische und naive Begeisterung am Imaginierten für einen selbst letztlich nicht lohnender ist als die Einsicht ins Wahre, hört man Töne anstimmen, die mit den Wertvorstellungen aufklärerischen Denkens nicht in Einklang gebracht werden können. Ein Plädoyer für Illusion und Realitätsflucht also, das einen Don Quixote mehr als poetische Natur denn als Narren erscheinen läßt.

(e) Theodor Gottlieb von Hippel

In Hippels "Kreuz- und Querzügen des Ritters A bis Z" wird der Begriff der Phantasie auf andere Art abgestuft. War bei Müller die Einbildungskraft ein Reich, in dem man unbehelligt von den Gemeinheiten der Menschheit sein Dasein fristen konnte, so gewinnt bei Hippel die Wahrheit dank der Phantasie erst ihre eigentliche Kontur:

> Man könnte die Einbildungskraft einen Hang zur Unwahrheit nennen, den alle Menschen haben. /.../ Oft scheint die Unwahrheit sogar das Gewürz zu seyn, welches der Wahrheit den Geschmack beilegt. (42)

Hippels Held stammt aus einer Familie, die nicht nur ihrer Herkunft nach altertümlich ist, sondern auch in ihren Ansichten. Das eher schwächliche Kind erhält als Taufnamen die Buchstaben des Alphabets von A bis Z - ein Gedanke, der eines Jean Paul würdig ist. Die Erziehung ist - wie könnte es anders sein - nicht auf die Anforderungen des Lebens ausrichtet. Bewährung ist nur im kleinsten, gewohnten Kreis möglich. Tritt der Held in die Welt hinaus, so muß er versagen. Die natürliche Entwicklung wird mittels künstlicher Eingriffe reguliert - Gehunterricht durch den Tanzmeister beispielsweise. Alles wird in sichere Bahnen gelenkt, sodaß es erstrebenswerter und bequemer ist, passiv alle Eindrücke aufzusaugen, anstatt entschlossen einzugreifen und aus dem wohlbehüteten Dasein auszubrechen:

> Kurz, bei der Art wie unser Held erzogen ward, schien es freilich nicht darauf angelegt, daß der Junker selbst etwas versuchen, selbst etwas erfahren sollte; vielmehr ward die Geschichte ihm als Spiegel, Regel und Riegel aufgeschlagen und ihm die Versicherung gegeben, daß schon andere für ihn versucht und erfahren hätten. /.../ Mein Held ward ein Held aus Büchern und lernte reden, handeln aber nicht. (43)

Da ihm in der Abgeschiedenheit die Gelegenheit fehlt, eigene Erfahrungen zu machen, greift er zu fremden. Die Geschichtsschreiber werden zu seinen Erziehern. Denn: Es sind die historischen Werke, die in erster Linie auf sich ziehen. 'Historia vitae magistra' - diese Sentenz gewinnt für ABC eine neue Bedeutung. Aus dem Gang der Weltgeschichte destilliert er seine Sympathien und Antipathien, seine Empfindungen und sein Bewußtsein. Zuweilen schlägt diese katalysatorische Leseweise wunderliche Kapriolen: So wird sein Haß gegen die Türken so stark und unerbittlich, daß er sich gegen alles richtet, was diesen Namen trägt, selbst "gegen die unschuldige Blume, welche türkischer Bund genannt wird."[44]

Die Historie übernimmt damit die Funktion, die in anderen Quixotiaden der Roman alter Prägung als Vertreter des Unechten übernimmt. Allerdings: Geschichte erscheint hier keineswegs als Bestandsaufnahme dessen, wie es gewesen. Vielmehr rechnet der Erzähler subjektive Elemente mit ein - Anreicherungen durch die Phantasie, die die tatsächliche Beschaffenheit eines Sachverhalts überlagern:

> Jeder sieht anders, jeder hört anders, jeder deutet anders. Nicht die Geschichte erzählen wir, sondern wir erzählen uns selbst in der Geschichte. (45)

Die Grenze zwischen exakter Wissenschaft und poetischem Fabulieren löst sich damit auf. Gerade dadurch zeigt sich aber auch die Berechtigung, mit der die Historie jene Aufgabe im Romanschema der Quixotiade erfüllt, die eigentlich fiktionalen Texten zukäme. In Wahrheit, so heißt es, sei beides annähernd das Gleiche. Und so kann Geschichte auch die gleiche Funktion übernehmen:

> Ihr, die ihr Romane verdammt und auf ihre Kosten die Geschichte erhebt - wißt ihr, was ihr thut? Nicht die Sache, der Schreiber ist euch zuwider und seine Unmanier. Geschichte heißt nicht Roman, ist sie es aber nicht gemeiniglich? (46)

Vor allem landet der Leser in der gleichen Endstation, egal, ob er jetzt auf Romanbücher oder auf Geschichtsbücher schwört:

> Eldorado ist, so wie das Himmelreich, nicht in Büchern, sondern in uns; in uns ist Eldorado! - Es sey oben oder unten, oder auf Erden; ohne uns selbst ist kein Eldorado! (47)

So die Schlußworte des Werkes. Distanzierung von der Lektüre, Vertrauen in die eigene Individualität und Innerlichkeit werden da als fabula docet postuliert. Eine Moral, die einem Quixote-Roman durchaus entspricht.

Und dennoch sind die "Kreuz- und Querzüge" nur bedingt als solcher zu interpretieren. Sicherlich: Die typischen Elemente der Quixotiade sind vorhanden - der Auszug, der Begleiter in Gestalt des Dieners Michael, die schließliche Zusammenführung mit seinem weiblichen Ideal als Endauflösung. Doch orientiert sich der Roman weniger an der Literatursatire, sondern pflegt das hermetische Flair des Geheimbundromans. Ein Wust von Betrachtungen, Reflexionen und Abschweifungen überdeckt die gewohnte Romanstruktur. Die Stationen der Quixotiade führen nicht mehr von Abenteuer zu Abenteuer,sondern von Loge zu Loge. Ausdrücklich distanziert sich der Erzähler von Assoziationen zu Cervantes: Als ABC mit seinem Faktotum die Heimat verläßt, heißt es von letzterem, daß er "auf keine Weise zu der berühmten Schildknappensippschaft komischen Andenkens, bekannt seit und durch ihren Ahnherrn Sancho Pansa" gehöre.[48] An anderer Stelle wird minutiös in sieben Punkten darauf verwiesen, wie sich die Geschichte vom Muster des "Don Quixote" abhebt.[49]

(f) Johann Pezzl

Auch Johann Pezzls Roman "Ulrich von Unkenbach und seine Steckenpferde" spielt sich vom Raster des hergebrachten Quixote-Romans in stärkerer Weise frei. Als teilweises Produkt des 19.Jahrhunderts steht er am Endpunkt der Aufklärung und damit auch am Endpunkt einer Romanform, deren Grundanlage ja vom Freisetzen aufklärerischer Prinzipien geprägt war. Wie Hippel verzichtet auch er darauf, die satirischen Spitzen gegen eine bestimmte Sorte Literatur zu richten, sondern versetzt seinen Offensiven einen umfassenderen Impuls. Diente das Modell vormals eher als Vehikel für eine engumrissene Literaturkritik, so weitet sich die Angriffsfläche allmählich für eine globalere Kultur- und Zeitkritik.

Es beginnt wie gehabt: In der Abgeschiedenheit seiner kleinadeligen Familie, wo er inmitten einer Schar von 16 Schwestern als einziger männlicher Erbe heranwächst, bleibt Ulrich von Unkenbach jeglicher Anschluß an die höhere Bildung versagt. Triviale Greuelgeschichten, die von Amme und Base weitergegeben werden, vermitteln eine falsche Erziehung. Und dann die Irrfahrt: Sie führt den Helden schließlich von einer kulturellen Verirrung in die andere. Über die idealistische Philosophie wird da ebenso hergezogen wie über die Geheimgesellschaften oder Lavaters physiognomische Lehren. Auch die pädagogischen Neuerer entgehen nicht dem Stachel des Spotts: Nach Vorbild Basedows und Bahrdts wird eine philanthropische Schule gegründet, deren Bestand nach einer Massenprügelei und dem Brand des Unterrichtsgebäudes in Schutt und Trümmern endet.

Die Literaturkritik, die im Roman eingearbeitet ist, richtet sich in erster Linie gegen die Werke des Sturm und Drang und der Empfindsamkeit. Mit dem Geniekult geht Pezzl ziemlich hart ins Gericht, läuft er doch Sturm gegen Vorstellungen, die von der Autonomie des Gefühls oder dem Freispielen des Individuums reden. Grundlegend für diese tendenziöse Ausrichtung ist - laut Werner M. Bauer - der "Horror vor allzu subjektiven Abenteuern und Experimenten in der Darstellung innerer Vorgänge."[50] Bauer sieht die Ursache dafür in der josephinischen Tradition, der der Autor verpflichtet ist. Mit autokratischer Starrheit interpretiert Pezzl die modernen Vorstöße im Roman, seelische Vorgänge im Menschen sichtbar zu machen, als literarische Eintagsfliegen. An Goethe, Lenz, Klinger und Wagner läßt er kein gutes Haar.[51] Ihre Ideale der Extravaganz, des Trotzes und der Antibürgerlichkeit lehnt er als totale Verweigerung des sozial Sanktionierten ab.[52]

Den Exponenten jener literarischen Avantgarde, mit denen der Autor um ein Vierteljahrhundert verspätet ins Gericht geht, begegnete Ulrich in den Gefilden der Stadt - dort, wo die Genies ihresgleichen suchen und sich zu exklusiven Zirkeln zusammenrotten. Die darauffolgende Rezeptionsphase spielt sich vor ländlichem Hintergrund ab. Mit dem Ort wechselt auch das Empfinden: Ulrich begibt sich auf die Suche nach der Idylle; kultiviert seine Melancholie, indem er nachts unter freiem Himmel umherirrt; liest "Siegwart", "Werther", "Ossian". Der Leser von Pezzls Roman ist dabei genötigt, diesen Kanon an empfindsamer Lektüre im Kopf zu haben, denn der Erzähler spart oft Situationen im Handlungsfluß aus und verweist in Fußnoten auf vergleichbaren Szenen in entsprechenden Werken. Werner M.Bauer betont dazu ausdrücklich, daß es sich hier um keinen künstlerischen Mangel handelt, sondern um eine bewußte Erzähltechnik, die einerseits auf das Schablonenhafte und Austauschbare in diesen Texten verweist, andererseits aber vom Leser einen gewissen routinierten Umgang mit ihnen abfordert.[53]

Noch in einem anderen Aspekt enthüllt sich die Art, wie Pezzl aus dem Schema des Quixote-Romans ausbricht. Denn sein "Ulrich von Unkenbach" bewegt sich nicht teleologisch auf eine finalisierende Erkenntnisfindung hin, sondern verzichtet auf eine Lösung im Sinne des Bildungsromans. Der Lebensgang führt den Helden bloß von einer Station zur nächsten, nicht aber von Entwicklungsstufe zu Entwicklungsstufe. Im Gegenteil: Ulrich wird immer realitätsferner und einsamer, seine Betätigungen immer unpraktischer und für die Gesellschaft nutzloser. Am Ende erstickt alles im Provinziellen. Und zugleich versiegt auch das Interesse am Quixote-Schema, obwohl die damit transportierten Gedanken zu Lesen und Lektüre weiterhin ihre Aktualität beibehalten.

(3) Christoph Martin Wieland, "Don Sylvio von Rosalva"

(a) "Don Sylvio" als Satire

Nochmals 36 Jahre zurück - zurück zu Christoph Martin Wielands 'Komischem Roman' "Der Sieg der Natur über die Schwärmerei, oder die Abenteuer des Don Sylvio von Rosalva". Daß dieses Werk hier so abseits der chronologischen Betrachtung steht, hat seine Gründe. Einmal soll hier die Rolle der Lektüre im Rahmen des Quixote-Schemas genauer untersucht werden, als es bisher geschehen ist. Und zum anderen soll an dieser Stelle auch die besondere Aufmerksamkeit auf Wielands Beurteilung des Lesens und deren Verknüpfung mit der allgemeinen Erzählhaltung gelenkt werden.

"Don Sylvio" ist zunächst einmal Satire - und das in mehrfacher Gewandung.[54] Als Literatursatire wehrt sich das Buch gegen die Absurditäten der Feenmärchen: Einen Prinzen, der Pomeranzenwasser pinkelt oder eine Fee, die sich in einen Nachttopf verwandelt, kann man ganz einfach nicht ernst nehmen. Damit trifft Wieland allerdings eine Literaturgattung mehr französischer Provenienz, der im Deutschen zu jener Zeit nur untergeordnete Bedeutung zukommt. Daneben wird auch - vor allem in der Jacinthe-Erzählung - auf die Tugendideale eines Richardson angespielt. Auf die makellose Pamela fällt unwillkürlich die Rede, wenn man sich an Tugendhaftigkeit und übermenschlichen Edelmut erinnert fühlt.[55]

Als Typensatire nimmt das Werk jene weltfremden Schwärmer aufs Korn, die mit dem Wunderbaren einen seltsamen Kult treiben. Erkenntnisfindung ist auch hier Endziel des Romans. Der Held wird von seinem Irrtum befreit: Dabei vollzieht sich keine 'Bildung des Charakters', sondern bloß eine Korrektur. "Belieben Sie zu bedenken, mein Herr, daß nur ein verrückter Mensch seine Einbildungen für Empfindungen hält", heißt es in einem philosophischen Diskurs im fünften Buch.[56] Hat sich diese Gleichsetzung einmal verschoben und wurde die Erkenntnis gewonnen, daß es sich dabei um zwei unterschiedliche Einwirkungen auf das Gemüt handelt, so ist auch die Ursache des Verrücktseins beseitigt und der Mensch von seinem Fehlverhalten befreit. Diese Beseitigung eines charakterlichen Mangels entspricht dem Muster der satirischen Typenkomödie. Allerdings erweist sich die Geschichte vom Don Sylvio für eine Umgestaltung in ein dramatisches Werk als untauglich, liegt die Qualität des Romans doch in der Art der Darbietung - nämlich wie der Erzähler das Innenleben der Figuren in allen Nuancen abzuschildern vermag.

Auch über das andere literarische Muster, dem die Geschichte folgt, bleiben keine Zweifel offen - "Das ist ja noch mehr als Don Quixote", ruft Laura zu Recht voller Verwunderung aus, nachdem ihr Pedrillo todernst von der inneren Mission seines Herrn berichtet hat.[57] Und das ist nicht die einzige Stelle, an der der Leser zu Parallelen mit dieser ihm wahrscheinlich wohlvertrauten literarischen Figur genötigt wird. Die Verwandtschaft zwischen Don Sylvio und Don Quixote wird nicht verdeckt, sondern offen ausgesprochen - als Mittel, um die Typensatire als solche transparenter zu machen:

> Mich däucht, er könnte eine Art von einem jungen Don Quixote sein, der (nach Pedrillos Ausdruck) auf der Feerei herumzöge wie der Ritter von Mancha auf der irrenden Ritterschaft. (58)

Unmißverständlich wird die Persönlichkeit dank der zitathaften Nennung auf Narrheit und Schwärmerei festgeschrieben.

Als Sechzehnjähriger lernte Wieland den "Don Quixote" erstmals kennen.[59] Neun Jahre später - 1758 - schrieb er in einem an Johann Georg Zimmermann gerichteten Brief, daß derjenige das Prädikat 'weise' verdiene, der jenen Roman allen anderen Büchern vorziehe.[59] Dem gleichen Adressaten empfahl er zwei Monate später den "Don Quixote" als Antidot gegen Gemütsverirrungen:

> Wenn Sie die Leben der Heiligen gelesen haben; so lesen sie nur ein paar Tage darauf im Plutarch. Sie werden dann bald verspüren, daß eine Art von Scheidung in Ihnen vorgeht, daß das <u>Subtilste</u> der Schwärmerey im Rauch fortgeht, das gröbste zu Grund sinkt, und das echte und wahre lauter und unvermischt zurük bleibt. Auch der <u>Don Quixote</u> ist ein gutes <u>Specifique</u> gegen dergl. Seelenfieber. (60)

Somit erweist sich das Schema des Quixote-Romans als gutes Medium, um damit das das Thema der Schwärmerei gebührend abzuhandeln - als "Geschichte, worin alles Wunderbare natürlich zugeht", wie der Untertitel verheißt. Wolfgang Preisendanz sieht diese Ausrichtung auf das Wunderbare als Nachwirkung der Schriften Breitingers. Es sei immer als "Resultat eines subjektiven Gesichtspunktes, als Auffassungs- oder Vorstellungsweise eines Wahns (eines Sinnentrugs, eines Affekt, einer Überlieferung, eines Aberglaubens, einer Stimmung einer erhitzten Phantasie usw.)" zu interpretieren.[61] Und daher auch im Rahmen der poetischen Inspiration zu legitimieren.

(b) Don Sylvio als Leser

Don Sylvio ist ein Muster an Naivität. "Die natürliche Lauterkeit seiner Seele war der Argwohns, ob er etwa betrogen werde, unfähig."[62] "Ohne alle Erfahrung oder Kenntnis der Welt, ungemein großmütig und dabei gewohnt /.../, sich in allem von seiner Base regieren zu lassen"[63], zeigt er "eine starke Anlage zur Zärtlichkeit"[64] und ist, "seine Grillen ausgenommen, der beste Mensch von der Welt."[65] Kein Wunder, daß dieser tumbe Tor aufgrund seines fragilen Psychogramms den Wechselfällen des Schicksals nur Harmlosigkeiten entgegenzusetzen hat. Und kein Wunder auch, daß die Verführungskünste der Romanschreiber hier einen Sieg auf der ganzen Linie feiern. Widerstandslos wird das Phantastische von Don Sylvio eingesaugt und vermengt sich mit der Wirklichkeit zu einem homogenen Panorama von der Welt:

> Die Seele, die nach einem blinden Instinkt Chimären ebenso regelmäßig bearbeitet wie Wahrheiten, baut sich nach und nach aus diesem ein Ganzes und gewöhnt sich an, es für wahr zu halten, weil sie Licht und Zusammenhang darin findet und weil ihre Phantasie mit den Chimären, die den größten Teil davon ausmachen, ebenso bekannt ist wie ihre Sinne mit den wirklichen Gegenständen, von welchen sie ohne sonderliche Abwechslung immer umgeben sind. (66)

An Don Sylvio sind diese Errungenschaften der Aufklärung spurlos vorübergegangen. Die rationalen Erklärungen des Weltenlaufs - "die Schwere, die Anziehungskraft, die Elastizität, das elektrische Feuer und andere natürliche Ursachen" - werden ersetzt durch das mystische Weben phantastischer Elementargeister.[67] In den Augen des Titelhelden sind sie keine Produkte der Vorstellungskraft, sondern Tatsache, realer Baustein des Weltgefüges, Hilfsmittel zur Interpretation der Natur. Zauberei und Spuk weredn zu einer Art neuer Wahrheit, die von Don Sylvio gar nicht mehr auf ihren Realitätsanspruch überprüft wird. Die Gesamtheit der Wahrnehmungen verschwimmt zu einer eindimensionalen Märchenwelt: "/.../ Es würde gar nichts Seltsames sein, wenn ihm selbst dergleichen Dinge begegneten."[68]

Nicht die physikalischen Naturgesetze halten also die Welt in ihrem Innersten zusammen, sondern ein obskures Heer von Zauberern, Hexen, Nixen und Elfen. "Don Sylvio dachte und tat nichts wie gewöhnliche Menschen"[69] - zumindestens nicht wie aufgeklärte Menschen. Unvernunft, Vorurteil, Versponnenheit und Schwärmerei, alles mittels der Lektüre stimuliert und in Bewegung gebracht, bestimmen die etwas anachronistische Ausgangsposition des Helden. Damit ist aber auch der Gang des Romans vorausbestimmt, denn der Titel des Werks - "Der Sieg der Natur über die Schwärmerei" - verheißt ja nichts anderes als die Veranschaulichung eines Aufklärungsprozesses.

Don Sylvios Handeln als Leser ist von mehreren Komponenten bestimmt. Wenn sie in der folgenden Analyse auch getrennt aufscheinen, so wirken sie doch gemeinsam und in inniger Verzahnung auf die Imitation als katalysatorischen Endeffekt hin:

(1) Lesen als Ausdruck des Widerstandes: In der Wahl ihrer Bücher artikuliert die junge Generation ihre Autonomie. Denn die älteren Semester haben andere Vorlieben: Doña Mencia, die Tante und Erzieherin Don Sylvios, ist hingerissen von den Ritterbüchern einer Madeleine de Scudéri, blickt aber verächtlich auf das Genre der Feenmärchen herab. Doch ist die Überlegenheit, die ihr die in ihren Augen hohe Warte des Literaturgenusses schenkt, bloß eine vermeintliche. Wie später Don Sylvio für seine phantastischen Erzählungen, so entwickelt auch sie für die von ihr goutierten Bücher eine Art ungesunder Verzückung, die ihr Leben nach dem Muster rüstiger Recken einrenken läßt. "Ihrer Meinung nach lag in diesen Büchern der ganze Reichtum der erhabensten und nützlichsten Kenntnisse verborgen."[70] Chroniken und Historien werden von Doña Mencia mit erstaunlicher Zähigkeit durchackert. Und darüber hinaus werden sie zum Fundamentalkanon für die geistige Ausbildung ihres Neffen.

Weil Don Sylvio die Ritterbücher so liest wie Realenzyklopädien, erreicht er damit in den Wissenschaften einen - unglücklicherweise dubiosen - Stand von Gelehrsamkeit, der höchstens den unbedarften Provinzlern seiner Umgebung tiefsten Respekt abnötigt. Was Doña Mencia am emsigen Studium ihres Neffen am meisten beglückt, ist "die außerordentliche Begierde, von der er brannte, den erhabenen Mustern nachzuahmen /.../."[71] Die Erziehungsmaxime, den Schützling zum Gralshüter von Tugend und Edelmut durch die Imitation von Bücherhelden zu machen, steht und fällt aber mit der Qualität ebenjener Bücher. Solange sich der unreife Zögling seine Vorbilder nicht selbst sucht, solange er brav das liest, was ihm vorgesetzt wird, solange kann der besorgte Erzieher ruhig schlafen. Sobald sich aber jene Aufsässigkeit bemerkbar macht, die sich der aufoktroyierten Leier ewiger Sittenlehren entledigen möchte, hat diese didaktische Methode ausgespielt. Das Prinzip verkehrt sich ins Gegenteil. Der Leser sucht sich als Zeichen des Protests zwar neue Lektüre, konsumiert sie aber - und das ist fatal - noch aus der gewohnten, althergebrachten Perspektive. Die Folge: Aus kontrollierbarer Nachahmung wird unkontrollierbare, aus anrüchiger Halbbildung bizarre Totalverwirrung.

Nichts ist natürlicher, als daß Don Sylvios Umdeutung der Welt in eine Feenwelt am unmittelbarsten Bezugspunkt ansetzt: beim Verhältnis zu seiner Tante. Ist Lesen ein Ausdruck des Widerstandes, so liefert es ihm trotz seiner oftmals erschreckend banalen Inhalte ein Instrumentarium in die Hand, dank dessen es ihm möglich ist, sein Aufbegehren bildlich zu konkretisieren. Als der Held bei seinen geheimen Bücherstudien einmal von Doña Mencia ertappt und zur Rede gestellt wird, verwandelt sie sich in seiner Einbildungskraft flugs zur übelwollenden Fee Karabosse. Dermaßen zum Bannerträger des Bösen schlechthin abgestempelt, ist es nur verständlich, daß für Don Sylvio "deren tyrannische Oberherrschaft /.../ von Tag zu Tag unerträglicher wurde."[72]

Die Lage spitzt sich zu, als der Held vor den Traualtar gezerrt werden soll. Wiederum werden die realen Widersacher zu Figuren des Feenlandes: Die Tante verwandelt sich diesmal in "die boshafte Fanferluche", seine verhutzelte Braut wird zur Schwester des grünen Zwergs.[73] Mit der Umpolung der Charaktere in griffige Phantasiefiguren wird die Welt durchschaubarer. Wenigstens weiß man, was man von ihr zu halten hat - denn im Märchen hat alles entweder schwarz oder weiß zu sein. Allerdings ist all das nur eine katalysatorische Rezeption im weiteren Sinne; eine Rezeption, die zwar Veränderungen bewirkt, die den Leser aber nicht zum tätigen Subjekt macht. Ebensowenig wie sie zur Aktivität auffordert, schafft sie Emanzipation: Alles, was diese Art von Lektüre bewirken kann, ist bloß Scheinemanzipation, die den Leser in neue Abhängigkeiten führt.

Wer aus Protest liest, muß sich vor autoritären Zugriffen schützen. Auch Don Sylvio hält seine Lieblingslektüre unterm Kopfkissen verborgen, doch hat er keine Gelegenheit zum nächtlichen Schmökern, da ihm seine geizige Tante die Kerzen entzogen hat. Der Lesesüchtige wird dadurch in eine andere Klausur abgedrängt: nämlich ins Freie. "So oft er konnte," so wird betont, "begab er sich in den Garten oder in den angrenzenden Wald und nahm seine Märchen mit."[74] Doch verschwindet diese Kulisse im Vergleich zu dem, was ihm da auf den Bücherseiten geboten wird - "eine schönere und wundervollere Natur, als er bisher gekannt hatte, schien sich vor ihm aufzutun /.../."[75] Parallel zur Uminterpretation des ihn umgebenden Personenkreises vollzieht sich die Uminterpretation der Natur:

> In einer so seltsamen Gemütsverfassung konnte nichts natürlicher sein, als daß Don Sylvio endlich auf die Torheit verfiel, sich ebensolche Abenteuer zu wünschen wie diejenigen, deren Erzählung ihm in den Märchen soviel Vergnügen machte. (76)

Das ist der Punkt, an dem die katalysatorische Lektüre nunmehr aktiv wird. Was vorhin bloß ästhetischer Lesegenuß war, der sich rein aufs Buch fixierte, wird nunmehr nach außen getragen, greift verändernd in die Umwelt ein. Aus dem Vergnügen erwächst die Tat. Markant verändert sich das Verhalten des Lesers: Zunächst unterzieht Don Sylvio seine Haustiere einer eingehenden Musterung; tauft sie um oder gibt ihnen den Laufpaß, je nachdem, wie es seinen Vorstellungen vom feenhaften Ideal in den Sinn kommt. Er wird zum besten Kenner seines Schlosses, weil er ebenso unentwegt wie erfolglos jede Ecke nach verborgenen Geheimgängen durchstüöbert. Schließlich stutzt er die Natur in seinem Garten so zurecht, daß eine Art Blumenschloß entsteht, ein Tempel der Schwärmerei, in dem er metaphorisch wie buchstäblich von märchenhaften Begebenheiten träumt.

Das Exil, in das sich der Titelheld aus Opposition zu seiner Tante zurückgezogen hat, erweist sich für die Heranzüchtung seiner Schwärmerei als sehr produktiv. Letztlich bewirkt die Auflehnung die Flucht aus der Wirklichkeit. Die realen Zwänge werden auf einen blinden Fleck weggezaubert, und alles dient plötzlich dem schönen Schein eines Zauberlandes.

<u>(2) Wiederholung</u>: Seine Feenmärchen liest Don Sylvio wieder und wieder. Er wird nicht müde, immer aufs neue mit der Angespanntheit eines Uneingeweihten anzuheben, um das jeweilige Werk "mit fliegenden Blicken" zu verschlingen.[77] Denn die Geschichten sind kurz: Das macht sie ihm sympathisch, ist er doch die Bewältigung voluminöser Schwarten gewohnt. In

diesem ständigen Wiederholen erweist er sich fürs 18.Jahrhundert als einigermaßen untypischer Lesewütiger, liegt in der Regel deren Glück doch im Meistern möglichst hoher Bücherstapel. Wenn Don Sylvio auch kein Exponent des quantitativen Lesens ist, so ist seine Schwärmerei immerhin hemmungslos und schlimm genug. Denn die repetierende Wirkung vergrößert die ohnehin durch 'ländliche Einsamkeit und Einfalt'[78] vorgegebene Bereitschaft, Abwechslung zu suchen - hier eben in der Übernahme fremder Identitäten.

> So erhalten wunderbare und leidenschaftliche Vorstellungen eine verdoppelte und desto stärkere Gewalt über ihr Herz, je geschäftiger die Einbildungskraft in solchen Umständen zu sein pflegt, das Leere auszufüllen, welches die beständige Einförmigkeit der Gegenstände, die sich den Sinnen darstellen, in der Seele zurückläßt. (79)

Hier: rustikale Tristesse, manifestiert in der öden Konfrontation mit dem ewig Gleichen; dort: gespannte Erregung aller Gemütskräfte, ebenso bedingt durch die Konfrontation mit dem ewig Gleichen - nur daß in diesem Fall Wiederholung zum Ereignis veredelt wird. Das Insistieren auf einen kleinen Textkorpus verändert das Bewußtsein, schließlich in weiterer Folge die Handlungsweise des Individuums. Der erste Schritt zur Katalyse ist getan:

> Wär es denn etwas so Unbegreifliches,daß ein junger Mensch von lebhafter Gemütsart, der die Welt nie gesehen hat und in seinem Dorf nichts fand, das der Zärtlichkeit seines Geschmacks hätte genügetun können, durch das Lesen der Feenmärchen auf den wunderlichen Einfall geraten wäre, die Feen und die bezauberten Paläste mit allen ihren Drachen, Zwergen, Popanzen und blauen Kentauren für wirkliche Dinge zu halten? (80)

Die Monotonie provoziert den Gegenschlag. Da die öde Abgeschiedenheit weder Freunde noch Abenteuer bieten kann, sucht Don Sylvio beides in der Lektüre. Das Buch füllt nicht nur das Defizit in der Phantasie, es regt auch dazu an, die Realität mit den angelesenen Inhalten anzureichern.

(3) Totale Vereinnahmung: "/.../ Er las nicht - er sah, er hörte, er fühlte";[81] oder:

> /.../ Er las nichts anderes, er staunte und dichtete nichts anderes, er ging den ganzen Tag mit nichts anderem um und träumte die ganze Nacht von nichts anderem. (82)

Diese Sätze zeigen: Die reale Welt verabschiedet sich, weil die Sinne, mit denen sie aufgenommen wird, in Unordnung geraten. Der Leseakt substituiert alle Formen der Wahrnehmung, wuchert metastasenartig hinein in alle Spielarten bewußt und unbewußt erfahrener Existenz. Nichtigkeiten werden solcherart von der Phantasie zu oft schmerzvollsten Erfahrungen aufgebläht. Bald ist Don Sylvios Schädel "von Schmetterlingen und grünen Zwergen voll."[83] Seine Einbildungskraft verfügt eben - wie könnte es auch anders formuliert sein - über einen "romanhaften Schwung."[84]

Wiederum entlarvend wirkt die Wortwahl. Da spricht der Erzähler von der 'Gier', das dargebotene Lesematerial zu 'verschlingen'.[85] Subtil wird damit dem konsequent weiterdenkenden Leser angezeigt, daß Maßlosigkeiten im Nahrungsmittelkonsum und Maßlosigkeiten im Bücherkonsum zu - in ihrer Art freilich sehr unterschiedlich ausgeprägten - Indigestionen führen können. Daß es sich bei einem literarischen Vielfraß um eine ungesunde Erscheinung handeln muß, erkennt der Leser in der kontrastiv dazu angelegten Figur des Don Pedro. Dieser ist zu sehr Verstandesmensch, als daß die literarischen Phantasien in irgendeiner Form sein Gemüt umkrempeln könnten. Unter Wahrung einer gesunden Distanz sieht Don Pedro in den Feenmärchen bloß einen einzigen Zweck - nämlich den der Unterhaltung:

> "Aber sie vertreiben mir", sagte er, "doch manche langweilige Stunde. Je schnakischer die Einfälle sind, die der närrische Kerl, der Autor, auf die Bahn bringt, desto mehr lach' ich, und das ist alles, was ich dabei suche." (86)

Gerade jene Wahrung des Abstandes läßt Don Sylvio vermissen. Seine Person durchmischt sich förmlich mit dem Angelesenen, ohne dem irgendwelche Schranken entgegenzusetzen. Die oben apostrophierte 'Gier des Verschlingens' vollzieht sich unreflektiert und widerstandslos.

- Aus dieser Fermentation verschiedener Les-Arten erwächst als wichtigste Konsequenz die Umdeutung der tatsächlichen Welt in eine phantastische. Es existiert "eine zweifache Art von Wirklichkeit": einmal die Dinge, "die wirklich außer uns sind", die unabhängig von der subjektiven Wahrnehmung bestehen; zum anderen die Dinge, "die bloß in unserem Gehirn existieren."[87] Dieses Leitthema der Scheinexistenz wird laut Lieselotte Kurth nach dem Prinzip der 'wiederholten Spiegelung' dargestellt: Was für Don Sylvio das Feenmärchen ist, ist für Doña Felicia der Schäferroman und für Doña Mencia der Barockroman; Jacinthes Biographie schließlich folgt den Tugendmustern Richardsonscher Romane.[88]

Das innere Auge des subjektiven Betrachters deutet die Vorspiegelungen der Phantasie in der gleichen Art wie die tatsächliche Wirklichkeit. Und mehr noch: Der Erzähler spricht diesen von der Einbildungskraft unterstützten Eindrücken eine weitaus größere Wirkung auf die menschliche Handlungsweise zu - "die Triebfedern der meisten Handlungen des menschlichen Geschlechts, die Quelle unserer Glückseligkeit und unseres Elends, unserer schändlichsten Laster und unserer glänzendsten Tugenden."[89] Demnach ist Don Sylvio so verrückt nicht, wie es möglicherweise in den ersten Kapiteln den Anschein gehabt haben mag. Der Hang zur 'anderen Seite' ist bei ihm eben stärker, intensiver und kompromißloser ausgeprägt als bei seinen Mitmenschen - sein Diener Pedrillo vielleicht ausgenommen. Denn - so will es der Erzähler - Konsequenzen aus jener 'zweiten Wirklichkeit' ziehen wir alle. Was er in seinem oben erwähnten Hinweis auf die "zwiefache Art von Wirklichkeit" ausspart, ist eine Andeutung auf einen entscheidenden Faktor in deren Genese: nämlich den schwärmerischen Blick ins Buch.

Wer sich - wie Don Sylvio und Pedrillo - in einer Welt bewegt, deren Auslegung andauernd einer überdrehten Phantasie überlassen wird, bewegt sich letztendlich wie ein Held in einem imaginierten Roman. Fatalerweise drehen sich die Räder des Schicksals oft dergestalt, daß die realen Ereignisse das hypothetische Konstrukt der zweiten Wirklichkeit in seiner Plausibilität noch stützen, sich also nahtlos in den Lauf des gedachten 'Romans' einpassen lassen. Der Zufall wirkt überzeugend. Hatte Pedrillo etwa bis zur Mitte des dritten Buches noch Zweifel, ob er wirklich an der Feenwelt seines Herrn teilhabe, so räumt die Begegnung mit Doña Felicia und Laura alle diesbezüglichen Bedenken aus dem Weg: Für den Diener steht es ab diesem Zeitpunkt unumstößlich fest, daß sein Herr allen Feen, Prinzessinnen und Zwergen jene Identitäten zugewiesen hat, die ihnen auch gebührten.[90]

Die Welt konstituiert sich für die beiden also aus einer fragwürdigen Empirie heraus. Was nicht ins schwärmerische Bild paßt, wird von Don

Sylvio verdrängt:

> Er verwies sich selbst auf seine Erfahrungen und schloß, daß Grundsätze, die seinen Erfahrungen widersprächen, notwendig falsch sein mußten. (91)

Die 'zweite Wirklichkeit' ist für Don Sylvio bereits so sehr zur echten Natur geworden, daß er seine Abhängigkeit von der Literatur nicht mehr zu erkennen vermag. "Ich glaube, zum Henker! du willst einen Don Quixote aus mir machen und mich bereden, Windmühlen für Riesen anzusehen?" - so geht er einmal mit seinem treuen Bedienten ins Gericht.[92] Verbal distanziert er sich zwar vom Ritter von der traurigen Gestalt und damit von jeder subjektiven Verfremdung der Realität, doch Erzähler und Leser wissen es besser: Sowohl Don Sylvio als auch Don Quixote sind Opfer literarischer Manipulation.

Zwei Begegnungen sind es, die Don Sylvio auf den Boden der Realität zurückführen. Der erste Prüfstein, an dem seine Phantasie scheitert, heißt Doña Mergelina und ist eines der greulichsten Frauenzimmer unter Spaniens Sonne. Unansehlich wie eine Vogelscheuche, wird sie Don Sylvio zu Beginn des Romans zur Ehe versprochen. Seine Einbildungskraft, die ansonsten die schalsten Vorkommnisse zu schillerndsten Sensationen hochjubelt, läßt sich überhaupt nicht in Gang bringen und das drohende Schrecknis in ein liebliches Wesen verwandeln. Stattdessen werden da plötzlich merkantile Gedanken ins Spiel gebracht: Don Sylvio könne zu dieser Horrorgestalt kaum Sympathie fassen, nicht gegen hunderttausend Taler, selbst nicht gegen alle Goldminen Perus.[93] Die Phantasie lebt eben nur aus sich selbst, ist ein poetisches Phänomen, das sich nicht auszahlen läßt.

Und doch erfährt die Gräßlichkeit Doña Mergelinas bei einem nächtlichen Tête-à-tête letztlich doch ihre - freilich kurze - schwärmerische Interpretation.[94] Mehr wegen der Beeinträchtigung des Gesichtssinns durch die Finsternis als wegen der träumerischen Veranlagung des Helden entwickelt sich das Beisammensein in der Laube zu einem Hymnus Don Sylvios auf die Schönheit seines Gegenübers. Doña Mergelina ist erstaunt - und bezeichnenderweise auch überrascht, denn sie erkennt im Sprachfluß ihres Verehrers den hohen Stil der schwülstigen Ritterschwarten wieder, zu deren Anhängerschaft sie sich rechnet. Die Konversation ist also höchst literarisch: Auf der einen Seite ein Sprecher, der pausenlos aus Bücherwelten zitiert, auf der anderen Seite eine Zuhörerin, die sich in einen Roman versetzt glaubt. Konsequenterweise wird dieses Idyll auch auf Märchenart vernichtet. Als plötzlicher Lichteinfall dem entsetzten Don Sylvio die wahre Gestalt Doña Mergelinas vor die schreckgeweiteten Augen führt, bedeutet das für ihn nicht die Rückkehr aus der angelesenen Traumwelt ins wirkliche Leben. Denn sofort hat er eine Deutung des Geschehenen bei der Hand, wie es ihm das Märchen suggeriert: Selbstverständlich ist er einer plötzlichen Verzauberung zum Opfer gefallen. Hartnäckig behauptet sich also vorerst die Welt der Bücher. Der Held fällt von einer verfehlten Interpretation in die andere, ohne dabei der Realität eine Chance zu lassen.

Die Befreiung von der Einbildungskraft geschah im Falle Doña Mergelinas also nur vorübergehend. Die zweite Begegnung, die Don Sylvio erneut von der Phantasie losreißt, wirkt da schon endgültiger - nämlich als Teil des Quixote-Schemas, in dem sich die finalisierende Erkenntnisfindung vollzieht. Bei Doña Felicia - dem genauen Gegenbild Doña Mergelinas - zeigt es sich, wie extreme Zuneigung das schwärmerische Umdeuteln der Natur ebenso abzustellen vermag wie extremer Abscheu. Nach und nach holt die Liebe Don Sylvio wieder in die Wirklichkeit zurück. Wohl deshalb, weil das reale Bild der Angebeteten auf Dauer attraktiver ist als jede noch so zauberische Einbildung. Wohl aber auch deshalb, weil das vorgestellte Ideal hier mit dem tatsächlichen konvergiert:

> Seine Einbildungskraft, unfähig, etwas Vollkommeneres zu erstreben als was sich seinen Augen darstellte, wurde nun auf einmal ihrer vorigen Macht beraubt und diente zu nichts, als den Sieg der Empfindung vollkommen zu machen. Alle diese schönen Phantome, womit sie angefüllt gewesen war, verschwanden wie die leichten Dünste eines Frühlingsmorgens vor der aufgehenden Sonne. (95)

Don Sylvios Verzückung ist so groß, daß alle Wunschziele und Traumbilder nur mehr sekundäre Bedeutung haben. Hier setzt die Therapie Don Sylvios ein, wie sie sich Don Eugenio vorstellt: zunächst Liebe; dann wachsende Empfindung, die die Einbildung an den Rand drängt; schließlich Ausmerzen der Vorurteile und Irrtümer.[96] Es scheint, als ob gerade die extremen Wirklichkeitseindrücke - nämlich Häßlichkeit und Schönheit in kaum zu überbietendem Maß - das Individuum aus seinem angelesenen Kosmos herausreißen können; Mittelmäßigkeit hingegen fördert die Flucht ins Irreale.

- Zum Vergleich ein Blick auf die Nebenfiguren - denn Don Sylvio ist nicht die einzige Gestalt des Romans, bei der Lektüre ihre katalysatorische Kraft freisetzen kann oder bei der die Einbildungskraft alle Register zieht. Zu nennen ist da vor allem Pedrillo, mehr als ein simpler Domestik: "ein zweiter Seneca."[97] Don Sylvio räumt ihm "eine erstaunliche Belesenheit"[98] ein, ist er doch "ein ungemeiner Liebhaber von Märchen und Wundergeschichten"[99] und daher auch "in den Ritterbüchern und Märchen nicht weniger bewandert /.../ als sein Herr."[100] All das prägt freilich. Die Diktion Pedrillos ist beherrscht von abgedroschenen Spruchweisheiten, von griffigen Sentenzen, die jede Situation zitathaft kommentierbar machen - sei es nun in passender oder unpassender Form.

Alles in allem verfügt Pedrillo aber über eine realistischere Weltsicht als sein Herr. Was vielleicht vernünftiger klingen mag, als es in der Tat ist. Es bedeutet bloß, daß Pedrillo fähig ist, mit dem Negativen und Bösen zu kalkulieren. Denn auch er stolpert durch eine Schimärenwelt, auch sein gesunder Menschenverstand ist getrübt von Märchenspuk und Zauberkram. Allerdings ist sein Feenreich - anders als das rosenrot wonnigliche Don Sylvios - mehr regiert von Hexen, Zauberen und ähnlichem dunklen Gelichter.[101]

Selbst jene Doña Felicia, die dank ihres Liebreizes den Helden auf die Bahnen der Vernunft zurückführen hilft, selbst sie zeigt ähnliche Symptome seelischer Verwirrung wie Don Sylvio - und hat auch ähnliche Dispositionen dazu. Auch sie überläßt sich der anmutigen Einsamkeit des Landes, wo sich 'ein gewisser romanhafter Schwung ihrer Phantasie und ihres Herzens' bemächtigt.[102] Auch sie ist durch den Umgang mit weitaus älteren Menschen abgeschlossen von den Gleichaltrigen. Als Witwe eines ungefähr fünfmal so alten Greises sucht sie nun all jene poetischen Wunschträume zu verwirklichen, wozu sie - anders als Don Sylvio - die unermeßlichen finanziellen Resourcen ihres Erbes anzapfen kann.[103]

Einer Welt, die so durchwirkt ist von phantastischen Geschichten, tut Heilung not. Keine Frage, was man zur Heilung heranzieht: wiederum phantastische Geschichten.

(c) Lektüre in den Erzählungen

In den phantastischen Geschichten wird wiederum fleißig gelesen und fabuliert. Die Erzählungen, die in den "Don Sylvio" eingeschoben sind, sind demnach nichts anderes als Spiegelungen der Haupthandlung. Sie helfen mit, die Lebensgeschichte der Titelgestalt in bestimmten Punkten fester zu umreißen.

Die Jacinthe-Geschichte: Bei einer alten Zigeunerin aufwachsend, die ihr nicht einmal einen Schimmer von Tugend und Moral beibringt, eignet sich das Mädchen Jacinthe die Sittenlehre im autodidaktischen Studium an. Ihre Begleiter dabei sind Romanzen und Märchen, die ihre bereits instinkthaft vorhandenen Tugendvorstellungen bewußter machen sollen.[104] Wie Don Sylvio wird also auch Jacinthe durch eine gewisse Form von Isolation zur katalysatorischen Lektüre gedrängt. Der Hunger nach Partizipation kann in beiden Fällen nur mit Büchern gestillt werden: Don Sylvio wird dadurch Teilhaber der großen weiten Welt, und Jacinthe erfährt die - allerdings verschwommen dargebotenen - Fundamentalbegriffe der Sittlichkeit.

Stärker noch zeigt sich das Moment der unfreiwilligen Isolation in der Geschichte vom Prinzen Biribinker. Sozial isoliert ist er wegen seiner einzigartigen Stellung als Königssproß; physisch isoliert ist er wegen seiner Schönheit und seines Wortwitzes, die dank eines Zauberspruchs ohne Parallele sind. Am augenfälligsten ist aber Abschluß, den Biribinker direkt und körperlich erleben muß: Wegen einer düsteren Weissagung hält es sein Vater für ratsam, ihn in einen einsamen Bienenstock zu stecken, wo er siebzehn Jahre lang sein Dasein fristet. Papageien und Elstern sorgen mit Märchen für Kurzweil,[105] und wie man später hört, wird der Prinz in dieser Zeit auch mit den mythischen Geschichten Ovids vertraut gemacht.[106] Aber: Im Unterschied zu Don Sylvio ist es nicht die Literatur, die den Blick auf die Wirklichkeit verschleiert. Es ist Biribinkers ausgeprägte Eloquenz, die sein Realitätsgefühl verzerrt. "Sie haben einen schlimmen Lehrmeister in der Redekunst gehabt," lautet der Befund der Ondine Mirabella - nicht üppige Suada, nur die "Macht der Wahrheit" allein mag überzeugen.[107] In diesem Punkt treffen die Biographien Don Sylvios und Biribinkers wieder zusammen. In beiden Lebensläufen geht es darum, die durch Absonderung entstandene verzerrte Perspektive auf das Wahre zurechtzurücken. Allein die Ausscheidung des Überstiegenen und synthetisch Anempfundenen kann dieses Einpendeln in die Normalität einleiten.

Zunächst fehlt Don Sylvio die nähere Einsicht, was an dem Märchen vom Prinzen Biribinker "Ungereimtes, geschweige denn Unnatürliches und Unmögliches sein sollte."[108] Das Wunderbare wird so genommen, wie es ist. Diese Kongruenz von tatsächlicher Welt und Märchenwelt wird in jenem Moment zerstört, als Don Gabriel die Erzählung als seine eigene Erfindung deklariert, ja sie sogar als 'widersinnig' und 'ungereimt' abkanzelt.[109] Zugleich weist er auf den eigentlichen Zweck solcher Feenmärchen hin. Sie seien bloß als literarische 'Spielwerke' gedacht, allein dienlich der Belustigung und dem Vergnügen. Wer sie an den Kriterien der Moral oder Wahrscheinlichkeit messe, habe die poetische Eigengesetzlichkeit jenes Genres nicht erfaßt. Sie ernstzunehmen, gar Rollen daraus auf sich selbst zu übertragen - das sei eine falsche Art des Lesens: "Aber bei dem allen bleiben Märchen doch immer - Märchen."[110]

Don Gabriel, der hier so vehement gegen eine katalysatorische Rezeption auftritt, merkt aber offensichtlich gar nicht, daß er sich selbst widerspricht. Feengeschichten haben bewirkt, daß Don Sylvio eine Rolle angenommen hat, eine Feengeschichte bewirkt aber auch, daß er sie wieder ablegt. In beiden Fällen agiert Literatur als Mittel zur Bewußtseinsveränderung. Märchen bleiben also doch nicht immer Märchen - zuweilen dienen sie auch zur Therapie, zur Rückführung eines in den Gefilden der Phantasie umhertaumelnden Lesers in ordentliche Lebensbahnen. Mit dem Märchen vom Prinzen Biribinker ist Don Gabriel somit einen ungewöhnlichen Weg gegangen, der vom herkömmlichen Schema der Quixotiade abweicht. Similia similibus curantur: Der Held wird von einer Sorte Literatur abgebracht, die ihm den Kopf verdreht - und zwar unter Zuhilfenahme ebenderselben Sorte Literatur.

(d) Lektüre und Erzählsituation

Das Erzählen, so hat der vorangegangene Abschnitt gezeigt, spielt im "Don Sylvio" eine fundamentale Rolle. Auf spitzfindige Art wird dem Helden der Weg zur rechten Erkenntnis gewiesen. Und spitzfindig hat Wieland auch den Erzähler des ganzen Romans ans Werk gehen lassen. Denn während der in seine Bücherwelt verstiegene Don Sylvio sein Heil im Feenland sucht, wissen der Leser und der Erzähler wohl Bescheid über den objektiven Sachverhalt. Ihre Kumpanei wird zum Mittel der Desillusion. Der Leser ist Eingeweihter und Vertrauter des Erzählers; es wird - in fast wortwörtlichem Sinne - 'ein Roman vorgespielt', in dem sich das Pathetische im Handumdrehen als leeres Gehäuse entlarvt.[111]

Der Erzähler sieht sich nur als Mittler zwischen dem leser und den Fantasmagorien des Helden. Die erzählerische Aufrichtigkeit wird zum obersten Gebot erhoben. Klar wird die narrative Methodik dargelegt:

> Wir werden also /.../ bei der Erzählung unseres jungen Ritters einen Unterschied machen müssen zwischen demjenigen, was ihm wirklich begegnet war, und zwischen dem, was seine Einbildungskraft hinzugetan hatte. (112)

Daß der Roman trotz seiner zahlreichen Rückgriffe auf die Feengeschichte eigentlich gegen diese Gattung anschreibt, bedarf keiner besonderen Anmerkung. Wichtiger ist es hervorzuheben, mit welcher argumentativen Taktik dies geschieht. Der Erzähler verweist in diesem Zusammenhang auf den Wahrheitsanspruch seiner Geschichte, auf "Pflichten der historischen Treue".[113] Das erste Kapitel des zweiten Teils, "Worin der Verfasser das Vergnügen hat, von sich selbst zu reden",[114] dient als diesbezügliche Rechtfertigung: Da wird Wert gelegt auf die "merkwürdige Verschiedenheit" zwischen dem "Don Sylvio" und herkömmlichen Feengeschichten, da wird die "historische Treue und Wahrhaftigkeit" betont, hingewiesen auf das realistische Inventar - Dorfwirtshäuser und derbe Bauernburschen statt hehrer Paläste und absonderlicher Wundergestalten.

Der nächste Schritt in der Argumentation zeigt aber, daß das Buch nicht allein als Kontrafaktur zu verstehen ist, sondern als Kontraindikation. Erzählerische Glaubwürdigkeit, so heißt es da, diene in erster Linie nicht der Erlustigung, sondern habe "die Beförderung der Gesundheit unserer geliebten Leser an Leib und Gemüt zum Endzweck."[115] Dem Buch wohne also eine sympathetische Spannung inne, die im entscheidenden Moment auf den Leser überspringen müsse - auf einen Leser, der vornehmlich von "Schwärmerei, Milzsucht und Hypochondrie" geplagt werde.[116] Der Erzähler vertraut hier auf dieselbe Wirkung, von der auch sein Titelheld heimgesucht worden ist - katalysatorische Rezeption, freilich diesmal unter einem anderen Vorzeichen: Ernüchterung statt Gemütsverirrung, Sedativ statt Aufputschmittel.

Die geeignete Synthese von Wahrheit und Therapie, also moralischem und physischem Nutzen, findet der Erzähler im Humor. Bücher, die belustigen, unterrichten auch besser. Lesage, Voltaire und Rabelais seien bei weitem jedem sauertöpfisch moralisierendem Buch vorzuziehen, deren Nützlichkeit wegen der Langeweile, die sie ausstrahlen, eingeschränkt bleibt.[117]

Humoristisch mit ironischem Einschlag zu erzählen, das ist auch eine Maxime des Erzählers selbst. Seine Distanz zum angelesenen Feenspuk ist nicht so groß, wie man vielleicht meinen könnte. Augenzwinkernd läßt er sich manchmal vom Feenglauben infizieren und riskiert dabei denselben getrübten Blick in die Wirklichkeit wie seine Figuren: Etwa, wenn er Pedrillo beschließen läßt, "allen Gespenstern, Fanferlüschen und Schmergelinen zum Trotz" gemeinsam mit seinem Herrn das heimatliche Gut zu verlassen.[118] Oder wenn er Don Sylvios Hündchen "nach dem Befehl der Fee" die Wanderschaft mit antreten läßt.[119] Oder wenn es ein Kapitel gibt, "Worin" - laut Betitelung - "Feen, Salamander, Prinzessinnen und grüne Zwerge auftreten."[120] Teilweise wird so erzählt, als ob es eine Feengeschichte wäre - wären da nicht immer die desillusionierenden, ironischen Rückzieher:

> Doch vermutlich wollte die Fee, die sich in das Schicksal des jungen Sylvio mischte, nicht zugeben, daß er seine Bestimmung verfehlen sollte. Denn da er /.../ in der Bücherkammer herumstöberte, um sich etwas zur Zeitkürzung auszusuchen, geriet er, es sei nun von ungefähr oder durch den geheimen Antrieb der besagten Fee, auf ein starkes Heft von Feenmärchen. (121)

Ohne Zögern wird da von einer Fee gesprochen, die als Drahtzieherin menschlicher Lebensläufe werkt. Die ironische Spannung wird erst aufgehoben, als der Erzähler im Nachsatz auf die Rolle des Zufalls verweist, also aus der magischen Welterklärung ausbricht.

Wichtig für diesen ironischen Erzählstil ist auch der Begriff des Abenteuers. Es wird nicht angenommen, daß man sie erleben kann; man kann höchstens darüber lesen. Abenteuer haben in der Realität keinen Platz, weil man sie dort nicht erwartet. Jacinthe berichtet:

> /.../ Meine Einbildung malte mir eine Menge von Abenteuern vor, die ich in alten Romanen gelesen hatte, und meine kleine Eitelkeit fand sich durch den Gedanken geschmeichelt, daß ich vielleicht selbst Heldin eines Romans werden könnte. (122)

Die erste Assoziation zu 'Abenteuer' ist 'Roman'. Für Don Sylvio wird der Begriff des Abenteuers, der in der bieder abschnurrenden Wirklichkeit so deplaciert wirkt, zum Gradmesser dafür, inwieweit man Bücher tätig nachvollziehen kann. Also sucht er wie Don Quixote Bewährung dort, wo sie gar nicht zu finden ist. Doch egal: Um die Fiktion in die Realität zu transplantieren, ist für ein Abenteuer alles gut genug. Der katalysatorische Prozeß rollt reibungslos ab: Lesesucht mündet in Abenteuersucht.

Belanglose Ereignisse werden zu strahlenden Erlebnissen veredelt. Von einem Frosch, den Don Sylvio vor einem Storch rettet, erwartet er eine halbe Stunde lang, daß sich dieser zum Dank in eine schöne Nymphe verwandeln werde. Leider: Das Wunderbare bleibt aus, und damit auch das erhoffte Abenteuer. Mit Ausnahme des Verhaltens, das der Titelheld hier an den Tag legt, ist in jener Szene überhaupt nichts abenteuerlich. Und dennoch macht sich der Erzähler die Perspektive Don Sylvios zu eigen, spricht von Abenteuer, um es im nächsten Atemzug als Torheit abzuqualifizieren.[123] Wielands Erzählstrategie ist doppelbödig: Einmal folgt sie dem Blickwinkel des Feenromans, einmal zerstört sie ihn. Ein Phänomen, das vom Leser sorgfältig beachtet werden muß. Er muß dessen immer gewahr bleiben, daß er dem Erzähler eigentlich ausgeliefert ist:

> Der Leser darf dem Wort nicht mehr blindlings trauen, sondern muß dafür empfänglich sein, daß mehrere Perspektiven walten. Er muß wie die Welt so auch die Sprache durchschauen und die Kunst der Andeutung verstehen. Und er muß schließlich sein eigenes Rollenspiel durchschauen. Denn so wie der Erzähler in die verschiedenen Haltungen des Autors, Übersetzers, Kommentators schlüpfen kann, mit denen er dann spielt, so drängt er dem Leser die verschiedensten Rollen auf, mit denen er dann gleichfalls sein Spiel treibt. (124)

Die ältere Forschung hat dieses Verhältnis zwischen Leser und Erzähler noch viel unkomplizierter gesehen, durchwaltet von einer gutmütigen Lehrhaftigkeit. Alfred Martens schreibt 1901 in seiner Doktorarbeit:

> Er läßt seine Leser nie aus den Augen, und sorgt sich wie ein guter Lehrer seinen Schülern gegenüber dafür, dass ihm nichts unverständlich bleibe. (125)

Keine Spur. Um den Roman auskosten zu können, muß der Leser autonom bleiben, muß Distanz bewahren können über die Rollen, zu denen ihn der Erzähler nötigt. Er muß mit einem Wort all das tun, was der Held des Romans nicht tut: Seinen Rezeptionsprozeß einer kritischen Vernunft unterordnen.

(4) Die Stellung des Quixote-Romans in der deutschen Literaturentwicklung des 18.Jahrhunderts

Cervantes' Don Quixote begibt sich auf die Wanderschaft, damit er all das kompensiert, was seiner sozialen Schichte und damit auch ihm vorenthalten worden ist. Als anachronistische Gestalt durchwandelt er eine Wirklichkeit, deren Demütigungen er mit würdevoller Grandezza begegnet. Fortwährend begleitet ihn auf seinem lächerlichen Ausritt der Gedanke an die Bücher, deren Vergegenwärtigung ihn ebenso zu Abenteuern anstachelt wie nach deren Scheitern tröstet. Wuthenow deutet das Werk weniger als Parodie auf den trivialen Ritterroman, eher schon als Verspottung eines Rezeptionsprozesses, der einen durch die Isolation weltfremd gewordenen Geist zu gleichermaßen weltfremden Handlungen herausfordert.[126] Doch ist die katalysatorische Kausalität nicht die einzige Form, wie Bücher im Buch reflektiert werden können. Romanwirklichkeit, Literaturzitat und Selbstzitat verschränken sich in mannigfaltigen Ebenen: Als Anspielung auf räuberische Nachdrucker, als Vergleich zwischen den tatsächlichen Erlebnissen Quixotes und den später im Druck erschienenen, schließlich als Berufung auf ein Manuskript arabischer Herkunft, aus dem der Erzähler seine Geschichte schöpft - ein verwirrendes Vexierspiel, mit dem der Autor alle Bezüge zwischen erlebter Wirklichkeit und Geschriebenem auszuloten gedenkt.

Der Quixote-Roman wird deshalb zum Paradigma aller Romanfiktion, weil er eben diese Romanfiktion in allen Facetten thematisiert. Wieland beispielsweise gibt seinen "Don Sylvio" als Schöpfung eines spanischen Autors aus, knüpft in einigen Handlungsmomenten direkt an Lesages "Histoire de Gil Blas de Santillane" (1715-1735) an, von den zahlreichen Anspielungen auf die Weltliteratur ganz zu schweigen.[127] Und gerade diese Möglichkeiten, über Fiktion zu reflektieren und ihre Wirkung zu thematisieren, bewirkt die Renaissance des Quixote-Stoffs in der deutschen Literatur des ausgehenden 18. Jahrhunderts. Denn zu jenem Zeitpunkt sucht der Roman in Deutschland bereits nach nach Möglichkeiten, sich von den überkommenen Formen zu emanzipieren. Zusammen mit Fielding weist der "Don Quixote" da in neue Richtungen.

Das Aufeinandertreffen von Realität und Phantasie gibt mehr ab als bloßes Rohmaterial zur Satire. Es ist vielmehr Metapher für die Romankunst an sich. In seinen "Vorlesungen über die Ästhetik" schreibt Hegel:

> Eine der gewöhnlichsten und für den Roman passendsten Kollision ist deshalb der Konflikt zwischen der Poesie des Herzens und der entgegenstehenden Prosa der Verhältnisse sowie dem Zufalle äußerer Umstände: ein Zwiespalt, der sich entweder tragisch oder komisch löst oder seine Erledigung darin findet, daß einerseits die der gewöhnlichen Weltordnung zunächst widerstrebenden Charaktere das Echte und Substantielle in ihr anerkennen lernen, mit ihren Verhältnissen sich aussöhnen und wirksam in dieselben eintreten, andererseits aber von dem, was sie wirken und vollbringen, die prosaische Gestalt abstreifen und dadurch eine der Schönheit und Kunst verwandte und befreundete Wirklichkeit an die Stelle der vorgefundenen Prosa setzen. (128)

Der "Don Quixote" als Archetypus des Romans schlechthin? Ein Roman wenigstens, der die Grundproblematik seiner Gattung in seiner Form verborgen hält. Sie von der Form des Epos abzuheben, hat Georg Lukács in seiner "Theorie des Romans" versucht. Im Epos erhalten transzendente Instanzen beim Helden das Gleichgewicht zwischen objektiver und subjektiver Welt; beim Roman hingegen ist diese harmonische Weltordnung aufgelöst. Und damit gerät auch das Verhältnis von Innenwelt und Außenwelt aus den Fugen, verwandelt sich ins Paradoxe:

> /.../ Wegen der Verengerung der handelnden, der episch in Betracht kommenden Seele, wird für diese die Welt, als Substrat ihrer Taten, ebenfalls eine engere, als sie in Wirklichkeit ist. (129)

Ihre Konflikte mit der Welt sind frei von jeglicher Erhabenheit, sind bloß "ein groteskes Vorbeigehen aneinander oder ein ebenfalls groteskes, von gegenseitigen Mißverständnissen bedingtes Aufeinanderfallen."[130]

Dieser Typus Seele zeigt sich in statuarischer Ruhe unempfindlich gegen die Bewegungen der Außenwelt. Die unerschütterliche Stabilität der festgewurzelten Innenwelt ist als Objekt des Erzählens denkbar unattraktiv. Vielmehr sind es ihre Bewegungen und Projektionen nach außen, die interessieren: das Abenteuer. Leben bedeutet Sukzession von Erlebnissen. Die subjektive Starre, in der die Seele verharrt, läßt sie aber an der objektiven Realität vorbeihandeln, läßt sie sie mißverstehen. Die Welt bietet dem Helden bei jeder seiner Handlungen automatisch Widerpart. Die Folge für die Struktur des Romans: Die Handlung besteht aus einer Kette von beliebig aneinandergereihten Abenteuern, in denen der Held sich selbst bestätigen will - wie eben schon der Ritterroman, der mit dem Verlust seiner transzendentalen Orientierung zur reinen Unterhaltungslektüre absank.

Laut Lukács entsteht der "Quixote" vor einem geistesgeschichtlichen Hintergrund, der bestimmt ist vom letzten Versuch des Christentums, sich auf mystischem Wege zu regenerieren. Eine Übergangszeit also, deren Charakter aus dem Charakter des Romans ablesbar wird, nämlich

> daß das reinste Heldentum zur Groteske, der festeste Glaube zum Wahnsinn werden muß, wenn die Wege seiner transzendentalen Heimat ungangbar geworden sind; daß der echtesten und heldenhaftesten, subjektiven Evidenz keine Wirklichkeit entsprechen muß. (131)

Es ist klar, daß ein Roman, der das Thema nach zweihundert Jahren neu aufgreift, dies unter ganz anderen Auspizien tun muß. Zum einen bringen es die Prozesse zunehmender Säkularisation mit sich, daß die Verankerung des Weltbildes im Transzendentalen immer lockerer wird. Die Sphären der Vorstellungswelt und der Realität treffen insofern aufeinander, als in der zweiten Hälfte des 18. Jahrhunderts die theoretischen Ideen der Aufklärung auf radikale Weise konkretisiert werden - nämlich in den nordamerikanischen Kolonien und in Frankreich. Und auch in literarhistorischer Hinsicht stehen die Quixote-Romane des 18.Jahrhunderts an einer Wende, thematisieren doch das Lesen zu einer Zeit, in der die Lektüregepflogenheiten im Umbruch begriffen sind.

Der Quixote-Roman ist somit ideale Ausdrucksform einer Übergangszeit. Denn schon seine Struktur ist janusgesichtig angelegt. Der eine Blick ist dabei in die Zukunft gerichtet: Es sind keine exotischen oder pastoralen Phantasiegefilde, in denen sich die Handlung bewegt, sondern natürliche Landschaften ohne Verklärung. In der beschriebenen Gesellschaft erkennt der Leser die realen Abbilder der zeitgenössischen ständischen Ordnung wieder, im beschriebenen Alltag die vertrauten Verrichtungen und Lebenssituationen. Und neu ist auch, daß die Innenwelt des Menschen als erzählenswert entdeckt wird. Abseits jeglicher poetologischen Absegnung stehend, sucht der Roman des 18.Jahrhunderts in wachsendem Maße den Dialog mit dem Lesepublikum. Die so entstehende Interaktion von Buch und Leser wird zum ästhetischen Grundkonzept, das einerseits auf traditionell verankerte Leseerwartungen des Publikums hinlenkt, diese aber andererseits auch verfremdet.[132]

Zur gleichen Zeit aber auch der Blick zurück: Noch ist der Roman im großen und ganzen nicht so weit, seine Helden bloß zu Hause lieben und leiden zu lassen, sich ausschließlich auf die Genese ihrer Innenwelten zu konzentrieren. Noch braucht er den Drang in die Ferne, die Sukzession wechselnder Schauplätze, die Begegnung mit ungewöhnlichen Gestalten: Die außerordentlichen Begebenheiten brauchen die Außenwelt als Schauplatz. Wenn das Wunderbare und der Zufall immer noch für Überraschungen sorgen müssen, so geschieht das gleichsam unter Anführungszeichen. Der Held der Quixotiaden ist ein Narr. Und als Narr erlebt er das Phantastische nur innerhalb eines Zitats. Die ganze Welt wird Bühne, damit er seine Buchstabenabenteuer inszenieren kann. Die Einbildungskraft des traditionellen Romans kollidiert mit der Wirklichkeit des modernen. Der Einsatz ausgedienter Versatzstücke wird dadurch legitimiert, daß sie als angelesene Produkte erscheinen.

In seinem satirischen Anliegen greift der Quixote-Roman zurück auf eine Tradition, die zwar durch das Ausspielen gegen die Realität überwunden werden soll, jedoch begreiflicherweise noch so festgefügt erscheint, um mit der Kontinuität ebendieser Tradition zu kalkulieren. Anders formuliert: Auch jener Leser, der an die Hypertrophien des Romans alten Schlages gewohnt ist, braucht beim Roman neuer Prägung nicht darauf zu verzichten. Die Parodie knüpft durch das Parodierte an das Gewohnte an.

> Bei näherer Betrachtung des Ritterbuch-Komplexes hat man schließlich den Eindruck, daß Cervantes /.../ deswegen ein bestimmtes Thema gewählt und in verschiedenster Weise ironisiert hat, weil /.../ eine satirische Behandlung der Romanzen von fahrenden Rittern ihm ein brauchbares und harmloses Vehikel war, seinen pikarischen Roman voranzutreiben /.../. (133)

Dieser Befund Vladimir Nabokows gilt für Cervantes ebenso wie für Wieland und seine Zeitgenossen. Ein Werk wie der "Don Sylvio" leitet gewiß - wie Wolfgang Kayser betont - eine neue Phase in der deutschen Literaturentwicklung ein, ist "plötzlich da";[134] trotz aller Modernität steckt er aber in der jahrhundertelang bewährten Grundform des Ritterromans. Und Neugebauer gibt im "Teutschen Don Quichotte" gar freimütig zu, seinen Lesern die Sache leicht machen zu wollen:

> Die Leute glauben, daß ich einen Roman schreibe, und ich würde sagen mögen, was ich wolte, so würde ich es ihnen nicht aus dem Sinn reden. Die Folge davon ist, daß ich mich nach dem gewöhnlichen Roman=geschmak richten muß, wenn mein Werk gefallen soll: das Unerwartete muß darin herrschen und hierzu thun meine Ausschweiffungen einen ungemeinen Vorschub. (135)

Die Krisensituation, in der der Roman alter Prägung steckt, wird an dieser Stelle spürbar. Neugebauer würde sich nur gar zu gerne von den alten Mustern trennen, fühlt sich aber gleichermaßen dem herkömmlichen Publikumsgeschmack verpflichtet. Um eine solche Diskrepanz zwischen Innovationswillen und Tradition aufzulösen, ist der Quixote-Roman die ideale Form. Er bietet die Chance, modern sein zu können, ohne dabei den konservativen Lesegeschmack des Publikums außer acht zu lassen. Im Angelesenen manifestiert sich der alte Roman, in der Lächerlichkeit des tatsächlich Erlebten und dessen Bewußtwerdung durch den Handlungsträger aber bereits der neue.

(II) JOHANN WOLFGANG GOETHE, "DIE LEIDEN DES JUNGEN WERTHER"

Illusion und Desillusion paradigmatisch darzustellen blieb nicht allein Anliegen jener Romane, die der Mode des "Don Quixote" folgten. Führte in den Cervantes-Umdichtungen die Dissonanz von Ideal und Wirklichkeit zur harmonischen Auflösung, so endet in Goethes Romanerstling "Die Leiden des jungen Werther" (1774)[1] die Spannung zwischen Innenwelt und Außenwelt tragisch, nämlich im Untergang des Helden. Für Wolff Fleischer ist "Werther" als eine Form des 'lyrischen Desillusionsromans' ein einzigartiger Neuansatz in der deutschen Erzählprosa.[2] Es scheint, als ob sich der Roman nunmehr des abenteuerlichen Beiwerks entledigt und die wahren, wichtigen Konflikte in der menschlichen Psyche sucht.

Schon den Zeitgenossen fiel das Anknüpfen an die quixoteske Grundproblematik auf. So schreibt denn Johann Melchior Goeze 1775:

> Im Grunde ist die ganze Charteque nichts anders, als ein modernisirter Don Quixote, nicht als Löwenritter, sondern als verliebter Narr betrachtet. Allein Don Quixote ist noch viel vernünftiger als Werther, und redet durchgängig mit mehrer Hochachtung von der Religion, als dieser. (3)

Stehender Topos der Werther-Kritik ist der Vergleich von Goethes Titelhelden mit Cervantes' Ritter von der traurigen Gestalt. Zuweilen wird Don Quixote auch als Vergleichsnorm herangezogen, wenn der verwirrte Geisteszustand derjenigen beschrieben werden soll, die sich durch besonders gründliche "Werther"-Lektüre den Kopf verdrehen haben lassen.[4] Gleichviel: Werther ist ein moderner Don Quixote, ein Sonderling, über den der vernünftige Leser nur lachen kann. Was beide Charaktere auszeichnet, sind - laut Klaus Scherpe -

> mutwilliges Vorbeiträumen an der Wirklichkeit, Verführung durch legendäre Bücher und falsche Lehren, Mißachtung des praktischen Lebens und der Vernunft, Abenteuersuche, wo es nichts zu bekämpfen gibt. (5)

Goethes "Werther" - einer der zahlreichen Ableger Don Quixotes, die durch die deutsche Literatur des 18.Jahrhunderts spuken? Sicherlich wirken die Gemeinsamkeiten verführerisch, insbesondere was die unbestritten große Rolle des Lesens in diesen Büchern betrifft; daß Lektüre hier ganz andere Aufgaben hat, daß sie hier gewissermaßen 'anders funktioniert', ist nur ein einziger Aspekt des Trennenden.

Abgesehen von dieser - hier nur kurz angeschnittenen - Wahlverwandtschaft zum "Quixote" des Cervantes gilt aber eines als sicher: Goethes "Werther" in dieser Darstellung ein eigenes Kapitel zu widmen, ist ebenso notwendig wie riskant. "Über Goethes ersten Roman 'Die Leiden des jungen Werther' läßt sich kaum Neues sagen", stellte Stefan Blessin schon 1979 lakonisch fest.[6] In der Tat hat sich die Germanistik bemüht, dieses Werk in allen Einzelheiten auszuleuchten. Die formalen Besonderheiten, der soziale und historische Kontext, nicht zuletzt die breit gestreute Rezeption - all das wurde im Laufe der Zeit von der Forschung ausgiebig analysiert und kommentiert.

'Rezeption' ist das Reizwort, das den Großteil der Studien zum "Werther" in allen Nuancen der Wortbedeutung durchzieht. Da wird Rezeption verstanden als Literarisierung der biographischen Umstände aus Goethes Leben, vor allem aus den Vorfällen in seiner Umgebung während seiner Wetzlarer Zeit. Daß die Parallelen zwischen Wirklichkeit und Roman sehr genau rekonstruierbar sind, ist sowohl Verdienst der positivistisch orientierten Germanistik des 19.Jahrhunderts, die mit findefreudigem Scharfsinn allen erdenklichen Spuren nachgestöbert hat , als auch Verdienst Goethes selbst, der sich im 13.Buch von "Dichtung und Wahrheit" über die wahren Hintergründe recht ausführlich verbreitert hat:[7] seine Liebe zu Charlotte Buff, die er während eines Balles kennen- und lieben lernt; ihre Verlobung mit dem Gesandtschaftssekretär Johann Georg Christian Kestner; Goethes Abreise aus Wetzlar - all diese Ereignisse aus der privatesten und intimsten menschlichen Sphäre sind mittlerweile zum Gegenstand der Literaturgeschichte geworden. Die Figur des Werther ist gewissermaßen eine Kontamination der Persönlichkeit des Autors und der des Legationssekretärs Karl Wilhelm Jerusalem, einer Bekanntschaft Goethes aus Leipziger Tagen. Von dieser Seite fließen so verschiedenartige Motive ein wie die Liebe zu einer verheirateten Frau, die an eine andere Person gebunden ist (quasi als Anknüpfungspunkt zum Schicksal Goethes), die Erniedrigungen im Verlauf einer adeligen Gesellschaft, nicht zuletzt jedoch sein spektakulärer Selbstmord.

Von diesem Einbau konkreten biographischen Materials abgesehen, weist der Begriff "Rezeption" im speziellen Fall des "Werther" noch zwei andere Schattierungen auf, auf die sich in der Folge unser Interesse im speziellen richten wird. Zum einen ist es die Frage, wie das Buch von seiner Umgebung aufgenommen wurde. Daß dieser Aspekt nur überblicksartig dargestellt werden kann, ergibt sich aus der Masse des zu verwertenden Materials von selbst. Besonderes Augenmerk soll dabei auf die Art gerichtet werden, wie das zeitgenössische Publikum liest, wie der Leser in den Text integriert und zu einer spefifischen Lektürevariante angeregt wird.

Eine weitere Möglichkeit, wie Rezeption verstanden werden kann, ist der Einbau des Lesers in den Handlungsablauf selbst. Es sei als Ergebnis der Untersuchung vorweggenommen, daß für diesen Roman die Spannung zwischen indikatorischem und katalysatorischem Lesen charakteristisch ist, je nachdem, ob man werkimmanent interpretiert oder das Umfeld zu Rate zieht. Werther ist dadurch charakterisiert, daß er sich in eine Position begibt, die jedem verändernden Zugriff durch Literatur von vornherein vorbeugt; daß er dennoch zur Genüge liest, erfüllt den Zweck reiner Indikation. Dazu als Kontrast die Rezeption des Werkes in der Realität: Es scheint, als ob sich alle Facettierungen des katalysatorischen Lesens, die Goethe aus seinem Werk verdrängen wollte, in den Reaktionen des Publikums konkretisiert haben; sei es als exaltierte Schwärmerei des 'Werther-Fiebers', als beißender Vorwurf in moralisierender Kritik oder als lächerliche Pose in karikierenden Nachdichtungen. Werther als Person läßt sich im Roman kaum von Literatur verändern; wohl aber verändert "Werther" als Roman das Publikum.

Daß der Gesichtspunkt des Lesens für die Anlage des Romans ganz wesentlich ist, deutet schon das Titelkupfer zur Erstausgabe an: Eine Kerze mit einem Bücherstapel ist da zu sehen, ein Band davon liegt aufgeschlagen. Das Bild ist mehrfach interpretierbar: einmal bloß als dekoratives Element, dann als Illustration zur Selbstmordszene, in der Lessings "Emilia Galotti" aufgeschlagen danebenliegt;[8] endlich aber auch als Signal für den Leser, daß ab hier das Reich der Fiktion beginnt, daß das, was ab hier geschieht, Buch und nicht Wirklichkeit ist. Die Abbildung eines offenen Lesewerks wird so zur Introduktion in die Scheinwelt - eine Art der Einführung, wie sie ein Teil von Goethes Leserschaft konsequent übersehen hat. Es macht den Eindruck, als ob sich der Gegensatz zwischen Indikation als Thema und Katalyse als realer Effekt in diesem Werk besonders intensiv auslebt. Die Wesenheit der beiden Termini durch diese wohl einmalige Polarisierung innerhalb eines Textes genauer zu umreißen, soll in der Folge das Ziel sein.

(A) DIE LESER DES "WERTHER"

(1) Die Nötigung des Lesers

Wer "Werther" liest, der liest ein Werk, das sich am Genre des Briefromans orientiert; ein Genre,das sich vor allem in England größter Beliebtheit erfreute. Goethes Wahl der Darstellungsform ist nicht zufällig: Bewußt soll die Form jenen Subjektivismus reflektieren, der die Titelgestalt auszeichnet. Damit wird auch das äußere Gerüst für die so persönlich gefärbte Selbstdarstellung zur Verfügung gestellt. Kommunikation erreicht dadurch das Höchstmaß an uneingeschränkter Individualität.

Aber: Was fehlt, ist eine objektive Orientierungsmarke, an der sich der Blickwinkel des schreibenden Helden relativiert. Ein Fixpunkt, der dem Leser hilft, eine Art geordnetes Maß im Auge zu behalten. Andere Briefromane versuchen, den Standpunkt dadurch auszubalancieren, indem sie mehrere Charaktere das Geschehen schildern lassen. Die Handlung wird durch den Pluralismus der verschiedenen Sichtweisen dem objektiven Sachverhalt nähergerückt. Nicht so im "Werther": Hier spiegelt sich weitgehend die Empfindungswelt bloß eines einzigen Individuums wider. Die Perspektive Werthers ist unverrückbar: Es gibt kein moralisches Korrektiv, das mit seiner Handlungsweise kritisch ins Gericht ginge.

Und an diesem Punkt hakt auch die zeitgenössische Kritik ein: Der Leser werde dazu verleitet, Werthers Geschichte als einzig mögliche Antwort auf die inneren Nöte zu lesen, die der Held der Gesellschaft und seinen Gefühlen zu verdanken hat. So sieht Johann Melchior Goeze die Hauptgefahr des Buches in der "die Jugend hinreissenden Sprache", die auf moralisierende Hinweise verzichtet.[9] Die Suggestivkraft des Werkes läßt dem Leser kaum Chancen, aus der Werther-Perspektive auszubrechen. Er wird - bedingt durch die Form - geradezu zu einer speziellen Form der Lektüre genötigt.

"Werther" will anders als vergleichbare Romane gelesen werden. Der Authentizitätsgewinn, der dank der formalen Anlage erreicht wird, rückt den Leser in eine neue Position:

> Dialogische Vergegenwärtigung im Brief fingiert den Dialog von Abwesenden; dramatische Vergegenwärtigung im Briefroman inszeniert diese Fiktion vor Anwesenden (Dritten). (10)

Aus dieser imaginären Kommunikationssituation, in der Lesen wie Schreiben zu bestimmenden Gestaltungsfaktoren werden, lebt der Roman. Indiskretion ist eingeplant: Die Einsichtnahme in Papiere persönlichsten Charakters, in denen intimste Reflexionen und Seelenprozesse dargestellt werden, macht den Leser zum Voyeur. Eine besondere Art des Lesens wird hier verlangt, ein "Mitlesen des Lesens"[11], das die Illusion nur perfekter machen soll. Der psychologische Realismus fördert die Identifikation. Und zwar so, daß der Leser förmlich dazu gezwungen wird.

Allerdings wird diese einseitige Perspektive an zwei Stellen des Werkes aufgehoben, nämlich am Anfang und am Ende. Da ergreift der Herausgeber das Wort, informiert, worüber Werther nicht mehr informieren kann, und schafft gleichzeitig Distanz. Musterbeispiel hiefür ist die Vorrede[12], die die empfindsame Aufladung des Werkes a priori verringern will, im gleichen Atemzug aber den Authentizitätsanspruch durch den Verweis auf einen fiktiven Herausgeber erhöht. Die Nötigung des Lesers beginnt in subtiler Manier schon an dieser exponierten Stelle. Erdmann Waniek faßt seine Analyse der Vorrede dermaßen zusammen:

> Die Vorrede fordert also, grob umrissen, ein Leseverhalten einer kunstvoll in der Schwebe verharrenden, distanzierten Identifikation, die uns Verständnis für Werther abnötigt, ohne deswegen unser Urteil zu suspendieren. (12)

Was leistet die Vorrede im einzelnen? Zunächst legt der Herausgeber der Lesergemeinde ihren Dank geradezu in den Mund. Manipulation mit dem Leser daher schon im ersten Satz:

> Was ich von der Geschichte des armen Werther nur habe auffinden können, habe ich mit Fleiß gesammelt und lege es euch hier vor, und weiß, daß ihr mir's danken werdet. (13)

Der Herausgeber ist nicht nur über die Erwartungen seines Publikums unterrichtet, er kennt sogar schon dessen Reaktionen. Er weiß, daß man Werther kaum "Bewunderung und Liebe, seinem Schicksale /.../ Tränen nicht versagen" kann.[14] Das Buch erscheint als hilfreicher Beistand für Leser in vergleichbaren Herzensnöten - nicht die Gestalt Werther, sondern ausdrücklich das Buch "Werther" wird dabei dem Leser als Freund, mehr noch: als Substitut für fehlende Freundeshilfe präsentiert. "Die Widmung erlaubt dem Leser, die eigenen Probleme in das Werk zu projizieren und es als Lebenshilfe zu erleben."[15] Zugleich werden dem Leser die letzten Bedenken genommen, die ihn noch von der Lektüre des Romans abhalten könnten. Angesichts eines dermaßen wohlwollenden, auf die seelische Unterstützung des Rezipienten abgestimmten Präludiums müssen wohl auch die letzten Skrupel schwinden: "Die geläufigen Warnungen gegen das Romanlesen sind zuvorkommend entschärft. Das mitfühlende Erleben wird als Positivum postuliert."[16]

Die vom Herausgeber rhetorisch so raffiniert vorgebrachte Intention, als segensreicher Seelentröster Beistand leisten zu wollen, mußte in den Ohren jener, die "Werther" als teuflische Verführungsdroge verstanden oder mißverstanden, wie purer Hohn wirken. Die Gefahr wurde dadurch noch erhöht, daß das Buch keinen bestimmten Stand oder Bildungshorizont adressiert, sondern ein Buch für alle war, das auch von allen gelesen wurde. Anspruchsvolle Literatur fing nun an, neue Schichten der Gesellschaft zu infiltrieren. Und das war denn auch revolutionär für die deutsche Rezeptionsgeschichte: die Universalität und die weitausladende Aufnahme von Goethes Roman.[17] Präsentierte sich das Buch in seiner Vorrede als Therapeutikum, so wirkte es wie ein Virus. So breit gestreut das soziale Spektrum seiner Leser war, so breit gestreut waren auch die Möglichkeiten, es zu lesen.

Das wirkt zunächst wie ein Widerspruch zu dem oben angeführten Postulat, daß der Leser bei seiner Lektüre quasi in eine vorbestimmte Ecke gedrängt werde, aus der er nur schwer ausscheren könne. Diese vom Autor kalkulierte Leseperspektive schließt jedoch nicht aus, das Werk gründlich mißzuverstehen. Ausgehend von den Arbeiten der Prager Strukturalisten Mukařovský und Vodička hat Georg Jäger die verschiedenen Ebenen der Werther-Rezeption zu fixieren versucht.[18] Das literarische Werk wird dabei als 'Lesevorschlag' definiert. Zu unterschiedlichen Epochen erfährt der Text unterschiedliche Annäherungen durch den Leser, sogenannte 'Konkretisationen'. Die logische Konsequenz ist, daß der Leser zum Träger der Werkgeschichte wird, da das Werk allein durch seine historisch dimensionierte Rezeption existiert. Für den speziellen Fall "Werther" sind drei streng voneinander abzuhebende Konkretisationstypen auszumachen: die erbauliche, die didaktische und die trivialempfindsame.

Wer das Buch etwa wie ein Werk der Erbauungsliteratur liest, nimmt das Identifikationsangebot des Romans ganz in Anspruch. Die Folge ist das sogenannte Wertherfieber, in dessen Verlauf die goethesche Romangestalt zur Ikone eines spätaufklärerischen Konsumismus wird. Der Handel mit einschlägigen Modeaccessoires trägt nicht zuletzt dazu bei, daß Werthers Name in allen Kreisen der deutschen Bevölkerung verbreitet wird.

Die zweite Konkretisationsform, die didaktische, ist sachlicherer Natur. Aus einem nüchternen Blickwinkel wird der Text auf seinen praktischen Nutzen hin abgetastet. Der Leser verlangt von ihm das, was er in Moralischen Wochenschriften oder didaktischen Vorbildromanen finden kann, nämlich Sittenlehre, Auseinandersetzung mit religiösen Fragen und andere Dinge, die ihn über die Möglichkeiten wahrer Lebensführung unterrichten. Die Kritik der Aufklärung sieht "Werther" in eben dieser Tradition, nur als Vermittler von Lehren, die falsch und zu verurteilen sind - im speziellen hinzielend auf die Problematik des Selbstmordes. Die letzte Möglichkeit der Konkretisation, die trivialempfindsame, liest "Werther" als Liebesroman unter vielen. Hochkonjunktur hat diese Lesevariante in den letzten beiden Jahrzehnten des Jahrhunderts, interessanterweise parallel zur Ausbreitung der Leihbibliotheken. Sie steht mit einer anderen Facette des Wertherfiebers in engster Beziehung, nämlich mit den 'Wertheriaden': Imitationen, die in sentimentaler, teilweise auch tragischer oder parodistischer Natur den Werther-Stoff in Romane, Dramen, Gedichte oder Moritaten umgossen.

Es gehörte mit zum guten Ton, den "Werther" gelesen oder zumindest von ihm gehört zu haben. Der hohe Popularitätsgrad führte aber dazu, daß die ursprünglichen Intentionen des Autors immer mehr verblaßten. Schon die Zeitgenossen sahen im "Werther" ein Buch,"das von so vielen verschlungen und von so wenigen verstanden worden ist"; ein Buch "von einem Genie für ein Genie"; ein Buch, "das daher in den Händen der Schwachen, Affen und Kinder zu einem spitzigen Holz wird, womit sie sich stechen."[19]

Jedem Text ist es gegeben, falsch verstanden zu werden; beim "Werther" wurde dies zur potentiellen Gefahr, wie die zahlreichen warnenden Stimmen vermelden, die von einer Bedrohung der Jugend sprechen. Wenn radikale Abneigung gegen ein Werk bedeutet, es mißzuverstehen, dann hat auch Georg Christoph Lichtenberg Goethes Roman mißverstanden; oder, mit Jäger sachlicher ausgedrückt: "Lichtenbergs Urteil ist vor dem Hintergrund der erbaulichen und didaktischen Konkretisation zu lesen."[20] Eine der zahlreichen Stellen, in denen sich Lichtenberg zu Goethes "Werther" äußert, findet man in einem Brief an Johann Christian Dieterich:

> Ich glaube, der Geruch eines Pfannkuchens ist ein

> stärkerer Bewegungs-grund, in der Welt zu bleiben, als alle mächtig gemeinten Schlüsse des jungen Werthers sind aus derselben zu gehen. (21)

In diesem berühmt gewordenen Verdikt argumentiert Lichtenberg, der Rationalist; ein Mann, der gewohnt ist, Kausalitäten abzuleiten, die Zusammenhänge von Ursache und Wirkung aufzuspüren. Und gerade das vermißt er bei der "Werther"-Lektüre sichtlich. Die Briefstelle zeigt, wie sehr Lichtenberg den Zwang der im Roman vorgeführten Kausalität bezweifelt. Werther ist nicht von der Vernunft geleitet, sondern Sklave seiner Sinnlichkeit. Für einen Leser, der es gewohnt ist, einen kausalen Konnex mitzudenken, ist ein auf unvorhersehbare Gefühlsaufwallungen hin konzipierter Roman schlechthin Humbug.

Obwohl Goethe mit der Vorrede und der Ich-Perspektive den Leser in eine bestimmte Position rückt, zeigt das Beispiel Lichtenberg, daß noch immer ein breites Band von Rezeptionsmöglichkeiten offenbleibt. Viele lasen den "Werther" anders, als die Vorrede es ursprünglich wollte. Kennzeichen des Wertherfiebers war es, nicht - wie der Herausgeber es plante - 'Trost aus den Leiden zu schöpfen',[22] sondern eben diese Leiden künstlich herbeizusehnen, die Romanwelt in die tatsächliche Welt einströmen zu lassen, um selbst einmal Werther sein zu dürfen. Die monologische Anlage des Buches lud gleichsam ein, in Werthers Haut hineinzuschlüpfen; die Idee der Distanz, die in der Vorrede noch mitschwingt, wurde augenscheinlich von vielen Lesern vergessen.

Was die Warner mißbilligend orakeln und attackieren, ist vor allem die Abstumpfung des Lesers gegen die Wirklichkeit. Das übermäßig zelebrierte Lebensgefühl hat bloß in der Literatur Platz. "Hohe überschweifende Empfindung lieber Werther, steht gut im Gedicht, aber macht schlechte Haushaltung", weist der nüchterne Albert die Titelfigur in Friedrich Nicolais Parodie "Freuden des jungen Werthers" zurecht.[23] Unumwundener in ihrem appellativen Charakter, weil nicht in einen fiktionalen Rahmen eingebettet, gibt sich die Kritik Goezes:

> Man bedenke um Gottes willen, wie viele unsrer Jünglinge mit Werthern in gleiche Umstände geraten können und solches insbesonderheit in der gegenwärtigen Epoche, da es als höchste Weisheit angesehen wird, junge Seelen nicht sowohl durch Gründe der Religion in eine recht christliche Fassung zu setzen, als vielmehr dieselben mit lauter phantastischen Bildern anzufüllen und die Empfindungen in ihnen weit über ihre Grenzen hinaus zu treiben. Mit einer solchen Gesinnung

> kommen sie in die große Welt, und hier finden sie Menschen, die ganz anders denken und urteilen. Ihre Eigenliebe und die Einbildung, die sich selbst von ihren Vollkommenheiten gemacht haben, gibt ihnen Mut, verwegene Schritte zu tun, zu verlangen, daß andere ihre Schwärmereien bewundern sollen: und wenn sie alsdenn erfahren müssen, daß sie sich lächerlich und verhaßt machen, so werden sie wütend. (24)

Die konkreten Vorwürfe gegen Goethes Roman werden eingeleitet von einem generellen Lamento über die Lesesitten der Zeit. Mit der Säkularisation der Lektüre kommen die Laster über das jugendliche Publikum. Egoismus, Hochmut, Jähzorn - all das kennzeichnet den Leser, der - von den Büchern verblendet - erwartungsfroh in die Welt hinauseilt und von ihr prompt enttäuscht wird. Jeder "Werther"-Leser also ein kleiner Don Quixote?

Wurde in dieser Variante kritischer Argumentation betont, daß allein der individuelle Charakter Schäden aus der Lektüre davontrage, so sehen anderswo vereinzelte Gegner gar lähmende Konsequenzen für die ganze Gesellschaft. Der sentimentale Roman bietet dem Leser die Gelegenheit, seine privaten empfindsamen Gefühlsregungen dermaßen schrankenlos auszuleben, daß er darüber seine Umwelt vergißt.

> The abortive sympathy which is excited by the recital of imaginary distress, blunts the heart to that which is real; and, hence, we sometimes see instances of young ladies, who weep away a whole forenoon over the criminal sorrows of a fictious Charlotte or Werter, turning with disdain at three o'clock from the sight of a beggar, who sollicits in feeble accents or signs, a small portion only of the crumbs which fall from their father's tables. (25)

Lektüre macht asozial. So lautet der Vorwurf, der die optimistischen Prophezeiungen der Vorrede neutralisiert. Zumindest wenn er jene Leser trifft, die sich in beinahe egozentrischer Ausschließlichkeit dem süßen Leid hingeben. Nicht nur das Dargebotene selbst ist moralisch bedenklich, sondern auch die Art, wie es wirkt. Unter das ganze mischt sich freilich ein gehöriger Schuß Geniekritik: Der genialischen Konzentration aufs eigene Ich wird angelastet, daß sie nichts anderes sei als eine Belastung für die Gesellschaft. Wer die Pflege seines Individualismus zu nachhaltig betreibe, wer über der Maxime der Daseinserfüllung die Umwelt vergesse, der wird im bürgerlichen Ordnungssystem nach außen abgedrängt. "/.../ Ein Genie ist ein schlechter Nachbar", klagt der Nicolaische Werther, als ein Gartenkünstler aus eigenen Gnaden ihm das Anwesen verwüstet.[26] Die rücksichtslose Selbstverwirklichung macht das Genie letztlich selbst, aus eigenem Verschulden, zum Außenseiter.[27]

(2) Wertherrezeption als Thema der Literatur

Das vorige Kapitel hat zeigen sollen, wie sehr die Annäherungen an den Text schon bei den zeitgenössischen Lesern divergierten. Jene, die sich nicht auf die vom Autor bereitgestellte Position einlassen wollten, quittierten das Buch zum Teil mit brüsker Kritik. Aus diesem Hin und Her von Befürwortung und Abneigung, von Fürsprache und Ablehnung erwuchs letztendlich eine lebhafte Diskussion, die sich ihrerseits wieder in der Literatur thematisch verdichtete. "Werther", diesmal als Buch, wurde selbst zum Gegenstand von Büchern.

Voraussetzung für die Literarisierung war die wachsende Popularität des Werkes und die damit in proportionalem Zusammenhang stehende Erhöhung der sittlich-moralischen Bedrohung, wie sie einige Kassandrarufer angesichts der thematischen Behandlung des Selbstmordes fürchteten. Wenn auch die moderne Forschung das Bild von einer Selbstmordwelle, die angeblich ganz Deutschland nach der Herausgabe des Romans überschwemmte, zurechtgerückt hat, so findet man vereinzelt doch Berichte von Lesern, die - um in der Terminologie Lichtenbergs zu sprechen - vom 'Furor wertherinus'[28] befallen wurden. Appell berichtet über tragische Selbstmordfälle, bei denen auffällige Anlehnungen zum Tode Werthers protokolliert wurden: Im Januar 1778 stürzt sich in Weimar ein Mädchen in die Ilm; bei ihr: "Werthers Leiden". In London findet man unter dem Kopfkissen einer Selbstmörderin "The Sorrows of Werther". Das nämliche Buch taucht auch bei einem Halleschen Schustergesellen auf, der sich selbst erhängt hat.[29] Ein anderer Fall wird im "Magazin zur Erfahrungsseelenkunde" von Karl Philipp Moritz mitgeteilt:

> Alles aufs äußerste erschrocken, läuft bestürzt die Treppe herunter - nachdem sie sich vom Schreck erhohlet, gehen sie zusammen wieder herauf und finden ihn todt, ohne ein Zeichen des Lebens zu geben, auf dem Gesichte zur Erden liegend, und im Blute schwimmend. Auf seinem Tisch lieget der Werther aufgeschlagen S.218, wo es heißt: es ist zwölf - sie sind geladen u.s.w. (30)

So wie Werther Lessings "Emilia Galotti" als letzte Botschaft auf dem Tisch aufgeschlagen läßt, hinterlassen diese Opfer Goethes "Werther" selbst - eine Koinzidenz, auf die später noch genauer eingegangen werden soll.

Zwischen dem Roman Goethes und der Inszenierung vereinzelter Selbstmordfälle ursächliche Zusammenhänge herzustellen, fiel einigen Zeitgenossen nicht schwer:

> Man giebt, soviel mir gesagt worden, seiner Liebe zu einer gewissen Art von Lectüre, hauptsächlich seinem öfteren Lesen des Werthers, große Schuld. Diese Anklage ist so oft, und fast immer unerwiesen dagewesen, daß es sich wirklich einmal der Mühe verlohnte, desfals eine genauere Unetrsuchung anzustellen. (31)

Von der rationalen Art der Kritik zur Dämonisierung war es nicht weit. Als das Buch in Leipzig auf Antrag der dortigen Theologischen Fakultät bei 100 Talern Strafe verboten wurde, erschienen folgende Verse Johann Heinrich Mercks:

> Ist's nötig, daß der Jugend wird
> solch Beispiel eingepräget
> Von Leuten, die durch Satans List
> Selbst Hand an sich geleget? (32)

Wer sich dem Buch verschreibt, verfällt dem Teufel. Dergestalt wird in Kritiken argumentiert, die das Werk auf ästhetischer Basis kaum rational zerpflücken können.

> Welcher Jüngling kann eine solche verfluchungswürdige Schrift lesen, ohne ein Pestgeschwür davon in seiner Seele zurück zu behalten, welches gewiß zu seiner Zeit aufbrechen wird. Und keine Censur hindert den Druck solcher Lockspeisen des Satans? (33)

Zu Stimmen solcher Art, die allein das Buch diabolisierten, gesellten sich natürlich auch Invektiven gegen den Autor, ja gegen die Literatur und das Lesen überhaupt. Die Diskussion über Wert und Unwert der Lektüre war in eine neue Runde gegangen, entzündete sich jetzt an einem konkreten, prominenten Text in vormals nie gekannten Ausmaß. Nicht die inhaltliche Seite - speziell die Selbstmordproblematik - war ausschließliches Ziel der Polemik; sie richtete sich auch auf Innerliterarisches, auf eine kritische Analyse des Kommunikationsprozesses. So beispielsweise in einem der zahlreichen aktuellen Werther-Gedichte, in dem der ungenannte Autor die unheilvolle Wirkung von Goethes Roman beklagt; doch scheint es, als ob er die durch den Roman losgetretene Lawine an drittklassiger Literatur mehr bedauere als die mögliche Verwirrung der Gemüter:

> O Goethe, hättest du doch Werthern nie geschrieben;
> Von wieviel Übeln wär die Welt verschont geblieben!
> So mancher hätte sich ein Werther nicht geglaubt,

Wenn er, bei kaltem Blut, von Mord und Liebe träumt;
Und diese Narren da - die hätten nicht gereimt. (34)

Zu einem noch radikaleren Angriff erkühnt sich ein anderes Gedicht. Nicht die konformen Töne der Werther-Epigonen sind Thema des folgenden Epigrammes; attackiert werden Goethe und auch Nicolai selbst:

Werthers Leiden, Werthers Freuden,
Welches rührt dich? - keins von beiden!
Doch bewegt mich zum Mitleiden,
Der von beiden
Der Verfasser selber ist,
und der Leser, der es liest. (35)

Inhaltliches oder Formales wird in diesem Text nicht angesprochen; die Kritik setzt vielmehr dort ein, wo der Kommunikationsprozeß beginnt beziehungsweise endet: beim Autor und beim Leser. Beide werden - freilich unter ironischem Augenzwinkern - bedauert. In diesem Gedicht kämpft man mit feinerer Klinge: Die üblichen Angriffsflächen werden ausgespart, Literatur auf das Wechselspiel von Produzenten und Rezipienten reduziert. Der Leser - durch die Figura etymologica in der Endzeile besonders hervorgehoben - erscheint dem Buch ausweglos ausgeliefert zu sein; ihm hat daher das Mitgefühl zu gelten und nicht den bewußt verschwiegenen Schicksalen des Romans.

Die Polemiken gegen das Lesen des "Werther" thematisieren zum Großteil katalysatorische Prozesse, die die Lektüre begleiten. Dabei verengt sich die Kritik nicht bloß auf die Möglichkeit, durch das Studium des Buches zum Selbstmord angeregt zu werden, sondern beschreibt banalere, offensichtlich mehr verbreitete Auswirkungen. Typisches Exempel für solche leidenschaftlichen Effekte: Der Bericht Christian Friedrich Daniel Schubarts über die Empfindungen während seiner eigenen Lektüre des "Werther":

Da sitz ich mit zerfloßnem Herzen, mit klopfender Brust, und mit Augen, aus welchen wollüstiger Schmerz tröpfelt, und sag dir Leser, daß ich eben <u>die Leiden des jungen Werthers</u> von meinem lieben <u>Göthe</u> - gelesen ? - Nein , verschlungen habe. (36)

Kein diszipliniertes Lesen findet hier statt; das Buch wird vielmehr übereilt konsumiert, "verschlungen". Und wie der Körper auf unzureichend verdaute Nahrung anspricht, so kommt es auch nach der Lektüre zu psychosomatischen Reaktionen. Alle Teile des Körpers werden während des Lesens in Mitleidenschaft gezogen - der Leser ist in doppeltem Wortsinn 'erschüttert'. Nicolais "Freuden des jungen Werthers" wird im Einleitungsgespräch eine Schilderung solch typischer Überreizungen vorangestellt: "/.../ 's dringt dir durch Mark und Bein, jede Ader schwillt dir, und 's Gehirn funkelt dir, daß du gleich auf möchtest -."[37] Lektüre führt zu einer Störung der körperlichen Grundfunktionen. Die Parallelisierung des Lesens mit der Wirkung von Gift ist demnach kein demagogischen Sprachbild, sondern ergibt sich aus der konkret nachvollziehbaren Macht der Literatur auf das Individuum:

> Schriftsteller! warum bereitet ihr Gifte,
> Verzuckert, den zarten Seelen zum Fluch?
> Giftmischer! eure giftigen Düfte
> Töten den Jüngling durch ihren Geruch. (38)

Würde dieses mit 1779 datierte Gedicht nicht den Namen "Wehrter" im Titel führen, so könnte man das auslösende Moment seiner Entstehung bloß erraten. Jeder Hinweis auf den Roman oder dessen Autor ist aus dem Text verbannt; die Verse rechnen mit der Gilde der Dichter und der schrecklichen Macht der Dichtung ganz allgemein ab. Das dabei herbeibeschworene Bild vom Giftmischer rückt den Text wieder in die Nähe polemischer Verteufelung.

Zeitgenössische Urteile und Kommentare bestätigen, daß sich "Werther" einer ungemein intensiven Lektüre erfreute. Umso bemerkenswerter für eine Periode, in der sich der Leser auf eine größere Streuung seines Lektürekanons umstellte, in der das extensive Lesen das wiederholte Studium einer begrenzten Anzahl von Büchern ablöste. Salomon Gessner gibt an, den "Werther" zweimal privat und einmal in Gesellschaft gelesen zu haben.[39] Ebenfalls von einer dreimaligen Lektüre berichtet Friedrich Heinrich Jacobi in einem Brief an Goethe.[40] Gottlob David Hartmann, ein Gymnasialprofessor und Bardendichter, der sein eigenes Dasein haargenau im Buch konkretisiert fand und es auch entsprechend distanzlos verschlang, spricht von zehnmaliger Lektüre.[41] Napoleon, den der "Werther" auch nach St.Helena begleitete,[42] soll ihn siebenmal gelesen haben.[43] Und Auguste von Stolberg kannte das Werk angeblich fast auswendig.[44] Außergewöhnliches Leseverhalten - außergewöhnliche Wirkung. Diese Analogie brachte besagte Zeitgenossen auf den Plan, die die Lektüre des "Werther" als einen Paradefall katalysatorischen Lesens beschrieben. Das Los des Werther-Lesers war es, dazu verdammt zu sein, die im Roman transportierten Ideale und Maximen "nachzufühlen und nachzuhandeln"[45].

Von dieser sich förmlich aufdrängenden katalysatorischen Kausalität leben die zahlreichen Wertheriaden, die im Gefolge von Goethes Erfolgsroman den Büchermarkt heimsuchten. Vorgestellt werden darin Charaktere, deren Gemütsverfassung unter ihrer anteilnehmenden Art der Lektüre gelitten hat; Charaktere, die im Buch eine verschüttete Seite ihres Ichs wiederzuentdecken glauben; Charaktere, die die Realität nach Vorbild der Fiktion arrangieren wollen. Daß es beim Lesen um nichts anderes geht als um den Wunsch, Romanszenen im eigenen Leben nachzustellen, enthüllt Christian Friedrich Timmes 'Mode-Roman' "Der Empfindsame Maurus Pankratius Ziprianus Kurt" (1781/82) auf plastische Weise. Imitation ist Zweck des Lesens, empfindsames Gehabe geht dabei Hand in Hand mit jugendlicher Eitelkeit:

> Er schwindelte für Vergnügen, wenn er sich die Wonne dachte, künftig einen Plaz auf den Toiletten und Schreibtischen der empfindsamen Damen und Hrrrn /sic/ einzunemen, seinen Namen von ihnen genennt zu hören, seine Tugend bewundert, und sein Beispiel zur Nachamung aufgestellt zu sehen. (46)

Aus dem Werther-Leser wird ein Werther-Geschädigter. Der Held läßt sich von einem Schneider mit der typischen Uniform aller Werther-Süchtigen ausstaffieren, übernimmt den empfindsam-genialischen Sprachduktus und die Weltsicht seines Vorbildes und ist bekümmert, daß seine Angebetete - sie heißt glücklicherweise Lotte - mit ihm selbst und keinem biederen Rivalen verlobt ist und sein Dasein daher um die tragische Pointe betrügt - "/.../ nun war ihm ja das unsägliche Vergnügen benommen, einen Roman zu spielen, und die tugendhafte Frau seines Freundes zu verführen."[47] Wer keine Sorgen hat, schafft sich eben welche.

Sybille Vips, die Heldin von Ernst August Anton von Göchhausens 'unvollendetem Familienstück' "Das Werther-Fieber" (1776), sieht sich weniger von Werther als von Lotte angesprochen. Die Folgen der Lektüre, die immerhin acht Tage in Anspruch nimmt,[48] sind aber um nichts besser. Das Nachleben von Lottes Persönlichkeit führt ihre gesundheitliche Verfassung in einen bedenklichen Zustand. Aber: schädlich ist nicht das Werk selbst, sondern das falsche Verständnis des Lesers, das zur leichtfertigen Attitüde verleitet.

> Tragt Euer bischen Kinderverstand nicht mit hinüber, und eben so wenig Eure arme jugendliche Phantasie! Euer aller gantzes Leben reicht vielleicht nicht zu, Werthern nachzudenken, und zu combinieren wie er, und all' Eure vereinigten Kräfte nicht, ihm nachzufühlen und nachzu-

handeln /.../. (49)

Von einer einseitigen Schuldzuschreibung nimmt der Autor hier Abstand; vielmehr ermahnt er den Leser zu einer nüchternen Lektüre und rechtfertigt somit indirekt Goethes Roman.

Berühmteste Parodie ist wohl jene von Friedrich Nicolai - "Freuden des jungen Werthers. Leiden und Freuden Werthers des Mannes" (1775). Der tragische Schluß des Originals wird umgebogen in ein vorderhand glückliches Finale. Indikator dafür ist die gemeinsame Ossian-Lektüre; doch sind es jetzt beseligendere Passagen als diejenigen, die Lotte und Werthers jammervollen Gefühle ins Unsägliche steigern:

> Sie lasen auch noch zusammen Ossians Gedichte, aber nicht Selma's Gesang, oder den traurigen Tod der schönäugigten Dar=Thula, sondern ein wonniglich Minnelied von der Liebe der reizende /sic/ Colna=Dona /.../. (50)

Die Idylle nach der Vermählung währt nicht lange. Lotte und das inzwischen zur Welt gekommene Kind werden von einer Geschlechtskrankheit verseucht. Ein Jüngling stellt sich ein, mit dem Werthers Frau bald zu scharwenzeln beginnt. Dieser Hausfreund wird bezeichnenderweise mithilfe der von ihm gelesenen Bücher charakterisiert. Oberflächliche Belesenheit und leeres Gerede sind zwei Bezeichnungen für denselben Umstand - er besitzt "kein' Grütz' im Kopf".[51] Lesen ist kein Zeichen für Intellekt, sondern eher das Gegenteil. Wenn er um Lotte wirbt, so steigert sich das angelesene, erkünstelte Gehabe zum Dressurakt mit affektiertem Umherspringen und Pfötchengeben: Lektüre schafft Marionetten.

Was in den Wertheriaden neben der Darstellung einer übersteigerten Rezeption noch geboten wird, ist die zum Teil übertriebene Abwandlung der bei Goethe geschilderten Lektüre-Szenen. In August Siegfried von Goués Trauerspiel "Masuren oder der junge Werther" (1775), einer fiktiven Übersetzung aus dem Illyrischen,[52] wird "Emilia Galotti" nicht bloß wie bei Goethe andeutungshalber erwähnt, sondern sie wird zum Gegenstand einer Unterhaltung, die sich voller Lob über das Stück erschöpft. Mehr noch: der Titelheld kennt Lessing sogar persönlich![53] Grellere Farben gebraucht auch das anonym veröffentlichte Drama "Man denkt verschieden bey Werthers Leiden" (1779). Aus der Ossian-Szene des Originals wird hier ein erotisches Spektakel, das den Voyeurismus des Publikums zu befriedigen sucht. Die gemeinsame Lektüre führt zu einem völlig hemmungslosen Gefühlsausbruch, in dessen Verlauf beide Beteiligten vom Strom der

Leidenschaften fortgespült werden. Da wird geküßt, um den Hals gefallen, die Hand an den Busen gelegt, der Kopf in Lottes Schoß vergraben. Unbehelligt von jeder Konvention und Scheu triumphiert das brünstige Ausleben der Gefühle, bis Lotte endlich theaterwirksam "mit entblößtem Busen" vor Werther steht.[54]

Nicht bloß der katalysatorische Aspekt der Werther-Lektüre hat Eingang in die Literatur gefunden. Goethes Roman ist auch als indikatorisches Instrument dienlich, um übertriebene Melancholie oder närrische Überspanntheit anschaulich zu machen. Was liest Hamlet, der verstiegene Prinz in Giesekes Shakespeare-Travestie von 1798? Natürlich "Werther", das Paradebuch der Spintisierer.[55] Worauf muß der von Natur aus sensibel Denkende zwangsläufig verfallen, womit kann er sich identifizieren? Ein Gedicht gibt Antwort:

> Oft wirst du fühlend mit ihm weinen,
> Mit Lottens Klagen dich vereinen;
> Oft wird dich Sympathie zu seinem Grabe leiten,
> Oft wird vom Auge dir die schönste Träne gleiten /.../. (56)

Oder - etwas unernster:

> Gib mir nur <u>Werthers Leiden</u> her
> Ich <u>will</u> das Buch jetzt lesen! -
> Mein Blick ist nicht mehr hell und hehr,
> Und Unmut treibt mich wild umher,
> Wie Wut den Irokesen:
> Gib mir drum <u>Werthers Leiden</u> her,
> Ich <u>will</u> das Buch jetzt lesen! - (57)

Die Lektüre von Goethes "Werther" zeigt somit auch indikatorische Qualitäten. Der "Werther"-Leser repräsentiert einen bestimmten Typus: Kummer beherrscht seine trostlose und zerrissene Seele, Tränen sind seinem Wesen nicht fremd. Diese indikatorische Dimension war freilich eine innerliterarische Sache, die zur stärkeren Umreißung sentimentaler Charaktere beitrug. Die polemische Gebrauchsliteratur zehrte in ihrer Rechtfertigung zur Hauptsache an der katalysatorischen Dimension, an der plakativen Darstellung zerstörerisch wirkender Leseerlebnisse.

Anders als beim ein Jahr zuvor publizierten "Götz", bei dem die konservative Kritik die Auflösung des klassischen Regelwerks bemängelt hatte, gingen die Gegner des "Werther" nicht gegen die ästhetischen und dichterischen Qualitäten des Werkes vor, sondern gegen die darin enthaltene Ideologie, von der sie meinten, sie nage die Fundamente von Feudalismus und Christentum an. Im Gegenteil: Das künstlerische Niveau des Textes erschien als dermaßen hoch, daß gerade darin die große Gefahr verborgen schien. Der geistvolle und lebendige Stil, der auf den Leser so ansprechend wirkte, lieferte ihn gleichzeitig an das Buch aus. So spricht der Verbotsantrag der Theologischen Fakultät von Leipzig in seiner Begründung, daß das Werk "in wiziger und einnehmender Schreib Art abgefaßt" sei; an anderer Stelle wird die Suggestivkraft des raffinierten Sprachflusses dadurch charakterisiert, daß er "durch witzige und feine Wendungen seinen Leser ordentlich mitreißt."[58] Wenn Jugendliche das Buch lesen, so rät Frau von Runckel, Leiterin einer Dresdner Lesegesellschaft, dann nur unter der kontrollierenden Observanz ihrer Lehrer.[59]

Interessanterweise sind die frühesten Rezensionen in den gelehrten Zeitungen übereinstimmend positiv. Die Kritik beschränkt sich da noch auf die innerästhetischen Qualitäten.[60] Die Beschreibung der Empfindungen, die der Leser bei der Lektüre des "Werther" gehabt hat, ist beinahe unabkömmliche Konstante in den positiven Urteilen. Alfred Nollau bezeichnet diese Art der Kritik als "lyrische Gedankenkritik": Der Leser liefert sich vollständig dem Buch aus, jegliche Reflexion wird von der spontanen Empfindung erstickt.[61] Zustimmende Urteile benennen nicht das, was sie bei der Lektüre ergriffen hat, in rational faßlichen Termini, sondern schwelgen in ihrem Leseerlebnis. Die Schilderung des Sentiments ersetzt jegliche Art kritischer Textanalyse; die nachgelebte Empfindung gilt als ausreichende Bestätigung für die literarische Güte.

Erst der überwältigende Erfolg des Romans ließ die besorgten Aufklärer die Ohren spitzen. Die Polemik gegen den "Werther" entwickelte sich zur großen Rettungsaktion für den moralisch gefährdeten Leser: Literaturkritik als appellativer Versuch, die Rezeption eines Werkes umzudrehen.

(B) WERTHER ALS LESER

(1) Lektüre als Indikator

Für die Beschäftigung mit der literarischen Rezeption im ausgehenden 18.Jahrhundert ist "Werther" ein geeignetes Studienobjekt; nicht bloß wegen seiner Aufnahme beim europäischen Publikum, sondern auch wegen der im Werk behandelten Thematisierung des Lesens. Goethe läßt seinen Helden mit Büchern leben, lieben, essen, spazierengehen und sterben. Werther ist durch und durch ein Typ, der aus der Literatur oder besser: aus dem Geschriebenen lebt. Er ist nicht nur Leser, sondern beweist durch die Tatsache, daß er sich zur schriftlichen Darlegung seines Innenlebens aufrafft, ein starkes Bedürfnis nach gestaltendem Umgang mit der Sprache, nach aktiver, schöpferischer Beschäftigung mit dem Wort.

Bücher sind nicht bloßes Dekor, sondern setzen ein Zeichen für die 'alltägliche Relevanz von Literatur'; es wird damit gezeigt,

> /.../ daß ein Bewußthalten von Werthers Bildungsvoraussetzungen und seines ständigen Rückgriffs auf diese für die Situierung des Helden in seiner fiktionalen gesellschaftlichen Gegenwart wichtig sein wird /.../. (62)

Homer und Ossian - mit diesen Büchern lebt Werther. Aber lebt er auch <u>aus</u> ihnen? Läßt er sich von seiner Lektüre blind gängeln, sodaß seine Existenz - so Heinz Schlaffer - bloß als "Zitat von Angelesenem"[63] zu werten ist? Ist, mit anderen Worten gesagt, Werther ein Opfer katalysatorischen Lesens?

Schon am Beginn des Romans findet sich ein mit dem 13.Mai datierter Brief, der klar darlegen will, daß sich sein Schreiber von jeglicher Manipulation distanziert:

> Du fragst, ob du mir meine Bücher schicken sollst? - Lieber, ich bitte dich um Gottes willen, laß mir sie vom Halse! Ich will nicht mehr geleitet, ermuntert, angefeuert sein, braust dieses Herz doch genug aus sich selbst /.../. (64)

Ist diese Information Werthers über sich selbst glaubhaft? Ist die Autonomie seines Herzens wirklich so groß, wie er schreibt? Unterliegt er hier nicht einer Fehleinschätzung, wenn er meint, sich von jeglicher Beeinflussung durch Literatur freimachen zu können? Heinz Schlaffer bejaht diese Frage, indem er alle Versuche, sich der Lektüre zu entschlagen, als ironisch bezeichnet: Wer so aus den Büchern lebt wie Werther, wer seine Affektationen aus Fremderfahrungen schöpft, bei dem wirkt es unglaubhaft, wenn er davon spricht, sich von Büchern distanzieren zu wollen.[65]

Angesichts dessen muß man sich hier fragen, wie glaubhaft die Informationen Werthers über sich selbst sind. Fordert die Anlage des Romans nicht automatisch das Mitlesen von Selbstüberschätzungen, Phantasien, Widersprüchen heraus? Entspricht das Bild, das uns Werther von seiner Persönlichkeit gibt, dem wahren Werther? Aus seinen Berichten bekommen wir ja bloß Ausschnitte der von ihm erfahrenen Welt mitgeteilt, so wie jeder Roman nur Bruchstücke der in ihm konstruierten Welt weitergeben kann. Erfahren wir damit auch nur Ausschnitte aus seiner Lektüre? Es ist anzunehmen, daß Werther mehr liest (oder gelesen hat), als er mitteilt. Beispielsweise die Heilige Schrift: In den von Werther verfaßten Textpassagen ist eine Menge von Bibelzitaten eingestreut, deren Häufigkeit sich im Moment der emotionellen Krise verdichtet.[66] Zitat läßt aber auf Begegnung mit Literatur schließen, egal nun, ob in Form der Predigt oder der eigenen Lektüre. Von solch einer Begegnung ist aber im Roman nicht die Rede. Werther wird in keiner Situation gezeigt, wie er die Bibel liest. Das bedeutet: Die katalysatorische Kausalität spielt sich nicht innerhalb des Romans ab. Lektüre in ihrer sprachverändernden Mächtigkeit wird aus dem im Text vorgestellten Wirklichkeitsausschnitt verbannt. Für den Roman als Ganzes bedeutet das, daß Werther nicht so ohne weiteres als selektiver Leser zu klassifizieren ist. Wenn wir als Leser nachvollziehen, wie er beim Studium Homers von Abschnitt zu Abschnitt springt, so braucht das nicht zu bedeuten, daß er das Epos bloß teilweise studiert. Vielleicht macht er nur über besonders einprägsame Partien Mitteilung.

Die Suche nach einem objektiven Gradmesser für die Glaubhaftigkeit von Werthers Aussagen und damit auch für die Bestimmung seines Naturells ist eine methodische Grundforderung, zugleich aber sehr problematisch. Gewiß ist Werthers Existenz in entscheidendem Maße mitgeprägt von den Texten die er liest. Ihn als Opfer der Lektüre zu bezeichnen, schiene hingegen als übertrieben. Zu Recht weist Waniek die Vorwürfe verschiedener Germanisten zurück, die Werthers Art der Lektüre als 'falsch' aburteilen: "Wie wollen wir einer fiktiven Figur nachweisen, sie habe die von ihr gelesenen Werke falsch verstanden?"[67] Was dem Roman fehlt, ist die zwingende und unabdingbare Beeinflussung des Schicksals durch ein Buch. Ein Gedankenexperiment als Gegenprobe: Wollte man den "Werther" auf das notwendigste Handlungsgerüst reduzieren oder umschreiben, so käme man notfalls auch ohne Homer oder Ossian aus. Werthers übersteigertes Gemüt lebt zu sehr aus sich selbst. Bei Texten, die vom katalysatorischen Impuls her strukturiert sind, in denen Bücher also als auslösendes Moment für die Handlung gebraucht werden, wäre eine solche Reduktion undenkbar oder müßte durch Vergleichbares ersetzt werden - etwa bei "Don Quixote" und allen Romanen , die diesem Muster folgen.

Zurück zum Brief vom 13.Mai, einem - wie es den Anschein hat - doch sehr ernst zu nehmenden Selbstzeugnis. Werther bittet darin seinen Briefpartner, auf das Nachsenden seiner Bücher zu verzichten: Zu sehr schränkt ihre Wirkung seine persönliche Freiheit ein. Schon zu Anfang des Buches wird Wert gelegt auf Werthers Autonomie der Empfindungen. Verurteilt werden jene bevormundenden und stimulierenden Effekte, die früher ständige Begleiter des Lektüreerlebnisses waren. In unmißverständlichem Tonfall schwört die Titelfigur jeglicher Beeinflussung durch Lektüre ab. Werthers neues Leben, das mit Beginn des Buches anhebt, ist zugleich auch Beginn eines neuen Lesens.

Bücher haben fortan der Seele nichts mehr zu sagen, vielmehr lebt die Seele nun aus sich selbst. Sie wählt aus diesem Empfinden heraus jetzt jene Bücher, die diese Autonomie bestärken. Eine deutliche Absage an jene Form der Lektüre also, die den Leser in eine festgefahrene Richtung gängeln will. Ein Paradoxon: Jenes Buch, das das literarische Publikum Europas zu extremsten Emotionen und heftigsten Diskussionen bewegte, das einen der aufsehenerregendsten und provokantesten Fälle in der Rezeptionsgeschichte repräsentiert, jenes Buch hat eine Person zum Helden, die sich ausdrücklich von jenem Typus Literatur distanziert, in dem sie letztlich selbst vorkommt. Goethe als Verführer oder Anstifter zu verdammen, fällt angesichts dieses Moments schon schwerer. Denn immerhin führt er mit Werther einen Modellfall vor, wie sich der Mensch von der Macht der Lektüre befreien und dennoch an seinen Gefühlen zugrundegehen kann. Werther ist keinesfalls - so wie Don Quixote - ein Opfer seiner Bücher; schon aus dem Grund, weil er anders liest. Daß das Buch trotz seiner darin vorgestellten Emanzipation vom katalysatorischen Effekt des Lesens denselben bei einem Teil seiner - wirklichen - Leser hervorgerufen hat, ist nicht frei vom Beigeschmack des Widersinnigen.

Obwohl im "Werther" viel und ausgiebig gelesen wird, beeinflussen die Bücher sein Schicksal in keiner Weise. Die jeweilige Gemütsverfassung ist nicht Resultat der Lektüre, sondern umgekehrt: Dem Postulat aus dem Brief vom 13.Mai entsprechend hat Lesen bei Werther nur mehr indikatorische Funktion, soll das bereits Erfahrene widerspiegeln und nicht, wie bisher, zu neuen Erfahrungen verhelfen. Was sich, formelhaft auf einen Nenner gebracht, also auf den ersten Seiten des Romans abspielt, ist Werthers Abrücken vom katalysatorischen Lesen, das Gefühlsaufwallungen bewirkt. Nicht die Lektüre produziert die jeweilige Seelenstimmung, sondern die Seelenstimmung die jeweilige Lektüre. Das bestimmende Leseerlebnis in Goethes Roman ist die indikatorische Variante.

Dennoch wird die katalysatorische Variante nicht aus dem Buch verbannt, sondern marginal eingearbeitet. Es geht dabei um die Frage, wie sehr die erstmalige Lektüre entscheidend ist für das Festschreiben von Eindrücken. Werther gibt dazu eine klare Antwort: Beim ersten Lesen entsteht ein Bild von der fiktiven Welt, das später kaum mehr zu revidieren ist. Das bedeutet, daß Lektüre zur emotionellen Konstante werden kann, die das Leben des Lesers als verfügbares Zitat begleitet; die dann abgerufen wird, wenn etwa die reale Welt der angelesenen nahekommt:

> Der erste Eindruck findet uns willig, und der Mensch ist gemacht, daß man ihn das Abenteuerlichste überreden kann; das haftet aber gleich so fest, und wehe dem, der es wieder auskratzen und austilgen will. (68)

Nichts ist so schön, als ein Buch zum erstenmal zu lesen: Die erste Illusion ist gleichzeitig auch die bleibende. Als sich Werthers Gemütszustand umdüstert, liest er seinen Homer nicht neu unter dem Vorzeichen seines veränderten Seelenlebens, sondern er läßt ihn links liegen und wechselt ebenso radikal wie konsequent über zu Ossian. Das sind alles Erkenntnisse, die das indikatorische Lesen betreffen. Allerdings hilft die eben zitierte Stelle vom 15.August auch bei der Analyse des katalysatorischen Lesens weiter. Werther weist darauf hin, daß der erste Lektüreeindruck einen Leser bis zum Äußersten treiben könnte, daß die Macht eines Buches nie so groß ist wie beim ersten Kennenlernen. Und es wird auch darauf aufmerksam gemacht, daß eine solche Art des Lesens ebenso konservierend wie konservativ ist: Denn nichts ist unangenehmer, als sein liebgewonnenes Bild, das man von der imaginären Bücherwelt hat, neu überdenken oder aufgeben zu müssen.

Dieser Hinweis auf die mögliche Infragestellung der Kausalität zwischen Buch und Leser ist eine der seltenen Passagen in Goethes Roman, aus denen man ein Räsonieren über den katalysatorischen Aspekt der Lektüre herauslesen kann. Eine dominantere Funktion nimmt jedoch die indikatorische Variante ein; an drei Beispielen sei sie in der Folge kurz untersucht.

(1) Klopstock: Schon während des ersten Zusammentreffens zwischen Werther und Lotte ist von Büchern die Rede. Tief beeindruckt lauscht er ihren Worten, wenn sie von ihrer Lektüre spricht. So wie Werther hat auch sie sich von ihren alten Präferenzen getrennt:

> "Wie ich jünger war", sagte sie,"liebte ich nichts so sehr als Romane. Weiß Gott, wie wohl mir's war, wenn ich mich Sonntags in so ein Eckchen setzen und mit ganzem Herzen an dem Glück und Unstern einer Miß Jenny teilnehmen konnte. Ich leugne auch nicht, daß die Art noch einige Reize für mich hat./.../" (69)

Werther wie Lotte ist es gelungen, sich der Okkupation durch das Buch zu entziehen. Beide lesen zu Beginn des Werkes bereits anders, als es vormals der Fall gewesen ist. Zwar ist die Gattung des Romans, dessen Nennung immer zwangsläufige Assoziationen mit regelloser, emphatischer Lektüre und undiszipliniertem Empfinden wecken muß, noch nicht vollständig aus Lottes Leben verschwunden, steht aber zu jenem Zeitpunkt bereits unter merkbarer Kontrolle. Einen Autor wie Oliver Goldsmith in stiller Abgeschiedenheit zu lesen und in seinem "Vicar of Wakefield" die eigene häusliche Wirklichkeit wiederzufinden, an den Schicksalen der Hauptfiguren teilzunehmen - das ist für Lotte "eine Quelle unsäglicher Glückseligkeit."[70]

Werther ist erregt, als er von Lottes Einstellung zu den Büchern hört, wo er doch darin so sehr seine eigene wiederfindet. Die Harmonie der Herzen zeichnet sich schon vor dem Tanzvergnügen ab. Bereits in den ersten Momenten des Beisammenseins, des gemeinsamen Gesprächs über Bücher ist es klar, daß sich hier zwei verwandte Seelen getroffen haben. Klar wird das, als die Tanzgesellschaft von einem Unwetter überrascht wird.

> Wir traten ans Fenster. Es donnerte abseitwärts, und der herrliche Regen säuselte auf das Land, und der erquikkendste Wohlgeruch stieg in aller Fülle einer warmen Luft zu uns auf. Sie stand auf ihren Ellenbogen gestützt, ihr Blick durchdrang die Gegend; sie sah gen Himmel und auf mich, ich sah ihr Auge tränenvoll, sie legte ihre Hand auf die meinige und sagte: "Klopstock!" (71)

Eine ungewohnte Art der Annäherung, wie der moderne Leser frappiert feststellen wird. Allerdings eine Art der Annäherung, die gleichzeitig auch den Abschluß nach außen impliziert. So wie Lotte und Werther in ihrem Gespräch über ihre Lektürepräferenzen Gemeinsamkeiten entdeckt und damit eine gemeinsame Verständigungsbasis geschaffen haben, so wird jetzt - erstmals in der Weltliteratur[72] - eine emotionelle Aufwallung durch die Nennung eines Dichternamens chiffriert, der beiden bekannt sein muß. Die Namensnennung allein genügt zur Artikulation; kein Gespräch über das Gedicht "Die Frühlingsfeier" folgt, das hier mit dem Gewitter assoziiert wird. Das ebenso sparsame wie dadurch machtvolle Dichterlob im privatesten Kreis hat viele Zeitgenossen bewegt. So schreibt Voß am 22.Oktober 1774 an Ernestine Boie:

> In Göthes Roman wird Klopstocks auf eine ganz andere Art (als Wielands in Lenz' Menoza) erwähnt; das feinste seelenvollste Lob, das ich kenne. (73)

Lottes Ausruf ist nur für jene verständlich, deren Seele auf derselben Frequenz schwingt. Daß keine Erläuterung des so unvermutet hingestreuten Wortes vonnöten ist, soll dem Leser das stumme Einverständnis des Paares vor Augen führen. Literatur erfüllt hier nicht mehr die Aufgaben des 'prodesse et delectare'; sie dient hier vielmehr dazu, intimste Gemütsbewegungen zu verschlüsseln. Dermaßen dienstbar gemacht, verweist sie zugleich auch auf eine Hauptstoßrichtung katalysatorischen Lesens: Lektüre bestimmt das Sprechverhalten.

Wichtiger ist aber eindeutig die indikatorische Funktion. Goethe zeigt mit dieser Stelle, daß Lotte und Werther nicht großer Worte bedürfen, um sich gegenseitig zu verstehen. Die Konvergenz der Seelen konkretisiert sich in der Einstellung zur Lektüre. Dies wird noch an anderer Stelle angesprochen, als Werther den Gleichklang zwischen Lotte und Albert als unvollkommen charakterisiert:

> Ein gewisser Mangel an Fühlbarkeit, ein Mangel - nimm es, wie du willst; daß sein Herz nicht sympathetisch schlägt bei - o! - bei der Stelle eines lieben Buches, wo mein Herz und Lottens in <u>einem</u> zusammentreffen; in hundert andern Vorfällen, wenn es kommt, daß unsere Empfindungen über eine Handlung eines Dritten laut werden. (74)

Werther schreibt diesen Passus gerade zu jenem Zeitpunkt nieder, als er verklärte Erinnerungen wiederzubeleben trachtet. Er verweist damit zurück auf das Erlebnis der Klopstock-Szene, bereitet allerdings damit schon die Ossian-Szene vor.

(2) Homer: Schon von Anbeginn ist Homer für Werther nur 'sein' Homer.[75] In diesem Possessivpronomen artikuliert sich nicht nur das Elitebewußtsein des Lesers, der die Klassiker im Original studiert, sondern auch der Überschwang des enthusiastischen Gefühls.[76] Bei Schummel und Zelter wird diese Wendung zur formelhaften Redensart - ein Zeichen dafür, daß der objektive Zugang zum Werk verlorengeht: "/.../ von dieser Zeit an kann man die Ilias nicht mehr als Epos lesen."[77] Oberste Maxime bei der Lektüre ist es, für die Bereicherung des individuellen seelischen Empfindens Sorge zu tragen - ein Triumph des 'wilden Lesens', den Lichtenberg als höchst bedauerlich empfindet. 'Seinen' Homer lesen - die verachtenswürdigste Losung einer ignoranten Literaturschickeria:

> Ja ich glaube fast was mancher studiert, ist Sein Homer: der gesprächiche erfahrungsvolle Alte, verstellt und verzerrt durch das brechende Mittel des stockigen unerfahrnen Krafthasen der ihn studiert, und so hat freilich jeder den seinigen. (78)

Was Homer für Werther zu einer Art archimedischen Punkt seines Seelenlebens macht, ist der hier mögliche Einklang von Lektüre mit Natur.[79] Zeitgenössische Abbildungen dokumentieren, wie sehr man - etwa bei in Parks stattfindenden Lesegesellschaften[80] - bemüht war, dieses in den Büchern beschriebene Hochgefühl während der eigenen Lektüre emporkeimen zu lassen. Diese äußerliche Art des Lesens unterscheidet Werther von Lotte: Für ihn ist die Lektüre seines Homer im Freien Inbegriff höchster Harmonie, ein Signal für die Deckungsgleichheit von Innenwelt und Außenwelt. Lotte hingegen zelebriert seelische Stimmigkeit nicht unter freiem Himmel, sondern bevorzugt das Bücherstudium in den häuslichen vier Wänden. Werther sucht das Unverfremdete in der ihn umgebenden Welt. Er findet dessen Entsprechung in der Ursprünglichkeit der Lektüre. Und umgekehrt: Die Natur um Werther wird neu eingekleidet. In seinem subjektiven Empfinden trägt die frühlingshafte Umwelt alle Züge eines spannungsfreien Idylls. Lotte trägt der von ihr so verschiedenartigen Methode des Lesens Rechnung: Damit er auf seinen Spaziergängen nicht eine unhandliche Scharteke mit sich herumtragen muß, schenkt sie Werther eine Homer-Ausgabe im Duodezformat.[81]

Ein gefälliges Wirtshaus, ein Schälchen Kaffee, zwei Linden, idyllische Einsamkeit (allerdings mit Ausnahme zweier kleiner Kinder) - schon wird die Umgebung zur Szene, die den Leser beflügelt.[82] Freilich, wie Heinz

Schlaffer meint, in eine falsche Richtung. Seiner Meinung nach wirkt "die Diskrepanz zwischen der fernen Idealität des Gelesenen und der wahren Trivialität des Gelebten" parodistisch, fast schon an Don Quixote gemahnend.[83] Aber, so muß man sofort im Gegenzug fragen, welche anderen Mechanismen bleiben für einen Bürger des ausgehenden 18.Jahrhunderts übrig, mithilfe derer er sich in die Welt archaischen Heldentums hineinleben kann? Werther sieht die Verbindung zwischen den beiden Welten weniger im Heroismus begründet als in der natürlichen Unverfälschtheit der Idylle. Was er an Homer so schätzt, ist die kindliche Weltsicht, die in ihrer Begegnung mit der Natur - etwa beim Anblick eines ruhig dahinströmenden Flusses[84] - noch nicht von rationaler Verwissenschaftlichung infiltriert ist, sondern aus unverbildeter Unschuld lebt.

Was die Homer-Lektüre weiters leistet, ist die Veredelung alltäglichster Verrichtungen. Das Abfädeln der Zuckererbsen, das Ausstechen der Butter, das Dünsten des Gemüses - spannungslose und triviale Lebensnotwendigkeiten werden zum Archaischen, zum Mythisch-Patriarchalischen hochstilisiert. Die Phantasie entrückt die banalen Handgriffe an den Hof von Ithaka und verwandelt sie zu wahren poetischen Empfindungen. Jedoch unterstreicht Werther dabei gleichzeitig wieder die Distanz zu seiner Lektüre, die er 'ohne Affektation in seine Lebensart verweben kann.'[85] Aus Werther spricht das Bemühen, die katalysatorischen Anfechtungen seiner Lektüre möglichst zu unterbinden.

Das, was dem Gelesenen an katalysatorischer Mächtigkeit innewohnt, was von den Autoren so oft als auslösendes Moment für den Handlungsgang herangezogen wird, bleibt ungenutzt. Es wird sogar ausdrücklich ins Gegenteil verkehrt. "Ich kehre in mich selbst zurück, und finde eine Welt", verkündet Werther am 22.Mai.[86] Das bedeutet eine Absage an die manipulierende Kraft der Bücher: Das Ich wird wiederentdeckt. Werthers zukünftiger Gefühlsrausch ist somit kein schwelgerisch ausgelebtes Produkt sentimentaler Romanphantasien, sondern Ausdruck seines eigensten und unverfälschten Wesens.

Homer erfüllt aber noch eine weitere Funktion. War er im ersten Teil des Buches ein Faktor, der Werthers Verhältnis zur Natur mitzuprägen geholfen hat, der in gewissem Sinne als Indikator für sein Gefühlsleben gedient hat, so bekommt seine Lektüre im zweiten Teil einen gesellschaftskritischen Unterton. Sie wird zur sozialen Utopie, zum zitierbaren Refugium, wohin Werther flüchtet, als er aufgefordert wird, eine Gesellschaft zu verlassen, weil er keine Person von Stand sei:

> Ich /.../ setzte mich in ein Kabriolett und fuhr nach M.., dort vom Hügel die Sonne untergehen zu sehen und dabei in meinem Homer den herrlichen Gesang zu lesen, wie Ulyß von dem trefflichen Schweinhirten bewirtet wird. Das war alles gut. (87)

Zwei Sphären werden hier einander gegenübergestellt: Die Sphäre der Disharmonie, repräsentiert durch die dünkelhafte Ausstrahlung der Adelsgesellschaft, die das System der Ungleichheit konsequent aufrechterhalten möchte. Und die Sphäre der Harmonie, des Unverdorbenen: nicht bloß vertreten durch ein reales Naturschauspiel, sondern vertreten auch durch die ideelle Welt einer Dichtung, in der es möglich ist, daß der König von Ithaka mit einem Sauhirten aus dem gleichen Napf ißt, ohne sich dabei über soziale Schranken den Kopf zu zerbrechen. Eine Gesellschaft, in der die Hierarchie von der Gemeinschaft ersetzt wird - mit einem Wort: eine "rückwärts gewandte Utopie."[88] Die Wirklichkeit des spätabsolutistischen Feudalismus mit all ihren sozialen Dissonanzen ist jedoch fernab von jener idealen homerischen Welt, in die Werther seine Träume hineinprojizieren möchte.

(3) Ossian: "Ossian hat in meinem Herzen den Homer verdrängt", notiert Werther am 12.Oktober.[89] Statt südlicher Anmut und Idylle regiert nunmehr die schroffe Wildheit des Nordens: Sturmwinde und wallende Nebel halten Einzug, der fahle Mond schimmert über moosbedeckter Kargheit, von Ferne her klingen Ächzen und Wehklagen. Ossian, der große Barde, wird von nun an als Bezugstext substantiell. In dieser Atmosphäre von Düsternis, Einsamkeit und Tod findet Werther eine getreuliche Abbildung von seinem Ich. Homer war für ihn der Dichter der Hoffnung gewesen; nun, da er Lotte verloren hat, verschwindet auch dieses literarische Leitbild. Die Dichtungen Ossians helfen von nun an mit, Werthers Zustand seelischer Auflösung faßbarer zu machen. Mit dem Wechsel der Gemütsverfassungen lösen sich die entsprechenden literarischen und nichtliterarischen Indikatoren ab: Man denke nur an die Gesellschaft, die sich nach seinem Erlebnis bei Hofe gegen Werther gekehrt hat, ebenso an die ehemals freundliche Natur. Es scheint, als ob es die Umwelt des zweiten Buches darauf angelegt hätte, die Persönlichkeit der Titelfigur zu zerstören. Selbstmord wird zum einzig möglichen Ausweg. Die formale Konsequenz: Mit dem Zerbrechen des Individuums verliert das Werk seinen zentral steuernden Bezugspunkt. Letztendlich

zerbricht auch die Struktur des Briefromans.

Christian Friedrich von Blankenburg diagnostiziert zum Gegensatz von Homer und Ossian:

> In diesen Umständen entscheidet sich sein Geschmack für Ossian. Der Maler der einfältigen, rohen Natur und Schönheit, Homer, fand nicht mehr das Herz in ihm, das er sonst einzulullen vermochte. (90)

Die Stelle nimmt eindeutig Bezug auf Werthers Brief vom 13.Mai. Darin heißt es:

> /.../ Ich brauche Wiegengesang, und den habe ich in seiner Fülle gefunden in meinem Homer. Wie oft lull' ich mein empörtes Blut zur Ruhe, denn so ungleich, so unstet hast du nichts gesehn als dieses Herz. (91)

Homers Dichtungen haben das Konnotat des Dämpfenden, des Beschwichtigenden. Stürmische Affekte werden gebremst, explodierende Emotionen erstickt. Lektüre wirkt - hier zu Beginn des Romans - noch als verändernde Macht, allerdings in unüblicher Variante: Anstatt Gefühle freizusetzen, läuft der Vorgang in die entgegengesetzte Richtung ab: Gefühle werden eingeschläfert, 'eingelullt'.

In dieser Situation wird Literatur zum Träger symbolischer Aussagekraft, zum Indikator und Schlüssel für Gefühlsvorgänge und Stimmungen. Sowohl bei Homer als auch bei Ossian werden Werthers Sehnsüchte transparent: beim einen die "erwartungsvolle, siegessichere", beim anderen die kranke, die "nach Aufhebung seiner menschlichen Leiden durch Entgrenzung und Vereinigung mit dem Naturall im Tode."[92]

Wie sehr Ossian bereits ein Teil Werthers geworden ist, beweist die gemeinsame Lektüre der Gesänge mit Lotte.[93] Identifikatorisches Lesen steigert sich zum Gefühlsrausch: "Sie fühlten ihr eigenes Elend in dem Schicksale der Edlen, fühlten es zusammen, und ihre Tränen vereinigten sich."[94] Damit nicht genug. Für Lotte ist Werther der geeignetste Rezitator dieser Texte, hat er sie doch immerhin selbst ins Deutsche übertragen. Schon diese Umstände deuten darauf hin, wie sehr Leser und Gelesenes hier zu einer neuen Einheit zusammengeschmolzen werden. Jedoch: Was Goethe als Übersetzung Werthers ausgibt, ist in Wahrheit - natürlich - seine eigene.[95] Bereits in der ersten Hälfte des Jahres 1771 hatte sich Goethe den "Songs of Selma" gewidmet. 1774 verfertigte er eine zweite Version der Übersetzung, die er in den "Werther" aufnahm. Diese Fassung entfernt sich mehr vom Original als jene von 1771. Aus poetischen Rücksichten erfährt das Vokabular speziell im topographischen und emotionellen Bereich eine freiere Ausgestaltung. Ziel Goethes war es dabei, eine von der Verwandtschaft der germanischen Sprachen begünstigte phonetische Übertragung zu erreichen.

Unter der Oberfläche bleiben damit Reste katalysatorischer Wirksamkeit spürbar. Lektüre bewirkt bei Werther wie bei Goethe den Drang nach Weitergabe des eben Gelesenen. So wie Reiser durch Memorieren und Exzerpieren an der Literatur selbst produktiv wird, wird es Werther durch die Übersetzung. Der Zirkel derjenigen, die für den Genuß des Textes verfügbar gemacht werden, weitet sich dadurch rapide. Lektüre produziert neue Lektüre: Der katalysatorische Effekt tritt gleichsam auf der Stelle, weil es ihm versagt bleibt, ins außerliterarische Leben einzugreifen. Nichts spricht deutlicher für die Dominanz indikatorischen Lesens in diesem Roman: Dort, wo sich Katalyse schattenhaft ausmachen läßt, wird sie entweder zum L'art-pour-l'art-Mechanismus zurechtgestutzt oder aus dem Verlauf der Haupthandlung abgedrängt.

- Folgende Schlüsse lassen sich aus dem in diesem Abschnitt Gesagten vorerst ableiten: Goethe thematisiert in den "Leiden des jungen Werther" das indikatorische Lesen. Bücher helfen nicht bei der Entwicklung oder Entfaltung der Charaktere, sondern leuchten sie aus. Bücher sind kein dynamisches Element, das gravierend in den Handlungsverlauf eingreift, sondern ein statisches. Es wird immer das gelesen, was zur Situation paßt, und nicht das, was eine andere Situation bewirken könnte. Lesen ist ein Mittel zur Andeutung. Es dient nicht dazu, Handlungsstränge umzupolen. Die Verbindung von Lesewahnsinn und Liebeswahnsinn war dem Dichter möglicherweise zu billig. Gerade im Verzicht, eine so offensichtliche Parallele einzuverarbeiten, zeigt sich eine weitere Facette gestalterischer Originalität.

Ausgerechnet dieses Potential der Veränderung, das Goethe Werthers Lektüre entzieht, gesteht aber die zeitgenössische Wertherkritik dem Buch zu. Hauptangriffspunkt ist die im Bereich des Denkbaren stehende unheilvolle Wirkung auf das Gemüt und die Moral des - speziell jugendlichen - Lesers. Es wird mit dem Argument des katalysatorischen Lesens gegen ein Buch vorgegangen, das solche exaltierten Reaktionen nicht präsentiert; ein Buch, in dem die indikatorische Funktion der Lektüre regiert. Das Kunstwerk umgeht damit auf inhaltlicher Ebene eine Reaktion, die hervorzurufen ihm in der Realität angelastet wird. Daß Goethe mit einem Roman, der auf die Darstellung der Dichtung als verändernde Kraft weitgehend verzichtete, dem Publikum das provokanteste Reizmittel vor die Nase setzte und damit seinen größten literarischen Triumph zu Lebzeiten errang, darf wohl zu den Paradoxa der deutschen Literaturgeschichte gezählt werden.

(2) Lektüre und Selbstmord

Es war das Achtergewicht im Lebenslauf Werthers, das den Literaturskandal provozierte. Von allen Handlungselementen blieb es den Zeitgenossen, besonders den Verächtern des Werks, am ehesten im Gedächtnis haften. Werthers Selbstmord: In seinen berühmten blauen Frack und in seine gelbe Weste gekleidet, wird er, lebensgefährlich verletzt, in der Früh von einem Bedienten aufgefunden. Sofort wird die Bluttat rekonstruiert: Werther habe sich "sitzend vor dem Schreibtische" eine Kugel in die Stelle über dem rechten Auge gejagt, sei dann zu Boden gestürzt. Der Arzt kann ihm auch nicht mehr helfen, verschlimmert die Lage gar mit einem Aderlaß. Zu Mittag stirbt Werther. Dazwischen liest man die lapidare Feststellung: "Von dem Weine hatte er nur ein Glas getrunken. 'Emilia Galotti' lag auf dem Pulte aufgeschlagen."[96]

Diese so lakonische Präsentation eines offenkundig so wesentlichen Details hat der Goethe-Forschung viel Kopfzerbrechen bereitet. Daß diese Einzelheit wichtig ist, macht eine kurze Erwähnung ein paar Seiten zuvor klar. Werther hat dem Bedienten das Einpacken einiger nicht näher genannter Bücher angeschafft.[97] Lessings "Emilia Galotti" befindet sich nicht darunter, wird von Werther zurückgehalten - warum?

Man könnte es sich einfach machen und argumentieren, Goethe habe einfach aus einer Art Verpflichtung gegen die historische Detailtreue gehandelt. Die Requisiten sind dieselben, die Kestner in seinem Bericht über Jerusalems Selbstmord anführt. Fast wörtlich tauchen Stellen aus folgendem Passus denn auch im Roman auf:

> Von dem Wein hatte er nur ein Glas getrunken. Hin und wieder lagen Bücher und von seinen eigenen schriftlichen Aufsätzen. Emilia Galotti lag auf einem Pult am Fenster aufgeschlagen; daneben ein Manuscript ohngefähr Fingerdick in Quart, philosophischen Inhalts, der erste Theil oder Brief darin war überschrieben: Von der Freyheit, es war darin von der moralischen Freyheit die Rede. Ich blätterte zwar darin, um zu sehen, ob der Inhalt auf seine letzte Handlung einen Bezug habe, fand es aber nicht; Ich war aber so bewegt und consternirt, daß ich mich nichts daraus besinne, noch die Scene, welche von der Emilia Galotti aufgeschlagen war, weiß, ohngeachtet ich mit Fleiß darnach sah. (98)

Kestner tut es den Germanisten der nachfolgenden Jahrhunderte gleich: Als betroffener Augenzeuge wittert er in den bereitliegenden Büchern sofort einen ultimativen Hinweis auf die Bluttat. Letztlich bleibt er aber ebenso im unklaren wie der die korrespondierende Werther-Stelle analysierende Literaturwissenschaftler.[99] Weder Jerusalems eigene Schriften noch seine letzte Lektüre liefern die herbeigesehnten Aufschlüsse. Alles versickert angesichts der schrecklichen Szene in Bezugslosigkeit und Vergessen. Ähnlich die Germanistik: Sie zeigt sich als sehr erfinderisch, wenn sie sich daransetzt, das überraschende Auftauchen der "Emilia Galotti" im Schlußteil des Romans zu interpretieren. Goethe liefert dazu dieselben Informationen wie Kestner, nämlich gar keine. Im Mangel folgt er dem authentischen Vorfall, wo ihm eigentlich gar nicht so strikt zu folgen wäre. Detailgenauigkeit in der Anlehnung an den Kestnerschen Bericht kann Goethe dabei nicht im Sinn gehabt haben: Genauso wie er das Manuskript des Selbstmörders unterschlägt, hätte er die Lessing-Passage näher kommentieren oder überhaupt als verschmerzbares Beiwerk weglassen können.

Sicherlich gibt es einen leicht gangbaren Weg der Interpretation, der das Lessing-Zitat als Lapsus Goethes wertet, der "nichts weiter /.../ ist als ein Stück Wirklichkeit, das die Dichtung vergessen hat auszuscheiden /.../."[100] Kurzerhand wird das Dilemma vom Tisch gefegt, der Leser kann die Passage übergehen und dankbar aufatmen. Ein wichtiges Faktum spricht jedoch geegn eine solche Radikalkur: In einem in seinen Beziehungen so sorgfältig ausgearbeiteten Werk geschieht nichts ohne Grund. Es scheint verwegen anzunehmen, Goethe habe Werther als eine Schöpfung, die mit und durch Literatur lebt, ohne nachvollziehbaren Zusammenhang mit einem ganz spezifischen Buch aus dem Leben scheiden lassen. Auch in diesem Charakterzug erkennt man sichtliche Korrespondenzen zu Jerusalem - wie Werther verfügt er über ein breites literarisches Spektrum:

> Er las viel Romane, und hat selbst gesagt, daß kaum ein Roman seyn würde, den er nicht gelesen hätte. Die fürchterlichen Trauerspiele waren ihm die liebsten. Er las ferner philosophische Schriftsteller mit großem Eifer und grübelte darüber. /.../ Mendelssohns Phädon war seine liebste Lectüre; in der Materie vom Selbstmorde war er aber immer mit ihm unzufrieden; wobey zu bemerken ist, daß er denselben auch bey der Gewißheit von der Unsterblichkeit der Seele, die er glaubte, erlaubt hielt. Leibnitzen's Werke las er mit großem Fleiße. (101)

Hervorzuheben ist, wie Lektüre und Selbstmord hier aufeinander verweisen. Was Jerusalem zu Lebzeiten im Zusammenhang mit seiner Lektüre zum Selbstmord geäußert hat, bekommt nunmehr neues Gewicht. Analog dazu wird das aufgeschlagene Buch, das neben dem leblosen Körper liegt, zum Schlüssel für die Bluttat.

Werther hinterläßt keinen Abschiedsbrief. Sein Vermächtnis ist der geöffnete Lessing-Band. Ein kryptisches, enigmatisches Vermächtnis, das dramatisch zur Interpretation des Geschehenen einlädt. Allerdings war diese Art des Selbstmordes nicht nur fiktiven Figuren der Literatur vorbehalten. Auch real existierende Personen aus Goethes Umkreis zogen es vor, ihren letzten Abgang in ein Zitat einzukleiden. Als Zelters Stiefsohn sich umbrachte, ließ er - nach wertherschem Vorbild - einen Band von Schillers "Don Carlos" auf dem Pulte liegen.[102] Als Heinrich von Kleist zusammen mit Henriette Vogel aus dem Leben schied, waren Klopstocks Oden dabei -

> Unter diesen waren besonders aufgeschlagen: Rothschilds Gräber und Die tote Clarissa. Letztere hat wirklich so viele Beziehungen auf ihren Zustand ... (103)

Durch die Präsenz des Buches wird der eigene Tod gleichsam poetisiert. So allein man in seiner letzten Stunde auch sein mag: Der Verweis auf das literarische Zitat stellt das Einzelereignis in einen schon vorher existierenden Kontext. Abgebremst wird die Wucht, mit der der Selbstmord als singuläres Phänomen die Umgebung trifft. Die Nachwelt erkennt, daß die Probleme und Hoffnungen des Selbstmörders nicht Probleme und Hoffnungen eines isolierten Individuums gewesen sind, sondern Teil der allgemeinen Conditio humana. Der Selbstmord ist bloß die Exekution des bereits Vorgedachten.

Wenn wir die Hypothesen beiseitelegen, daß "Emilia Galotti" bei Werthers Tod grundlos präsent ist oder daß alles einem den tatsächlichen Ereignissen verpflichteten Detailrealismus zuliebe geschieht, was bleibt noch übrig an Erklärungsmöglichkeiten? War das "Emilia Galotti"-Zitat vielleicht gar nur gedacht als Hommage an Lessing, als Geste der respektvollen Verehrung? Was auf Werthers Pult liegt, ist immerhin ein Stück modernster Literatur - 1772, das Jahr, in dem Lessings Trauerspiel erschien, ist auch jenes Jahr, in dem der Roman größtenteils spielt. Goethes "Werther", der der "Emilia Galotti" einiges an Sprachduktus und Kunstauffassung zu verdanken hat, zollt dem Buch seinen Tribut, indem er es an entscheidender Stelle als bildliches Zitat aufnimmt.[104] Allerdings: Der tragische Kontext, der diese Würdigung trübt, läßt einige Zweifel an diesem Interpretationsversuch aufkeimen. Hätte Goethe, wenn es ihm tatsächlich um eine Huldigung gegangen wäre, alles nicht an einer unverfänglicheren Stelle einplanen können?

Die bisher angeführten Auslegungsmodelle haben in der Hauptsache die historischen, außerliterarischen Bezüge aufzudecken versucht. Von einer Konvergenz des "Werther" und der "Emilia Galotti" auf einer rein textlichen Ebene war bislang nicht die Rede. Gerade das ist aber augenfällig, vor allem in der sozialen Dimension. Beide Werke sind Exponenten einer realistischen, bürgerlichen Literatur, die nicht mit Kritik am bestehenden gesellschaftlichen Gefüge spart. Die strukturelle Nähe der beiden Werke war Goethe wohl bewußt. Auch in der formalen Anlage ähneln die beiden Werke einander, denn jedes Detail wird zielsicher mit Blick auf die Ganzheit eingesetzt. Und das, obwohl Goethe mit dieser so wohldurchdachten Künstlichkeit der "Emilia Galotti" nicht glücklich war.[105] Tangentialpunkte ergeben sich auch zwischen Werther und einzelnen Hauptfiguren des Dramas: Die Forschung kann hier auf teils überraschende Schlüsse verweisen, je nachdem, welche Dramenperson man sich als Korrespondenzfigur zu Goethes Zentralgestalt erwählt hat.

Die Parallele zwischen Werther und dem Prinzen steht im Mittelpunkt der einschlägigen Untersuchung von Leonard Forster.[106] Forster sieht diese Korrespondenz eingebettet in ein komplexes Gespinst von Bezügen: Emilia und Lotte, Appiani und Albert, der Prinz und Werther - sie alle leben in ähnlichen Situationen. Sowohl in Emilia als auch in Lotte findet der Leser eine Seele vor, die zwischen zwei Männern schwankt. Dem einen ist sie versprochen, für den anderen, der in diese ordnungsgemäß gefügte Verbindung eingedrungen ist, hegt sie geheime Gefühle. Grund genug, daß die Auffassung von der eigenen Tugend ins Schwanken gerät. Beide Charaktere spiegeln sowohl Leidenschaft als auch ein ruhiges und solides Wesen wider. Leidenschaft ist auch gemeinsames Kennzeichen in den Persönlichkeitszügen Werthers und des Prinzen. Beide verfügen über melancholische Charaktermerkmale, beide befleißigen sich eines für die Stürmer und Dränger typischen Sprachstils. Forster nimmt an, daß Werther bei seiner Lektüre diese Parallele zwischen ihm und der fiktiven Fürstengestalt erkannt hat, gleichzeitig aber auch die Unmöglichkeit wahrnimmt, sich wie der Prinz kraft seiner absoluten Autorität von allen irdischen Rechtsvorstellungen freizumachen. Tyrannische Willkür, die sich gewalttätig gegen andere richtet, um Begehrtes zu erhalten, ist trotz unterschwellig brütender Aggressionen Werthers Sache nicht, ja kann sie - seiner gesellschaftlichen Stellung nach - auch gar nicht sein. Es erscheint ihm demzufolge als das geringere Verbrechen, selbst Hand an sich zu legen: Selbstmord als Sühneopfer, das einzig und allein ihn (und nicht die Umwelt) für seine Leidenschaft büßen läßt.

Ein anderer Interpretationsansatz geht von der Wesensverwandtschaft zwischen Werther und Emilia aus. Eine naheliegende Parallele, denn beide Personen geben den Werken ihren Titel, beide Personen enden zudem tragisch: Der Tod Emilias wie der Werthers hat eine läuternde Aufgabe, denn beide leiden an Schuldgefühlen, an der Angst vor der Übermacht der eigenen Sinne. In seiner Arbeit über "Werther and Emilia Galotti" sieht Robert T.Ittner diese Schuld doppelt strukturiert:[107] Emilia ist im strengsten Sinn schuldig, weil sie einmal beim Prinzen erotische Gedanken weckt, sich andererseits aber auch selbst angezogen fühlt. Ebenso doppelschichtig ist das Dilemma Werthers: Seine Beziehung zu Lotte stürzt ihn ebenso in eine Gewissensqual wie das Bewußtsein, in ihrem ehelichen Leben eine bloße Belastung zu sein. Doch arbeitet Robert T. Ittner noch eine weitere Bezugsebene zwischen den beiden Titelfiguren heraus. Dabei knüpft er an die biographischen Zeitumstände der Werkentstehung an, indem er jeder Inspirationsebene eine charakteristische Leseerfahrung zuordnet. So steht Werthers Lektüreerlebnis Homer in Verbindung mit Goethes Aufenthalt in Wetzlar; Ossian wird der Geschichte Jerusalems zugewiesen; in "Emilia Galotti" schließlich sollen sich die Erfahrungen aus Frankfurt konzentrieren, namentlich aus dem Umkreis der Brentanos.

Auf interessante Schlüsse kommen jene Untersuchungen, die Werther mit der Gestalt des Malers Conti vergleichen. Ernst Feise sieht in der Lessingschen Künstlergestalt den "Bruder Werthers",[108] und Ilse Appelbaum Graham spricht in diesem Zusammenhang analog dazu von "Conti and his younger brother, Werther[109]. Graham interpretiert diese Korrespondenz als formales Detail, das auf ein verstecktes Kunstprogramm hinweist. Für sie liegt der hauptsächliche Berührungspunkt zwischen "Emilia Galotti" und "Werther" in ihrer Stellung zur Ästhetik. Werther wird hauptsächlich als Künstlernatur gedeutet, dessen Scheitern im ästhetischen Bereich nur einen Teil seines globalen Scheiterns ausmacht. Daß diese Konzeption der Goetheschen Titelfigur aus direkter Ableitung von Lessings "Emilia Galotti" entstanden ist, glaubt Graham an der formalen Anlage des Romans nachweisen zu können. "Werther" ist sozusagen von Anspielungen auf Lessing eingerahmt, denn nicht nur am Ende taucht "Emilia Galotti" auf, auch am Anfang existiert ein - freilich weniger offenkundiger - Verweis. Werther schreibt am 10.Mai 1771:

> Ich könnte jetzt nicht zeichnen, nicht einen Strich, und bin nie ein größerer Maler gewesen als in diesen Augenblicken. (110)

Am gleichen Unvermögen leidet auch Lessings Conti:

> Denn aus jenem erkenne ich, mehr als aus diesem, daß ich wirklich ein großer Maler bin; daß es aber meine Hand nur nicht immer ist. (111)

Für beide kennzeichnend ist demnach die Unfähigkeit, die Distanz zwischen Idee und Ausführung jederzeit überwinden zu können. Im Brief vom 10.Mai schreibt Werther weiter, daß es ihm unmöglich sei, die Schönheit der Welt in adequater Form schriftlich einzufangen. Das bedeutet somit, daß der Leser über Werthers Position in Sachen Kunst bereits informiert ist, bevor die eigentliche Haupthandlung auch nur angedeutet ist. Werther wird vorerst als ästhetisches Individuum abgezirkelt. Goethe gibt diese Dimensionierung des Charakters auch in der Folge nicht auf: An anderer Stelle etwa bedauert Werther, nicht über die "Gabe des größten Dichters" zu verfügen, um damit das Wegmaß zwischen Natur und Kunst schrumpfen zu lassen.[112] Werther repräsentiert einen empfindsamen Typus, der sein Dasein mehr durch Fühlen gestalten kann, als daß er sich zu einer mehr äußerlichen, handfesten Gestaltung aufgerufen sieht - eine um die Fähigkeit zur Konkretisierung amputierte Künstlernatur.

Betonte die Korrespondenz zwischen Werther und Conti die ästhetische Dimension der Titelgestalt, so rückt die Parallele zwischen Werther und Odoardo, wie sie Klaus Scherpe analysiert hat,[113] die soziale Integration beider Charaktere als Repräsentanten des Bürgertums in den Mittelpunkt. Für Werther ist der Selbstmord kein spontaner Akt, sondern unausweichliche Schlußfolgerung, gezogen aus der empirischen Konfrontation mit dem Ich und der Gesellschaft. Das verrät schon die Wahl des aufgeschlagenen Buches. Gleichzeitig wird dadurch die Prämisse identifikatorischen Lesens festgesetzt. Odoardo sieht, ebenso wie Werther, in der finalen Gewalttat den einzigen Ausweg, die einzig mögliche Flucht aus den ihn umgebenden Zwängen. Der fatale Determinismus, mit dem die Strukturen des gesellschaftlichen Umfeldes bei Goethe wie bei Lessing abgesteckt sind, führt letztendlich zu Mord und Selbstmord. Sowohl Odoardo als auch Werther werden zu Vollstreckern ihres Schicksals: Odoardo als Richter über seine Familie, Werther als Richter seiner selbst. Das Leid ventiliert sich nicht nach außen; es wird vielmehr versucht, eine Lösung im privatesten Rahmen zu finden. Die Lösung ist radikal und selbstzerstörerisch, denn eine Rebellion, die die Spannungen nach außen trägt, findet nicht statt. Die letzte Konsequenz hat der Bürger zu tragen.

- So verschiedenartig alle Deutungsmechanismen sind, eines haben sie gemeinsam: "Emilia Galotti" übernimmt in Goethes Text die Rolle eines Indikators. Auch hier wird auf den durchaus denkbaren Einsatz als Katalysator verzichtet, der Werther in ausschlaggebender Weise zum fatalen Akt antreiben könnte. In der eindeutig indikatorischen Natur dieses Details liegen Interpretation und Apologie des Selbstmordes zusammen eingebettet. Lektüre bekommt noch im Tod Verweischarakter, diesmal freilich ohne explikatorische Hilfeleistung im situativen Kontext. Das Faktum wird präsentiert, bleibt unverändert und demzufolge nicht faßbar, vielen Deutungen zugänglich. Deutungen, die weitgehend in sich abgerundet sind, die nicht von einer alleinseligmachenden Interpretation in ihrer Schlüssigkeit ausgehöhlt werden können.

Daß die Unschärfe jener Textpassage eine bewußt eingebaute rezeptionsästhetische Raffinesse ist, die den Leser dazu zwingt, überhaupt den Sinn des so beiläufig präsentierten Objektes zu überdenken, ist ein Modellfall für die Komplexität, mit der das Element des indikatorischen Lesens ausgerüstet werden kann. Goethe hat keinen Hinweis über den aufgeschlagenen Passus mitgeliefert. Eine Information, die die rätselhafte Aura dieser Stelle zur Auflösung gebracht und damit auch wirkungslos gemacht hätte. Denn der Reiz liegt gerade darin, daß der Leser, der bislang dank der Briefe oder Tagebucheintragungen Werthers mehr über die Totalität von dessen Seelenleben Bescheid gewußt hat als der Großteil seiner Umwelt, plötzlich im Stich gelassen wird. Werthers Tod bedeutet für den Leser eine spürbare Wendung, eine Abkühlung. Nicht nur, daß das sprachlich so überschäumende Werk sein Ende in nüchternen, knappen, nur das Äußerliche registrierenden Sätzen findet, sondern daß Werthers Zeitgenossen - wenn wir auf der fiktiven Ebene weiterdenken - mit einem Blick in das geöffnete Buch mehr Chancen haben, Werthers letzte

Botschaft zu entschlüsseln als der nur beiläufig informierte Leser, vormals Intimus des Titelhelden. Das Rätsel der "Emilia Galotti" erfüllt perfekt seine Funktion als solches: Daß der Leser Eingeweihter und Vertrauter gewesen ist, das war einmal. Jetzt ist er alleingelassen. Nicht nur Lotte und Albert haben Werther verloren, sondern auch er.

(III) FRIEDRICH MAXIMILIAN KLINGER

Innerhalb der deutschen Literaturgeschichte fristet Friedrich Maximilian Klinger ein recht eigenartiges Dasein. Einerseits prägte der Titel seines Dramas "Sturm und Drang" einer literarischen Strömung den Namen auf, andererseits wurden schon zu Lebzeiten seine Werke mit denen von Goethe oder Lenz verwechselt. Einerseits wird er als 'unbekannter Klassiker der deutschen Literatur'[1] gewürdigt, andererseits hat es bislang kein Germanist die Mühe wert gefunden, eine historisch-kritische Edition von Klingers Schaffen in Angriff zu nehmen. Die Texte sind über die verschiedensten Ausgaben verstreut, nur in den seltensten Fällen mit einem Kommentar versehen oder mit einem Hinweis auf die jeweils abgedruckte Fassung.[2]

Die Sekundärliteratur hat sich auf einige wenige Aspekte von Klingers Werk konzentriert. Im Vordergrund stehen natürlich seine Sturm und Drang-Dramen: Klinger als Exponent des genialischen Kraftkerls, so wie er auch in den Schulbüchern vorgestellt wird. Biographischer Hauptansatzpunkt: Klinger, der Jugendfreund von Johann Wolfgang Goethe. Seine Jugendwerke interessieren dabei mehr als sein spätes Romanwerk, das trotz aller Rettungsversuche noch immer eine Terra incognita ist. Was die inhaltlichen Fragen anlangt, so hat sich die Forschung an einer überschaubaren Zahl von Kernproblemen festgehakt: an seiner Feudalismus-Kritik, an den philosophischen Gedankengängen seiner Romane, an das Brudermordmotiv, an den Faust-Stoff.

Weitgehend unbeachtet ist bisher Klingers Position zum Lesen geblieben. Noch nicht in größeren geschlossenen Arbeiten untersucht wurde beispielsweise die dramaturgische Funktion, die die Leseszenen in der Konzeption der einzelnen Theaterstücke haben. Auch in "Fausts Leben, Taten und Höllenfahrt" zogen die darin enthaltenen philosophischen Überlegungen mehr Aufmerksamkeit auf sich als beispielsweise Klingers Einstellung zur ethischen Bewertbarkeit des Leseaktes und deren Ableitung aus der dem Werk zugrundeliegenden Weltanschauung. Allein was im Bereich des biographischen Interesses lag, wurde protokolliert: Vor allem die Wirkung der Lektüre auf ihn selbst, namentlich der Einfluß Rousseaus und Shakespeares.

(A) KLINGER ALS LESER

Daß Klinger ein sehr inniges Verhältnis zu Büchern gehabt hat, läßt sich unter anderem aus seiner Korrespondenz herauslesen. Immer wieder kommt er auf seine Leseerlebnisse zu sprechen, auf seine Bibliothek, seine Bücher. Sie trösten ihn in Rußland, wenn ihn das Heimweh nach seinen alten Bekannten quält: "/.../ meine zahlreiche Bibliothek von Griechen, Römern u Engelländern muß mir nun oft die Abwesenheit meiner Freunde ersezen, denn was diesen Punkt betrift, so bin ich allein!"[3] In einem Brief vom 7.Januar 1790 berichtet er über den damaligen Stand seiner Petersburger Bibliothek:

> /.../ ich weiß von Deutschland fast nichts, lese ihre Bücher nicht, u habe in meiner zahlreichen Bibliothek nicht ein einziges deutsches Buch, denn ich fürchte etwas neues von ihnen zu kaufen u zu lesen, weil ich glaube, auf einen von den Teuflen zu stoßen, von denen sie geritten werden. (4)

Daraus spricht weniger die generelle Abneigung Klingers gegen die deutschen Literaten, sondern vielmehr eine Distanzierung von der revolutionären Bewegung, die zu jenem Zeitpunkt gerade Europa erfaßt. Er lehnt sie als irrational, töricht und schwärmerisch ab, verfällt also in eine ähnliche Kategorisierung, wie sie das Lesen damals über sich ergehen lassen mußte - und wie es Klinger in einigen seiner Theaterstücke darstellt.

Nicht alles jedoch, was in Deutschland gedruckt wurde, fand Klingers Mißbilligung. Sicherlich: Die 'kantische und ästhetische Verzerrung' der deutschen Schriftsteller empfand er als störend,[5] und zu Wieland hatte er ein eher ambivalentes Verhältnis. Dagegen schätzte er aber sehr hoch den "Ardinghello" Heinses[6] sowie Jean Pauls Romanerstling "Die unsichtbare Loge", dessen Reichtum in der Erfindung er in der deutschen Literatur als unübertroffen rühmte.[7]

An fremdsprachigen Autoren faszinierten ihn natürlich die Klassiker. Homer und Lukian waren - neben Petrarca - die einzigen Dichter, deren Werke er mitnahm, als er 1776 Weimar verließ.[8] Theokrit, Anakreon, Hesiod, Tacitus, Ovid und Vergil sind unter den antiken Dichtern, die er in einem undatierten Brief an seinen Freund Schleiermacher preist.[9] Auch unter den neueren Autoren hatte Klinger seine Favoriten: Von Voltaire schrieb er, er könne an "Laune und Geist" von keinem deutschen Schriftsteller erreicht werden.[10] Leitstern unter den französischen Dichtern war jedoch ein anderer: Jean Jacques Rousseau. Schon als Gießener Student hatte Klinger den "Émile" in Originalfassung gelesen - ein schwieriges Unterfangen, da er des Französischen zu jener Zeit nicht mächtig war. Mit zähem Willen und einem Dictionnaire kämpfte er sich schließlich durch das Werk - um sich Gedanken über die Freiheit des Volkes, die Emanzipation seiner Bürger oder die natürliche Tugendhaftigkeit des unverbildeten Menschen anzueignen.[11] "/.../ Laß von allen Schriftstellern Rousseau deinen einzigen Freund seyn", empfiehlt er einmal in einem Brief.[12] Seinem Jugendgefährten Christoph Kayser, mit dem er in früheren Tagen die "Nouvelle Hèloïse" gelesen hatte, berichtet er einmal über eine hübsche Aufführung des "Devin du Village" in Paris, die seinen Zuspruch gefunden hat.[13] Auch Goethe waren die Neigungen Klingers nicht unbekannt:

> Einem solchen Jüngling mußten Rousseaus Werke vorzüglich zusagen. "Emil" war sein Haupt- und Grundbuch, und jene Gesinnungen fruchteten um so mehr bei ihm, als sie über die ganze gebildete Welt allgemeine Wirkung ausübten, ja bei ihm mehr als bei andern. (14)

Dementsprechend auch das Persönlichkeitsprofil, das Goethe von Klinger gibt: Er charakterisiert ihn als intelligenten und interessierten Autodidakten, dessen Leitsätze dem Prinzip ursprünglichster Natürlichkeit gehorchen. Sehr oft sieht er diese Maximen jedoch durch gesellschaftliche Beschränkungen sabotiert.

Kein Wunder, daß Klinger an jenen Satirikern am meisten Gefallen fand, die gegen diese Mißstände am angriffslustigsten zu Felde zogen. So legte er den Deutschen den "Priester Franz Rabelais" ebenso ans Herz wie den 'Dechanten Swift'; beides Beispiele, wie sich Geistlichkeit und bissige Kritik miteinander vereinen lassen.[15] Ihr Stil wäre auch das einzig Angemessene, um damit das Ende der Französischen Revolution zu schildern: Denn mit dem Sieg der großbürgerlichen Kräfte habe sie sich selbst schachmatt gesetzt. Ein heroischer Beginn, ein lächerlicher Beschluß - eine Entwicklung, die einer Abrechnung durch die beiden großen Spötter würdig gewesen wäre.[16]

Klingers großes Ideal war Shakespeare. Da ihm Wielands Übersetzungen zu wenig boten, begann er die Dramen im Original zu studieren. Wiederum erweist sich ein Wörterbuch als höchst dienlich - "Sprachengabe besaß er in hohem Grade", rühmt Goethe.[17] Dieses Talent und die dominierenden literarischen Zeitströmungen lassen Ludwig Jacobowski in seiner Arbeit über "Klinger und Shakespeare" zu dem Schluß kommen, daß Klinger ziemlich früh mit dem englischen

Dramatiker in Berührung gekommen ist.[18] Christian Friedrich Daniel Schubart bezeichnet Klinger in einem Brief einmal als 'unsern Shakespeare'[19] - und das, obwohl er ihn vier Monate zuvor noch mit Goethe verwechselt hat.[20]

Klinger hat nie eine größere programmatische Schrift oder Rede über sein Verhältnis zu Shakespeare publiziert - anders also als Goethe, Herder oder Lenz. Er begnügte sich damit, Reminiszenzen an sein Vorbild direkt oder indirekt in seine Werke einzubauen. Christoph Hering weist in seiner Biographie Klingers öfters auf diesbezügliche Anklänge hin: auf die Ähnlichkeiten mit "King Lear" im Charakter des Herzog Friedrich im Historienstück "Otto" (1775);[21] auf die Gemeinsamkeiten zwischen der Balkonszene aus "Romeo and Juliet" und einem Stelldichein der Verliebten in "Sturm und Drang" (1777);[22] schließlich auf das 'allgemeine Shakespearisieren' in "Stilpo und seine Kinder" (1780)[23]. Zu "Hamlet" hatte Klinger offenkundig eine besondere Affinität. So taucht im letztgenannten Stück ein Höfling auf, dessen Name Pomponius eindeutig an Shakespeares Polonius erinnert. Im "Leidenden Weib" (1775) wird ein Zitat in umgewandelter Form verwendet: "Weib, dein Nam ist Schwachheit."[24] Auf funktionale Ähnlichkeiten geht Ludwig Jacobowski in seiner oben angeführten Untersuchung ein: Er vergleicht Hamlets Monolog "To be or not to be" mit dem Gespräch zwischen Guelfo und Grimaldi aus den "Zwillingen" (1776) - beide sind in Kernszenen des jeweiligen Stückes zu finden (III/i), beide befassen sich mit dem Wesen des Todes.[25]

Eine andere Verwandtschaft, die bei Jacobowski jedoch nicht erörtert wird, ist jene zwischen der darauffolgenden Szene in den "Zwillingen" und "Hamlet" III/iv: In der Tragödie Shakespeares wirft der Titelheld seiner Mutter Blutschande mit ihrem Schwager vor, tötet den hinter der Tapete lauschenden Polonius und verabschiedet sich nach all diesen Greueln mit einem lapidaren "Good night, Mother".[26] Das Pendant bei Klinger ist ist nicht nur ebenso in die ungefähre Mitte des Dramas gestellt, die Szene läuft auch so ähnlich ab: Nach einer emotionell aufwühlenden Aussprache über den wahren Erstgeborenen verläßt Guelfo die Bühne mit genau denselben Worten: "Gute Nacht, Mutter! Gute Nacht, herrliche Mutter!"[27] - wenn man bedenkt, daß er sie einige Augenblicke zuvor fast erwürgt hätte, so wirken diese Worte einigermaßen befremdlich.

Dadurch, daß Klinger in sein Werk Elemente einfließen ließ, die eine starke Abhängigkeit von Shakespeare verraten, hat er von sich aus Antwort gegeben auf die Frage, wie sehr er wohl die Wirkung der Literatur an sich einschätzte. Jedoch ist das nur eine Teilantwort, die bloß einen innerästhetischen Bezugsrahmen abdeckt - den Einfluß von Dichtung auf Dichtung. Wie verhielt es sich laut Klingers Meinung mit der Literatur, sobald sich ihr Wirkungskreis vergrößerte und das praktische oder sogar das politische Leben umgestaltete? - Eine globale Beantwortung dieser Frage ist kaum möglich. Zu unterschiedlich sind die Aussagen und Meinungen, die Klinger in seinem Œuvre verstreut hat, als daß sie sich auf einen Nenner bringen ließen. Auch innerhalb eines einzigen Werkes wie den "Betrachtungen und Gedanken" (1803/05) streben die Überlegungen zuweilen voneinander weg.

Vielen seiner Gedanken wohnt Optimismus inne, wenn er über das Verhältnis von Literatur und Freiheit nachsinnt:

> Wenn ich einen Mann von Geist und Gefühl, der sonst in einer leidlichen Lage ist, über die Wirklichkeit murren und düster aufwärts blicken sehe, möcht ich ihm immer zurufen: Hat Er nicht für dich gesorgt, da er Geister wie Plato, Epikur, Bacon, Hobbes, Voltaire, Rousseau, Buffon, Bailly, Kant, Homer, Shakespeare, Milton und Klopstock erschuf, die deinem Geist und Herzen ein Gastmahl auf immer aufgetischt hinterlassen haben, an dem sich Götter selbst ergötzen können? (28)

Klinger liefert hier eine Parade seiner philosophischen und dichterischen Leitfiguren, eingebettet in ein merkwürdiges Spannungsfeld, das sie von einem christlichen Gott erschaffen und heidnischen Göttern gleichrangig macht. Was ihnen allesamt zugestanden wird, ist die Fähigkeit, dem Unzufriedenen oder Unterdrückten Freiräume zu vermitteln. Literatur kann Freiheit schenken; letztlich entscheidend für tatsächliche Veränderungen sind aber doch die realen Sachzwänge.

> Voltaire, Montesquieu, Rousseau, Mably, Diderot, die Ökonomisten und Enzyklopädisten sollen durch ihre Schriften die Französische Revolution geschaffen haben; so sprechen die Ausgewanderten, und wer nicht denken kann oder mag, ihnen nach. Sie vergessen (die Ausgewanderten wissen warum) die Laster des Hofs, die Unwissenheit, Raubsucht und Zügellosigkeit der Großen seit der Minderjährigkeit Ludwigs des XV. (29)

Hier wird literarische Wirkung noch differenzierter gesehen. Wer sich auf das gedruckte Wort ausredet, es habe die Revolution in Frankreich bewirkt, überschätzt nicht nur die Bedeutung und Macht von Literatur, sondern macht sich auch propagandistischer Schönfärberei schuldig, indem er von den tatsächlichen Auslösern - den politischen und sozialen Mißständen - ablenkt. Literatur ist nicht schuld an der Revolution, liefert aber das intellektuelle Instrumentarium zu ihrer Rechtfertigung und ideologischen Abstützung.

Nicht selten verwandelt sich diese differenzierte und nuancierte Abwägung dessen, was Literatur leisten und bewirken kann, in blanke Skepsis. Wiederum sind es die realen Verhältnisse, die Gefälle von Macht und Ohnmacht, von Reichtum und Armut, von Geist und Unaufgeklärtheit, die die Gedanken eines Rousseau zu gutmütigen Utopien zusammenschrumpfen lassen, die "albern, abgeschmackt, ja zuzeiten ekelhaft" wirken.[30] Mit zunehmendem Alter entfernte sich Klinger denn auch von den idealistischen Vorstellungen Rousseaus und wandte sich mehr und mehr dem französischen Materialismus um Helvétius zu, gegen den er noch in seiner "Geschichte eines Teutschen der neuesten Zeit" zu Felde gezogen war.[31]

Überhaupt hatte Klinger etwas gegen eine Art von Lektüre, die als Fangnetz für lebensuntüchtige Individuen gedacht war, für jene Leser also, die in eine idealistische Bücherwelt ausziehen, um von den Härten der Realität verschont zu bleiben: Neuauflagen des Don Quixote, deren Wesen total in der Literatur aufgeht.

> Wer für das wirkliche Leben keine Kraft fühlt oder davor erschrickt, der träumt sich zum Helden in dem Lande der Phantasie, um doch auch eine Rolle, und zwar ohne Gefahr, zu spielen. Und damit auch wir ihn für einen Helden halten mögen, sucht er, uns die Wirklichkeit erbärmlich zu machen. Haben die uns unbekannten Dichter zu Platos Zeiten so gedichtet, so finde ich wahrlich die Verbannung derselben aus seiner Republik so weise als dem gemeinen Wesen nützlich. (32)

In der Summe kann diese identifikatorische Variante katalysatorischer Rezeption also verhängnisvolle Konsequenzen für den Staat haben. Wo die Bürger zu Träumern verwandelt werden, fällt die Schuld auf den Autor zurück. Nicht umsonst wird hier auch Platos distanziertes Verhältnis zu den Schriftstellern in dessen "Politeia" apostrophiert. Allerdings liegt der eigentliche Grund für solch eine verfehlte Abart des Lesens im jeweiligen Rezipienten: Klinger charakterisiert ihn ja ausdrücklich als Schwächling, der sein Defizit in der Phantasie aufzuarbeiten trachtet. Die Schuldzuweisung an die Dichter geschieht zum Schutz der unmündigen Leser.

Klinger hütet sich demzufolge, dem Phänomen des Lesens unverrückbare Qualifikationen zuzusprechen: Es ist weder eindeutig 'wertvoll' noch eindeutig 'gefährlich'. Unmittelbar wirkt Literatur nur in ihrer subjektiven Rezeption. Nur in ihrer direkten Ausstrahlung auf die Phantasie kann sie ihre Gefährlichkeit ausspielen. So kann sie einzelne Gemüter verwirren, die sich mit dem Gelesenen zu stark identifizieren; was den Radius ihrer katalysatorischen Kraft jedoch übersteigt, ist die sofortige Umsetzung des Wortes in die politisch oder sozial relevante Tat. Wenn Literatur wirkt, dann nur auf das Einzelsubjekt; ist die Veränderung von einem Kollektiv abhängig, so sind der Macht der Bücher automatisch Grenzen gesetzt: Sie ist bloß ein Faktor unter vielen, abhängig von viel handfesteren Strukturen innerhalb des gesellschaftspolitischen Gefüges.

- Das alles ist jedoch Klingers postrevolutionäre Position zum Lesen. Um seine Gedanken dazu unbehelligt von den Ereignissen in Frankreich kennenzulernen, müssen wir einige Jahrzehnte zurückblenden: in seine Sturm und Drang-Zeit.

(B) KLINGERS DRAMEN

Bloß zwei Dramen Klingers erweisen sich für unsere Fragestellung in größerem Umfang ergiebig: "Das leidende Weib" und "Die falschen Spieler". Das heißt natürlich nicht, daß in den anderen Werken nicht gelesen wird. Im Gegenteil: Klingers dramatisches Schaffen ist voll von Lesern und Büchern, allerdings spielen diese meistens nur eine marginale Rolle. In der fünfaktigen Komödie "Der Derwisch" (1780) gibt es beispielsweise eine Leseszene, die nicht einmal auf der Bühne gezeigt wird, sondern bloß im Dialog Erwähnung findet: die Tatsache, daß sich der lüsterne Sultan von seinem Pagen Culi aus Märchenbüchern vorlesen läßt, nur um die Gegenwart des Knaben zu genießen.[33]

Häufig finden sich Figuren, die beiläufig den Typus des Lesers repräsentieren. Lektüre wird zum Moment der Charakterisierung, zum Indikator spezifischer Persönlichkeitsmerkmale. Flüchtig werden da zuweilen Bemerkungen eingestreut, die bestimmte Wesenszüge schärfer konturieren sollen. Prinzessin Purpeline im 'moralischen Drama' "Prinz Seidenwurm" (1790) wird etwa in der Schilderung des Königs von zwei Blickwinkeln her erfaßt: einmal von einem direkteren, der sie als 'eitel, verliebt, verschwenderisch' - also als ziemlich verzogen - erscheinen läßt; zum anderen von einem indirekteren, der sie als bewandert in der Philosophie, in den Wissenschaften, in Spielen und selbstverständlich in Romanen vorstellt.[34] Die indirektere Perspektive auf den Charakter ergänzt demnach nicht nur die beigegebenen Merkmale, sie nennt auch deren eigentliche Ursachen.

Einige von Klingers Figuren demonstrieren ihre Originalität durch literarische Präferenzen. Lektüre wird zur persönlichen Note, zur schicken Illustration empfindsamer Gebärden, wenn La Feu in "Sturm und Drang" seinen Grillen poetischen Schwung verleiht: "O die Romanen! o die Feenmärchen! Ach wie herrlich um all die Lügen! Wie wohl dem der sich vorlügen kann!"[35] In der Komödie "Der Schwur gegen die Ehe" (1797; Neufassung von "Der Schwur" (1786)) zeigt sich der Sekretär Martano als poetisches Universaltalent - er bezeichnet sich selbst als Musiker, Schreiber, Maler und als Geschichtenerzähler von den "lustigsten Mährchen von Feen, Prinzessinnen und Rittern."[36] Daß er nebenbei noch Rousseaus "Nouvelle Heloïse" gelesen hat und auch die delikaten Werke Crebillons nicht verachtet, zeigt ihn zudem noch als Geist, der in der Literatur seiner Zeit einigermaßen auf der Höhe ist.[37] Ein ganz anderer Typ von poetischer Natur ist Julio in der "Neuen Arria" (1776): Er schreibt nicht aus ungetrübter Fabulierlaune, sondern 'um seinem gebangten Herzen Luft zu machen.'[38] Die Tatsache des Dichtens allein schon charakterisiert Julio als Menschen, der sich seiner inneren Zwänge entäußern möchte; dem entspricht auch der expressive Stil seines Gedichts, das er zu Beginn des Stückes vorliest.[39]

Im allgemeinen ist Literatur jedoch ein eher ungeeignetes Mittel, innere Kämpfe freizusetzen. Der echte Kraftmensch, wie er in den Geschichtsdramen KLingers auftaucht, bedarf keiner Lektüre. Bücher sind da fehl am Platz. Umso passender werden sie eingesetzt, wenn sie die Gegenfiguren zum Sturm und Drang-Kerl mitcharakterisieren. Don Curio, der gelehrte Rat in "Simsone Grisaldo" (1776), wird von seiner Umgebung ein wenig verächtlich gemacht, besonders da man glaubt, er schöpfe auch seine erotischen Erfahrungen aus Büchern.[40] Leser haben es nicht leicht im Schatten der Kraftnaturen. Schon wer Buchstaben bloß entziffern kann, wird als Schwächling angesehen. Gesundes Analphabetentum signalisiert Lebenstüchtigkeit. Wer liest, ist Außenseiter: So Konrad, der Sohn Herzog Friedrichs im Ritterstück "Otto", Klingers dramatischem Erstling (1775). Von seinen Spielgefährten wird der Knabe nicht ernst genommen, als Feigling angesehen.[41] Denn: Lesen ist vornehmlich eine Beschäftigung für jene, die dem Leben nichts Dynamisches abgewinnen können - zusammen mit Jagen, Schlafen und Essen die Haupttätigkeit des Müßiggängers.[42]

Das soll freilich nicht den Eindruck erwecken, daß Lektüre ausschließlich eine Sache blutleerer Schwächlinge sei. Doch ist es fraglos eine auffällige Angelegenheit, wenn Kraftnaturen plötzlich als Leser auftreten. "Die Zwillinge" zeigen den 'Kerl' Guelfo schon in der ersten Szene zusammen mit seinem Freund Grimaldi über das Buch eines antiken Autors gebeugt: Plutarchs "Bioi parallēloi". Grimaldi läßt sich ganz von Brutus, dem Zauderer, in den Bann schlagen; Guelfo hingegen ist tief bewegt von der Persönlichkeit des Cassius. Das ist umso bemerkenswerter, weil Dichter und Geschichtsschreiber bei ihm gemeiniglich 'so selten gewinnen.'[43] Wie ein Spiegelbild der eigenen Natur faßt Guelfo die Person des Verschwörers auf, sodaß Grimaldi bemerkt: "Du wirst immer mehr Caßius."[44] Daß hinter dieser Identifikation mehr steckt als eine beiläufige Wahlverwandtschaft, wird spätestens dann klar, als Guelfo am Ende des Aktes seinen Cassius wie einen Schutzgeist anzurufen beginnt. In seinem "Hu, Caßius"[45] kristallisieren sich die inneren Spannungen. Das angelesene Leitbild wird zur Bewältigung der Krisis herbeizitiert: Über allem schwebt der omnipräsente Genius des Cäsarmörders.

Interessant ist, daß das Moment des Lesens in zwei weiteren Dramen des Sturm und Drang mit dem Motiv des gegensätzlichen Brüderpaares verknüpft wird. In Schillers Schauspiel "Die Räuber" (1782) ist es ebendasselbe Buch wie bei Klinger, das Karl von Moor in Händen hält. Wiederum Plutarch, wiederum die Parallelbiographien, wiederum der erste Auftritt der Hauptfigur: "Mir ekelt vor diesem Tintengleksenden Sekulum, wenn ich in meinem Plutarch lese von grossen Menschen."[46] Überdruß an der Gegenwart, vorgeführt anhand klassischer Lektüre: Die sich aufbäumende Natur fühlt sich deplaciert in ihrem historischen Kontext, richtet ihren verklärenden Blick auf die Übermenschen der Antike:

> Die 'Alten' bürgen für eine wahrhaftige Lebensgeschichte, den Traum vom "Adlerflug", wo in der Wirklichkeit die Gesetze des feudalen Despotismus den produktiven Helden zum "Schneckengang" zwingen. (47)

Kein Vergleich zu dem, was sein trauriges Jetzt ihm unmittelbar bietet. Schon seine ersten paar Worte konturieren Karl als Außenstehenden in seiner Zeit und in seiner Gesellschaft. Später wird aus dem Außenstehenden ein Außenseiter. Bewirkte Homer bei Werther das Abrücken in die Melancholie, so wird Karl durch das heroische Zitat förmlich in die Rolle eines Rebellen hineinkatapultiert, dessen kühnen Staatsmodelle die der Antike noch überflügeln.[48]

Sowohl Klinger als auch Schiller drücken dem jeweils stärkeren der beiden Brüder die Bücher regelrecht in die Hand. Und daß, obwohl das gedruckte Wort in der Regel als Indikationsmoment für einen Menschenschlag herhalten muß, der in seine Melancholie eingesponnen ist. Bei Johann Anton Leisewitz' Drama "Julius von Tarent" (1776) sind die Verhältnisse noch der Tradition gemäß: Julius, "fixiert auf sentimental-erotisches Begehren", studiert seinen Plato; Guido, "fixiert auf eine ehr- und ruhmsüchtige Männlichkeit",[49] verhöhnt seinen Bruder dementsprechend auch als "Weichling".[50] Die übrige Umwelt ist in ihrem Urteil weniger direkt, meint aber annähernd dasselbe, wenn sie das Adjektiv 'romanhaft' zur Kennzeichnung des Charakters heranzieht: 'Romanhaft' ist in den Augen von Aspermonte das, was sein Freund Julius mit der schönen Bianca vorhat,[51] und 'romanhaft langsam' nennt der Vater die Entschlüsse seines Sohnes.[52] Fällt bei Leisewitz noch die Hauptfigur der brüderlichen Mißgunst zum Opfer, so stellt Klinger in den im selben Jahr erschienenen "Zwillingen" die Verhältnisse auf den Kopf. Der 'romanhaft' Veranlagte, der Schwächling verschwindet aus dem Brennpunkt des Stücks, der Lesende hingegen bleibt: in der Gestalt des ungleichen Bruders nämlich, der seinem Gegenstück in der Funktion der Zentralgestalt nachrückt. Fritz Martini konstatiert in seiner Untersuchung über das Motiv der feindlichen Brüder im Sturm und Drang:

> Klinger verändert gründlich die Position der Brüder. Er drängt Ferdinando, dessen sentimentale Wohlanständigkeit diesem /bürgerlich-empfindsamen/ Publikum entspricht, an den Rand und macht provozierend Guelfo zur Zentralfigur, die derart nicht nur gegen Bruder und Eltern, auch gegen dies Publikum streitet. (53)

In dem Moment, in dem der sentimentalere Bruder die Hauptrolle verliert, verliert er auch seine Funktion als Leser. Lektüre weist beileibe nicht automatisch den Schwächeren innerhalb eines antipodisch angelegten Brüderpaares aus. Bei Klinger dient sie zur schärferen Zeichnung des Charakterprofils; ebenso bei Schiller, wo der Gegensatz zwischen Kraft und Sentiment vom Gegensatz zwischen Gut und Böse überwölbt ist. Bei jenem Typ von Drama, das die Persönlichkeiten gegensätzlich angelegter Brüder auf die Bühne bringt, hat es sich mit der althergebrachten Gleichung aufgehört: Lesen ist nicht mehr eine Handlung, die die Gegenfigur zum Kraftmenschen ausschließlich für sich reklamieren kann. Die Signale sind anders gesetzt. So wie die Widernatürlcihkeit des Brudermordes die überkommenen ethischen und gesellschaftlichen Prinzipien außer acht läßt, wird auch das Standardbild vom Lesenden durcheinandergeworfen. Klinger bringt es in den "Zwillingen" zuwege, dem Lesen eine Möglichkeit zu erschließen, wie ein bislang als eher aliteral gekennzeichneter Typus neu definiert werden kann.

(1) "Das leidende Weib"

Klingers erstes Drama, in dem er sich dem Lesen etwas ausgiebiger widmete, entstand 1774 innerhalb von vier Tagen: "Das leidende Weib". Es erinnert in Sprache und Motivik in einer derart auffälligen Weise an den "Hofmeister" von Lenz, daß es noch im Jahr 1828 im ersten Band von dessen gesammelten Werken abgedruckt wurde, die Ludwig Tieck herausgab.[54] Kein Wunder: gibt es darin doch eine Liebesgeschichte zwischen einem Franz und einer Julie, die von einem Taugenichts namens Läufer zerstört wird; gibt es darin ein Sußgen, die wie eine Kontamination aus Lenzens Gustchen und Liese agiert und durch rege Romanlektüre das Maß für die rauhe Wirklichkeit verloren hat; gibt es darin ein Rollenspiel, in dessen Verlauf die Protagonisten sich in die Identitäten von Romeo und Julia hineindenken. Der Klinger-Biograph Max Riefer betonte 1880 die gemeinsame "ethisch-sociale Absicht" von Lenz und Klinger - das Stück führe "die Gefahren vor Augen, die in der Beschäftigung mit schöner Literatur für die sittliche Gesundheit des Weibes liegen."[55]

Um diese 'sittliche Gesundheit' steht es einigermaßen bedenklich, denn das "Leidende Weib" ist ein Ehebruchsdrama. Mehrere Handlungsstränge laufen bunt nebeneinander her, es werden Liebe, Schwärmerei und Verführung thematisiert. Das Dreiecksverhältnis von Gesandtem, dessen Gattin und deren einstiger Jugendliebe von Brand, das den Kern der Handlung ausmacht, wird von mehreren Nebenhandlungen begleitet. Gerade in diesen Figurengruppierungen abseits des Hauptgeschehens finden sich jedoch die wichtigsten Aussagen über die schädlichen Auswirkungen des Lesens.

Bereits am Beginn des Stücks ist von Büchern die Rede. Peinlich wacht der Magister darüber, daß seine Tochter Sußgen von den "Pestbüchern" nicht "begrandisoniert" wird.[56] Der Grund der hausväterlichen Wachsamkeit: Die selige Gattin hat am Grandisonfieber gelitten und alle Pflichten der Hausfrau sträflichst vernachlässigt. Der Magister war gezwungen, sich selbst seine Suppe zu kochen, und als er krank darniederlag, nahm die Gemahlin weniger Anteil an seinen Leiden als an denen des Romanhelden.[57] Verständlich, wenn er verkündet: "Mir gehts allemal durchs Herz, als sähe ich ein junges frisches Ding dahin sterben, hat sie einen Roman in den Pfoten."[58] Diese Gefährdung von Natürlichkeit und Artigkeit wird personifiziert in der Gestalt Läufers, der Sußgen mit einschlägiger Belletristik versorgt.

Franz, der Sohn des Geheimrats, ist sein positives Gegenstück. Ihn präsentiert der Magister als leuchtendes Beispiel sittlicher Integrität. Anhand seiner Lektüre wird der Gegensatz offenkundig: Nicht profanem Schund widmet sich Franz in seinen Lesestunden, sondern Bibel und Gesangsbuch.

Doch so durchheiligt in seinen Lektürepräferenzen, wie ihn sich der Magister vorstellt, ist Franz wiederum auch nicht. Was aus fremdem Mund zunächst so klingt, als hätte man es hier mit einem biederen Gemüt zu tun, erweist sich als Irrtum. Franz ist vielmehr ein Sprachrohr des jungen Klinger, ja sogar "eine der wenigen kunstkritischen Auslassungen des Dichters" selbst.[59] Sein Protestgebaren wurzelt im Überdruß, den ihm die philosophischen Bücher bereitet haben. Er ist zutiefst enttäuscht von ihnen, denn sie können ihm über das Wesen der Welt nicht befriedigend Auskunft geben. Die literarischen Idole, an die er sich noch klammert, sind zugleich auch die Idole der Stürmer und Dränger: "Laßt mir meinen Shakespear und Homer. Wir bleiben zusammen bis in Tod."[60]

Noch ein weiterer Kontrast ergibt sich in der Figurenkomposition durch die Thematisierung des Lesens. So wie der Gegensatz zwischen Läufer und Franz anfangs mittels ihrer Lektüre anschaulich gemacht wird, so spiegeln sich auch die unterschiedlichen Charaktere von Louis und dem Hofmeister in den Büchern. Louis, der niederträchtige Graf, führt den Namen des schurkischen Verführers Lovelace im Munde.[61] Somit sind auch seine wahren Absichten transparent, wenn er während des Lesens immer wieder zwischen den Zeilen an seine angebetete Gesandtin erinnert wird. Die Projektion des Gelesen wirkt entlarvend.[62] Klar, daß ein aufrechter, wohlmeinender Charakter wie der brave Hofmeister dem verworfenen Louis zu bieder ist. Im dritten Akt kommt es zu einem Gespräch zwischen den beiden, in dem die Rede auf den "Hofmeister" von Lenz kommt. Ein Stück damaliger Gegenwartsliteratur also, in dem dieser Beruf wahrlich nicht gut wegkommt:

> Louis: /.../ Lesen Sie den Hofmeister, wie ich schon hundertmal sagte.
> Hofmeister: Ich habs gethan. Man kann den würdigsten Stand beschimpfen.
> Louis: Nein, Herr! es ist heilige Wahrheit. Ein Mensch kann immer Brod finden auf eine andre Art. Es soll mir keiner vor die Augen kommen, der Jahre lang Hofmeister war, oder wohl zweymal. Er ist kein Mensch mehr. (63)

Was Klinger hier leistet, ist Literaturkritik im Drama: Der Hofmeister sieht Lenzens Theaterstück weniger als Abbild der Realität, sondern als böswillige Verleumdung. Louis ist in seinem Literaturverständnis unvoreingenommener. Da er dem Hofmeisterstand nicht angehört, ist er auch weniger betroffen: Für ihn bedeutet das Werk eher Darstellung der miesen Welt, wie sie wirklich ist. Daß sich der Hofmeister seine Lebenshaltung dadurch nicht vergällen lassen möchte, erklärt wohl zum Teil dessen Reserviertheit.

Neben dieser direkten Nennung von Lenzens "Hofmeister" fehlt es - wie oben bereits kurz erwähnt - auch nicht an inhaltlichen Parallelen. Franz und Julie übernehmen im dritten Akt jene Rollen, die sich Fritz und Gustchen bei Lenz angelegt haben, nämlich Romeo und Julia.[64] War es bei Lenz ein Dialog, der sich auf zwei Ebenen bewegte - nämlich in der dramatischen Situation des Augenblicks einerseits und in seiner Bezugnahme auf Shakespeare andererseits - , so kommt für den Leser, der den "Hofmeister" kennt, noch eine dritte hinzu: die neue Zitatqualität, die diese Szene in Hinblick auf das Lenzsche Drama gewinnt. Nicht nur "Romeo and Juliet" muß mitgedacht werden, auch der "Hofmeister". Das Spiel im Spiel potenziert sich in eine höhere Ordnung.

Das alles wird durch einen weiteren Umstand noch verwickelter gemacht. Franz und Julie begnügen sich nämlich nicht, ihre Liebe bloß in Shakespeare-Manier durchzuspielen. Schon zuvor haben sie die Identitäten von Tellheim und Minna von Barnhelm angelegt, um ihre Zuneigung in eine komödiantische Neckerei einzukleiden.[65] Was folgt, ist ein Spiel von Hingabe und Verweigerung, begleitet von Reminiszenzen an Petrarca und Rousseau. Als es kurz darauf zum Nachspielen der Balkonszene kommt, scheint alles wohl vorbereitet zu sein: Franz hat angekündigt, die betreffende Stelle bei Shakespeare eigens eindeutschen zu wollen,[66] Julie trägt ohnehin durch Zufall schon denselben Namen wie die Heldin der Vorlage, und um die Situation perfekt zu machen, fehlt auch nicht der schlummernde Vater im Nebenzimmer. Das alles hindert Franz aber nicht, zeitweise in seine alte Tellheim-Rolle zurückzufallen. Während er sich in den Romeo hineindenkt, spricht er seine Julie-Julia insgesamt dreimal mit "Minna" an. Die Bezugnahmen auf Lenz und Shakespeare verbinden sich mit denjenigen auf Lessing zu einem Interferenzmuster, das die betreffenden Szenen zu einem komplexen Gewebe aus angelesenen Zweiterfahrungen macht. Lektüre kann nicht mehr geordnet reproduziert werden: Die Verwirrung der Gefühle äußert sich im wechselseitigen Durchkreuzen der angenommenen Identitäten. Die Vermengung der Bezugsebenen weist aber noch auf etwas anderes hin: wie schwierig es nämlich sein muß, aus dieser Vielfalt angelegter Gefühle das eigene herauszuschälen. Und so ist es kein Wunder, wenn die Beziehung zwischen Franz und Julie letztendlich scheitert.

(2) "Die falschen Spieler"

1782 erschien dieses Lustspiel in Wien, wurde später aber von Klinger umgearbeitet und in dieser Fassung 1794 veröffentlicht. Geriet der Schluß in der ersten Version noch eher skeptisch, so erfuhr die zweite eine etwas lehrstückhaftere Auflösung. Außerdem vertiefte Klinger in der Überarbeitung die Charaktere der Beteiligten. Weil dabei vor allem die Person der Romanleserin Juliette mitbetroffen ist, hält sich vorliegende Analyse an die spätere Fassung.[67]

Das Lustspiel folgt dem Typus des Spielerdramas, das in der deutschen Literatur des 18.Jahrhunderts weit verbreitet war. Die Vorbilder dazu kamen aus England: der "George Barnwell" von George Lillo (1730) und Edward Moores "The Gamester" (1753). Gottlieb Fritz bezeichnet Klingers Lustspiel als eines der besten Spielerdramen im 18.Jahrhundert - sowohl was die Handlungsführung als auch was die Sprache betrifft.[68]

Zum Inhalt: Herr von Stahl hört, daß sein Sohn Franz, der von ihm bereits 14 Jahre lang getrennt lebt, sich in Karlsbad als Marquis Bellefontain aufhält. Der Vater, ein strammer Teutscher, ist ob der welschen Verwandlung etwas verwirrt, hält er seinen Sprößling zudem noch für einen rechten Taugenichts, der am Spieltisch ein lockeres Leben führt. Doch nicht Franz, sondern Karl heißt die Kanaille: Der Stiefsohn des alten Stahl hat alle Briefe des Verschwundenen unterschlagen, um sich an die begüterte Juliette heranmachen zu können, die sein Stiefbruder hat sitzen lassen.

Der Handlungsgang entspricht weitgehend dem Schema der Aufklärungskomödie. Wurzel der Mißverständnisse ist die Intrige des bösen Stiefbruders. Alles wirkt irgendwie wie eine Allegretto-Variation von Schillers "Räubern", doch sind Wechselbeziehungen der beiden Texte trotz aller Ähnlichkeiten - etwa in der Namensgebung der Stiefbrüder - praktisch auszuschließen.[69] Alles wird schließlich im Sinne des Guten und Gerechten geordnet. Entsprechender Kommentar des Herrn von Stahl zu Juliette: "Dein Roman scheint besser zu enden, als ich glaubte."[70] Bevor sich die Auflösung jedoch einstellt, werden die Protagonisten zu Opfern von mancherlei Verwirrungen, die durch angenommene und zu spät entlarvte Identitäten entstehen.

Auch in der Gestaltung der Charaktere orientiert sich das Stück an bewährten Modellen. Schon der Titel deutet darauf hin, daß man es mit Personen zu tun hat, denen Besserung not tut. Selbst bis in die Dienerschaft ist das Laster ihrer Herren durchgesickert. Sie teilen deren Leidenschaft für das Hasardspiel: ein alter dramaturgischer Trick, die Schwächen und Eigentümlichkeiten der Herrschaften in ihrem Personal gespiegelt zu sehen. Und auch anderswo trifft man auf vertraute Typen.

Juliette, die die empfindsame und phantasievolle Romanleserin repräsentiert, wird schon in der ersten Szene bissig attackiert. Ihre Abhängigkeit von den Büchern ist Zielscheibe von Sophies Spott:

> Juliette: Seine /Herrn von Stahls/ Laune ängstigt mich!
> Sophie: Du bist ein Kind! geh und lies ihm etwas aus Deinen empfindsamen Büchern vor; Du kannst ihn leicht anders machen. (71)

Stillschweigend muß ergänzt werden: So wie die Bücher Juliette anders gemacht haben. Ständig bekommt sie es zu hören, wie sehr ihr das Lesen bereits zugesetzt habe. Herr von Stahl bezichtigt sie einmal 'weinerlicher Grillen, die sie aus den Büchern gezogen hat',[72] weiters einer 'heißen Phantasie', die durch ihre Lektüre "noch mehr erhitzt worden ist."[73] Zu allem Überfluß befleißige sie sich auch noch einer penetranten "Romanensprache."[74]

Mit Juliette wird also der Prototyp einer Leserin vorgestellt. In Gessner und Gellert findet sie Teile ihres sanftmütigen und tugendhaften Ichs wieder,[75] in die Helden Shakespeares und Richardsons projiziert sie die Idealbilder ihres Geliebten.[76] Und auch ihre Ausdrucksweise bleibt vom Literaturerlebnis nicht verschont:

> Juliette: Ach! ich habe ihn gesehen! er ist da! da! kann ich mit Stella rufen! Siehst du ihn, Göttin, er ist da!
> Sophie: O ich bitte Dich, vergiß einen Augenblick Deine Stella und Deine Bücher, und fühle, wie Du kannst.
> Juliette: Kann ich dafür, daß mir dieser oder jener Dichter Worte zu Gefühlen giebt, die mir so natürlich sind. /.../ (77)

Wie in den Historienstücken Klingers findet sich auch in den "Falschen Spielern" eine Gegenfigur, die nicht so wie der Typ des Lesers in Traumwelten verstrickt ist. Es ist Juliettes verschollener Geliebter: Franz. Für Sophie ist der Gegensatz zwischen den beiden rasch auf eine einfache Formel gebracht. Angesichts des bevorstehenden Treffens mit Franz wendet sie sich an Juliette:

> /.../ Ich bitte Dich, wenn Du ihn siehst, so laß Dein gutes Herz reden, und die Romanen schweigen. Wir gewinnen immer, wenn wir natürlich sind; und mir scheint, Bruder Franz hat zu viel im Buche der Welt gelesen, als daß er Deine sentimentalische Sprache verstehn sollte. (78)

Und gleich im Anschluß daran stellt sie die Frage: "Ist denn Phantasie Gefühl?" Erfahrung und Gefühl, Konstanten in der Literatur des ausgehenden 18.Jahrhunderts, tauchen an diesem Punkt auf. Inwieweit werden sie durch die Bücher bestimmt? Der Monolog, den Franz in der achten Szene des vierten Aktes spricht, gibt teilweise Antwort darauf. Darin rühmt ein Mann seine Freiheit, der einer geregelten Ehe - und damit den öden bürgerlichen Verpflichtungen - aus dem Weg gegangen ist:

> Juliette wollte mich der Welt entführen! - ha! und ich will ihre Romanen wahr machen, und sie der Welt zuführen. Der Weg von ihren Erfindungen, wahr oder falsch, ist der nächste zur Bachantin, wenn's einer versteht, sie zu leiten. (79)

Die Erfahrungen sind bei Juliette bloße Empfindungen, rein begründet in der Empirie ihrer Lektüre. Dagegen lockt die Welt Franz "mit Sirenenstimme."[80] Diese Antithese der Charaktere findet dank der alles besiegenden Liebe ihre schließliche Aufhebung. Franz kehrt in den Schoß der Familie zurück, gibt sein rastloses Abenteurertum auf. Und auch Juliette wandelt sich - zur Überraschung des Lesers, der ihre Persönlichkeit neu zu bewerten genötigt ist. Es vollzieht sich ein Aspektwechsel in der Lektüre, den Hering in seiner Klinger-Monographie offensichtlich übersehen hat: Für ihn bleibt Juliette ein "albernes Gänschen",[81] ein "deutliches Zeugnis für Klingers Verachtung der seichten sentimentalen Romane."[82] Der ständige Verweis auf die Romanlektüre wird von Hering als störendes Moment empfunden, das das Lustspiel an die Zeitsituation festnagelt. Und doch ist es mehr.

Was geschieht mit Juliette am Ende des Stücks? Plötzlich erfährt der Leser, wie es tatsächlich um ihre Empfindungen bestellt war:

> Romantisch! Das schein' ich freylich manchem, und daß es

> so ist ist doch nur Ihre Schuld allein. Franz, nur das Verlangen macht romantisch; in diesem Zustand beflügelt unser Herz die Phantasie; sobald wir aber einmal glücklich sind und den Geliebten wirklich haben, so ziehen wir diese geschäftige Schwärmerin in den Mittelpunkt des Herzens wiederum zurück. /.../ Worin bin ich nun romantisch? Etwa darinnen, daß ich etwas für Sie wage, das tausende meines Geschlechts, ohne einen Roman zu kennen, gethan haben? Bin ich nun romantisch, Franz, so war ich es, bevor ich den Sinn des Wortes verstand; denn ehe Sie mir den ersten Roman zu lesen gaben, konnt' ich schon mein Leben für Sie geben.- (83)

Um romantisch zu sein, bedarf es nicht des Romans. Ein Zusammenhang ist zwar etymologisch begründet; für die Realität kann er hingegen nur bedingt beansprucht werden.

Juliette war von Haus aus sentimental veranlagt; das hat ihr Interesse für die Literatur entfalten lassen - und nicht umgekehrt. Sie sucht den Projektionsraum für ihre Gefühlswelt nur so lang in der Literatur, solange die Realität nichts Besseres zu bieten hat. Lektüre stellt für die Wirklichkeit nur einen vorübergehenden Ersatz bereit - und keinen ausschließlichen wie in den Don Quixote-Romanen. Sie wird mit dem Bewußtsein konsumiert, nur Spiegelbild des Seelenlebens zu sein; Verschriftlichung dessen, was man aus sich heraus gern täte, böte sich momentan die Gelegenheit dazu. Vergleichbar etwa der Sekretär Martano im "Schwur gegen die Ehe", der in Anspielung auf seine Rousseau-Lektüre bemerkt: "Und ich empfinde es, gnädige Frau, grade so, würde ich lieben, wenn ich lieben dürfte."[84] Autochthones Gefühl und angelesenes Gefühl liegen hier auf der gleichen Wellenlänge: Deswegen läßt sich am Ende der "Falschen Spieler" die Harmonie mit Franz, dem Exekutor einer neuen Wirklichkeit, so leicht herstellen.

Wenn aber die sentimentale Veranlagung Juliettes das Interesse für einen bestimmten Typ entwickeln ließ, so bedeutet das gleichzeitig noch etwas anderes: daß hier nämlich die ganze Zeit über keine kausalen Prozesse in der Art eines katalysatorischen Lesevorgangs am Werke waren, sondern in Wahrheit Indikation einer Seelenlage geliefert wurde, die Verwandtes in der Lektüre sucht. Die Diagnose des alten Herrn von Stahl zu Beginn des Werkes waren schlichtweg falsch. Die vermeintliche Schwärmerin Juliette war in Wahrheit eine überlegte Leserin, die genau wußte, in welchen Dosierungen sie ihrem Herzen Sentimentalität verabreichte. Sie war nicht Opfer seichter Lektüre, sondern um die Wertigkeit ihrer Leseeindrücke im Bilde.

Etwas, das ihr von der Umwelt abgesprochen wird, denn Romanleserinnen sind nach festgefahrenem Urteil gleichbedeutend mit verdrehten Gemütern. So erfährt am Ende des Stückes ein vermeintlich nach alter Schablone konstruierter, durchsichtiger Charakter seine radikale Umdeutung: einfach dadurch, indem der Autor den Gegensatz von Indikation und Katalyse als Schlußpointe einsetzt.

(C) "FAUSTS LEBEN, TATEN UND HÖLLENFAHRT"

Als Klingers Faust-Roman 1791 erschien, waren die beiden wichtigsten Umgestaltungen dieses Stoffes in der Sturm und Drang-Zeit bereits entstanden. In den frühen Siebzigerjahren hatte Goethe an seinem "Urfaust" zu arbeiten begonnen, und 1778 veröffentlichte der Dichter und Maler Friedrich Müller sein unvollendetes Theaterstück "Doktor Fausts Leben und Tod dramatisiert". Jedes dieser drei Werke sieht die Problematik von Fausts Charakter anders, jedes dieser drei Werke thematisiert aber auch das Lesen unter völlig unterschiedlichen Gesichtspunkten.

Gewiß haben die Bücher für den Goetheschen Faust eine geringere Bedeutung als für den Klingerschen. Was sie jedoch schon in der ersten Szene mitgestalten helfen, ist der Aufbau eines typischen Gelehrtenambientes:

> Beschränkt von all dem Bücherhauf,
> Den Würme nagen, Staub bedeckt,
> Und bis ans hohe Gewölb hinauf
> Mit angeraucht Papier besteckt
> Mit Gläsern, Büchsen rings bestellt,
> Mit Instrumenten vollgepfropft,
> Urväter Hausrat drein gestopft -
> Das ist deine Welt, das heißt eine Welt! (85)

Dem Wissenschaftler, der in seiner trüben Stube hockt, ist der Blick nach draußen verstellt. Und das sowohl im wörtlichen wie im metaphorischen Sinne. Nach allen Seiten hin Enge und Begrenzung, überall vermoderndes Chaos - Gleichnis für eine Wissenschaft, für die es kein Vorwärts gibt, die auf der Stelle tritt. Die Grenzen der Studierstube markieren die Grenzen der Erkenntnis. Auch fehlt die Brücke zur Wirklichkeit, der Natur: Die Gelehrsamkeit bleibt zwischen den Bücherseiten stecken, geht nicht in die Welt hinaus. Die Wortwahl weckt Assoziationen mit einer Gruft, in der Faust begraben ist: Würmer, Staub; einige Zeilen später Moder und Totenbein.

Doch bereits kurz darauf zeigen sich die Bücher von einer ganz anderen Seite. Nicht mehr Düsternis und Tod prägen die Verse, sondern neues Leben. Aus Resignation wird Hoffnung; optimistische Helle prägt plötzlich das Vokabular: Wonne, Glück, Freude, Gott -

Ha! welche Wonne fließt in diesem Blick
Auf einmal mir durch all meine Sinnen.
Ich fühle junges heilges Lebensglück,
Fühl neue Glut durch Nerv und Adern rinnen.
War es ein Gott, der diese Zeilen schrieb,
Die all das innre Toben stillen,
Das arme Herz mit Freude füllen
Und mit geheimnisvollem Trieb
Die Kräfte der Natur enthüllen?
Bin ich ein Gott? mir wird so licht! (86)

Was ist geschehen? Faust hat in den Schriften des Nostradamus ein neues Buch gefunden, durchblättert es, erkennt eine Möglichkeit, die geistigen Fesseln abzustreifen. Waren Bücher kurz vorhin Zeichen für Beschränkung, so signalisieren sie jetzt Entgrenzung; vermittelten sie vorhin die Atmosphäre morbider Starrheit, so schenken sie jetzt neue Vitalität. Faust fühlt direkt, wie sein Körper auf die Lektüre anspricht. Innerhalb weniger Zeilen hat sich der Aussagewert, das Konnotat des Gegenstandes Buch verwandelt.

Der Hinweis auf die Lektüre Fausts dient Goethe alleine dazu, die Situation des Gelehrten zu umschreiben. Büchern wohnt eine ambivalente Kraft inne: Auf der einen Seite führen sie zu Verknöcherung und Absonderung, auf der anderen Seite erschließen sie geistige Freiräume. Entgegengesetzte Kräfte werden auch bei Klinger thematisiert, nur unter einem anderen Blickwinkel. Wie noch zu zeigen sein wird, hat für seinen Roman der Hinweis auf Bücher und Lektüre eine viel gewichtigere Bedeutung. Klinger verwendet Bücher nicht bloß zur Indikation von Gelehrsamkeit, sondern setzt damit dynamische Signale. Die Frage nach der Wertigkeit von Lektüre und Lesen erscheint in Verbindung mit einer viel umfassenderen, dem Werk als Grundproblem innewohnenden Fragestellung: nämlich der moralisch-ethischen Beurteilung menschlichen Handelns schlechthin.

Das Fragment von Maler Müller trifft sich da schon eher mit der Anlage des Klingerschen Faust. Freilich verzichtet auch Müller nicht auf den Indikationswert der Bücher, die seine Titelgestalt sofort auf einen Menschentyp festlegen, dessen allzu emsiges Studieren die Bewältigung der realen Verhältnisse hemmt. Wie Goethe vermittelt also auch er das Bild eines Gelehrten, der auf sich selbst reduziert erscheint, der so in seine Lektüre verstrickt ist, daß er auf die Anforderungen des

Lebens nur unzureichend Antwort weiß. Anders als bei Goethe sind die Bücher bei Maler Müller aber in ein ökonomisches Problemfeld eingebettet. Faust ist bereits derart verschuldet, daß die Wucherer Hand auf sein Vermögen legen. Der Jude Mauschel doziert: Hätte Faust seine Nase mehr in die Welt gesteckt statt in die Bücher, so wäre ihm das Unglück erspart geblieben.[87] Die mangelnde Fähigkeit, die Welt so zu erkennen, wie sie ist, wird bei Maler Müller - und auch bei Klinger - um den wirtschaftlichen Aspekt erweitert. Dadurch wird die Misere des Gelehrten noch anschaulicher gemacht.

- Auch bei Klinger ist dieser ökonomische Kontext gegeben, in den der Gelehrte und seine Bücher einbezogen werden; doch ist sein "Faust" in erster Linie ein philosophischer Roman:

> Kurz er enthält meine ganze Philosophie und das Resultat meiner Erfahrungen und meines Nachdenkens, in einem sehr populären Gewande. (88)

So schreibt er in einem Brief an seinen Freund Schleiermacher. Die Quintessenz seines universalen Denkens bringt er in die attraktive Form des Romans. Im selben Brief heißt es an anderer Stelle:

> Darinen wirst du nebst einem tiefen Zwek, alles finden, was ich über Wissenschaften, Menschen, Glük, Moral, Religion, Gott und Welt denke. (89)

In fünf Büchern wird Fausts Schicksal geschildert. Er reist von Station zu Station - durch Deutschland, nach Frankreich, England, Italien, Spanien. Und wird dabei mit allen erdenklichen Scheußlichkeiten und Schandtaten konfrontiert, die er als richtende Instanz fanatisch zu sühnen bemüht ist. Am Ende erweist es sich, daß der 'Universalmoraldespot'[90] Faust keineswegs der verlängerte Arm der Vorsehung gewesen ist. Seine von der spontan aufbrausenden Emotion diktierten Urteile schaffen nämlich nicht Recht, sondern Chaos. Ein Beispiel: Er befiehlt dem Teufel, einen Ertrinkenden aus den Fluten des Rheins zu retten.[91] Was vorerst wie eine gute Tat aussieht, fördert in der Folge bloß das Böse. Denn der Gerettete erweist sich als unwürdiger Schurke, der die Familie seines Retters in dessen Abwesenheit zugrunde richtet: Fausts Vater stirbt im Armenhaus, sein erster Sohn wird als Dieb gehängt, sein zweiter tritt als Lustknabe in geistliche Dienste, seine Tochter wird Prostituierte, und seine Gattin muß mit ihren beiden jüngsten Kindern betteln gehen.[92] Faust scheitert an der Widersprüchlichkeit der Welt:

> Merkwürdig läßt er /Klinger/ ihn /Faust/ in den verschiedensten Situationen reagieren, tugendhafte Empörung mit unbedenklichem Sündengenuß wechseln; denn der Trieb, den keine Vernunft leitet, ist blind. Der dunkle Drang dieses Faust will das Gute, aber edle Absichten allein reichen nicht zur Lösung der Lebensfragen aus. (93)

Daraus ergeben sich für das Grundkonzept von Klingers Faust-Roman zwei erste Konsequenzen. Erstens: Existentielle Katastrophen sind oft abhängig von den unscheinbarsten Weichenstellungen des Schicksals. Kleinste Ursachen können zu ungeheuren Folgen auswachsen. Das Fatale an diesem deterministischen Weltkonzept ist, daß der Mensch diese Kausalitäten nicht abzuschätzen vermag. Banale Einsichten, gewiß. Aber so erwächst hier gleichsam eine negative Theodizee,[94] die schlechteste aller Welten, an der Richter wie Gerichtete den gleichen Anteil von Schuld haben. Zweitens: Genauso wie der freie Wille den Weltenlauf nicht steuern kann, sind die menschlichen Handlungsweisen ethisch nicht objektivierbar. Klingers Philosophie rückt hier in die Nähe der Ideen Kants, insbesondere von dessen "Kritik der praktischen Vernunft": Wahres moralisches Handeln ist in einer Welt, die den Kausalitäten der blind waltenden Natur unterstellt ist, unmöglich beziehungsweise rational nicht faßbar.[95] Wer Gutes tut, zeugt damit vielleicht nur Böses. Die Schuld des Individuums erwächst nicht aus einer sündhaften Intention, sondern hängt allein von der moralischen Auslegung des Endergebnisses ab.

Aus dieser Beurteilung menschlichen Handelns ergeben sich notwendige Rückschlüsse auf Klingers Bewertung von Lesen und Lektüre. Daß der Mensch hilflos den Folgen seiner Taten ausgeliefert ist, im konkreten Fall der Dichter seinem Werk, macht der Epilog klar:

> Ich hatte eine gute Absicht bei diesem Buch; doch der Mann, der ein Buch schreibt, ist mit dem, der ein Kind zeugt, in gleichem Fall, keiner weiß, welche Frucht seine Pflanze tragen wird, und das Sprüchwort hat recht: Der Wurf aus der Hand ist des Teufels. (96)

Der Dichter befindet sich demzufolge in der gleichen Situation wie sein

Held. Unsicherheit begleitet den Schaffensakt: die Frage, ob das Buch die gewünschte 'gute Absicht' in seiner Wirkung auch erreichen kann; die unausgesprochene Belastung, inwieweit die eigene Verantwortung bei einem Scheitern mitbetroffen ist. Denn: Literarische Wirkung ist allemal unkontrollierbar.

In der Gestalt Fausts kristallisiert sich diese Problematik: Gilt er doch für Klinger als der Erfinder des Buchdrucks - eine Tatsache, die schon im dritten Satz des Romans vermerkt wird.[97] Faust ist also für die 'Literarisierung der Welt' eine Schlüsselfigur. Er ist beseligt vom kühnen Optimismus des Genius, daß seine Gedanken nicht nur das Gefüge des menschlichen Daseins neu einrenken werden, sondern daß ihm vor allem damit auch alle Freuden und Vorteile offenstehen:

> Durch die merkwürdige Erfindung der Buchdruckerei glaubte er sich endlich die Tore zum Reichtum, Ruhm und Genuß aufgesprengt zu haben. (98)

All das sind letzten Endes Äußerlichkeiten, deren Endzweck in der Befriedigung handfester diesseitiger Bedürfnisse dient.

Daß Klinger seinen Titelhelden zum Erfinder des Buchdrucks macht, ist kein Zufall. Die Namensähnlichkeit Fausts mit dem Mainzer Buchdrucker Johann Fust, einem Zeitgenossen Gutenbergs, hat dieser Gleichsetzung Vorschub geleistet. Klinger war nicht der einzige, der diese beiden Persönlichkeiten miteinander vermengte. In Zedlers "Universal-Lexikon" wird im Artikel über "Joannes Guttenberg" von "Johann Fausten, einem reichen Bürger zu Maintz" berichtet, der die neue Erfindung finanziert, dessen Profitsucht Gutenberg aber schließlich an die Wand drängt:

> /.../ und scheinet dieses wohl die Ursache zu seyn, daß auf denen erst gedruckten Büchern nicht des Guttenbergs sondern des Faustens Name befindlich /.../. (99)

Im Roman erfüllt diese Junktimierung Fausts mit dem Buchdruck jedoch eine tiefere Aufgabe. Dadurch soll die Tatsache veranschaulicht werden, in welchem Grad das Genie von gesellschaftlichen Konstellationen abhängig ist, wie es von ihnen in seiner Entfaltung gebremst wird. Für Olga Smoljan ist Fausts Schicksal ein typisches Beispiel für ein Erfinderleben in der Feudalgesellschaft: Den herrschenden Klassen ist an der Aufklärung des Volkes nichts gelegen, eine Verbreitung der Literatur im großen Rahmen würde die Kontrolle der dumpfen Massen nur erschweren. Smoljan hebt aufgrund anderer Aussagen in Klingers "Betrachtungen und Gedanken" hervor, daß Klinger den Buchdruck als wesentlichen Faktor im Demokratisierungsprozeß einschätzte, ja zum Teil sogar über Gebühr idealisierte.[100]

Zu Beginn des Buches versucht Faust, seine gedruckte Bibel zu verkaufen, da er den Erlös daraus dringend für die Versorgung seiner Familie benötigt. Das Vorhaben schlägt fehl. In Mainz ist der Bischof derart in die Pflichten der Kriegsführung verstrickt, daß er für den Ankauf der Heiligen Schrift keine Mittel mehr hat und Faust auf seinen Exemplaren sitzenbleibt. Die Frankfurter wiederum haben Finanznöte ganz anderer Art: Ihre Liquidität ist durch den Ankauf mehrerer Fässer Wein stark gehemmt. Faust bietet seine Bibel zum Preis von 200 Goldgulden an. Zwar heuchelt man allerorten Interesse, der Weg durch die Instanzen und der Plan, den Ankauf über die ansässige Judenschaft vornehmen zu lassen, bringen Faust zur Resignation. Lähmende Bürokratie, ständiges Vertrösten und Abgeschobenwerden laufen nicht nur der Spontaneität des Genies zuwider, sondern nehmen ihm auch alle Hoffnung auf nötige und schnelle Hilfe.

Faust sieht seine Genialität um ihre ökonomische Frucht betrogen. Er wendet sich Satan zu. Der Teufel weiß, daß das Sozialprestige entscheidenden Einfluß auf die wirtschaftliche Situation des einzelnen hat. Als prächtig ausstaffierter Reisender, den die bürgerliche Sensationslust gerüchteweise flugs zum kaiserlichen Gesandten hochjubelt, würdigt er Faust während eines spektakulär inszenierten Besuches dermaßen, daß der Rat der Stadt gar nicht anders kann, als aus politischer Raison die Gunst und Protektion des Gelehrten zu suchen. Freigelegt wird dadurch das berechnende Gönnertum einer saturierten und bildungsflachen Patrizierclique, die allein auf vordergründiges Präsentieren von Kuriositäten aus ist:

> /.../ denn ob wir gleich diese lateinische Bibel weder brauchen noch verstehen, so hätte man sie doch wegen der schöngemalten Anfangsbuchstaben und der sonderbaren Erfindung als ein Kleinod nach der Goldenen Bulle zeigen und die Fremden damit herbeilocken können. (101)

Anders als auf Erden schätzt man die Erfindung des Buchdrucks in der Hölle ein. Dort lassen die versammelten Teufel Faust als 'Vergifter der Söhne des Staubs' hochleben, sind doch in ihren Augen Bücher

> das gefährlichste Spielzeug der Menschen, die Fortpflanzer des Wahnsinns, der Irrtümer, der Lügen und Greuel, die Quelle des Stolzes und die Mutter peinlicher Zweifel. (102)

Wie sehr Bücher als Reizauslöser in Frage kommen, hat Faust am eigenen Leib verspürt:

> /.../ da aber das Lesen der Weisen und Dichter tausend neue Bedürfnisse in seiner Seele erweckten und seine nun beflügelte und zugekünstelte Einbildungskraft die reizenden Gegenstände des Genusses, die Ansehen und Gold allein verschaffen können, unablässig vor seine Augen zauberte, so rann sein Blut wie Feuer in seinen Adern, und seine übrigen Fähigkeiten wurden bald von diesem Gefühl allein verschlungen. (103)

Die magische Aura des Buches sowie die stillschweigende Aufforderung zu Substitution und Imitation ziehen eine Resultante, die den Leser nicht nur psychisch, sondern auch physisch vereinnahmt. Das Wort "verschlungen" weist auf die Körperlichkeit des Leseaktes ebenso hin wie die Tatsache, daß die Lektüre plötzlich auf Fausts Blutkreislauf Einfluß zu nehmen beginnt.

In dieser unbestrittenen katalysatorischen Wirkung wie in der neuen Möglichkeit zur Massenverbreitung sehen die Mächte der Hölle ihre Chance. In bislang nie gekanntem Maß fördert die Buchdruckerkunst die den Büchern ohnehin latent innewohnende negative Potenz. Waren sie früher bloß den Wohlhabenden zugänglich, so werden sie ab nun - dank der rationelleren Herstellung - auch für die Unterschichten erschwinglich. Die Bücherpresse ist Satans Werkzeug: Schon sieht er die Welt als gigantisches Chaos vor sich, in dem die göttlichen Werte reihum zur Strecke gebracht werden:

> Wahnwitz, Zweifel, Unruhe und neue Bedürfnisse werden sich ausbreiten, und ich zweifle, ob mein ungeheures Reich sie alle fassen möge, die sich durch dieses reizende Gift hinrichten werden. (104)

So originell ist diese Idee wiederum auch nicht, klagte doch bereits Gutenbergs Zeitgenosse Angelo Poliziano, daß mit dem Buchdruck "die törichsten Ideen in der Zeit eines Augenblicks in Tausenden von Bänden veröffentlicht und verbreitet werden können."[105] Blut, Greuel, Zusammenbruch der Werte, allgemeine Anarchie: In solchen Visionen schwelgt der Fürst der Finsternis, als er sich vorstellt, wie Fausts Erfindung einen Religionskrieg anfachen helfen könnte. Und danach?

> Wahrheit, Einfalt und Religion werden sie mit Füßen treten, um ein Buch zu schreiben, das einen Namen mache und Gold einbringe. (106)

Genüßlich mischt Klinger an dieser Stelle Kritik am zeitgenössischen Literaturbetrieb hinein, wenn er Satan gegen die weiblichen Schriftsteller oder die selbsternannten Genies zetern läßt, die "unbekümmert /.../ die Köpfe ihrer Mitbürger verwirren und die Flamme an das Herz der Unschuldigen legen."[107]

An der Erfindung des Buchdrucks wird klar, wie problematisch es um eine ethische Qualifikation menschlichen Tuns steht. Denn vom Standpunkt Fausts ist die Druckerkunst eine gute Sache - nützt sie doch immerhin der Verbreitung von Gottes Wort. Der missionarische Auftrag der Kirche wird damit erleichtert: Vom christlichen Standpunkt erfüllt die Erfindung daher vorerst ihren Zweck. Doch vom Standpunkt des Teufels auch, der darin Möglichkeiten anderer Natur wittert. In der Mitte hält sich der erzähler: er behandelt die ganze Angelegenheit wertneutral, bloß das Epitheton 'merkwürdig' taucht auf den Anfangsseiten auf.[108] Auch hier versagt die Zuweisung von Termini wie 'gut' und 'böse' vollkommen. Faust als Erfinder des Buchdrucks kann sowohl als Vollstrecker des himmlischen Willens wie auch als Handlanger des Bösen gesehen werden. Für Satan ist diese Doppelwertigkeit fundamentales Instrument seines Operierens:

> Sogenannte Reformatoren des Himmels und der Erde werden aufstehen, und ihre Lehren werden durch die Leichtfertigkeit der Mitteilung bis in die Hütte des Bettlers dringen. Sie werden wähnen, Gutes zu stiften und den Gegenstand ihres Heils und ihrer Hoffnung vom falschen Zusatze zu reinigen; aber wenn gelingt dem Menschen das Gute und wie lange ist er dessen mächtig? die Sünde ist ihnen nicht näher als böse Folgen und Mißbrauch ihrer edelsten Bemühungen. (109)

Steht es tatsächlich so ausweglos um diese Welt? Olga Smoljan wehrt sich in ihrer Untersuchung gegen die Anschauung, daß für Klinger die Menschheit grundsätzlich eine Anhäufung von Schlechtigkeit und Laster gewesen sei. Da Faust den wahren Menschen nur unter gekrönten Häuptern sucht, die ihre Entscheidungen vom Egoismus und nicht vom Willen zur Gerechtugkeit leiten lassen, ist für Smoljan das negative Bild der Welt sozial determiniert.[110] Ein etwas voreiliger Schluß, kommt doch Faust selbst aus einfachen Verhältnissen. Sobald er mit der Macht in Berührung kommt, trifft er ebenso eine Fehlentscheidung nach der anderen. Macht ist von jedweder irdischen Hierarchie losgelöst, bewegt sich jenseits feudaler Strukturen. Macht trägt schon a priori den Keim des Unrechts mit sich - egal, ob sie in Palästen oder in Hütten zur Geltung kommt. Macht als ein Grundphänomen menschlichen Daseins ist nicht bloß im Gesellschaftlichen verankert; ihr Grundproblem liegt im Wesen der Entscheidung generell. Damit versucht Klinger, die philosophischen Grundlagen des Unrechts offenzulegen.

Literatur und Lesen sind nur Teilaspekte in diesem Panorama der Macht; aber gerade jener, der einem verantwortungsvollen Schreiber wie Klinger am meisten ins Mark geht. Das zeigen auch andere Textbeispiele, wie aus dem Dialog "Der Weltmann und der Dichter":

<u>Der Dichter</u>

> O meine Gedichte ... dichten sich nicht auf andrer Leute Kosten.

<u>Der Weltmann</u>

> Wer weiß! - Wer weiß, wie viel Böses sie stiften! Wer weiß, ob Du in den einsamen vier Wänden Deiner Hütte, unter Eingebung Deines Dämons, nicht mehr Böses veranlaßt und gewirkt hast, als ich, in meinem prächtigen Hause hier! /.../ (111)

Jedoch wird gleich darauf eingeräumt, daß nur Narren und Schurken Schaden davontragen. Für die dunkle Seite der Literatur seien nur Menschen anfällig, die 'ohnedies nichts taugen'. Die Art, wie der Leser zum Buch seinen Zugang findet, ist entscheidend. Dadurch wird der Dichter seiner moralischen Verantwortung entbunden, mag er auch mehrdeutig wirken.

In einem Brief an Schleiermacher bekennt sich Klinger förmlich zum

Prinzip der poetischen Mehrdeutigkeit. Ansatzweise wird dadurch auch sein rezeptionsästhetiscehs Konzept verständlich: Einerseits kalkuliert er mit einer weit gestreuten Rezeption, andererseits steckt er seine philosophischen Gedanken in ein gefälliges Kleid - popularisierender Ideenschmuggel also:

> Welche Wirkung würde F. gemacht haben, wenn man Volksglauben nicht so gut benutzt hätte? wenn man die Vorstellung des Haufens von gewissen Dingen, nicht hineingeflochten hätte? Dieses Buch muß jeden Partien das seyn, was sie wollen, und dieses ist das Geheimnis davon. (112)

'Lesen' wird im Sinne von 'Auswählen' verstanden. Die Lektüre bietet ein breites Spektrum an individuellen Konkretisierungsmöglichkeiten - dem Rezipienten steht demnach eine Fülle von Zugängen offen.

Was mit einem Autor geschieht, dessen Leser auf eine nicht intendierte Konkretisierungsmöglichkeit verfallen und ihm diese noch übel anrechnen, hat Klinger am eigenen Leib erfahren. Als ein anonymes Pasquill mit dem Titel "Die frohe Frau" (1775) sein "Leidendes Weib" aufs Korn nimmt,[113] reagiert er einigermaßen gekränkt:

> Ich dachte gewiß nicht, daß sich unter meinen Lesern einer mit so unreinem Herzen an mein Stück setzen, und mir so abscheulichen Zweck und Empfindungen beilegen würde. Ein Mensch muß von sehr bösem Herzen und verdorbnen Gesinnungen seyn, der da Böses findet wo keins ist. (114)

So wie Faust ständig der moralischen Doppelwertigkeit alles Seienden ausgesetzt ist, muß sich auch Klinger dieser Erfahrung stellen. Mag die ursprügliche Zielsetzung noch so rein sein, der Sprung hin zum Verwerflichen vollzieht sich in kaum wahrnehmbarer Eile. Der Autor sieht so seine Absichten durchkreuzt - wollte er doch seinen Lesern bloß den "Werth der Unschuld" anschaulich machen:

> Ich wollte, daß sie das fühlen sollten, und diese Lehre daraus ziehen: wie sehr sich Verlust desselben und Beschimpfung desselben durch Reue und Strafe sich räche. Konnt ich das nicht, so ist mein Unvermögen schuld und keine böse Absicht.

Und dann die ängstliche Bitte an das Publikum, den untadeligen Intentionen des Autors eine Chance zu geben: "Lese mit reinem Herzen, lieber

Leser!"[115]

Die Perspektive auf das Lesen ist demnach so beschaffen wie die Perspektive auf die Macht: Beide Prozesse sind in ihrer Kausalität nicht steuerbar, beide sind dem Irrtum unterworfen, beide sind mit den Kategorien von Gut und Böse nicht zu fassen. Was bedeutet, daß Lektüre in ihrer katalysatorischen Dimension nur eine andere Facette der Macht allgemein ist. Und Faust, der Vater des Buchdrucks, sitzt gleichsam direkt am Steuerpult dieser Macht - unabhängig jetzt vom Eingreifen des Teufels.

Neben diesem Verweis auf das Miteinander von Macht und Lektüre finden sich im Faust-Roman auch Stellen, die den Wert der Bücher einigermaßen anzweifeln. Wenn der Teufel bemerkt: "Ich will dich auf die Bühne der Welt führen und dir die Menschen nackend zeigend",[116] oder:

> Ich versprach, dir den Menschen nackend zu zeigen, um dich von den Vorurteilen deiner Jugend und deiner Bücher zu heilen,[117]

so wird jedesmal das Versprechen, die Bedingungen humaner Existenz schonungslos bloßzulegen, sprachlich unterstützt durch Verweise auf die Welt der Literatur. Die 'Bühne des Lebens' gegen die 'Vorurteile der Bücher': auf der einen Seite das Visuelle, das Griffige, das anschaulich Nachvollziehbare, die tatsächliche Objektivität; auf der anderen Seite das subjektiv rezipierte Bild einer Wirklichkeit, wie sie vom abstrakten Medium der Schrift gleichermaßen vermittelt wie verfälscht wird. Nur das sinnlich Wahrnehmbare vermag Aufschluß über die wirkliche Natur zu geben. Wie ein Vorhang haben sich die Buchstaben über die wahren Zustände der Welt gelegt - dem Teufel bleibt es überlassen, ihn zu zerreißen. Was danach an 'Wahrheit' über Faust hereinbricht, ist niederschmetternd: gnadenloses Ausspielen der Macht, Unterdrückung, Käuflichkeit, Egoismus, Eitelkeit - kurzum, das ganze Panorama menschlichen Lasters und Verbrechens.

In dieser Abrechnung mit dem 'wirklichen' Menschentum trifft sich Klingers "Faust" mit einem anderen Buch pessimistischer Weltverachtung, nämlich mit Johann Carl Wezels Roman "Belphegor" (1776).[118] Während Wezels Held aber als Prügelknabe einer entmenschten Menschheit alle vorstellbaren Nöte und Sinnlosigkeiten erdulden muß und bestenfalls in aufklärerischer Manier darüber raisonieren darf, weiß sich Faust mittels der Magie seines höllischen Begleiters zu wehren. Faust handelt selbstbewußter und kämpferischer als Belphegor. Anders als er entgegnet Faust den Tiefschlägen des Lebens mit der verbissenen Wut des Aufbegehrers.

Auffällig ist dies: Belphegor, der von einer Malaise in die nächste driftet und seinem Los nicht anders entgegnen kann als durch Klagen, wird nie als Leser gezeigt; Faust hingegen, der nicht nur gegen das Schicksal aufbegehrt, sondern es auch umzukrempeln versucht, ist mit der Literatur aufs tiefste verbunden, ist - in seiner Rolle als Erfinder der Druckkunst - in gewisser Weise sogar für sie mitverantwortlich. Ist es Zufall, daß von den beiden Charakteren gerade derjenige der mündigere Mensch ist, der aktiv in die Bücherwelt eindringt?

Auch wenn es expressis verbis nicht gesagt wird, so hat es doch die Revolution in Frankreich bewiesen: Literatur kann nicht nur mit der Macht Hand in Hand gehen, sie kann auch attackieren: Sie kann Hilfsmittel sein, um Herrschaft auszuüben oder um sich zu wehren. Auch hier wiederum Ambiguität: Warum sollte in einem System, das die Möglichkeit zur ethischen Einordnung und Einschätzung menschlicher Handlungsweisen durchgängig anzweifelt, gerade das Lesen eine Ausnahme machen?

(IV) JAKOB MICHAEL REINHOLD LENZ

Wenn innerhalb der deutschen Literaturgeschichte das Handlungselement des Lesens auffällig oft in den Werken des ausgehenden 18.Jahrhunderts und da besonders in den Texten des Sturm und Drang Verwendung findet, so verdichtet es sich markant im literarischen Schaffen von Jakob Michael Reinhold Lenz. Für das Verständnis katalysatorischer und indikatorischer Leseprozesse ist er eine Schlüsselfigur. Mit prominenten Lesern wie Herder oder Goethe persönlich in Kontakt und auch selbst belesen, war Lenz unter anderem einer der herausragendsten Exponenten der zeitgenössischen Literaturkritik. Scharfsichtig war er jedoch nicht nur in seinen theoretischen Schriften über Shakespeare oder Goethes "Götz" und "Werther", die ihn als kritisch denkenden Rezipienten ausweisen; scharfsichtig war er auch, wenn er daranging, Rezeptionsvorgänge zu beschreiben, bei denen die jeweilige Lektüre kaum von irgendwelchen kritischen Gedankengängen begleitet wird.

Lenz' Domäne ist die Präsentation des verwirrten Lesers: Leute, deren Existenz an den Rand des Scheiterns gerät, nur weil sie Bücher ohne hemmende Kontrolle in ihr Leben eingreifen lassen. Nirgends wird das Zerstörerische, das Unheil und Unordnung Stiftende der Lektüre so drastisch fühlbar wie hier. Es scheint müßig, Spekulationen darüber anstellen zu wollen, inwieweit das Zerrüttete in den Dramen von Lenz und das Zerrüttete seiner eigenen Biographie miteinander verwirkt sind - seine demütigende Stelle als Hofmeister, sein Zerwürfnis mit Goethe und die Ausweisung aus Weimar, seine gesundheitliche Misere. Gewiß hat die Reflexion über seine eigene elende Situation seinen Blick für das Elend anderer geschärft, seine psychologische Beobachtungsfähigkeit und sein Einfühlungsvermögen geschult. In seinen Werken trifft man allerorten auf Unterdrückung und auf Hierarchien, die ihre Macht ohne Rücksicht ausspielen. Zu diesem Spiel der Mächtigen gesellt sich das Buch als anonymer Unterdrücker, der die Leser-Marionetten zu lenken beginnt; sogar als anonymer Verführer, der die verborgenen Leidenschaften seiner Leser bloßlegt. Unnötig zu sagen, daß eine derart deprimierende Aufdeckung menschlicher Schwächen und Dummheit vom Publikum seiner Zeit nicht verstanden wurde: Die Stücke von Jakob Michael Reinhold Lenz hatten keinen Erfolg und wurden vorerst vergessen.

(A) LENZ ALS LESER

Zeitgenossen räumten Lenz ein weites Lektürespektrum ein.[1] Unter seinen bevorzugten Büchern[2] finden sich Werke von Klopstock, Lessing, Milton, Rousseau, Shaftesbury, Pope, Shakespeare, Plautus und die Bibel. Daneben hatte er auch Kenntnis von Werken, die keinen unmittelbaren Einfluß auf sein Schaffen ausübten, vielmehr seiner eigenen Auffassung von der Dichtkunst diametral entgegenstanden:

> Nicht wahr, Sie lächeln über meine stolze platonische Sprache, mittlerweile mein Herz mit dem Ritter Amadis (oder was weiß ich, wie der Liebhaber der Banise hieß) von nichts als Flammen, Dolchen, Pfeilen und Wunden deklamirt. (3)

Lenz holt an dieser Stelle den Vergleich für die eigene Empfindung aus dem Bereich des höfisch-heroischen Barockromans, einer Gattung also, die zu ihrer Zeit bei den anspruchsvollen Lesern schon längst passé war. Immerhin verrät die Integration barocker Helden in die eigene Phraseologie doch eine universale literarische Bildung. Diese offenbart sich darüber hinaus auch in Lenzens Tätigkeit als Übersetzer und in seinen Arbeiten über Dichter wie etwa Goethe, Shakespeare, Ovid oder Vergil. Das breit gestreute Interesse offenbart sich weiters in Lenzens Lektüre von Aufklärungsschriften verschiedenster Sachgebiete, beispielsweise über die Bauernbefreiung, über Naturwissenschaften, über Politik und vieles mehr.

Über Lenzens dichterische Leitbilder, seine aus der Lektüre gewonnenen Idole also, gibt ein Gedicht mit dem Titel "Über die deutsche Dichtkunst" Auskunft.[4] Es handelt sich dabei im weitesten Sinne um eine Apologie der dichterischen Fähigkeiten des Autors, verbunden mit einem Auftrag an die Nachwelt - vergleichbar etwa mit den Gedichten "Auftrag" von Ludwig Heinrich Christian Hölty oder "An seine Freunde" von Leopold Friedrich Günther von Goeckingk. Die Grundidee: Alle poetischen Gedanken wurden bereits von anderen europäischen Nationen ergriffen und verwertet, sodaß für das arme Deutschland nichts mehr übrig bleibt. Litaneiartig werden die erklärten Vorbilder angerufen:

> O Homer, o Ossian, o Shakespeare,

O Dante, o Ariosto, o Petrarcha,
O Sophokles, o Milton, o ihr untern Geister -
o ihr Pope, ihr Horaz, ihr Polizian, ihr Prior, ihr
Waller! (5)

Die ausländischen Dichter werden verherrlicht und glorifiziert; Deutschland erscheint wie ein Sumpf, der von goldbeladenen Hügeln umgeben ist. Ein Gedanke der genannten Dichter wiegt tausend der Zeitgenossen auf.

Die Situation, in der sich die deutsche Literatur um 1770 befindet, wird von Lenz als ziemlich trist diagnostiziert. So wie die fremdsprachige Literatur über die eigene deutsche triumphiert, siegt im eigenen Lande literarischer Schwachsinn über die qualitätsvolleren Erzeugnisse:

> Halbgereifte Kenntnisse, ungenießbare Produkte der Kunst, unerträglich abgeschmackte Rezensionen darüber machen endlich den Wunsch notwendig, unserm lesenden Publikum eine neue Medizin zuzubereiten, die ihm alle diese Unverdaulichkeiten wieder abführe und es in den Stand setze mit Auswahl und veredelndem Vergnügen zu lesen. Eine allgemeine Ebbe des Verstandes und Geschmacks droht sonst unserem Vaterlande, je nachdem die Flut der mittelmäßigen Schriftsteller und der schlechten Künstler zunimmt. (6)

Produzenten wie Rezipienten haben gleichermaßen ihr Scherflein zur Misere beigetragen. Gerade jene Jahre erscheinen dem Zeitgenossen als krisengefährdet, die in der Literaturgeschichtsschreibung unter der Bezeichnung 'Vorklassik' oder 'Geniezeit' rubriziert werden. Jener 1776 niedergeschriebene Kommentar von Lenz macht deutlich, wie dünn die Schichte jener Literatur wirklich war, die von späteren Generationen als konservierungswürdig anerkannt wurde. Denn die eigentliche Literaturszene wird beherrscht von harmlosen Zeitschriften und sensationsheischenden Schmierern, die dem lesetollen Publikum nach dem Mund schreiben. Die Offensive gegen die Trivialliteratur soll demnach nicht nur die Position des Anspruchsvollen verteidigen, sondern auch die Position des Nationalen. Die Errichtung einer qualitativ hochwertigen deutschen Literatur, die mit den anderen europäischen Literaturen wetteifern kann, wird zur Prestigeangelegenheit.

Wenn Lenz also in seinem "Programmentwurf einer Zeitschrift", aus dem oben zitierter Passus entnommen ist, die Gründung eines Organs im Sinn hat, das auf die Leserschaft bildend einwirken soll, so soll dies auch (als Alternative zu Schund und Trivialem) bösen Folgen vorbeugen. Allerdings sind böse Folgen beim Leser nicht allein Sache der bewußten Texte minderer Güte. Auch von Lenz präferierte Literatur kann solche schlimmen Konsequenzen an den Tag bringen, wenn der Leser das Werk mißversteht:

> Man soll dem Dichter nichts auf die Rechnung schreiben, wovon der Fehler nur auf der Seite des Lesers liegt. Es kann treffliche Schriften geben, die Jünglingen und Jungfrauen am Verstande so wenig in die Hände gegeben werden dürfen, als die Frucht vom Baum der Erkenntnis, obschon Gott der Herr sie selbst geschaffen hat. (7)

Wenn sich also Fritz und Gustchen in jugendlichem Überschwang sich im "Hofmeister" die Rollen Romeos und Julias aneignen, so ist das nicht Kritik an William Shakespeare, sondern Kritik an einem falschen Fanatismus.

Und so tritt Lenz auch als Verteidiger eines in seiner Rezeption umstrittensten Werkes des 18.Jahrhunderts auf, nämlich der "Leiden des jungen Werther". In seinen lange verloren geglaubten "Briefen über die Moralität des Werther"[8] findet Lenzens Verehrung für seinen Freund Goethe sichtbaren Ausdruck. Als Verteidigungsschrift konzipiert, ist einer der grundlegenden Gedanken jener, daß Dichtung immer die Gefahr des Mißverständnisses in sich berge: "Warum legt man dem Dichter doch immer moralische Endzwecke unter, an die er nie gedacht hat."[9] Die unbekannte Menge ist es, die durch individuelle und subjektive Aneignung die ursprünglichen Ideen des Dichters deformiert und falsch reproduziert. Nichts schützt den Autor davor, daß sein Werk zum Opfer interpretatorischer Willkür gemacht wird. Verwerfliche Ableitungen aus einem Buche lassen somit nicht automatisch auf darin auftretendes verwerfliches Gedankengut schließen. Allerdings sollte der Dichter am Schicksal seiner Leserschaft nichtsdestoweniger Anteilnehmen:

> Es muß jedem Dichter daran gelegen seyn, nicht Schaden angerichtet zu haben und wehe dem Dichter der

> bösen Erfolgen seiner Schriften mit kaltem Blut zusehen kann. (10)

Wie noch gezeigt werden wird, geht Lenz in dieser Schrift auf die für unsere Arbeit zentrale Thematik direkt ein. Wie sich die Qualität des "Werther"-Textes mit den überspannten Publikumsreaktionen vereinbaren lasse, ist eine delikate Kernfrage. Jedoch läßt Lenzens Freundschaft zu Goethe jenen häufig von der Position abrücken, die er in seinen übrigen Werken gegenüber leserlenkender Literatur einnimmt; das heißt, daß Lenz jene schädliche Ausstrahlung des geschriebenen Wortes nicht so scharf ironisiert und attackiert wie sonst. Lenz spricht weniger als Leser denn als Freund und Schriftstellerkollege. Goethe wird in Schutz genommen, vor seinen Feinden rehabilitiert. Die Schuld liegt ausschließlich beim überempfindsamen Leser. Ideale wie Goethe oder Shakespeare bleiben dabei in ihrer sittlichen Größe unangetastet - sie können nichts dafür, wenn ihre Schöpfungen katastrophale Wirkungen heraufbeschwören. Sie werden nämlich von Lenz als positiv qualifiziert.

Der Charakter der Rezeption scheint also vom Qualitätsgrad des literarischen Textes vollkommen losgelöst zu sein. Im Prozeß der Lektüre greift das subjektive Moment des Lesers störend in den Kommunikationsprozeß ein und integriert dadurch eine völlig neue Erfahrung. Dieser implizit von Lenz erkannte Prozeß ist für die gesamte Dramatik des Sturm und Drang von Bedeutung. In welchem Maße ein Autor für den Leser unvorteilhaft ausgelegt werden kann, zeigt das erste Beispiel unserer Einzeluntersuchungen, nämlich das Drama "Der Hofmeister" aus dem Jahre 1774.[11]

(B) LEKTÜRE IM DRAMA

(1) "Der Hofmeister"

In der zweiten Hälfte des 18.Jahrhunderts wird erstmals in der deutschen Literatur eine kollektive Begeisterung für William Shakespeare fühlbar. Von beckmessernden Poetikern an den Pranger gestellt, wird er für die junge Dichtergeneration zum Vorbild hinsichtlich (vermeintlich) loser Form und geballter, in Sprache umgegossener Leidenschaft. Für Roy Pascal ist die Flucht zu Shakespeare eine Flucht aus der eigenen Beschränkung - hin zu den grandiosen Phantasiegestalten der elisabethanischen Bühne.[12] Shakespeare liefert Potential zur Entfernung aus der realen Welt einerseits (was bei den Dramenfiguren bei Lenz noch im einzelnen zu zeigen sein wird), andererseits fördert sein mimetischer Impuls die Entwicklung zur weniger künstlich anmutenden Form des Offenen Dramas. In diesem Spannungsfeld zwischen Wirklichkeitsflucht und Wirklichkeitsanpassung ist auch die Tragikomödie "Der Hofmeister" anzusiedeln.

Lenz hat Shakespeare an verschiedenen Stellen seines Schaffens glorifiziert. Ein Gedicht "Shakespeares Geist" läßt den Dichter eine "Hamlet"-Aufführung unter Garrit (gemeint ist David Garrick) miterleben.[13] Eine ähnliche Epiphanie erfährt er im "Pandämonium Germanikum", als er Arm in Arm mit Klopstock erscheint.[14] Und in den "Anmerkungen übers Theater", von Lenz seiner Übersetzung von "Love's Labours Lost" beigefügt, finden sich Passagen wie: "Der Witz eines Shakespeare erschöpft sich nie, und hätt' er noch so viel Schauspiele geschrieben",[15] oder:

> Seine Sprache ist die Sprache des kühnsten Genies, der Erd und Himmel aufwühlt, Ausdruck zu den ihm zuströmenden Gedanken zu finden. Mensch, in jedem Verhältnis gleich bewandert, gleich stark, schlug er ein Theater fürs ganze menschliche Geschlecht auf, wo jeder stehen, staunen, sich freuen, sich wiederfinden konnte, vom obersten bis zum untersten.
> (16)

Shakespeare findet in Lenz seinen eifrigsten und hartnäckigsten Anwalt. Goethe, selbst mitgerissen in der später von Grabbe als 'Shakespearo-Manie' bezeichneten Strömung, konzediert Lenz die höchstmögliche Nachempfindung der "Ausschweifungen und Auswüchse des Shakespeareschen Genies."[17] Shakespeare ist Gipfelpunkt eines allgemeinen Interesses, das Lenz für die angelsächsische Literatur hegt. Er übersetzt und verherrlicht ihn, er orientiert sich an seiner Lebensphilosophie und an seinem dramatischen Aufbau.

Nicht allein in der Makrostruktur, in der Auflösung der drei Einheiten wird Shakespeares Einfluß bei den Stürmern und Drängern spürbar. Es sind weniger die Stoffe selbst, in denen man mit Shakespeare wetteifern will; eher konzentriert man sich auf die Zeichnung der Charaktere (insbesondere auf den des Bösewichts Shakespearscher Prägung) und auf einzelne Motive (etwa die Nachgestaltung der Balkonszene aus "Romeo and Juliet" oder die der Friedhofsszene aus "Hamlet").[18] Bis in einzelne Dialogstellen kann man Shakespeares Spuren zurückverfolgen. Das gilt nicht nur für Lenz, sondern für die jungen Genies generell - erinnert sei in diesem Zusammenhang an die szenischen Parallelismen von "Hamlet" und den "Zwillingen" Wagners.

Auch Lenz bringt in seinem "Hofmeister" Momente ein, die überdeutlich von Shakespeare her konstituiert sind. Jedoch mit zwei hervorzuhebenden Unterschieden zu Klinger. Erstens: Shakespeare wird definitiv genannt, auch das Stück, das zum Leitstern der Handlungskonstellation wird, nämlich "Romeo and Juliet". Zweitens: Die Protagonisten sind sich klar darüber, daß sie Shakespeare nachspielen. Die eigene Erfahrung wird auf das Exempel der Weltliteratur umgelegt; die Fremderfahrung hilft mit, eigenes Schicksal zu inszenieren. Das Fazit: Es tritt eine noch stärkere Verzahnung ein zwischen einer an Shakespeare gemessenen Sprache (von den Figuren getragen) und Struktur (vom Autor und gewissermaßen auch von den Figuren getragen).

Die Situation, mit der wir in I/v[19] konfrontiert werden, ist recht eigenartig. Da nimmt ein junger Mann namens Fritz von Berg, Sprößling des Geheimen Rats, Abschied von seiner geliebten Kusine Gustchen, Tochter des Majors von Berg, weil er für längere Zeit an die Universität Halle geht. Und die ersten Worte, die Gustchen zu Fritz und in diesem Stück überhaupt spricht, lauten:

Glaubst du denn, daß deine Juliette so unbeständig

> sein kann? O nein: ich bin ein Frauenzimmer, die Mannspersonen allein sind unbeständig. (20)

Fritz, als Repräsentant seines gekränkten Geschlechtes, antwortet daraufhin:

> Nein Gustchen, die Frauenzimmer allein sind's. Ja, wenn alle Julietten wären! - Wissen Sie was? Wenn Sie an mich schreiben, nennen Sie mich Ihren Romeo; tun Sie mir den Gefallen: Ich versichere Sie, ich werd' in allen Stücken Romeo sein, und wenn ich erst einen Degen trage! O, ich kann mich auch erstechen, wenn's dazu kommt. (21)

Die Rollen sind klar verteilt: Gustchen ist Julia, Fritz ist Romeo. Der Dialog läuft damit auf einer zweifachen Ebene ab - als Wechselgespräch zwischen Gustchen und Fritz auf der einen Seite, in steter Rückwirkung auf die Tragödie Shakespeares auf der anderen Seite. So erschließt sich der Text nur demjenigen, der ständig dazu bereit ist, eine geistige Brücke zu "Romeo and Juliet" zu schlagen.

Zugleich wird den handelnden Personen damit auch die Möglichkeit gegeben, aus ihrer überkommenen Alltagssprache auszuscheren und ihre Rede mit dem Pathos des Zitats zu würzen. Britta Titel hat gezeigt, wie die Alternative zum mimetischen Sprechen von der Übernahme einer bestimmten Rolle abhängig ist.[22] Die Wirkung der Lektüre bemächtigt sich so nicht nur der Handlungskonzeption und der Figurenkonfiguration, sie wird bis in die sprachliche Mikrostruktur nachweisbar. Anfälligkeit für literarisch Vorgeprägtes entlarvt sich im Hang zu unnatürlicher Deklamation pseudo-shakespearischer Sentenzen. Shakespeare, der Meister der Nachahmung, vertritt die Künstlichkeit.

Wie konsequent die beiden Liebenden nun bemüht sind, das Dramengeschehen weiterzuspielen, geht aus folgender Dialogpartie hervor:

> <u>Fritz</u>: /.../ Gustchen Gustchen! wenn ich Sie verlieren sollte oder der Onkel sollte Sie einem anderen geben - Der gottlose Graf Wermuth! Ich kann Ihnen den Gedanken nicht sagen, Gustchen, aber Sie könnten ihn schon in meinen Augen lesen. - Er wird ein Graf Paris für uns sein.
> <u>Gustchen</u>: Fritzchen - so mach' ich's wie Juliette.
> <u>Fritz</u>: Was denn? - Wie denn? - Das ist ja nur eine Erdichtung; es gibt keine solche Art von Schlaftrunk.

Gustchen: Ja, aber es gibt Schlaftrünke zum ewigen Schlaf.
Fritz (fällt ihr um den Hals): Grausame! (23)

Daß Fritz seine Romeo-Funktion nicht bloß bei Gustchen erfüllen kann, sondern auch im Drama, verdankt er den kongruenten Situationen: Bei Shakespeare geht Romeo nach Mantua, bei Lenz Fritz nach Halle. Bei Shakespeare ziehen die Eltern des Mädchens den Nebenbuhler Paris vor, bei Lenz den Grafen Wermuth. In beiden Fällen unwillkommene Entfernung von der Geliebten, in beiden Fällen ein störender adeliger Rivale. Das genügt, um bei den beiden empfindsamen Protagonisten die Projektion des durch die Lektüre erfahrbar gemachten Leids auf das eigene zu initiieren. Die an sich banale und alltägliche Abschiedssituation offeriert die Gelegenheit, die berühmtesten Liebenden aller Zeiten herbeizubemühen, sich quasi deren Gewand anzueignen. Das soll die Tragik der eigenen Gegenwart potenzieren - in Wahrheit potenziert es die Lächerlichkeit.

An dieser Stelle zeigt der von Lenz gewählte Gattungsbegriff 'Tragikomödie' seine Berechtigung. Denn was sich hier abspielt, soll für die Liebenden erhaben wirken. Unter Berücksichtigung dessen, was auf die zwei noch zukommt, entbehrt das alles nicht einer gewissen Komik. Weil vor allem die im Dialog erwähnten heroischen Vorbilder in der Realität von vergleichsweise erbärmlichen Figuren eingeholt und verzerrt werden. Die Wirklichkeit wird den überstiegenen Anforderungen, die in der Sprache an sie gestellt werden, nicht gerecht. Sie kann ihnen nicht gerecht werden, weil die zu erfüllenden Metaphern und Vergleiche einfach unerfüllbar sind:

Gustchen: Ich will schwören, daß ich in meinem Leben keines anderen Menschen Frau werden will als deine, und wenn der Kaiser von Rußland selber käme. (24)

Der Kaiser von Rußland kommt zwar nicht, dafür aber der armselige Hungerleider Läuffer. Gustchen hat wenig Liebreiz an sich, ganz anders als Shakespeares Julia: Sie benimmt sich eher wie ein berechnendes, von der Bequemlichkeit ennuyiertes Luder, mit viel Unentschlossenheit und wenig Reife.Sie wirkt auf die Männer. Und daher auch auf Läuffer: Ihm ist es vergönnt, Gustchen zu schwängern. Er darf auch anderswo Fritzens Part übernehmen:

> <u>Läuffer</u> (stützt sich mit der andern Hand auf ihrem Bett, indem sie fortfaährt, seine Hand von Zeit zu Zeit an die Lippen zu bringen): Laß mich denken... (bleibt nachsinnend sitzen)
> <u>Gustchen</u> (in der beschriebenen Pantomime): O Romeo! Wenn dies deine Hand wäre. - Aber so verlässest du mich, unedler Romeo! Siehst du nicht, daß deine Julie für dich stirbt - von der ganzen Welt, von ihrer ganzen Familie gehaßt, verachtet, ausgespien. (Drückt seine Hand an ihre Augen) O unmenschlicher Romeo!
> <u>Läuffer</u> (steht auf): Was schwärmst du schon wieder?
> <u>Gustchen</u>: Es ist der Monolog aus einem Trauerspiel, den ich gern rezitiere, wenn ich Sorgen habe. (Läuffer fällt in Gedanken, nach einer Pause fängt sie wieder an) /.../ (Küßt Läuffers Hand inbrünstig) O göttlicher Romeo!
> <u>Läuffer</u> (küßt ihre Hand lange wieder und sieht sie eine Weile stumm an): Es könnte mir gehen wie Abälard -
> <u>Gustchen</u>: /.../ Hast du die neue Heloise gelesen? (25)

Shakespeare hat Fritz und Gustchen im ersten Akt ein Instrument zur pathetischen Rhetorik in die Hand gegeben. Gustchen wirkt jetzt, indem sie tragische Stimmung zur Schau stellt, zumindest interessant. Nicht hingegen auf Läuffer - er kann mit der Titulierung als Romeo eigentlich wenig anfangen. Läuffer begreift Gustchen nicht. Läuffer schweigt. Zwischen ihm und Gustchen ist die Kommunikation empfindlich gestört; die Lektüre, die als Basis für den Code dienlich sein soll, ist voneinander zu verschieden. Für Läuffer ist die Sprechweise Gustchens, die an die Tragödie gemahnen soll, unnatürlich und schwärmerisch, und auch Gustchen assoziiert Läuffers Anspielung auf Petrus Abaelard falsch, indem sie die Brücke über dessen Geliebte Heloise zum Briefroman Jean Jacques Rousseaus schlägt, der zwölf Jahre vor dem Erscheinen des "Hofmeisters", also 1762, in deutscher Übersetzung auf den Markt kam. Was Läuffer zur Namensnennung des Scholastikers veranlaßte, ist die insgeheime Angst vor dem mächtigen Familienclan, der die verbotene Liebe entdecken und sich in der Folge grausam an dem Eindringling rächen könnte. Tatsächlich ist Läuffer der einzige, der seinem selbst auferlegten Rollenparallelismus in allen Punkten freiwillig treu bleibt. Beide - Läuffer und Gustchen - werden somit von der der Lektüre innewohnenden Gefahr zum bedingungslosen Nachspielen verführt.

Obschon nicht Opfer des Lesens, fügt sich auch die Gestalt des Grafen Wermuth in das allgemeine Rollenspiel ein. Sein Gegenstück bei Shakespeare ist der "noble county Paris".[26] Denkbar weit von seinem Pendant entfernt, ist Lenzens Werber die traurige Karikatur eines noblen Adeligen oder gar einer heroischen Gestlt - er ist ein verwöhnter Trottel. Auch für ihn bietet sich die Gelegenheit, seiner ihm zugedachten Rolle kompromißlos gerecht zu werden, nämlich an der Seite seiner ihm versprochenen Braut den Tod zu finden. Es handelt sich dabei um die Szene am Weiher mit dem Selbstmordversuch Gustchens (IV/iv).[27] Jetzt erweist es sich, daß der ihm von Fritz und Gustchen angelegte Vergleich nur äußerlich (in der Beziehung zum Liebespärchen) merkbar wird, nicht aber innerlich (im Charakter). Wermuths Reaktion auf die verzweifelte Frage des geheimen Rats, was man angesichts der im Teich Treibenden unternehmen solle, ist bedrückend: "Ich kann nicht schwimmen." Das Leben, das Graf Paris im Zweikampf mit Romeo in Julias Gruft edel aufs Spiel setzt und verliert, wird von seinem müden Abklatsch Wermuth scheu bewahrt. Der eine stirbt für eine (vermeintlich) Tote, der andere will für eine (noch) Lebende nicht einmal naß werden. Wermuth ist nur als Störungsfaktor für Fritz und Gustchen mit Paris vergleichbar. Seine bloße Funktion genügt der Parallelisierung.

Gustchen Selbstmordversuch ist jene Stelle, an der das Drama in die Tragödie umzukippen droht. Das wird aber dadurch verhindert, indem die Figuren ihrer Shakespearschen Zweitexistenz beraubt werden. Sie hören auf, ihre Rollen ins Extreme weiterzuspielen. Gustchen stirbt nicht den Verzweiflungstod, Wermuth opfert sich nicht, Fritz ersticht sich nicht. Sein Wandel vollzieht sich innerhalb weniger Sätze:[28] Zuerst mutiert die amüsante Idee einer postalischen Chiffre - die Anrede als Romeo - flugs zur Bereitschaft, sich allzeit das Rapier in den Körper rammen zu lassen. Doch schon wenig später, als Gustchen ihren Willen zum Selbstmord im Ernstfall bekundet, steigt er aus der mulmigen Illusion aus, indem er auf die poetische Erfindung verweist. Ein ähnlicher Rückzieher findet auch in der Erzählung "Der Landprediger" statt, als die literarisch produktive Pastorin vom Schreiben abgebracht wird: Ihr Gatte fordert sie erzürnt auf, der Sappho in allem - also auch im Sprung vom Felsen - nachzueifern. Die dichtende Frau entsagt der Poesie und widmet sich bezeichnenderweise fortan der Parodie 'unnatürlich sentimentaler Stücke'.[29] Nachahmung erweist sich nicht allein bei der Rezeption von Literatur als bedenklich, sondern auch bei deren Produktion. Eklektische Imitation bewegt sich in beiden Fällen am Rande fataler Identifikation.

Zurück zum "Hofmeister": Als es kritisch wird, hört es sich mit dem beharrlichen Nachvollziehen auf. Die Protagonisten stoppen vor dem klar erkennbaren Abgrund. Nur einer nicht: Läuffer. Er spielt keinen inkonsequenten Shakespeare, sondern bleibt seiner Abaelard-Rolle treu. Sie ist kein Lippenbekenntnis. Diverse Anspielungen begleiten die Vollendung von Läuffers Part; auf den "Eunuchus" des Terenz,[30] auf den Kirchenvater Origines, der sich in jungen Jahren aus Gründen der Keuschheit selbst kastrierte.[31] Der Hofmeister ermannt sich endlich zur sühnenden Entmannung. Da er nicht wie Abaelard Opfer der Familienvendetta geworden ist, greift er selbst zum Schneideinstrument. Das hat für das Publikum zwar nicht dieselbe tragische Wirkung, wie sie eine bis zum Untergang durchgehaltene Übernahme der Julia-, Romeo- oder Paris-Figur hätte, ist aber sowohl respektive der Erfüllung der auferlegten Rolle wie auch als dramaturgische Lösung einigermaßen ausgefallen. An Läuffer hinterläßt die verfehlte Identifikation die gravierendsten Spuren.

Der versöhnliche Ausgang, das Schlußtableau, auf das alles hinsteuert, demonstriert, daß sich die Wirkung der Literatur weitgehend in der veränderten Redeweise breitmacht - insbesondere bei Fritz und Gustchen. So ist auch Gustchens Selbstmordversuch für sie nicht tragischer Ausfluß eines mißverstandenen Rollenspiels, sondern resultiert aus ihrer Verzweiflung über ihre Schuld und ihre Einsamkeit. In der dramatischen Struktur hingegen wird sie damit unbewußt dem Julia-Schema gerecht. Daß die Persönlichkeit der Kunstfiguren derart aufgespalten ist, ist in der Dramatik von Lenz nichts Außergewöhnliches. In etwas veränderter Gestalt begegnen wir so einem Fall in seiner Komödie "Die Freunde machen den Philosophen"[32] aus dem Jahre 1776.

(2) "Die Freunde machen den Philosophen"

In diesem Drama vollzieht sich die Aufsplitterung der Persönlichkeit auf anderem Wege: Der reisende Philosoph Strephon spielt vor noblem Publikum in einem Theaterstück. Er fällt aber aus der Rolle, als er seine desperate Liebe beklagt: Er setzt seinen eigenen Namen in den Dialog ein.[33] In diesem Fehlverhalten ist etwas in Analogie zur Auseinandersetzung mit der Lektüre zu beobachten: Beide Male vermengen sich Eigen- und Fremderfahrung, Realität und Fiktionalität. Gegenläufig also spielt sich der Prozeß diesmal ab - beim "Hofmeister" greift die Dramenrolle ins Leben ein, bei "Die Freunde machen den Philosophen" das Leben in die Dramenrolle. Während sonst in den Theaterstücken der Stürmer und Dränger bei der Lektüre die Wirkung vom Kunstwerk in die Wirklichkeit - eigentlich in die Wirklichkeit der Bühnenillusion - übergeht, fließt hier die Realität in das Kunstwerk ein.

Umgekehrt glaubt Seraphine, daß es sich um eine Theaterprobe handle, als sich Strephon mit einem Dolch selbst entleiben will.[34] Und als er sich im Gespräch mit Seraphine genötigt fühlt, vor ihr auf die Knie zu fallen, desillusioniert sie den unglücklich Verliebten mit den ernüchternden Worten: "Stehen Sie auf - diese Schauspielerstellungen kommen itzt zu spät."[35]

Von der Geliebten abgewiesen, übernimmt Strephon die letzte Rolle, die - obwohl nicht explizit ausgesprochen - an den zwei Jahre zuvor erschienenen "Werther" Goethes anklingt. Weil er die Verbindung zwischen Seraphine und Don Prado für unglücklich erachtet, weil er über seine eigenen Versäumnisse bekümmert ist, beschließt er, seiner Existenz mit einem Pistolenschuß ein Ende zu bereiten. Bevor aber Strephon seinen Werther-Part dergestalt ausfüllen kann, neutralisiert ein edles Happy-End alle Konfliktsituationen. Ungeachtet aller sozialen Schranken kann Strephon Seraphine, die Schwester des Don Alvarez, zum Altar führen.

Damit ist er mit der Familie seines besten Freundes und

Gönners auch verwandtschaftlich verbunden. Obzwar jener ein Edelmann ist, "der nicht lesen noch schreiben kann",[36] was auch im Personenregister besonders hervorgestrichen wird,[37] sagt Strephon von ihm, er sei "der beste unter allen meinen Freunden, der einzige, der es einsieht, daß ich ihm nützlich bin, und mich dafür belohnt."[38]

Bildung und Freundschaft sind bei einer anderen Figur genau andersherum verteilt: Beim Deutschen Doria, der sich mit dem Gehaben eines Rüpels bei Strephons Bücherschrank bedient. Seine Aussagen über die Publizistik seiner Zeit sind für diese wenig schmeichelhaft:

> Das ist wahr, es wird heute in die Welt hineingeschmiert, daß einem angst und bange dabei wird. (39)

Und weiters:

> Ich wünschte, daß allen unnützen Schmierern von Obrigkeit wegen die rechte Hand abgehauen würde. (40)

Eine spiegelnde Strafe als Qualitätsregulativ in der Literatur also. Arist, der Vetter Strephons, reagiert auf diese Bemerkungen sehr empfindlich. Er versteht sie als Affront gegen seinen Verwandten, hat dieser doch eine Abhandlung geschrieben, die in Zeitungen rezensiert wurde. Ob Doria nun die Arbeit Strephons oder die Zeitungsartikel heruntermacht, wird angesichts seiner sprunghaften Denkweise nicht klar. Am Ende ringt er sich zur Erkenntnis durch:

> Ich bin zum voraus überzeugt, daß in Ihren acht Blättern mehr Wahres sein wird, als vielleicht jemals in allen Zeitungen Spaniens von der Arche Noah an gesagt worden. (41)

Texte tendieren zur Unwahrheit. So wie es in "Neuen Menoza" den Dichtern überlassen bleibt, sich das Goldene Zeitalter zu erträumen,[42] also Dichtung und Phantasie miteinander verknüpft sind, erscheint hier Verlogenheit als eigenstes Attribut der Journaille. Ihre Aussagen werden zur Wertlosigkeit degradiert. Ein ähnlich abschätziges Urteil taucht auch in einem Text mit dem Titel "Prinz Tandi an den Verfasser des neuen Menoza" auf, ebenfalls eine Arbeit von Lenz . Dort heißt es:

> Und auch du, edler Jüngling, legst so viel Wert auf das Lob und den Tadel der deutschen Journale, daß du dich dagegen verteidigst? - Du? - Und in einem Journale? Fühlst du so wenig den Wert des stillen Beifalls guter Menschen, daß du für deine Arbeiten nicht belohnt zu sein glaubst, wenn dir nicht der Beifall der Monatszeitschriften zurasselt? In einer unachtsamen Minute hast du dich überraschen lassen! Du würdest dich sonst nie verteidigt, nie zu deiner Verteidigung ein Journal gewählt haben. (43)

Hier wird Aversion gegen Inkompetenz spürbar, und ergänzen wir dies durch das Zitat Dorias aus "Die Freunde machen den Philosophen", so mengt sich noch Unaufrichtigkeit dazu. Was vom angegebenen Dialogteil aus diesem Drama übrigbleibt, ist das Bekenntnis zur Lügenhaftigkeit des geschriebenen Wortes. Deshalb scheint auch das Analphabetentum des Don Alvarez, das so merklich betont wird, durchaus auch als Hinweis auf dessen moralische Qualität zu sein. Er ist gut, weil er von jeglicher schriftlicher Äußerung abgekapselt ist. Allerdings wäre das eine Art von Kultur- und Bildungspessimismus, wie er sonst nie im Werk von Lenz auftaucht.

Fühlen kann man aber ein Mißtrauen gegen den Wahrheitsgehalt der Zeitschriften generell. Das Vorbringen falscher Tatsachen, ihre Unglaubwürdigkeit, das alles spricht gegen sie, wie es ja aus den Textpassagen ersichtlich geworden ist. Unglaubwürdigkeit ist auch das Hauptargument der Stürmer und Dränger, die ja in ihren Werken den Bezug zur Realität viel enger geknüpft sehen wollen, gegen die Form des Trivialromans. In dem zweiten berühmten Drama von Lenz, den "Soldaten",[44] wird der Leser mit zwei Spielarten solcher populären Texte konfrontiert.

(3) "Die Soldaten"

Kurt-Ingo Flessau hat versucht, die trivialen Lesestoffe des 18.Jahrhunderts in Familien-, Reise- und Unterhaltungsromane zu unterteilen.[45] Abgesehen davon, daß eine solche Schematisierung automatisch darauf schließen läßt, daß nur letzterer wirklich unterhalten könne, scheint auch der Terminus 'Familienroman' hinsichtlich der zugeordneten Texte etwas unglücklich gewählt zu sein. Und das aus zwei Ursachen. Erstens hinsichtlich des Leserkreises: Zwar läßt sich aus solchen Werken eine pädagogisch wertvolle Moral herausdestillieren, doch erfolgt dies als Ergebnis recht reißerisch anmutender Begebenheiten - nämlich sexueller Anfechtungen. So geschehen in Richardsons larmoyantem Opus "Pamela, or Virtue Rewarded" aus dem Jahre 1740, von Flessau als Ahnherr der Gattung apostrophiert. Vom Thema her gesehen bewirkt dieser Roman eine Fülle von Nachahmungen. Ständig in der Literatur präsent, erfährt die Geschichte von den Leiden der unschuldigen Tugend mit dem abschließenden Triumph des Guten von nun an einen neuen Höhepunkt. Gellerts "Schwedische Gräfin von G..." (1747/48) und Sophie von Laroches "Fräulein von Sternheim" (1771) sind Zeugnisse für die Rezeption dieses aktualisierten Musters im deutschen Sprachraum. Die berühmteste Ausformung präsentiert sich im Gretchen von Goethes "Faust"-Tragödie. Wie dünn die Folie der Moral ist, zeigt sich dann am Ende des Jahrhunderts, als das Schema in den Werken des Marquis de Sade seine radikalste Umkehrung erfährt: Die Tugend leidet weiter, nur obsiegt jetzt das Böse. Eine einzige Änderung im vorgeprägten Muster decouvriert die sittlich bedenklichen Anlagen, die solchen Geschichten innewohnen. Zur Verführungsgeschichte reinsten Wassers ist es nur ein Schritt. Mit welchem Ausgang auch immer, scheinen solche Texte zum Vorlesen in biederer Familienrunde doch wenig geeignet zu sein.

Die zweite Ursache - hinsichtlich der Thematik: Die Familie wird nicht als Kollektiverscheinung begriffen, deren Weg - Triumph und Verfall etwa - wie im bürgerlichen Roman des späten 19. und frühen 20. Jahrhunderts Gegenstand der Schilderung ist. Was interessiert, ist die moralische Bewährung der Einzelfigur. In Lenzens "Soldaten" wird dieses Schema schließlich umgekehrt: Die verführte Marie findet ihr Ende als Bettlerin. Mag hier ebenso wie in den Romanen des Marquis de Sade der gängige Mechanismus in der Gegenrichtung ablaufen, so fehlt bei den Stürmern und Drängern doch der Zynismus, mit dem die Niederlage der Tugend verhöhnt wird. Der Grund ist folgender: Die Invektive ihrer Bühnenwerke richtet sich unter anderem auch gegen die verblendete Großmannssucht der mittleren Stände, die sie zu jedem Opfer bereit macht. Der Fall der Unschuld ist sozusagen sozial determiniert, während sie bei de Sade nur logische Konsequenz ihrer eigenen Untüchtigkeit ist.

Das findet man in Wagners "Kindermörderin" ebenso wieder wie in Lenzens 1776 veröffentlichten "Soldaten". Geschildert wird der moralische Abstieg der Marie Wesener, Tochter eines Galanteriewarenhändlers. Sie zerbricht an der Eitelkeit ihrer Eltern, die für sie die Standesschranken niederreißen wollen. Sie zerbricht an der Unmoral der Soldaten, die sich nicht zur Wiedergutmachung ihrer Untaten verpflichtet sehen. Die Verbindung zwischen Bürgerstochter und Offizier geht in die Brüche, weil sie zwei unterschiedliche gesellschaftliche Sphären und damit auch zwei unterschiedliche Weltsichten und Lebensauffassungen vereinigen muß, aber dies nicht zustande bringt. Das Stück schließt mit dem ernsthaft gemeinten Vorschlag, eine 'Pflanzschule für Soldatenweiber' einzurichten, damit die aufgestauten sinnlichen Energien der Offiziere von den unschuldigen Bürgersfrauen auf die eigens zur Verfügung gestellten Mätressen abgelenkt werden können.

Die Überwindung sozialer Grenzen ist eine deplacierte Vorstellung in der harmonischen Bürgerwelt. Solcher Spuk wird Marie durch ein Buch in den Kopf gesetzt. Die Gräfin fällt über ihre Lektüre folgendes strenge Verdikt:

> Ihr einziger Fehler war, daß sie die Welt nicht kannten, daß Sie den Unterschied nicht kannten, der unter den verschiedenen Ständen herrscht, daß sie die Pamela gelesen haben, das gefährlichste Buch, das eine Person aus

ihrem Stande lesen kann. (46)

Daraufhin beteuert Marie, das Buch nie in Händen gehabt zu haben. Was allerdings einigermaßen zweifelhaft ist, zeigt sie die dritte Szene des dritten Aufzugs immerhin mit einem Buch auftreten. Obwohl nicht ausdrücklich ausgesprochen wird, um welches Werk es sich handelt, ist im Vertrauen auf die dramaturgische Ökonomie des Dichters eine Gleichsetzung mit dem bewußten Roman nicht abwegig. Marie verleugnet ihre Lektüre - aus welchen Gründen auch immer. Aber: Ein Lesestoff, der verheimlicht wird - wie das gegenüber der Gräfin der Fall ist - verdient wohl kaum das Prädikat 'Familienroman'.

Das im Roman vorgelebte Leben läßt sich in der Praxis nicht realisieren. das Buch malt ein Vorbild in leuchtenden Farben aus, ignoriert aber ebenso wie der gebannte Leser die tatsächliche Welt. Lenz schreibt in seinen Briefen über Goethes "Werther":

> Romane und Comödien aus dem ungeheuren Lande der Ideen, die nie in unsere Welt hinabgekommen sind und deren Unähnlichkeit mit dem was wir erleben, einen Menschen der sich nach ihnen bildet, gleich beym ersten Eintritt in jede gute Gesellschaft zum Narren stempelt. (47)

Die von der Fiktion verdrehten Seelen sind jedoch nicht bloß untauglich für die gute Gesellschaft, sondern für die Gesellschaft überhaupt. Lektüre entfremdet sie auch dem eigenen Stand. Das unkritische Gemüt nimmt das Erdichtete zum Maßstab, an dem dann die Realität angelegt wird. Das geht schief. Denn wo beide Sphären aufeinanderprallen, kommt es zur tragischen oder komischen Auflösung, wie dies beim "Hofmeister" der Fall war. Mehr noch: Die präfigurierte Weltsicht gipfelt in dem Bestreben, das präfigurierte Muster nachzuspielen. Trotz aller leidvollen Erfahrungen, die Marie gemacht hat, bleibt sie naiv, weil sie sich an den falschen Leitlinien orientiert hat. Und schlimmer: Sie orientiert sich daran, obwohl sie ihre Lektüre im Unterbewußtsein als schlecht erkennt. Sie schämt sich ihrer vor der Gräfin - soferne wir das Buch in III/iii als "Pamela" gelten lassen. Die Bedenken der Gräfin sind berechtigt, da Richardsons Werk unbegründete Aussicht auf die Überwindung der Standesschranken eröffnet und auch dem Lüstling das Edle einsichtig macht. Somit würde Maries Eskapismus, der sie in eine tröstliche Phantasiewelt führt, konkret eine Spiegelung ihrer eigenen Verhältnisse auf das gut endende Romangeschehen bewirken.

Von Elternhaus und Lektüre stimuliert, hofft sie auf eine bessere Zukunft und übernimmt ihren Part. Und scheitert. Ein Vorgang, den wir schon bei der Interpretation des "Hofmeisters" und des Dramas "Die Freunde machen den Philosophen" beobachten konnten: Die Figuren sind in sich inkohärent. Sie 'spielen' - teils aus Enthusiasmus, teils ohne es selbst zu wissen. Präziser ausgedrückt: Die Protagonisten sind nicht das, was sie sein sollen. Ihr Benehmen wird von fremden Verhaltensweisen - Übernahmen aus der Dichtung - angereichert. Eine Verwandlung, die in den "Soldaten" noch an anderer Stelle nachzuweisen ist.

Doch nicht nur über Marie sagt die Pamela-Szene etwas aus, sondern auch über die Gräfin selbst - sogar mehr, wenn es nach Paul Michael Lützeler und seiner Analyse des Stückes geht.[48] Denn nicht zufällig trägt die Gräfin den selben Namen wie die damals populärste zeitgenössische Dichterin: La Roche. Für Lützeler ist diese Koinzidenz Ausdruck einer von Lenz intendierten Anspielung, die sich inhaltlich wie formal bemerkbar macht. Denn Maries Geschichte erinnert zwar an Richardsons "Pamela" oder an das "Fräulein von Sternhein" der Sophie von Laroche, findet aber keinen 'romanhaften' Schluß, sondern endet als traurige Verführungsgeschichte. Der soziale Aufstieg, von dem die Romane träumen, erweist sich als wirklichkeitsfernes Ideal. Lenz räumt in den "Soldaten" mit solchen weltfernen Schematismen auf: Sein Realismus wird zur Literaturkritik. Daß deren Spitzen sich gegen Richardson und Laroche richten, wird noch aus einem weiteren Faktum deutlich, nämlich der Form. Lützeler spricht von den "Soldaten" als einem "Briefdrama", anspielend auf die große Rolle der darin vorkommenden Briefszenen, anspielend aber auch auf die Struktur der "Pamela" und des "Fräuleins von Sternheim".

Trotzdem sie nicht als 'Lektüre' im eigentlichen Wortsinn zu bezeichnen ist, vermittelt die Funktion der Komödie, die im Text angesprochen wird, einige weitere Einsichten für unsere Arbeit. Insbesondere Einsichten, die Lenzens Einstellung zur Rezeption von Literatur beleuchten helfen. Entsprechend einer in seiner Selbstrezension des "Neuen Menoza" geäußerten Feststellung, daß das Theater "Einflüsse auf eine Nation haben kann",[49] entwickelt sich in Armentières das Tafelgespräch der Offiziere.[50]

Zufällig kommt man auf Wert und Unwert der Literatur zu sprechen. Dabei werden die Horazischen Maximen des 'prodesse' und des 'delectare' nicht mehr zusammen bei der Bewertung eines literarischen Werkes herangezogen. Sondern: Bildungswert und Unterhaltungswert stehen einander in ihrer Argumentation gegenüber. Die Einheit zerbricht: Auf der einen Seite das 'prodesse' - repräsentiert durch den Feldprediger Eisenhardt. Auf der anderen Seite das 'delectare' - repräsentiert durch Haudy und Mary.

> <u>Eisenhardt</u>: So aber wollen wir alles das beiseite setzen /.../ und wollen nur bei der Komödie bleiben, und dem erstaunenden Nutzen, den sie für die Herren vom Korps haben soll. Ich bitte Sie, beantworten Sie mir eine einzige Frage, was lernen die Herren dort?
> <u>Mary</u>: Ei was, muß man denn immer lernen, wir amüsieren uns, ist das nicht genug?
> <u>Eisenhardt</u>: Wollte Gott, daß Sie sich bloß amüsierten, daß sie nicht lernten! So aber ahmen Sie nach, was Ihnen dort vorgestellt wird, und bringen Unglück und Fluch in die Familien. (51)

Deutlich spiegeln sich in diesem Wechselgespräch die zeitgenössischen literarischen Tendenzen. Nämlich die Abspaltung eines trivialen Populärschrifttums, das keine Lehrinhalte im Sinne einer aufklärerischen Literaturprogrammatik verkünden will, sondern in der Unterhaltung den Endzweck sieht.

Die Horaz-Formel wird aber nicht nur aufgelöst, sie wird dazu noch in ihrer Zersetzung fragwürdig gemacht. 'Lernen' bekommt plötzlich einen anrüchigen Beigeschmack. Reines Amüsement verdreht die losgelöste 'prodesse'-Formel in ihr Gegenstück - die Schaubühne als unmoralische Anstalt. Ganze Sippen ereilt der Untergang, wenn man Eisenhardts Ausführungen trauen darf. Und selbstverständlich auch den Dramen des Sturm und Drang.

Sägt Lenz also den Ast ab, auf dem er selber sitzt, indem er das Drama total desavouiert? Sicherlich nicht - es ist eher eine Argumentationsweise zu beobachten, die sich nicht gegen die Grundform des Dramas an sich richtet: Ein Vorgang, den wir später bei der Untersuchung nachvollziehen werden, wie Lenz das Lesen bewertet. Die 'Komödie' ist nicht Komödie schlechthin, sondern eine spezifische Abart, ein gütemäßig unterlegeneres Massenprodukt. Als Ausfluß des Französisierrens bezeichnet der Ausdruck im Sprachgebrauch der Zeit das Theater generell, im engeren Sinne das Rührstück.[52] Bedenklich wird es, wenn Nutzen und Vergnügen getrennte Wege gehen: Die unseligen Versuche, das Leben auf den Theaterbrettern in der Wirklichkeit nachzuspielen, gehen parallel mit den spintisierenden Auswucherungen des Lesefiebers. Lenz kann jene Kritik am Theater abschwächen, die das Genre unter Hinweis auf die ihm zum Opfer Gefallenen als Ganzes zu verteufeln sucht:

> Eisenhardt: /.../ Ich liebe das Theater selber und gehe gerne hinein, ein gutes Stück zu sehen, aber deswegen glaube ich noch nicht, daß es ein so heilsames Institut für das Korps Offiziers sei.
> Haudy: Aber um Gotteswillen, Herr Pfaff oder Herr Pfarr, wie Sie da heißen, sagen Sie mir einmal, was für Unordnungen werden nicht vorgebeugt oder abgehalten durch die Komödie. Die Offiziere müssen doch einen Zeitvertreib haben?
> Eisenhardt: Mit aller Mäßigung, Herr Major! Sagen Sie lieber: was für Unordnungen werden nicht eingeführt unter den Offiziers durch die Komödie. (53)

Gebildete Menschen können ein Drama genießen, ohne ihm zu verfallen oder daran Schaden zu leiden. Auch werden der Komödie ja durchaus positive Züge zugesprochen. Dieses Argument wird jedoch vom Geistlichen entkräftigt: Die Affinität der Offiziere zur nützlichen (oder moralischen) Botschaft des Werkes ist schwächer als die zur schädlichen (unmoralischen). Der Wert eines Theaterstückes ist nur so hoch wie der seiner Rezipienten.

Wie äußert sich nun konkret die schicksalsschwere Wirkung der Sittenkomödie? "Eben die honetten Mädchen müssen zittern vor Ihren Komödien, da lernen Sie die Kunst, Sie malhonett zu machen",[54] sagt Eisenhardt einmal. Indirekt sind es die Bürgerstöchter, die zum Opfer des im Bühnenstücks vorexerzierten Beispiels werden. An ihnen erproben die Rezipienten und Nachahmer die gebotenen Handlungsmuster in der Praxis. Das triviale Theater verführt den Soldaten, der Soldat verführt das Mädchen. Allerdings: 'Verführen' ist dabei nicht gleich 'Verführen'. Das Ganze ist kein auf zwei Etappen reduzierter Schnitzlerscher "Reigen". Die Identität in der Wortgestalt läßt nicht über den semantischen Unterschied hinwegtäuschen. Am ehesten können beide Begriffe mit 'Verhaltensänderung' auf einen gemeinsamen Nenner gebracht werden. Einmal mit geistigem Schwergewicht: Theater und Rezipient. Und einmal mit körperlichem Schwergewicht: Rezipient und Mädchen.

Der Verführung im landläufigen Sinne geht die Verführung (jetzt ohne erotisches Konnotat) durch Dichtung voraus. Das trifft auch im Fall der Heldin Marie zu. Sie überläßt ihr Gemüt nicht allein dem Richardson-Roman zur Bearbeitung, sondern auch dem Theaterbesuch - dies allerdings als Resultat des geschickten Kalküls von Baron Desportes. Marie erzählt ihrer Familie von ihrem Stelldichein mit dem Baron:

> Marie: Ich kann's Ihm nicht verhehlen, ich bin in der Komödie gewesen. Was das für Dings ist!
> (Wesener rückt seinen Stuhl vom Tisch weg und kehrt das Gesicht ab)
> Marie: Wenn er gesehen hätte, was ich gesehen habe, Er würde wahrhaftig nicht böse sein, Papa. (Setzt sich ihm auf den Schoß) Lieber Papa, was das für Dings alles

> durcheinander ist, ich werde die Nacht nicht schlafen können vor lauter Vergnügen. Der gute Herr Baron!
> Wesener: Was, der Baron hat dich in die Komödie geführt? (55)

Daß Lenz seine Heldin ausgerechnet in ein zweifelhaftes Theateretablissement führt, das ihren Zustand über alle Maßen verwirrt, hat seine guten Gründe. Einerseits: An bewußter Stelle wird deutlich, wie sehr der Rezipient dafür empfänglich sein kann. Marie weiß bereits jetzt, daß sie vor lauter Aufregung keinen Schlaf finden wird. Andererseits: Die Erwähnung des Theaterbesuchs ist Teil einer sich im Dialog entwickelnden Klimax, die Marie am Ende der Szene zur 'gottverlassenen Allerweltshure'[56] brandmarkt. Der Vater ist bereits verstimmt, als er hört, daß seine Tochter in der Komödie gewesen ist. Er wendet sein Gesicht von ihr ab. Noch ist nicht gesagt, mit welcher Begleitung sie dort war. Doch allein die Reaktion des Vaters läßt keinen Zweifel offen, wie es um die Reputation des Theaters bestellt ist.

> Aber werden ihm /dem Offizier/ nicht in den neusten Komödien die gröbsten Verbrechen gegen die heiligsten Rechte der Väter und Familien unter so reizenden Farben vorgestellt, den giftigsten Handlungen so der Stachel genommen, daß ein Bösewicht dasteht, als ob er ganz neulich vom Himmel gefallen wäre? Sollte das nicht aufmuntern, sollte das nicht alles ersticken, was das Gewissen aus der Eltern Hause mitgebracht haben kann? Einen wachsamen Vater zu betrügen, oder ein unschuldiges Mädchen in Lastern zu unterrichten, das sind die Preisaufgaben, die dort aufgelöst werden. (57)

Das sind Worte des Feldpredigers aus der voranstehenden Szene. Daß das in der darauffolgenden sofort realisiert wird, spricht für die durchdachte Anlage des Dramenkonzeptes. Doch ist die Erwähnung des Theaters nicht das, was den Vater so in Rage bringt. Vielmehr bereitet sie die Überleitung zur Person des Barons vor, dem eigentlichen Angelpunkt der familiären Zwistigkeit. Im Kern wird es schon erahnt: Der moralische Abstieg führt über die Komödie zum Liebhaber, vom bloßen Spiel zur (möglichen) Realität. Die durch den Theaterbesuch erfolgte Assoziation einer sittlichen Gefahr - gestisch durch Weseners Unwillen unterstrichen - wird schlagartig in der Person des Barons konkretisierbar.

Die Figuren kommen erst zusammen, weil sie Rezipienten einer Literatur sind, die ihr Bewußtsein radikal okkupiert. Ihr Leichtsinn: Sie lassen sich ihr Gemüt leicht ummodeln. Nicht nur Marie wird von ihrem eigentlichen Ich abgesondert, auch die Soldaten schlüpfen in die Häute moralisch letztklassiger Bühnenliebhaber. Lenzens Drama lebt von Fremderfahrungen, die in der Person Maries ihren Fluchtpunkt haben. Sie ist Lustobjekt für den sittlich verwahrlosten Soldatenstand, der dem fragwürdigen Muster der Trivialdramen nacheifert. Sie ist selbst durch fragwürdige literarische Rezeption für diesen Vorstoß präpariert. Immer deutlicher erweist es sich, daß bei der Aufspaltung der Dramenfiguren - wiederholt von Biographen mit Lenzens Wahnsinn in Verbindung gebracht - die Lektüre in vielfältigster Form eine Rolle spielt.

(C) ASPEKTE DES LESENS IN DER LITERATUR

(1) Die Frau als Leser

Die an den beiden Dramen "Der Hofmeister" und "Die Soldaten" vorgenommenen Interpretationsversuche haben gezeigt, daß es vornehmlich der Frau zukommt, ihr Wesen durch Lesen verändern zu lassen. Gustchen gibt die Initialzündung für das Romeo und Julia - Rollenspiel, von Shakespeares Tragödie sichtlich beeindruckt; auf Marie strömt verderbliche Literatur gar in zwei Spielarten ein - und das, obwohl sie von strengen Anverwandten umgeben ist. Eine typische Grundkonstellation, die über die literarische Darstellung der Bürgerwelt des 18.Jahrhunderts hinaus konserviert wird:

> Hart an der Wand da schlief sein /Piramus'/ Liebchen
> Die Thisbe hieß
> Und ihr Papa auf ihrem Stübchen
> Verderben ließ. (58)

In dem Gedicht "Piramus und Tisbe", aus dem diese Strophe entnommen ist, taucht die für die Sturm und Drang-Dramatik typische Anordnung der Figuren also erneut auf: Besagter Vater hält seine Tochter von der Außenwelt fern, er läßt sie "verderben". Der Ovid-Stoff wird in die Ausgangsszenerie eines bürgerlichen Dramas umgegossen. Dort wird hingegen das verschwommene 'Verderben lassen' des Gedichts deutlicher ausgemalt. Die Folge: Der hermetische Abschluß von der Umgebung läßt das Mädchen zum aufnahmebereiten Opfer zwielichtiger Schreiberlinge werden.

Lesende Frauen können gebildet sein, und gebildete Frauen sind für das in patriarchalischen Kategorien denkende Bürgertum des 18. Jahrhunderts unangenehm. Unter anderem auch deshalb, weil die Flinte auch nach hinten losgehen kann, indem Bildung nichts Positives bewirkt (wie etwa eine aus der Realität gezogene Welterfahrung), sondern (im Gegenteil) in irrealer Weltflucht den Bezug auf die Wirklichkeit verstellen kann, wenn man sich Falsches aneignet. Daher auch die Furcht der Eltern vorm Roman. In "Henriette von Waldeck" redet der Baron seiner Tochter folgendermaßen ins Gewissen:

> Hab ich's doch gleich gedacht, das verwünschte

> romantische Zeug wird dir den Kopf nehmen. Du, Henriette, du, das Muster aller deiner Gespielinnen, aller Fräuleins in der ganzen Gegend, die mit ihren Romänchen blindlings in die Welt hinein taumelten /.../. (59)

In Lenzens Dramenwelt begegnen wir einem ständigen Konflikt: Einerseits die Enge, sozial determiniert; andererseits die Lektüre, der die gesetzten Schranken hinderlich werden, die Freiraum fordert, die ein in der Realität nur schwer erreichbares Glück simuliert, die von den Gegebenheiten der Beschränkung - repräsentiert durch das elterliche Establishment - abzulenken sucht. Das gilt ebenfalls für das Romeo und Julia-Spiel im "Hofmeister". Von einer weiblichen Person initiiert, soll es eine Art Überhöhung der eigenen Situation bewirken, ein Vademecum in der Auseinandersetzung mit dem aufoktroyierten Bräutigam darstellen. Die Lektüre suggeriert hier weniger alternatives Glück, als daß sie den Liebenden brauchbare Chiffren in die Hand drückt. Dennoch hat der Lesestoff keine segensreichen Konsequenzen, weil bei folgerichtigem Durchspielen die ganze Sache in die Katastrophe einzumünden droht.

Lektüre bringt das häusliche Idyll des Untertanen in Unordnung. An ihr klebt etwas, das schal nach Anarchie schmeckt. Für denjenigen, der in der Grundstruktur an eine Analogie zwischen Vater und Gottvater glaubt, wird Lesen nahezu blasphemisch. Es schickt sich ganz einfach nicht, das Lesen. Schon gar nicht für Frauenzimmer.

In den Dramen erkennen die Stürmer und Dränger diesen bestehenden Konflikt als solchen und verwenden ihn als belangreiches Moment innerhalb des Handlungsverlaufs. Allerdings nicht als allumfassendes Generalthema, sondern in einer mehr am Rande gelegenen Schlüsselposition. Frauen eignen sich zum Objekt literarischer Demagogie besonders gut, da sie nach traditionell maskulinem Klischee sowohl neugierig als auch unkritisch sein sollen:

> Daß Frauenzimmer sich für alles interessieren, sollte einen Menschenkenner nicht befremden, niemand ist leichtgläubiger und in Ansehung ihrer Einbildungskraft weniger fördernd als sie. (60)

Solche Feststellungen sind wenig erfreulich; und auch wenig fortschrittlich, wenn man bedenkt, wie stolz das aufgeklärte Jahrhundert auf die Beseitigung des Vorurteils gewesen war. So aber bricht in Lenzens Werken häufig eine Anschauung durch, die schwerlich auf eine Überwindung kategorisierter Irrtümer schließen läßt:

> Was sollen wir aber in einer Welt machen,
> wo alle Frauenzimmer Lotten oder Julien wären?
> Davonlaufen oder uns vor den Kopf schießen -
> ich weiß kein ander Mittel. (61)

Die literarischen Gestalten, die Franz Gulliver in seinem Gespräch mit dem Luftgeist da erwähnt, sind Wahrzeichen des weiblichen Geschlechts. Sie sind Inkarnationen der Fraulichkeit. Jedoch: In der Wirklichkeit und noch dazu in Massen scheint soviel Weiblichkeit nicht verkraftbar. Wenn in der Literatur des Sturm und Drang die Frau als manipulierter Leser besonders häufig auftaucht, dann aus zwei Ursachen: aufgrund des soziologischen und aufgrund des psychologischen Moments.

(2) Verführung durch Dichtkunst

In den "Briefen über die Moralität des jungen Werthers" findet sich eine Stelle, die den Ansatzpunkt für einen weiteren Aspekt des Lesens bei Lenz liefert. Über Werther und das Wertherfieber heißt es da:

> Die Darstellung eines solchen Enthusiasmus ist ansteckend und eben deswegen gefährlich. Und die Gefahr? Es könnte mehrere Lotten geben und die mehrere Werther finden. Das menschliche Herz ist geneigt alles nachzuahmen, was es außerordentlich bewegt hat, wie schon Cicero eingesehen hat. (62)

Ähnliche Gedanken also wie im vorhin zitierten Passus aus dem "Franz Gulliver" - Bedenken gegen in Massen auftretenden Ebenbilder. Doch hier wird das 'Außerordentliche' betont, das, was man schwerlich in den Ablauf des Alltags einordnen kann. Das Verhalten, wie es die Romanfiguren an den Tag legen, rückt von der Normalität ab. Erfüllungen für Bedürfnisse werden verheißungsvoll vorgegaukelt, wie sie die Praxis nicht verwirklichen kann, Lösungen für Konflikte werden angeboten, die in der bürgerlichen Realität höchst deplaciert aussehen. Lenz nennt hier auch jenen Faktor, der Lektüre erst zu gefährlicher Lektüre macht - nämlich den Nachahmungstrieb, der den Menschen Anpassung an andere Gegebenheiten suchen läßt, und der dem Reiz des Fremden nachgeben hilft. Das schriftlich niedergelegte Wort als persönlichkeitsverändernde Kraft ist nicht nur sich ständig wiederholendes Element bei Lenz, sondern im gesamten Schrifttum der Zeit - ein in diesem Maße noch nie dagewesenes Phänomen innerhalb der deutschen Dichtung.

Und das nicht nur bei den Autoren der Sturm und Drang-Bewegung. So findet sich beispielsweise in den Sudelbüchern des Georg Christoph Lichtenberg eine Notiz, die zum Zeitpunkt ihrer Niederschrift (das Heft J entstand in den Jahren 1789 bis 1793) eigentlich gar nicht mehr so originell war, da die darin geäußerten Ideen im Grunde genommen (wenigstens teilweise) schon in den Dichtungen der Zeit verarbeitet worden waren:

> Es müßte eine ganz artige Geschichte werden, wenn man ein Mädchen und einen Jüngling, die durch Romanen-Lesen verdorben sind, vorstellte, wie gerne einer den andern durch mißlungne Liebe zum Selbst-Mord zu bringen suchen um dadurch berühmt zu werden. Die eine könnte durch Werthern, der andere durch das Regenspurger Fräulein verführt zu diesem Entschluß gebracht worden sein. Allein da sie einander nicht eigentlich lieben, sc entstehen daraus die lächerlichsten Situationen. (63)

Die "artige Geschichte", deren Konzept Lichtenberg flüchtig entwirft, ist bloß Variation des allgemeinen Themas 'Verführung durch Literatur ', in vielen Punkten bereits konkret durch den Plot des "Hofmeisters" eingelöst. Hier wird literarische Wirkung thematisiert - und zwar in ihrer üblen Spielart. Im speziellen Falle ist das auf Goethes "Werther" gemünzt, dessen Imitation verhängnisvoll sein kann. Literarische Wirkung wird aber auch ridikülisiert - Tragik und Lächerlichkeit stehen eng beisammen. Der Selbstmord, wegen der fehlenden Liebe seines eigentlichen Antriebs beraubt, entlarvt sich als Alamode-Ritus, gefördert durch das Exempel der Romane. Lichtenberg streicht das Tragikomische einer solchen Liebe hervor, die keine Liebe auf Basis wechselseitiger Zuneigung ist, sondern eher eine arbiträre Verbindung, eine empfindsame Lesegemeinschaft, die in den Büchern sucht, was sie im Leben nicht findet.

Bei so geartetem Publikum erweist sich die unscheinbar verpackte Sprengkraft der Lektüre in ihrem ganzen tragischen Ausmaß. Ein Gedicht Lenzens, in deutlicher Anspielung auf Christoph Martin Wielands gleichnamigen Roman aus dem Jahre 1771 mit der Überschrift "Der neue Amadis" versehen, thematisiert die erschreckenden Symptome der Lesesucht folgendermaßen:

> O Wahnwitz der die Dichterwelt regiert
> Und schöne manches Kind durch sie verführt!
> O Raserei! die ihr Gehirn verstimmt,
> Daß oft ihr blitzend Aug in süßen Tränen schwimmet,

Daß halb geöffnet ihr entrückter Mund
Dem unsichtbaren Liebsten laut ihr Herz gestund,
Daß ihre Wangen glühn, die schönen Wangen
An denen Amors halb verzweifelt hangen
Und ihre Hände ringen, daß sie nun
In Tränen baden, nicht mehr närrisch tun. (64)

Die Gefahren sind mehr als offensichtlich: Das Gemüt verliert die innere Stabilität, Zeichen des Wahnsinns machen sich bemerkbar: 'Wahnwitz', 'Raserei', 'Traum' und 'Narrheit' sind die Vokabel, die im Text aufscheinen; der Dialog mit nicht Anwesenden und das entstellte Äußere stimmen ebenso bedenklich. Wenn Lenz diese emotionellen Ausbrüche in den "Werther"-Briefen damit entschuldigen will, indem er meint, daß Gleichgültigkeit und Unempfindlichkeit gleichermaßen verwerflich seien, so ist dies ein argumentatorischer Trick zur Verteidigung Goethes, weil er nur die guten und schönen literarischen Vorbilder nennt. Die Gleichgültigkeit gegenüber dem Bedenklichen, sonst als Zeichen besonderer Verständigkeit unterstrichen (man vergleiche dazu das oben angeführte Zitat aus "Henriette von Waldeck"[65]), wird dabei wohlweislich verschwiegen.[66] Lenzens auf Wieland zielendes Gedicht "Der neue Amadis" wirkt dazu wie ein Gegenstück, wenn man sich das "Werther"-Fieber als Bezugspunkt vorstellt. Die wirkliche Liebe, die die durch die Imitation hervorgerufene Liebe ersetzen soll, ist in ihrer Konstitution fragwürdig. Der zweifelhafte Ausruf: "Willfahret jedem, gönnet eure Gunst/Dem ersten besten Haushahn auf zwei Beinen",[67] sagt genug. Bei der Flucht von der Imagination in die Realität bleibt das Mädchen in den Armen des erstbesten Don Juan hängen. Die Suche nach den realen Abbildern des Gelesenen führt in die Irre. Das gewonnene Glück ist nur scheinbare Sinnfindung.

Lektüre und Verführung können demnach miteinander Hand in Hand gehen. Früher wurde die Unschuld einer Probe unterworfen, die religiös negativ konstituierte Mächte auf den Plan rief. Sei es nun in der Form der Heiligenlegende oder im analogen Formtypus der Versuchung eines Mädchens, so wie beispielsweise Gretchen den höllischen Ränken Mephistos erliegt. Aber auch die 'profanen' Verführer der Weltliteratur haben etwas 'Teuflisches' an sich. Ihr Ziel ist es, zum Zweck sündiger Lust die sittliche Ordnung zu unterminieren und ihr Opfer der Schuld auszuliefern. Man könnte mit Mario Praz von einer "Metamorphose des Satans" reden:[68] Der Teufel nimmt nicht menschliche Gestalt an, vielmehr wird ein Mensch zum Teufel gemacht. Das Motiv wird - im anderen Wortsinn - vermenschlicht. Folgerichtig werden diese Figuren auch potentielle Kandidaten für Bekehrungsaktionen - wie zum Beispiel Samuel Richardsons finsterer Wüstling Mr.B., der Pamela am Ende des Werkes reuig zerknirscht zum Traualtar geleitet.

Jetzt, im Sturm und Drang, tritt ein grundlegender Wandel ein. Die Verführer werden ihres religiösen Konnotats (der ethischen Minderwertigkeit) beraubt. Man ersetzt den Menschenteufel durch eine neutrale Sache, ein Ding - oftmals nicht einmal exakt identifizierbar, sondern unbestimmt als 'ein Buch' vorgestellt, ein Gegenstand jenseits von Gut und Böse. Das wird nun zur unheilstiftenden Kraft. Der Verführer ist säkularisiert worden.

Dieser Vorgang entspricht Prozessen, die sich in der Wirklichkeit abspielen, wie etwa am Buchmarkt - die Verlagerung des bürgerlichen Lesegeschmacks vom geistlichen Erbauungsschrifttum zur profanen, schöngeistigen Literatur. Nicht, daß von jetzt an der Teufel entbehrlich wird. Die Möglichkeit, daß er in seiner Funktion vor einem leblosen Gegenstand ersetzt wird, der seine Opfer aus dem labilen Gleichgewicht reißt, ist bloß eine Abart, eine wertfreie Verkleidung eines in allen Literaturen und allen Epochen nachzuweisenden Grundmotivs.

Das Buch ist nicht von Natur aus böse. Was ihm fehlt, ist die spezifische Intention zur Verführung. Es ersetzt den Teufel demnach nur unvollkommen. Das Buch will überhaupt niemandes Seele bearbeiten: Der einzige Bezug zum verführten Menschen ist der, daß es von ihm gelesen wird. Wer sich von der Lektüre beeinträchtigen läßt, ist selber schuld. Man kann schwerlich behaupten, daß hier noch etwas von der Dämonie der 'klassischen' Verführer - wie beispielsweise der Richardsonsen Figuren Mr.B. und Lovelace - weiterlebt. Im Buch ist die Glut der Verführung erstarrt und verdeckt. Sie wird erst wieder geweckt, wenn sie auf einen Leser mit einem aufnahmebereiten Seelentypus stößt. Nicht Sinnlichkeit, nicht Dämonie sind es, die das Verhängnis heraufbeschwören, sondern der simple Akt des Lesens. Der Verführer wirkt indirekt, aus den Zeilen des Buches heraus. Man könnte meinen, die Dichtung des Sturm und Drang löse den schillernden Typus des Don Juan durch die hausbackene Art einer Beeinflussung durch bloßes Lesen ab. Das wäre allerdings eine höchst undramatische Angelegenheit. Was steckt wirklich dahinter?

Der Verführer als greifbare 'Person' wird in den Werken der Sturm und Drang-Zeit nicht einfach aus dem Text eliminiert. Er tritt leibhaftig auf, jedoch hat das Buch zuvor das Terrain für ihn geebnet (siehe "Die Soldaten"). Der Verführer wird doubliert. Als Buch erobert er den Geist des Mädchens, wobei sich die Übermächtigkeit der Phantasiewelt markant mit der inneren Seelenstruktur verheddert. Als Liebhaber erobert er den Körper des Mädchens, das von der Lektüre willfährig gemacht wurde. Was früher <u>einem</u> Casanova überlassen blieb (nämlich zugleich Seele und Körper in Anspruch zu nehmen), erledigen jetzt zwei Verführer. Da das Mädchen in der Person des Galans eigentlich nur ein Requisit sieht, mit dem es 'ihre Rolle' nach dem Roman spielt, verfällt auch dessen Anspruch auf die 'Seele' der Geliebten, also deren 'herzliche' Zuneigung in der wortgetreuen Auslegung. Was ihm bleibt, ist rein körperliche Liebe. Es fehlt die gemeinsame geistige Frequenz, die besonders bei der Kommunikation abgeht. Im Dialog begegnen wir immer wieder einer eigenartigen Geschlossenheit - man denke nur an die Szene II/v im "Hofmeister": Gustchen und Läuffer reden da aneinander vorbei. Eltern und Tochter, Vater und Mutter, Geliebter und Geliebte - alle diese Verhältnisse erwecken den Eindruck einer gewissen Fremdartigkeit, einer erhöhten

Anfälligkeit für Mißverständnisse. Vielleicht gerade deshalb (einen verhängnisvollen Multiplikationseffekt produzierend!) die Flucht zum Buch?

Wie diese Variation des gängigen Verführermotivs noch weiter verwandelt werden kann, zeigt ein knapp zweieinhalb Seiten langes Fragment mit dem Titel "Der Magister".[69] In diesem kurzen dramatischen Text liest nämlich nicht die Verführte, sondern der Verführer. Die erste Szene zeigt die Begegnung zwischen dem bedauernswerten Lieschen und dem Magister. Sie klagt ihm ihr Leid: Sie hat ihre Stellung verloren, weil sie den erotischen Forderungen der Herrschaft nicht willig nachkam, zudem darbt ihr zehnjähriges Söhnchen irgendwo in Holland. Der Magister zeigt sich zunächst barmherzig, entpuppt sich aber im Laufe des Zwiegesprächs als widerlicher Lüstling und Giftmischer. Er hofft auf ein nächtliches Stelldichein, doch Lieschen scheut die Sünde. Die zweite Szene zeigt den Magister im Bett. Er liest. Und wartet auf Lieschen. Die dritte Szene: Tumult auf der Straße - aus Lieschens Mund erfährt der Leser, daß es beim Magister brennt. Mehr hört man nicht, denn hier endet das Fragment. Was genau geschehen ist, bleibt unentdeckt. Und so kann auch der Interpret nur versuchen, möglichst stimmige Hypothesen aufzustellen und zu begründen. Ein erster Befund ist mittels der typisch Lenz'schen Ingredienzen möglich, die sich aus den überlieferten drei Szenen herausschälen lassen. Da ist die beabsichtigte Verführung einer einfältigen Frauensperson; da ist die Rücksichtslosigkeit der sozial besser gestellten Klassen; da ist die Gier der kleinkarierten Umwelt nach häuslichen Sensationen;[70] und da ist selbstverständlich auch das Lesen.

> Ich will derweil im Ovidius lesen und das Licht brennen lassen - wenigstens soll sie hier einen hübschen Traum machen! (71)

Das sind die letzten Worte der Titelgestalt in diesem Bruchstück; ob sie auch die letzten seines fiktiven Lebens sind, ob der 'hübsche Traum' letztendlich letal endet - darüber wird man im dunklen gelassen . Doch wird die Phantasie des Lesers, der die Geschichte weiterspinnt, durch die Regieanweisung in eine eindeutige Richtung gelenkt: Da werden als Requisiten ausdrücklich eine Lampe und ein Strohstuhl genannt. Ein zufälliger Zimmerbrand also? Wie schon im Falle von Maries Buch in den "Soldaten" muß man auch hier Lenz vertrauen, daß er Requisiten gezielt einsetzt. Folgt man also dieser Hypothese, so erfährt das Motiv vom schädlichen Lesen hier einmal eine originelle Abänderung: Es brennt, weil irgendwer beim Lesen eingeschlafen ist; eine Gefahr, die durchaus den realen Gegebenheiten der Zeit, in der mit offener Beleuchtung hantiert wurde, entsprach. Das ist banal und ohne jegliche psychologische Feinheit. Das reflektiert auch nicht den bisher gewohnten Rezeptionsmechanismus, wenn man einen Gelehrten mit einem Buch in der Hand den Tag beschließen sieht. Auch eine Assoziation mit der ständig thematisierten Lesewut ist nicht angebracht.

Für das Verhältnis zwischen Literatur und Verführung hingegen besitzt der Text einige Aussagekraft. Die bösen Folgen der Lektüre zeigen sich einmal von der Kehrseite, nicht so subtil wie sonst, sondern viel handfester. Der Leser ist hier einmal ein Mann. Somit wird die Funktion der Lektüre, die Gemüter reiner Törinnen auf den kommenden Galan zu präparieren, hinfällig. Lesen bereitet diesmal in erster Linie dem Verführer Ungemach; inwieweit dieser Vorfall auch dem armen Lieschen schaden kann, bleibt der ergänzenden Phantasie des Lesers überlassen. Wichtig ist, daß sich im "Magister" Lektüre ganz anders in den Kontext 'Verführung' einordnen läßt. Es läßt sich eine Verbindung zur Person des Verführers herstellen, doch ist diese zur Gänze anders geartet als beispielsweise in den "Soldaten". Was bleibt, ist die verderbenbringende Wirkung des Lesens.

(3) Die Bewertung des Lesens

Wie bisher zu zeigen versucht wurde, kann Lektüre nach Ansicht der Stürmer und Dränger (und ihrer Zeitgenossen) mehrerlei bewirken. Sie ist schädlich für die Gesundheit: Sie versursacht Kopfweh, Gicht und Hämorrhoiden. Sie stört die althergebrachte Ordnung: Die Beziehungen zwischen den Geschlechtern nehmen ebenso Schaden wie zwischen Eltern und Kindern; die Frau gewinnt ein Flair, das nach damaliger Konvention nicht mit dem Idealtypus des Weiblichen identisch ist. Lektüre verwirrt die Gemüter. Lektüre fördert verbotene Sexualität.

Das sind allesamt unangenehme Effekte. Viel Spielraum für eine letzte Ehrenrettung des Lesens bleibt da nicht. Hinweise auf Bildungswert und unterhaltsamen Zeitvertreib könnten sofort mit einem Fingerzeig auf die im höchsten Grade nachteiligen Begleiterscheinungen abgetan werden. Mit alldem wird aber indirekt auch ein Paradoxon angesprochen: Wenn Dichter gegen Lesen allgemein polemisieren, dann polemisieren sie auch gleichzeitig gegen jenen Vorgang, dem sie die Verbreitung und Aneignung ihrer eigenen Texte verdanken. Eine erfolgreiche Philippika gegen das Lesen setzt logischerweise voraus, daß sie selbst gelesen wird. Ähnlicher Inkonsequenz begegnet man auch bei den Sprachkritikern des 20.Jahrhunderts, die es sich nicht leisten können, auf das Medium, das sie attackieren, zu verzichten, sobald sie sich in der Theorie verständlich machen wollen. So ist auch der Angriff auf das Lesen ein Dilemma, ein Angriff auf die eigene künstlerische Existenz. Ein argumentatorisches Eigentor also?

Folgende drei Thesen sollen helfen, das Problem zu klären. Vor allem sollen sie in der Rückschau verschiedene Befunde vereinen und die eigentliche Bedeutung, die dem Element der Lektüre in den Dichtungen von Lenz und seiner Zeit zukommt, näher umreißen. Denn Lesen ist nicht <u>nur</u> schlecht; es ist vielmehr nötig, den bisher aufsummierten Negativbefund durch einige Modifikationen zu mäßigen.

(1) Lenz und die Stürmer und Dränger richten sich nicht gegen 'das' Lesen als Grundfunktion jeglichen selbständigen Wissenserwerbs; sie richten sich gegen eine bestimmte Art von Lesen.

Man bedenke eines: In den zahlreichen Briefszenen bei Lenz findet sich kein einziges Mal die Thematisierung des Leseaktes an sich, geschweige denn eine Kritik daran. Und in der Erzählung "Der Landprediger" verbietet der Vater seinem Sohn gar, gewisse pädagogisch wertvolle Bücher auch nur anzurühren, in der Hoffnung, der Knabe möge durch das Verbot angestachelt werden und sich hinterrücks das Wissen aneignen. Der kluge Erzieher will das Studium aus eigenem Antrieb fördern, indem er Konformität als Widerstand tarnt. Seine Rechnung geht auch voll auf. Bezeichnend ist, wie mit dem Hinweis auf die schlechte Lektüre das Gute erst interessant gemacht werden muß. Innerhalb der Bücherwelt herrscht also Polarität der Werte und keine einseitige Präsenz des Schlechten.[72]

Nicht die Aneignung der Lesefähigkeit als Form pädagogischer Irrleitung wird demnach sonst kritisiert, sondern das falsche Lesen. Lektüre dient der Bildung, wenn sie sorgfältig und kritisch studiert wird.

> Eine schädliche Folge des allzu vielen Lesens ist, daß sich die Bedeutung der Wörter abnutzt, die Gedanken werden nur so ohngefähr ausgedrückt. Der Ausdruck sitzt dem Gedanken nur los an. Ist das wahr? (73)

Das schreibt Georg Christoph Lichtenberg. Bücher sind das Emblem der Gelehrten schlechthin. Die Misere der Lehrerzunft wird an ihnen ablesbar, wenn Lenz einem "Märtyrer des Schulstandes" bezeichnenderweise "bestäubte, verweste Bände, die er vermutlich nur in seiner Jugend gebraucht",[74] hinzugesellt. In deprimierender Form eröffnet sich in dieser Bemerkung der Kontrast zwischen jugendlichem Studieneifer und pädagogischer Realität. Gelöster, wenn auch nicht zur Gänze frei von Kritik, präsentiert sich das Gelehrtenbild in dem versifizierten Text "Matz Höcker". Zuerst ist von Wissensaneignung durch Lesen die Rede:

Hab alt und junge Bücher gelesen,
Hab alles g'sehen und alles gehört,
Bin jetzo verständig und gelehrt. (75)

Doch ist man geneigt, die derart proklamierte Gelehrsamkeit anzuzweifeln, wenn man die mit zahllosen Hiaten, Apokopen und Synkopen gespickten Knittelverse betrachtet,in denen der Schulmeister seine Rede einherrattern läßt. Die Form stellt sich dem Inhalt entgegen - damit wird ein satirischer Effekt erzielt. Eine andere Aussage Höckers gibt dieser Feststellung recht:

Hab' auch Bücher ohn' Ende gesehn,
Alle gedruckt und gestochen schön,
Süßer Wörter und Strich' die Menge,
Brachten mir allen Verstand ins Gedränge,
Daß ich am Ende, wie 'ne W-laus
Gar nit wüßte ein oder aus. (76)

Buttenweises Verschlingen von Gedrucktem - das kann nicht gut ausgehen. Als Gelehrtensatire zeigt der Text, was 'falsches Lesen' bedeutet: Viel gelesen, wenig gelernt - auch eine für die Heldinnen der Sturm und Drang-Dramen gültige Erkenntnis. Bestritten wird der Wert der Lektüre jedoch nicht, nur deren Auswucherung ins Endlose und die daraus entspringende Konfusion.

Extensives Lesen - das ist es, was verdächtig und unheilvoll ist, ungeachtet der benützten Werke. Immerhin ist es Ovid, der den Magister (höchtwahrscheinlich) ins Unglück hinüberdämmern läßt, ein Autor, den Lenz selbst 'von Herzen liebte und bewunderte'.[77] Über den Leuten, die sich sogar im Bett nicht von ihrem Buch trennen können, schwebt deutlich das Damoklesschwert - wie im Falle jenes lüsternen Magisters oder bei Heinrich Leopold Wagner (im vierten Akt von dessen "Kindermörderin"). Oberflächliche Lektüre ist das Virus aller Vielleser, das ihnen nichts Gutes beschert.

'Lesen' in seiner unabgestuften Bedeutung ist ebensowenig Objekt der Kritik wie Bildung, Wohlstand oder Liebe in der satirischen Typenkomödie der Aufklärung. Alle diese Begriffe werden nur in ihrer Extremform für die Polemik anfällig: Bildung als spintisierendes Strebertum, Wohlstand als raffgieriger Geldfetischismus, Liebe als sublime Form des Wahnsinns. So auch das Lesen:

In seiner Funktion als Grundkomponente im Bildungserwerb bestätigt, wird es durch übertriebene Praxis pervertiert. Um zum Objekt negativer Kritik zu werden, muß der Begriff erst weiter modifiziert werden.

(2) Es ist nicht gleichgültig, wer was wie liest. - Die Aspekte des Lesers und der jeweiligen Art der Aneignung wurden an verschiedenen Stellen schon umrissen. Vor allem sind es Frauen, die lesen. Und bei denen das Lesen auch zur Frage der guten Erziehung wird: "Ein wohlerzogenes Frauenzimmer muß im Grunde des Herzens alle die Lotten und Julien abscheulich finden /.../."[78] Neben der Anfälligkeit für das Unschickliche ist es auch die schwärmerische Neigung, die die literarische Rezeption eine eigene Bahn einschlagen läßt. Lektüre leitet gedanklich-emotionale Prozesse beim Leser in die Irre. Im "Waldbruder" wird ein Mann zum Opfer der Lektüre, aus der er sich ein 'Ideal zusammenschmilzt'[79]: Er zieht sich als Einsiedler zurück und träumt - wie etwa Heinrich von Kleist - den Traum vom einfachen bäuerlichen Dasein.

Auch über die Art der gelesenen Werke wurde bereits einiges gesagt. Zwar erscheinen die verschiedensten Texte durch das falsche Rezipieren in etwas schiefem Licht, von der klassischen Poesie über das Shakespeare-Drama bis zum banalen Rührstück. Doch am verfemtesten ist der Roman. Auch wenn er in seiner "Werther"-Apologie von einem Besserungsfaktor spricht, der jedem Roman innewohnt (und mit dieser Argumentation natürlich Wasser auf Goethes Mühlen laufen läßt), ist für Lenz der Roman gleichbedeutend mit Schund schlechthin. Zahlreiche Zitate bestätigen das.

Der Roman vertritt das Unechte. Der Gattungsbegriff wird mit der Fiktion an sich gleichgesetzt: "Laßt euch diese Erfahrung nützen, die nicht als Roman, sondern als Wahrheit hingeschrieben wird /.../."[80] Der Roman ist anspruchsloses Medium zur Amalgamierung inkohärenter Einheiten; es liegt nahe, die "ungereimtesten, zufälligsten Handlungen in einen Roman zu bringen."[81]

Weiters ist der Roman auch Maßstab für sensationelles Schrifttum:

> Ich habe Briefe von ihr /Gräfin Stella/ gesehen, sie weiß von den allergeringsten Sachen so etwas Anzügliches zu geben, daß man sogar ihre kleinsten Kommissionen mit eben dem Interesse liest, als den wohlgeschriebensten Roman. (82)

Der Roman hat auch eine fast sprichwörtlich gebrauchte Tendenz zur Geschwätzigkeit:

> Leben Sie wohl und verzeihen Sie, daß ich so viel geplaudert habe. Nicht wahr, ich hab' eine gute Anlage zur Romanschreiberin? (83)

Schließlich hat der Roman Züge dessen, wofür man im Mittelalter eines seiner speziellen Genres, nämlich den Artusroman, in weiten Kreisen gehalten hat - er ist ein Werk des Teufels. Über den Geistlichen Johannes Mannheim wird im "Landprediger" wie folgt berichtet:

> Die Begierde, ein Romanschreiber zu werden, drückte und folterte ihn Tag und Nacht, wo er ging; was er sah, was er anrührte, wollte er alles in seinen Roman bringen, und der arme Mann saß beständig in seiner fröhlichen Gesellschaft da, wie ein Elefant mit einem Ring in der Nase - (84)

Die qualvolle Existenz als poetischer König Midas, der alles zu Literatur machen muß, schlägt beim armen Landprediger ins Gegenteil um:

> /.../ Wer von Euch sich untersteht, mir von dem Roman auch nur mit einer Silbe wieder zu erwähnen, den erkläre ich für den allertödlichsten Feind, den ich in meinem Leben gehabt habe. (85)

Aus Besessenheit wird Allergie. Und wahrhaftig scheint ein Rückzug vom Roman bei all dem Gesagten auch das Sinnvollste zu sein.

Trotz aller Abneigungen, die Lenz gegen die niveaulosen

Romanschmierer klar ins Gefecht bringt, kann ein Verdikt wie folgendes einigermaßen verwundern:

> Da es heutzutage mehr Leute gibt, die Bücher schreiben, als die welche lesen, und die letzteren gemeiniglich weiser und verständiger sind als die ersten, so will ich, um mich auch zu diesen rechnen zu können, mein Buch mir selber schreiben, das heißt, mir selber von meinen Empfindungen, ihrem Wechsel, Veränderung und Fortgang Rechenschaft zu geben suchen. (86)

So beginnt die erste Selbstunterhaltung aus der "Moralischen Bekehrung eines Poeten von ihm selbst geschrieben". Dabei müssen zwei Dinge festgehalten werden: Einerseits wird hier nicht die Zeiterscheinung Lesewut hervorgehoben, sondern die Zeiterscheinung Schreibwut. Andererseits neutralisiert Lenz hier den Topos vom labilen Leser, da er ihm Mündigkeit zuspricht. So etwas entspricht nicht ganz der Sicht, die wir auf die Verarbeitung von Lesen und Literatur zum literarischen Motiv gehabt haben. Lenz rüttelt an seinen eigenen Grundpositionen, soweit sie bisher umrissen wurden. Wie läßt sich diese Aussage mit dem beharrlich auftauchenden negativen Kontext vereinbaren, in den der Akt des Lesens (und besonders der des Romanlesens) eingefügt wird? Auf eine mögliche Lösung dieser Aporie können wir nur vorsichtig - quasi in Klammern - hindeuten und dies der fehlenden Sicherheit wegen nur in Frageform tun: Ist Lenzens Kritik am falschen Lesen nur Nebenprodukt einer Romankritik? Korrespondiert diese indirekte Behandlung des Romans, die verstreut eingebaut wird, mit dem Fehlen einer theoretischen Gesamtschau der Gattung, wie dies bei Lenz der Fall ist - als Ausfluß einer Scheu, die die direkte poetologische Konfrontation mit dem Roman vermeiden will? Ohne Zweifel wäre dies ein origineller Weg: eine Romankritik, die sich des zeitgenössischen Phänomens der Lesesucht bedient.

Ist der Gedanke, daß das Element der Lektüre in den Werken von Lenz irgendwie mit der Romankritik verflochten ist (obwohl ja selbstverständlich nicht ausschließlich Romane gelesen werden), vielleicht etwas zu weit hergeholt, so zeigt sich an anderer Stelle, wie das Element des Lesens - abseits von jeglicher Kritik - innerhalb des Plots zuweilen eine recht komplexe Funktion übernehmen kann.

(3) Der Einbau der Lektüre in das literarische Kunstwerk erfolgt nicht nur aus Gründen der Polemik. Er kann auch für den Ablauf des Handlungsgefüges von beträchtlicher Wichtigkeit sein, indem er die Funktion eines Indikators beziehungsweise Katalysators zugesprochen bekommt.

Im Zusammenhang mit dem von der Gesellschaft entrückten Waldbruder Herz schreibt Lenz:

> Jedermann redt davon und bedauert das Unheil, das solche Schriften anrichten. Ich aber behaupte, daß der Grund davon in seinem Herzen liegt und daß er auch ohne Werther und Idris das geworden wäre, was er ist. (87)

Dort, wo Lektüre verändernd eingreift, relativiert solch eine Aussage das Verhältnis zwischen Buch und Leser beachtlich. Sie wird nicht als einzige Quelle allen Übels aufgefaßt, vielmehr sind die Wirkungen, die vom Gedruckten beim Leser freigesetzt werden, schon als Anlagen in ihm verborgen. Der Lesende ist so unbedarft nicht. Er ist keine tabula rasa, auf der willkürlich selektierte literarische Produkte ihre Abdrücke hinterlassen. Wenn Roy Pascal die Lektüre sentimentaler Romane als ausschlaggebendes Motiv interpretiert, das harmlose Mädchen in den Untergang führt,[88] so ist diese Aussage etwas unpräzise. Nicht wie Cervantes' "Don Quixote" und Wielands "Don Sylvio" ist die Lektüre bestimmter Bücher Ausgangspunkt der ganzen Handlung, die die Helden ihr Leseerlebnis in der Praxis nachvollziehen sieht.

Im Sturm und Drang wird diese Funktion abgestufter und feiner variiert. Da ist nicht die Buchlektüre allein für den ausschlaggebenden Impuls verantwortlich, sondern handlungsentwickelnde Determinante unter vielen. Konkret das Beispiel der "Soldaten" betrachtet, zeigt sich die Lektüre der "Pamela" nicht als so situationsverändernd, wie dies in den beiden zuvor genannten Werken als Reaktion auf die Rezeption der Ritterromane geschieht. Lektüre produziert nicht nur (nämlich relevante Situationen für die Dramaturgie); sie reflektiert auch, und zwar Seelenzustände und Seelenvorgänge im weitesten Sinn. Die Wahl des Lesestoffes ermöglicht dem Leser einen Blick in das Seelenleben der Protagonisten. Ihr selektiver Geschmack ist Abbild einer mehr oder minder ausgegorenen Psyche.

Diese zeitweilig auftretende Doppelfunktion der Lektüre gilt auch für das Romeo und Julia-Spiel im "Hofmeister". Katalysatorisch da die Übernahme gewisser Rollenschemata in Leben und Sprache, der Impuls, den das Buch auf das Verhalten ausübt; indikatorisch die Affinität der beiden Liebenden zur exemplarischen Shakespeare-Tragödie. Eine ähnliche Polarisierung des Lektüre-Motivs auch in den "Soldaten": katalysatorisch da die aus der Fiktion in die Realität projizierten überkandidelten Hoffnungen auf soziales Weiterkommen, indikatorisch die Inklination der melancholischen Marie zu melancholischen Lesestoffen.

Somit erweist sich der Einbau der Lektüre nicht bloß als marginale Ausschmückung dramatischen Ablaufs, der für die Literatursoziologie relevante Rezeptionsvorgänge in den Text einbringt, sondern als funktional bedeutsames Element, das gleichermaßen beschleunigen wie auch statisch wirken kann. Die strukturelle Deutung dieser Erscheinung, die bloß die Funktion im Rahmen des Handlungsablaufs würdigt, rückt daher deutlich von der Problemstellung der ethischen Qualität ab, über die das Lesen verfügt. Lektüre ist weder gut noch schlecht, sondern erfüllt eine Aufgabe, die auch von einem anderen Objekt (oder einer Person) erfüllt werden könnte.

DRITTER TEIL:

LESEN UND LESER IN AUTOBIOGRAPHISCHEN TEXTEN

(I) LEKTÜRE ALS FUNKTIONALES ELEMENT BIOGRAPHISCHER SELBSTDARSTELLUNG

Im 18. Jahrhundert - und darüber hinaus - genießt das deutsche Bürgertum, verglichen mit dem in England oder in Frankreich, nur begrenzte Freiheiten. Von der Mitsprache in politischen Dingen ausgeschlossen, ist es trotz seiner teilweise hohen Lebenskultur in der Hauptsache zur Passivität des Untertanendaseins verdammt. Der deutsche Bürger lebt nicht in der oder für die Öffentlichkeit, sondern sieht sich auf seinen eigenen Haushalt verwiesen. Reduktion führt gewissermaßen zur Reflexion:

> Wo das wachsende oder auch nur 'ererbte' Selbstbewußtsein des Einzelnen in Widerspruch tritt zur mehr und mehr sich verstärkenden Erfahrung von Ohnmacht, Abhängigkeit und Selbstentfremdung, muß die Autobiographie sich entscheidend verwandeln: sie kann zum Dokument der verweigerten Autonomie, der nie erfahrenen Freiheit, der verhinderten Sozialisation werden. (1)

So führen gerade gesellschaftliche Strukturen dazu, innerhalb der autobiographischen Darstellung innovatorische Momente auszulösen. Jung-Stilling, Moritz, Bräker, Goethe sind Autoren, die mit der Autobiographie als künstlerischer Reflexion über das eigene Ich neue Akzente setzen, die Erinnerungsarbeit leisten, welche als Selbstanalyse wichtige Perspektiven auf das Individuum, seine Innenwelt und seine Außenwelt nebst deren beider Bewältigung eröffnet. Nach dem Erscheinen von Rousseaus "Confessions" (1782, 1789) legt die deutsche Autobiographie zunehmendes Gewicht auf die Bildungsgeschichte, wobei speziell bei den Beispielen pietistischer Prägung das Verhältnis zu Gott und zum Glauben in außergewöhnlichem Maße zur Persönlichkeitsformung beiträgt. Die erzählende Beschreibung des eigenen Lebens und eigenen Erlebens stößt mit all ihren Spielarten Ende des 18.Jahrhunderts in die Zonen höchster literarischer Ansprüche vor. Was von der formalen Seite bislang nur eine periphere Erscheinung im Panorama literarischer Produktion war, zählt in jenem Zeitraum mit zu den wichtigsten Schöpfungen der deutschsprachigen Literatur.

Die Autobiographie ist ein Plädoyer für das Individuelle. Jeder

Mensch ist einzigartig in der Struktur seines Charakters, in der Seele, in seiner genetischen Zusammensetzung - "the isolate uniqueness that nearly everyone agrees to be the primary quality and condition of the individual and his experience."[2] "So gesehen, gibt es so viele Typen von Selbstdarstellung und Autobiographie, wie es im Schreiben sich erinnernde Menschen gibt /.../."[3] Dies trifft freilich gerade auf die großen autobiographischen Arbeiten jener Zeit zu, jede von ihnen getragen von unverwechselbarer Profilierung. Jung-Stilling: eine Selbstbetrachtung, die dadurch an äußerer Geschlossenheit gewinnt, daß der Verfasser in deduktiven Ableitungen eine alles überwölbende transzendente Sinngebung herauszudestillieren versucht. Moritz: eine romaneske Gestaltung psychologischer Erkenntnisse; eine stilisierte 'Erfahrungsseelenkunde', die die Psyche in einer erstaunlich modernen Weise seziert und kommentiert, ein "Vorgeschmack von Strindbergs seelischem Exhibitionismus", wie ein Kritiker zu Beginn unseres Jahrhunderts zu assoziieren weiß.[4] Anders als Jung-Stilling läßt Moritz sein alter ego Anton Reiser am Ende nichts erreichen; der Held wird, mit dem trügerischen Lebensziel Theater vor den Augen, in die Ungewißheit entlassen. Hier gaukelt keine aufgesetzte Scheinlösung ein fröhliches Finale vor, sondern es dominiert ein resignativer Realismus, für Wuthenow - ähnlich wie im "Werther" Goethes - ein Signal des Protestes.[5] Schließlich Bräker: Bei ihm ist von der ordnenden Hand eines Erzählers recht wenig zu spüren. So regellos, wie das Schicksal auf einen einströmt, wird es niedergeschrieben. Wuthenow sieht in der formalen Konzeption des Buches einen getreulichen Spiegel von Bräkers Leben, dem - anders als bei Jung-Stilling - "Entwicklung und Geschlossenheit" abgehen.[6]

Signifikant für die Entwicklung der Epik gegen Ende des 18.Jahrhunderts ist die wechselseitige Annäherung zwischen Autobiographie und Roman. Beide Gattungen übernehmen voneinander gewisse poetische Elemente: Einerseits bemächtigen sich Strukturen der Biographie des Romans, andererseits wird die Autobiographie immer mehr literarisiert.[7] Diese konvergierende Tendenz von Dichtung und Wahrheit läßt einzelne Texte in einer typologisch und methodisch schwer zu bestimmenden Schummerzone ansiedeln. Typisch hiefür ist die Diskussion um den "Anton Reiser": Als Biographie, in der der Autor in der Geschichte der Titelgestalt mehr oder weniger seine eigene erzählt, wurde das Werk besonders von den Philologen im Gefolge von Hugo Eybisch interpretiert, der Übereinstimmungen zwischen den durch Quellenmaterial abstützbaren biographischen Fakten und dem Erzählverlauf nachweisen konnte.[8] Die Autonomie als 'Psychologischer Roman' scheint für die andere Forschungsrichtung wiederum die wegweisende Eigenart des Textes zu sein: seine Sicherheit in der Auslotung aller Tiefen der menschlichen Seele, was nicht nur zum Zeitpunkt seiner Veröffentlichung - elf Jahre nach Blanckenburgs Forderung, die Handlung eines Romans im Inneren eines Menschen ablaufen zu lassen - als höchst modern galt.

Von prägender Art für die Disposition der Seele sind die Eindrücke der Kindheit: das Elternhaus, die Nachbarschaft, der erste Schulbesuch. Man fühlt sich an Freud erinnert, liest man im "Magazin zur Erfahrungsseelenkunde", wie Moritz die Kindheitserlebnisse in ihrer Bedeutung einschätzt:

> Diese Eindrücke machen doch gewissermaßen die Grundlage aller folgenden aus: sie mischen sich oft unmerklich unter unsere übrigen Ideen, und geben denselben eine Richtung, die sie sonst vielleicht nicht würden genommen haben. (9)

Biographie - so Goethe - habe unter anderem die Aufgabe zu zeigen, wie sich der Mensch aus den Zeitverhältnissen eine "Welt- und Menschenansicht" bildet.[10] Wenn die Autobiographie jener Zeit in sich immer deutlicher den Seelenzuständen und inneren Entwicklungen zuwendet, so werden Lektüre und Lesen dabei in gezielter Form als Handlungselement eingesetzt.

In dem Maße, in dem die Pädagogik jener Zeit der Kindheit eine persönlichkeitsbildende Rolle zuspricht, konzentrieren sich die Autobiographien auch auf jene Bücher, die die Zentralgestalt als Kind liest. Nur: Kinderliteratur im heutigen Wortsinn ist nur sehr spärlich vorhanden. Was gelesen wird, ist bloß in den seltensten Fällen der Altersstufe angemessen. Der zwölfjährige Christian Friedrich Daniel Schubart liest als Zwölfjähriger bereits Luther und Klopstock und unterscheidet sich auch in seinen empfindsamen und übersteigerten Reaktionen durch nichts von erwachsenen Lesern:

> Von diesem Augenblik wandelte mich die größte Ehrfurcht an, wenn man den Namen Klopstok nur nannte. Ich glaubte, ein Engel hätte sich auf unsre Welt verirt und nenne sich so. Den Messias lernt' ich fast auswendig, und weinte, zitterte, schauerte vor Freuden, wenn ich Stellen draus deklamierte. (11)

Die Geburtsstunde des eigentlichen Kinderbuches fällt mit der Publikation von Joachim Heinrich Campes Roman "Robinson der Jüngere" (1779/1780) in die Spätaufklärung. Dafür, daß das Kinderbuch sich schließlich von der Erwachsenenliteratur emanzipieren kann, führt Ludwig Fertig mehrere Gründe an: erstens, den Anstieg der Buchproduktion im allgemeinen; zweitens, das aufklärende Wirken der Reformpädagogen; drittens, die Verlagerung der Erziehungskompetenz von den bestallten Hofmeistern zu den Familienvätern selbst und das daraus erwachsende Bedürfnis nach adequater Lektüre; viertens, den Wunsch nach unterhaltender Belehrung.[12]

Allerdings sind die Kinderbücher des 18.Jahrhunderts hauptsächlich eine Sorte Literatur, "die Kinder nicht in dem, was sie sind, sondern zu dem, was sie noch nicht sind, unterstützt."[13] Früh und unvermittelt treten die Kinder in die Lesewelt der Erwachsenen. Im Familienkreis übernehmen sie oft die Rolle des Vorlesenden - aus pädagogischen Rücksichten, aber auch, weil das Augenlicht der Alten nachgelassen hat oder diese gar das Lesen verlernt haben.[14] Den Leitsätzen der Aufklärung folgend, sind die Bücher für die Jugend hauptsächlich da, damit sie dem Leser eine Annäherung an Ideale wie Gottesfurcht, Bildung oder Gemeinschaftssinn angedeihen lassen. Wer aufmerksam liest, kann sich später einmal als Erwachsener besser bewähren.

Mag die Erinnerung an die Schule oder die Verhältnisse im Elternhaus noch so trist sein, so erscheint die in den Kindertagen genossene Lektüre stets im Licht besonderer Verklärung. Damit wird einerseits angezeigt, daß früheste Lektüre meist unkritisch - weil mit dem Reiz des Neuen gewürzt - aufgenommen wird, andererseits steht damit das Buch vom frühesten Anbeginn fest als potentielles Hilfsmittel zum Aufbruch in eine bessere, harmonischere Welt.

Der Einbau von Leseerlebnissen ist freilich so alt wie die Biographie selbst. Von eminenter Bedeutung ist hier die christliche Tradition: einmal der Heilige Augustinus, zum anderen die Überlieferung des Lukasevangeliums. Eine Episode darin ist der geistigen Überlegenheit des zwölfjährigen Jesus gewidmet, soll diese unerschütterlich festlegen: Der Knabe verschwindet während eines Aufenthaltes in Jerusalem spurlos. Nach aufreibender Suche finden ihn seine Eltern schließlich inmitten einer Schar verdutzter Tempellehrer, denen er sowohl Fragen stellt als auch beantwortet. Während das Kind die Prüfung glänzend besteht, ist seine Umgebung einigermaßen konsterniert: die Tempelgelehrten sind verwirrt, die Eltern erzürnt; zudem können sie mit der kryptischen Rechtfertigung ihres Sohnes nichts anfangen.[15]

Von Büchern und vom Lesen ist in jener Geschichte zwar nicht die Rede, sie erfüllt aber innerhalb der Biographie Jesu eine Aufgabe, die einem spezifisch ausgeprägten Leseerlebnis nicht unähnlich ist . Dem Leser des Evangeliums wird ein Knabe vorgestellt, der einer intellektuellen Herausforderung glänzend Widerpart leisten kann. Er bringt etwas fertig, was zweifellos seiner Altersstufe nicht entspricht, mehr noch: er übertrifft die eigentlichen Fachleute. "Jesus aber wuchs heran, und seine Weisheit nahm zu", heißt es lakonisch zum Abschluß. Die anekdotische Episode, zu Beginn der Vita stehend, übernimmt hier deutlich die Rolle eines Indikators. Illustrativ wird hier Weisheit als charakteristischer, dem späteren Manne Jesus eigener Wesenszug präsentiert. Dadurch, daß um diesen Teil des Persönlichkeitsbildes eigens eine Geschichte aufgebaut wird, fällt es dem Leser nur umso einprägsamer ins Auge.

Somit sind die biblischen Reminiszenzen unverkennbar, wenn Goethe im vierten Buch seiner Autobiographie vom greisen Privatlehrer Albrecht berichtet, den er in Knabenjahren mehrmals in Verlegenheit bringt, als er nach Widersprüchlichkeiten in der Heiligen Schrift bohrt. Belesenheit als Indikation außergewöhnlichen Scharfsinns: Albrecht, vor dem Wissensdurst seines Schülers schließlich die Waffen streckend, muß ihn auf das Selbsstudium eines voluminösen Kommentars verweisen.[16] Die Erzählstrategien im Neuen Testament und in "Dichtung und Wahrheit" sind eindeutig dieselben. Hier wie dort werden die Frühreife und die geistige Emanzipation der Zentralgestalt angedeutet, einmal mit, einmal ohne Rekurs auf die Lektüre. Was wiederum zeigt, wie austauschbar das Leseerlebnis in seiner indikatorischen Funktion ist.

Von ganz anderer Art ist die zweite Wurzel, mit der die Thematisierung des Lesens in der Überlieferung des Christentums ruht. Im achten Buch seiner "Confessiones", verfaßt um das Jahr 400, beschreibt Aurelius Augustinus das Erlebnis seiner Bekehrung. Von tiefster Verzweiflung heimgesucht, vernimmt er im Garten seines Mailänder Anwesens plötzlich die Worte "tolle, lege" - nimm und lies. Augustinus befolgt die Weisung, schlägt die Heilige Schrift auf, liest den ersten Satz, auf den sein Blick fällt. Und die Wirkung ist wunderbar:

> statim quippe cum fine huiusce quasi luce securitatis infusa cordi meo omnes dubitationis tenebrae diffugerunt. (17)

Im Zentrum des Werkes stehend, bildet dieses Leseerlebnis gleichsam dessen Achse in formaler wie auch in inhaltlicher Hinsicht; ein Höhepunkt, der eindrucksvoll auch die dramatische Wirkung nicht vergißt; eine Schlüsselszene, die von der Nachwelt als repräsentativ für das Gesamtwerk schlechthin aufgenommen wurde und auch entsprechend oft in der Bildenden Kunst ihre Gestaltung fand.[18] Als rhetorische Stilisierung erfüllt das Leseerlebnis des Heiligen Augustinus in der Hauptsache eine indikatorische Funktion - der Hinweis auf die Lektüre dient als Anzeige der stattfindenden Persönlichkeitsveränderung. Johannes Geffcken hat im Jahre 1934 diese Szene bereits im Sinne eines indikatorischen Leseprozesses interpretiert:

> Und das tolle, lege, die Zuflucht zum Bibelorakel ist nur die äußere, die zeitgemäße Form einer plötzlichen, überzeugenden inneren Befreiung. (19)

Somit ist die Szene im Mailänder Garten nur eine dramaturgisch wirkungsvolle Verbrämung eines seelischen Prozesses. Nimmt man das Beschriebene hingegen beim Wort, mißt man ihm dieselbe Qualität bei, über die eine Bekehrungsszene in einer Legende verfügt, so ist die katalysatorische Aufgabe kaum mehr zu übersehen - der Griff zum Buch ist es, der die Persönlichkeit verändert, der den Läuterungsprozeß besiegelt.

Im Werk des Heiligen Augustinus trifft man immer wieder auf solche Leseerlebnisse, die in der Seele des Lesers unverkennbare Spuren hinterlassen haben. Und immer wieder ist es das Bild des Feuers, das diese Veränderung signalisiert - die Flamme, die beim katalysatorischen Prozeß unmittelbar beteiligt ist, die bei der Umwandlung eines Zustandes in einen anderen entscheidend mitwirkt. So erzählt er im dritten Buch der "Confessiones" über die Lektüre von Ciceros (heute verschollenem) Dialog "Hortensius": "Quomodo ardebam, deus meus, quomodo ardebam reuolare a terrenis ad te /.../."[20] Die Lektüre der Neuplatoniker entfacht in ihm 'ein unglaublich loderndes Feuer' ("incredibile incendium concitarunt"),[21] und ähnlich ergeht es ihm mit den Büchern Plotins - "lectis autem Plotini paucissimis libris, /.../ exarsi."[22]

Die Interpretation der Gartenszene als katalysatorisches Leseerlebnis hat in der abendländischen autobiographischen Tradition ihre untrüglichen Spuren hinterlassen. Bereits im ersten Memoirenwerk des europäischen Mittelalters, "De vita sua sive monodiarum libri tres" von Guibertus Novigentinus (1115), findet sich eine Stelle, die deutlich wie die Tolle-lege-Szene angelegt ist.[23] Bei Petrarca vollzieht sich ein vergleichbares Erlebnis sogar anhand der "Confessiones" selbst, sodaß eine Anspielung auf die Bekehrungsszene unübersehbar wird: Angeregt durch seine Livius-Lektüre, beschließt er, zusammen mit seinem Bruder den Mont Ventoux in der Provence zu besteigen. In einem Brief an Francesco Dionigi[24] berichtet er, wie er am Gipfel ein Augustinus-Bändchen mit dessen "Confessiones" aufschlägt und auf eine Stelle stößt, in der das Staunen des Menschen vor den Wundern der sichtbaren Schöpfung die Unkenntnis über das Wunder seines eigenen Ich, seiner eigenen Seele entgegengehalten wird.[25] Hatte Petrarca zuvor noch die Landschaft bestaunt, die vor seinen Füßen ausgebreitet war, so erkennt er jetzt schlagartig die Nichtigkeit seines Tuns, so werden ihm plötzlich alle durchlebten Torheiten bewußt: Vor der Größe der Seele verblassen selbst die Großartigkeiten der Natur.

Petrarca glaubt nicht an eine zufällige Fügung, die ihn just diese Stelle aufschlagen und lesen ließ. Vielmehr glaubt er an eine Formulierung, die sich unmittelbar auf ihn und auf keinen anderen sonst bezieht. Was aus dem Buch spricht, erschüttert durch die Art der Darstellung, die sich fugenlos in die gerade erlebte Situation einpassen läßt, aufs schwerste das Gemüt des Lesers. Petrarca erlebt - freilich unter anderen Vorzeichen - genau das nach, was auch das Gemüt seines Augustinus ergriffen hat: das Gefühl, daß das Jahrhunderte zuvor Formulierte eigentlich nur für ihn formuliert sei, daß der Kongruenz von Erlebtem und Gelesenem etwas Unerhörtes, transzendent Gelenktes anhafte. Diese Kongruenz kann kein Zufall sein, sie darf es vielmehr nicht sein, da es unvorstellbar ist, eine derart starke existenzielle Verunsicherung von banalen Schickungen abhängig zu machen. Es ist das Bewußtsein der Auserwähltheit, das hier als Katalysator wirkt. Und so stellt sich Petrarca in die Reihe jener, denen göttliche Einsagungen ihren Lebensentwurf blitzartig in Frage stellen - in die Reihe eines Heiligen Antonius, eines Heiligen Augustinus.

Wenn die Rede ist von der starken Wirkung, die das Tolle-lege-Erlebnis auf die Stilisierung nachfolgender biographischer Selbstdarstellungen ausgeübt hat, so darf nicht vergessen werden, daß Augustinus dabei selbst aus antiken Traditionen geschöpft hat.[26] Erst die "Confessiones" brachten aber das katalysatorische Lesen in Verbindung mit dem (hier von göttlicher Inspiration getragenen) Gedanken der Auserwähltheit in das Bewußtsein des christlichen Abendlandes.

- Schon in der frühen christlichen Literatur lassen sich demnach zwei wesentliche archetypische Elemente zur Gestaltung des biographischen Modells erkennen: erstens, die Hervorhebung der Zentralgestalt, wobei die Reproduktion eines Bildungserlebnisses im weitesten Sinn ein adequates indikatorisches Gestaltungselement darstellt; zweitens, das plötzliche Einschwenken auf eine neue Lebensbahn, ausgelöst durch einen katalysatorischen Impuls von außen. Typische Gestaltungselemente einer Biographie also, die nicht unbedingt als Lektüreerlebnisse konkretisiert werden müssen, wohl aber können. Indikation und Katalyse sind primär narrative und dramaturgische Notwendigkeiten, die - im weitesten Sinne - das Wie einer Person oder das Warum einer Handlung mitgestalten. Erst sekundär können solche indikatorischen und katalysatorischen Funktionen als Leseeindruck oder Leseerlebnis gestaltet werden; daneben steht dem Autor eine Fülle anderer Möglichkeiten offen.

Der somit fakultative Einsatz von Lektüre bestärkt den Eindruck, daß die Autobiographien des ausgehenden 18.Jahrhunderts - wie eingangs in diesem Abschnitt erwähnt - große Nähe zu rein fiktionalen Texten aufweisen. Hinter der oft großen funktionalen Zweckmäßigkeit der Leseeindrücke verbirgt sich die ordnende Hand des Erzählers. Das Element der Lektüre wird bewußt eingesetzt, um die Handlung zu erklären, umzulenken oder zu beschleunigen.

Als Beispiel zwei Episoden aus Goethes "Dichtung und Wahrheit". Die Forschung, die sich in jüngerer Zeit immer mehr mit der Thematisierung literarischer Rezeption in einzelnen Werken auseinandersetzt, hat die Autobiographie auch unter diesem Gesichtspunkt zu interpretieren versucht - als "Entwicklungsroman des Lesens"[27], der die Reifung der Zentralgestalt anhand ihrer Lektüre präsentiert. Die Evolution im Leseverständnis ist gleichbedeutend mit der Evolution zur geistigen Autonomie. Goethes erster Umgang mit Literatur ist wie der vieler anderer Kinder auch, sorglos und wahllos, allein ausgerichtet auf die unkritische Anwendung der gerade eben erworbenen Lesefähigkeit. Oft entscheidet das äußere Erscheinungsbild der Bücher, ob man sie weiterliest oder beiseite legt. Sie werden als zitierbares Stückwerk vereinnahmt oder dienen als Nährboden für die sich üppig entwickelnde kindliche Phantasie.

Aufmerksam wacht Goethes Vater über die Lektüre im Haus. Er verfügt über strenge Auffassungen in der Dichtkunst - "mein Vater hielt den Reim für poetische Werke unerläßlich."[28] Das Erscheinen von Klopstocks "Messias" bereitet ihm demzufolge auch einigen Kummer, und "eine unheilbare Abneigung"[29] macht sich bei ihm breit. Nicht so der Sohn. Dankbar, mit spielerischem Eifer, verschlingen er und seine Schwester den von einem Freund ins Haus geschmuggelten Text, lernen ihn auswendig - alles mit dem stummen Einverständnis der Mutter. Eine nette Geschichte, gewiß - doch ist es die eigentliche Aufgabe dieser Klopstock-Episode, das Persönlichkeitsmerkmal der Fortschrittlichkeit, sein Faible für das Originelle bei Goethe schon als Kind anhand seiner literarischen Präferenzen zu konturieren. Die anekdotische Wendung am Schluß, als der Barbier - aufgeschreckt wegen eines von Goethes Schwester zu laut rezitierten Klopstock-Verses - das volle Seifenbecken über den zu rasierenden Vater kippt; vor allem aber das Moment des heimlichen Lesens, der in den Augen des Erziehers unrechtmäßigen Lektüre - das sind alles Elemente, die vorzugsweise in Texten rein fiktionalen Charakters zu finden sind.

In dieser Episode nimmt Lektüre als indikatorisches Element insofern eine kontrastive Funktion ein, als sie den Gegensatz zwischen den Generationen aufhellen hilft. Ein Gegensatz ganz anderer Art beherrscht die Goldsmith-Episode, nämlich der zwischen Lektüre und Wirklichkeit. Goethe, nunmehr bereits einundzwanzigjährig, lernt dank Herders Vermittlung Oliver Goldsmiths Roman "The Vicar of Wakefield" kennen und schätzen - "mir war alles lebendig, wahr, gegenwärtig."[30] Der Stand des Landgeistlichen wird für den Jüngling zum Inbegriff "einer modernen Idylle."[31] Besonders reizvoll ist für ihn das Zusammenspiel von Erhabenem und Einfachem. auf der einen Seite der Dienst am Höchsten, die drückende Verantwortung als Erzieher, seelischer Beistand und als sittliches Vorbild; auf der anderen Seite seine Einbindung in die anspruchslosesten gesellschaftlichen Verhältnisse.

Das Lektüreerlebnis präfiguriert allerdings bloß die schicksalhafte Begegnung mit Friederike Brion: "/.../ Keineswegs aber hätte ich erwartet, alsobald aus dieser fingierten Welt in eine ähnliche wirkliche versetzt zu werden."[32] Die erdachte Welt des Buches ist gleichsam ein Präludium, das Goethes nachfolgendem Zusammentreffen mit der Pfarrerstochter stärkeres Gewicht verleiht. Die Szene ist romanhaft in höchstem Grade: Goethe, der sich selbst für den Besuch ein schwärmerisches Inkognito angeeignet hat, registriert verblüfft, daß er der Familie des "Vicar of Wakefield" quasi in natura begegnet ist. Zwischen Buch und Realität hin- und hergerissen, gesellt er in seinem Geiste nicht nur jedem Familienmitglied ein Pendant aus der Fiktion zur Seite, sondern adressiert einen plötzlich die Stube hereintretenden Sohn des Pfarrers mit einem aus Goldsmiths Roman entliehenen Namen.

Subtil wird mit der Hilfe von Lektüre der Übergang vom heiteren Abenteuer in die tiefe Gemütsempfindung nachgestaltet. Was sich zunächst bloß als anmutiges Nachvollziehen einer rustikalen Idylle gibt, als spielerische Suche nach einer angelesenen Wunschwelt, kippt alsbald um in den Ernst der Realität. Erst die Polarität von Buch und Wirklichkeit macht die wahre Dimension des Liebeserlebnisses mit Friederike Brion spürbar. Ohne das kontrastive Element der vorangegangenen Lektüre wäre die überraschende Fröhlichkeit, mit der die neue Empfindung über Goethes Seele hereinbricht, in ihrer Intensität weit weniger verständlich.

Wie in so vielen anderen Autobiographien auch, zeugt in "Dichtung und Wahrheit" das Auftauchen einzelner Bücher, die Beschreibung von deren Lektüre und deren Wirkung von den strukturierenden Überlegungen des Autors. Die Begegnung mit der Literatur wird für die biographische Selbstdarstellung gewissermaßen zum Gattungstopos, zu einem immer wiederkehrenden Element. Mit Leseerlebnissen läßt sich vieles inszenieren: Hinter dem Rekurs auf das Fiktionale in Form des Gelesenen schimmert oftmals nur zu deutlich das Fiktionale in Form des Geschriebenen hervor.

Halten die Verfasser von Autobiographien Rückschau auf ihre vormals durchlebten Leseeindrücke, so können sie dies unter mehreren Gesichtspunkten tun:

<u>(1) Lesen als statistisches Faktum</u>: Äußerlich losgelöst von jeder Aufgabe innerhalb der epischen Konstruktion, zeigt sich hier die Darstellung des durch die Bücher Erlebten am Unverfälschtesten. Der Hinweis auf die gelesenen Bücher steuert zum authentischen Gepräge der Lebensdarstellung bei. Im Interesse einer Selbstbiographie, die das

Stattgefundene in glaubwürdiger Form aufzuzeichnen trachtet, muß auch die Lektüre festgehalten werden. "Wer sich selbst und vielleicht schon anderen Rechenschaft über seinen Lebensweg ablegen will oder muß, wird an solchen Erinnerungen selten vorübergehen."[33] Der Vermerk der gelesenen Bücher ist ein Fixposten in der Lebensbilanz, für den Menschen im allgemeinen, für den Schriftsteller im besonderen. Dank dieses Authentizitätsanspruchs wird die Biographie gleichzeitig zum Dokument für die Wirkungsgeschichte einzelner Werke.

(2) Lesen als Hilfsmittel zur Charakterisierung: Mag der Befund des Gelesenen - etwa in der Form einer Bücherliste - nach außen hin noch so nüchtern wirken, so gibt er doch - wie beschränkt auch immer - den Blick auf das Subjektive und damit auf einen Ausschnitt des Charakters frei. Voraussetzung dafür ist freilich, daß die Bücher überhaupt wert sind, erwähnt zu werden; wird doch das Lesen als dermaßen persönlichkeitsbildend interpretiert, daß ihre Nichterwähnung die Stringenz der Schilderung ernsthaft gefährden würde. Um innere Prozesse freizulegen, ist Lektüre das ideale Medium. Bücher schlagen die Brücke zur Außenwelt; an ihnen kann man feststellen, inwieweit der Leser sein Verhalten verändert, die Lektüre also katalysatorische Aufgaben übernimmt, oder inwieweit - als indikatorisches Element - die Wahl des Buches auf die momentane Gemütslage abgestimmt ist. In beiden Fällen wird das Gefühlsleben durch seine Verbindung zu einer konkret wahrgenommenen Außenwelt rational faßbarer gemacht. Die Anschaulichkeit emotionaler Prozesse wächst in der Darstellung ihrer Abhängigkeit von literarischen Rezeptionsvorgängen. Natürlich ist Lektüre nicht der ausschließliche Faktor, was die Genese der Seelenwelt betrifft; als Element, das seine zweite Realität alternativ zur tatsächlichen Außenwelt errichten kann, erweist es sich zum systematischen Einsatz allerdings als besonders tauglich.

Für die Autobiographie konstitutiv ist der Umstand, daß sie innerhalb einer zeitlich vorgegebenen Dimension die Prozesse zwischen Individuum und Umwelt, zwischen Innenwelt und Außenwelt nachvollziehbar macht. Bücher verraten die Träume, die Sehnsüchte und die Ängste eines Menschen; die Art ihrer Auswahl erlaubt eine Hermeneutik des Seelenlebens. "Wie sind wir so geworden, wie wir heute sind? Eine der möglichen Antworten wäre eine Liste mit Buchtiteln", schreibt Christa Wolf.[34] Die Bände einer Bibliothek sind gleichzeitig die Mosaiksteinchen eines Charakterbildes. Schonungslos entlarven Bücher jedwedes Psychogramm. Wenn Goethe in "Dichtung und Wahrheit" die Bibliotheken seines Großvaters und seines Vaters beschreibt, so geschieht dies nicht nur aus Treue zum familienhistorischen Detail. Tieferer Zweck ist es vielmehr, die Charakterbilder planvoll zu ergänzen.[35] Die Vorrede zu Goethes Autobiographie greift das Verhältnis von Persönlichkeit und Buch wiederum von einer anderen Seite auf, indem sie die Entstehung des Werkes schildert. Ebenso verräterisch wie der Aspekt der Auslese im Rezipieren sei nämlich auch der Aspekt der Produktion. Die Biographie erfülle allein den Zweck, einem interessierten Publikum, das sich vom Autor vermittels seiner Werke ein freilich inkongruentes Bild gemacht hat, eine systematische Schau der Lebens- und Gemütsumstände verfügbar zu machen, mit deren Hilfe wiederum das dichterische Werk erhellt werden könnte.[36]

(3) Lesen als Zeichen des Auserwähltseins: In den "Erinnerungen aus meinem Jugendleben" berichtet der Homer-Übersetzer Johann Heinrich Voss von seiner ersten Bekanntschaft mit Hexametern. Ein Hausfreund möchte die Lateinkenntnisse des Knaben, noch nicht vierzehnjährig, überprüfen und bittet um die Übersetzung eines bekannten deutschen Sprichwortes. Als ihm Johann Heinrich einen perfekten Hexameter vorsetzt, ist er erstaunt, der Knabe aber noch um einiges erstaunter:

> Ich wußte weder, was ein Hexameter, noch woher er gebürtig sei; aber als verständliche Naturweise bezauberte er mich, und haftete im Gedächtnis. (37)

Die Konstellation der neutestamentarischen Geschichte von Jesus und den Schriftgelehrten wiederholt sich in dieser Anekdote: hier das geniale Kind, dort die staunende Weisheit des Erwachsenen. Die Disposition zur späteren Vollendung zeigt sich bereits im Kindesalter. Es bedarf nur eines minimalen Anstoßes, um sie für kurz aufblitzen zu lassen.

Daß und was sie lesen, legt großen Geistern bereits in ihrer Kinderstube ein frühes Zeugnis über deren Auserwähltheit aus. Zaghaft schillert durch die kindliche Lektüre das künftige Geschick. Zwar vermerkt Karl Philipp Moritz, daß der "Beobachter des Menschen" keinesfalls "die Spuren seines Genies, oder dasjenige, was schon in ihm steckte, in den frühesten Begebenheiten seines Lebens oder in seinen kindischen Handlungen" suchen dürfe,[38] doch ist der Griff zum Buch in frühen Jahren allein schon indikatorisches Element genug, das eine gewisse elitäre Geistigkeit nur schwer verheimlichen läßt.

Daß sich Lesen im Strom der Erzählung dermaßen gut als vorverweisendes Element einsetzen läßt, erklärt sich aus der Poetik der Gattung. Die Autobiographie ist von ihrem Ende her strukturiert, sie weist - laut Aichinger - eine 'teleologische Tendenz'[39] auf:

> Die Schwierigkeit liegt in der Differenz zwischen dem Vergangenen, in dem latent die Fülle des Möglichen beschlossen war, und dem nun in bestimmter Weise geprägten Ich, das darum weiß, welche dieser Möglichkeiten tatsächlich verwirklicht wurde. Nichts kann den Autor von diesem Wissen um das Gewordene befreien. In der Rückschau hebt sich aus dem heterogenen Geflecht der Unsicherheiten, Verwirrungen, der Ungewißheit des Damals jene Linie heraus, die bis zur heutigen Entwicklungsstufe führt. (40)

Es ist Sache des Autors, in seiner Erinnerung den Wust von Fakten, Erlebnissen, Eindrücken, Hoffnungen und Enttäuschungen zu sichten und im Hinblick auf die Gegenwart der Niederschrift das Wesentliche vom Unwesentlichen zu scheiden. Daß besonders die frühen Leseerlebnisse so häufig in die Lebensgeschichte eingebaut weredn, zeugt von ihrem Wert für die Erzählung. Sie sind nicht nur Signale für den momentanen Gemütszustand, sondern auch für die Entwicklung des Individuums schlechthin, dessen Lebensweg sie flankieren.

<u>(4) Lesen als Voraussetzung für das Schreiben</u>: Der autobiographisch festgehaltene Weg des Lesens ist zugleich auch der Weg zum Schreiben. Sartre hat seine Autobiographie in die Abschnitte "Lire" und "Ecrire" gegliedert und schon in den Überschriften angezeigt, wie verzahnt diese beiden Aspekte des Schriftstellertums sind.[41] Für Peter Bichsel, der für sich selbst das Lesen als unverzichtbare Vorbedingung für das Schreiben interpretiert, ist die eindeutig auf das Schreiben ausgerichtete Autorenbiographie die weniger signifikante und legitime Form der Lebensbeschreibung. Was er als Alternative fordert, ist die

Leserbiographie:

> Mich würde die Biographie eines Lesers interessieren, und zwar geschrieben mit der ebenso engen Optik wie die Autorenbiographie, nämlich unter der Annahme, daß jemand nur und ausschließlich ein Leser war und daß alle seine Handlungen im Zusammenhang mit dem Leser zu sehen sind. (42)

Eine so radikale Perspektive auf die Verknüpfung von Lesen und Leben hat im 18.Jahrhundert bestenfalls der "Anton Reiser" aufzuweisen. Karl Philipp Moritz ist es auch, der in seiner biographischen Skizze "Almansor" exemplarisch zeigt, wie sehr frühe Lektüre als Urimpuls zur Schriftstellerei zu berücksichtigen ist. Zugleich wird auch gezeigt, wie sehr falsches Literaturverständnis den echten Poeten in die Irre leiten kann. Umrissen wird darin auch der Weg eines Dichters, der - zunächst bloß aus Eitelkeit und Ruhmsucht schreibend - seine Sendung schließlich in der poetischen Durchdringung der Natur sieht. Vorbereitet wird die schriftstellerische Laufbahn in der "Knabenphantasie", denn der Abschnitt beginnt mit der Tatsache, daß sich Almansor schon in frühester Jugend Schriftstellerverzeichnisse zu Gemüte geführt hat, Gedrucktes erweist sich als falscher, die Natur als wahrer Lehrmeister.[43]

Auch Lichtenberg beschreibt seine Jugendlektüre als auslösendes Moment zu seiner schriftstellerischen Tätigkeit. Freilich ist die Katalyse hier anders gelagert: Lichtenberg empfindet die Sprache der Bücher als Gegensprache zur Wirklichkeit, als Herausforderung an die eigene, noch nicht aktivierte Formulierungskunst:

> Der Trieb zum Bücherschreiben, der gemeiniglich wie ein andrer eben so starker in die Zeit des ersten Barts fällt, hat sich bei mir etwas früher eingestellt, mein erstes Jucken, wenn ich vom ersten Vers der Messiade zu zählen anfange, fiel in das 6te Jahr des deutschen Hexameters und ohngefähr in das 14te wenn ich mit meiner Geburt anfange. Es ist dieses eine etwas kützliche Zeit und Eltern und Lehrer haben gnau acht zu geben auf ihre Kinder. Ich will daher beschreiben was ich in mir fühlte, man wird leicht erachten können wie jemand aussehen muß, der dieses fühlt. Ich fand die Sprache in unserer Familie etwas zu plan, ich vermißte hier und da die Beiwörter und fühlte mich so voll wenn ich welche fand, zumal die

ich selbst gemacht hatte pp. (44)

Die Literaturgeschichte greift so auffällig in die Lebensgeschichte ein, daß sie zu deren Periodisierung herangezogen wird. Die Verwandlung vom Leser zum Schreiber vollzieht sich in der Pubertät. Die Parallelität der langsam durchbrechenden Sexualität mit dem Drang zur Schriftstellerei macht sich in der Sprache bemerkbar. Auch an anderer Stelle, wenn Lichtenberg vom "Trieb Bücher zu zeugen" spricht, gesellt sich dem literarischen Artikulationsbedürfnis unverhohlen das Geschlechtliche bei.[45]

Jede Autobiographie, die ihren Autor als Leser beschreibt, zeigt, wie er das Gelesene absorbiert und modifiziert, wie er es zum Bestandteil seines geistigen Haushalts macht, welchen Nutzen er daraus zieht, welche Anregungen er daraus empfängt. Lektüre arbeitet in summa wie ein Katalysator, der aus einem Rezipienten einen Produzenten macht. In der Regel sind diese katalysatorischen Prozesse langwierig und zäh. Sie sind äußerliche Markierungen einer inneren Entwicklung und keine schlagartig wirkenden Inspirationsquellen. In der Autobiographie sind Bücher Indikator und Katalysator zugleich: Als Indikator wirken sie freilich auffälliger, denn die schriftstellerische Existenz als eigentlicher katalysatorischer Endeffekt muß gar nicht explizit dargelegt werden. Allerdings rechtfertigt sich das katalysatorische Moment zumindestens immanent im Vorhandensein des autobiographischen Textes selbst.

(II) JOHANN HEINRICH JUNG-STILLING

Unter Goethes Straßburger Tisch- und Studiengenossen befindet sich ein junger Mann, der - aus einfachsten Verhältnissen stammend - sich durch besonders angenehme Umgangsart und "wahrhaft natürliche Kultur" auszeichnet, nicht zuletzt erreicht "durch Lesung der Schrift und wohlgemeinter Bücher"[1]. Von seiner Lebensgeschichte in hohem Maße vereinnahmt, rät ihm Goethe zur Niederschrift derselben. Goethe, der das "treue redliche Streben dieses Mannes"[2] und "seine tüchtige Natur"[3] freundschaftlich schätzt, verhilft Jung-Stilling 1777 zum Druck des Manuskripts. Nach "Henrich Stillings Jugend" erscheinen im folgenden Jahr "Henrich Stillings Jünglings-Jahre" und "Henrich Stillings Wanderschaft". Es folgen "Henrich Stillings häusliches Leben" (1789), "Heinrich Stillings Lehr-Jahre" (1804) und "Heinrich Stillings Alter" (1817), von einem Enkel nebst Erzählung über Jung-Stillings Tod in seinem Todesjahr veröffentlicht.

Die Wertschätzung, mit der Goethe Jung-Stilling bedenkt, ist durchaus nicht einseitig. Jung-Stilling bezeichnet Goethe als "ausgezeichneten Menschen"[4] und bedauert, "daß so wenige diesen vortrefflichen Mann seinem Herzen nach kennen"[5]; er vermittelt ein menschlich nahes Bild des Dichterfürsten, der am Leid seiner Freunde aufrichtig Anteil nimmt[6] oder sich auch nicht zu fein ist, einmal in illustrer Gesellschaft grimassierend um die gedeckte Tafel zu tanzen[7]. Goethe drückt dem Freund gleichsam den Schlüssel zum literarischen Ruhm in die Hand; er stellt ihm Herder vor[8], animiert ihn zur Lektüre von Ossian, Shakespeare, Fielding und Sterne[9], wird für Stilling sogar zur Zitatquelle[10]. In Jung-Stillings Biographie erscheint er als Instrument der Vorsehung, denn durch seine Vermittlung wird die Lebensgeschichte publiziert - und just im Augenblick höchster Not flattert auch die erste Honorarnote ins Haus.[11]

Für Jung-Stillings Weg zum Dichter ist Goethe zwar entscheidende, nicht aber erste Station. Die Begegnung mit der Literatur beginnt bereits in frühen Jahren, und die Erkenntnisse, die der Autor in dieser Zeit und später über die Vorgänge im Lesenden und die Beschaffenheit des Leseaktes selbst gewinnt, sind zu einem Gutteil für das Konzept der Lebensgeschichte verantwortlich.

(A) DER LESEAKT

Allerorten findet Jung-Stilling Zeit zur Lektüre: beim Essen[12], bei der Heuernte[13], in der freien Natur: "/.../ Die reine wahre Natur um ihn machte die tiefsten feierlichen Eindrücke in sein offenes freies Herz."[14] Wie im "Anton Reiser" wirken da die Empfindungen aus Natur und Lektüre - oder Kunst im weitesten Sinne, wenn man Heinrichs ähnliche Gemütsverfassung beim Flötenspiel berücksichtigt[15] - harmonisch zusammen. Natürlich dürfen Bücher auch nicht im Reisegepäck fehlen: Selbst als er - in Tränen der Verzweiflung aufgelöst - seine kranke Verlobte besucht, verstaut er mit kühlem Kopf einige Bücher zum Studium im Felleisen.[16] Seine Freude am Lesen bringt ihn als Lehrer in Leindorf in eine paradoxe und beunruhigende Situation: Nicht die Schüler lesen heimlich während des Unterrichts, sondern der Schulmeister. Vom Vater diesbezüglich zur Rede gestellt, klagt Heinrich:

> Vater! Meine ganze Seele ist auf die Bücher gerichtet, ich kann meine Neigung nicht bändigen, gebt mir vor und nach der Schule Zeit, so will ich kein Buch auf die Schule bringen. (17)

Für die Umwelt wird Lesen da zum Makel, wo es von der Pflicht abhält, für den Leser Heinrich wird es aber zu einem Erlebnis, das nicht in Worte zu fassen ist. Sehr oft kleidet er seinen Gemütszustand in die stilistische Form des Unsagbarkeitstopos ein: "Kein Mensch kann sich die Wonne einbilden", die er empfindet, wenn er verschiedenste Örtlichkeiten mit seiner Einbildungskraft zu beseelen trachtet.[18] Sein Gemüt zeigt einen so hohen Grad von Außergewöhnlichkeit, "daß seine Ausdrücke, Reden und Handlungen sich nicht beschreiben lassen."[19] Völlig hingerissen ist er vom Stil der "Asiatischen Banise", "dessen Schönheit er nicht genug zu rühmen wußte."[2o]

Das Leseerlebnis liegt somit häufig jenseits jener begrifflichen Welt, mit der eine nüchterne, sachliche Beschreibung des Erfahrbaren möglich ist. Für Heinrich entziehen sich die Empfindungen, die ihn während seiner Bücherlektüre bewegen und erregen, des Sagbaren. Mithin ist Lesen für ihn stellenweise eine Art Unendlichkeitserlebnis, dem mit den vertrauten sprachlichen Mitteln nicht beizukommen ist - ähnlich wie die Glücksgefühle Anton Reisers angesichts seiner Shakespeare-Lektüre, die ebenso superlativisch die Grenze dessen durchbrechen, was sich in irgendeiner Form noch mitteilen läßt.

Das erste Buch, das im Band "Jugend" erwähnt wird, ist der Katechismus: Nach dem Frühstück werden daraus immer einzelne Passagen memoriert.[21] "Alte anmuthige und einem Kinde begreifliche Geschichten"[22] – "Kaiser Octavian", "Die vier Haimonskinder", "Die schöne Melusine", später "Reinecke Fuchs", "Die schöne Magelone", Bartholomäus Krügers "Hans Clawert"[23] – werden dem Knaben zusätzlich zur geistlichen Lektüre gestattet und von ihm auch in dieser Weise rezipiert, nämlich als unumstößliche Wahrheiten empfunden.[24] Die Volksbücher beflügeln die Lust zum Fabulieren[25] ebenso wie sie die Kerngedanken der religiösen Erziehung in unterhaltsamer Form unterstützen. So wird Gott nicht nur Mittelpunkt der Kinderlektüre, sondern auch des praktischen Lebens:

> Das erste, wornach er fragte, wenn er von jemand etwas las oder reden hörte, bezog sich auf seine Gesinnung gegen Gott oder Christum. (26)

Auch später, als Pädagoge, verbindet Jung-Stilling Bibel mit Poesie. Nachfolgendes Fabulieren aus Volksbüchern versüßt den Schülern die Arbeit am Katechismus, wie überhaupt das Erzählen zum kooperativen Prinzip seiner Unterrichtsmethode wird.[27] Die Allianz von religiösem Nutzen und Unterhaltung bleibt auch bei der Lektüre von Gottfried Arnolds "Leben der Altväter" aufrecht. Dieses Buch "konnte er gar nicht aufhören zu lesen"; es bleibt "sein bestes Vergnügen in der Welt, bis ins zehnte Jahr seines Alters".[28] Verwandte Empfindungen auch bei einem anderen biographischen Werk des Pietismus, bei der "Historie der Wiedergebohrnen" von Johann Heinrich Reitz: Die Viten bleiben so stark im Gedächtnis des Kindes haften, "daß er sie nie in seinem Leben vergessen hat."[29] Bei einer späteren Lektüre, als er das Buch als Achtundzwanzigjähriger wieder in die Hand bekommt, dominiert der säkulare Aspekt: Es gibt ihm den Anstoß zum Studium der griechischen Sprache.[3o]

In den "Jünglingsjahren" beginnt Heinrich mit der Lektüre wissenschaftlicher Schriften: Die Mathematikbücher von Tobias Beutel und Nicolas Bion hat er "ziemlich im Kopf"[31], und beim Förster Krüger lernt er alchemistische und mystische Schriften von Paracelsus, Jakob Böhme und Bernhard von Treviso schätzen.[32] Im "Anton Reiser" sieht man den Titelhelden in einer vergleichbaren Situation, als er in einem Jägerhause Lesegenuß findet;[33] sind es bei Reiser jedoch Produktionen trivialeren Charakters, so stößt Stilling auf einen Autor, für den "er vorher Schätze darum gegeben hätte, um ihn nur einmal lesen zu können"[34]: Homer. "Damals wär die rechte Zeit gewesen, den Ossian zu lesen"[35] - denn von höchstem Reiz ist es für eine unverbildet heitere Seele, voller Enthusiasmus ursprünglich empfundene Dichtung in ursprünglicher Natur zu genießen. Als Lehrer in Dorlingen greift er wieder zu erbaulichen Schriften: eine illustrierte Basler Bibel, Predigten, Postillen, Gesangbücher; alles wieder und wieder in Ermanglung anderer Lektüre gelesen.[36]

In einem Rückblick erwähnt Jung-Stilling seine bisherige Lektüre historischer Schriften; eine Schilderung des Dreißigjährigen Krieges befindet sich darunter, selbstverständlich auch Kirchengeschichte und fromme Biographien.[37] Mit dem Interesse an 'vaterländischen Dichtern' wächst auch das Interesse an poetischen Werken: Jung-Stilling beginnt mit der Lektüre barocker Romane. Heinrich Anselm von Zigler und Kliphausens "Asiatische Banise" ist für ihn eine meisterhaft komponierte Fiktion, die ihn vollständig in ihren Bann schlägt:

> Als er beim Lesen dahin kam, wo Baldacin seine Banise im Tempel errettet, und den Chaumigrem ermordet, so überlief ihn der Schauer der Empfindung dergestalt, daß er fortlief, in einen geheimen Winkel niederkniete, und Gott dankte, daß Er doch endlich den Gottlosen ihren Lohn auf ihr Haupt bezahle, und die Unschuld auf den Thron setze. (38)

Wie in "Wilhelm Meisters Lehrjahren"[39] findet sich hier ein Zeugnis für die letzte Phase intensiver Barockrezeption. Bereits zu der Zeit, als Jung-Stilling seine Autobiographie verfaßt, wird der Barockroman nicht mehr ganz ernst genommen, was dem Dichter eine scharfe Attacke gegen seine lesenden Zeitgenossen wert ist: Das Publikum vertrödle seine Zeit mit "Amourettchen" und lese "buntschäckigte Romänchen", vergesse aber unter diesen Nichtigkeiten die in ihrer Monumentalität 'herrlichen Antiquitäten' des vorigen Jahrhunderts.[40] Wie andere Literaten des 18.Jahrhunderts sieht Jung-Stilling im historischen oder historisierenden Barockroman eine ungefährliche und moralisch wertvolle Alternative zum galanten Roman.[41] Ein barocker Roman wie Andreas Heinrich Buchholtz' "Herkules und Valiska"[42] wird - ähnlich den Volksbüchern - als eine Art weltlicher Katechismus aufgenommen, der das Zutrauen in die verschlungenen Pläne Gottes nährt und damit dem eigenen Leben die Hoffnung auf eine gerechte Vorsehung schenkt. Eine Lebensphilosophie, hinter der die Umwelt zu Recht das Wirken der Bücher wittert: "Ich glaube, ihr habt euch durch euer Romanlesen unmögliche Dinge in den Kopf gesetzt"[43], heißt es einmal in einem Gespräch. Das Gute und Edle, das in den Büchern siegt, beseelt und harmonisiert für Heinrich fortan die Schöpfung: "Alles, was er in der Natur sahe, jede Gegend idealisirte er zum Paradies, alles war ihm schön, und die ganze Welt beynah ein Himmel."[44]

In dem Abschnitt "Wanderschaft" wird gleich auf den ersten Seiten Heinrichs Vortragstalent vorgeführt: Zuweilen liest er im Hause des Meisters Nagel der versammelten Familie aus einer mit Holzschnitten versehenen Geschichte der Niederlande vor.

> /.../ Hiebey verhielt sich nun Stilling wie ein Professor, der Lehrstunden hält; er erklärte, er erzählte ein und anderes dazwischen, und seine Zuhörer waren ganz Ohr. (45)

Das Haus der Familie Spanier, in das Heinrich als Hofmeister eintritt, erweist sich als Bildungsstation: "Herrn Spaniers Haus war meine Academie."[46] Heinrich liest Miltons "Paradise Lost", Youngs "Night Thoughts" und Klopstocks "Messias", "drey Bücher die recht mit seiner Seele harmonirten"[47], die Echo in seinem melancholischen Gemüt finden. Die philosophischen Schriften Wolfs, Gottscheds, Leibniz' und Baumeisters schenken ihm hingegen keine Befriedigung,[48] zu sehr rüttelt da der Rationalismus am soliden pietistischen Fundament. In der Folge regt sich in Heinrich der Entschluß zum Medizinstudium. Im Zusammenhang mit anatomischen Studien wird Johann Gottlob Krügers "Naturlehre" erwähnt,[49] weitere Fachbücher, in einen Reisesack geschnürt, bringt er zu Spaniers Haus. Die Auseinandersetzung mit schöngeistiger Literatur setzt sich während der Studienzeit in Straßburg fort; durch Goethes Vermittlung lernt er Ossian, Fielding, Sterne und Shakespeare kennen,[50] er sieht Weisses Übersetzung von "Romeo and Juliet" auf der Bühne.[51] Anders aber als im "Anton Reiser" bleibt eine Schilderung tiefgreifender Eindrücke aus.

Mit dem vierten Buch "Häusliches Leben", elf Jahre nach der "Wanderschaft veröffentlicht, tritt eine Wende ein. Die Bücher, die vormals die Grundierung zur charakterlichen Ausprägung und zum sozialen Aufstieg abgaben, sind zunächst weitgehend verschwunden: Heinrich hat sein Berufsziel erreicht und ist Augenarzt geworden, hat sich in seinem Stand etabliert. Das Moment des unsicheren Suchens fällt vorerst weg, und damit wird auch die Hilfestellung durch Gelesenes unnötig. Anders im "Anton Reiser": Die Titelfigur hat am Ende des Buches keine feste Verankerung in der Gesellschaft gefunden, der Leser verläßt ihn als Suchenden, dem Lektüre und Auseinandersetzung mit der Literatur das ganze Buch hindurch Lebenshilfe gegeben haben.

Jung-Stillings Suchen setzt sich in anderer Weise als bisher fort, und damit treten wieder die Bücher auf den Plan.

> Stilling strebte jetzt nicht mehr nach Ehre, sein Stand war ihm vornehm genug, nur sein Mißfallen an seinem Beruf, sein Mangel und die Verachtung, in welcher er lebte, machten ihn unglücklich. (52)

Schwer machen Heinrich die Alltäglichkeiten der neugewonnenen Existenz zu schaffen, sein Leben ist angefüllt mit der Sorge um seine Frau, mit der Angst vor dem dräuenden Schuldgespenst, vor allem aber mit den Verleumdungen und der Mißgunst der Umwelt. Um bei seinen Mitbürgern in rechten Kredit zu kommen, tritt er in eine Lesegesellschaft ein, in der man wechselseitige Vervollkommnung durch "Lesen nützlicher Schriften und Unterredung über mancherley Materien" betreibt.[53] Auch nach seiner Übersiedlung nach Rittersburg wirkt Heinrich aktiv an lokalen Leseabenden mit, "theils, um sich selbst Litterarkänntniß zu erwerben, theils auch seinen Zuhörern dadurch noch mehr zu nützen."[54] Deutlich zeigt sich hier die sozialisierende Funktion von Lektüre; die Virtuosität im Umgang mit Büchern und Sprache öffnet Jung-Stilling die ihm ansonsten verschlossen gebliebene Gesellschaft.

Wichtiger ist jedoch ein anderer Aspekt des Suchens, der in den letzten Büchern der Lebensgeschichte immer stärker in den Vordergrund tritt. Jung-Stilling fixiert mit wachsender Intensität die Idee von der Vorsehung, versucht hartnäckig, den Gottesplan für sein eigenes Leben zu ergründen. Anstatt wie bisher weltliche Texte - Romanzen, Sagen und dergleichen - in die Biographie einzuschieben, bevorzugt der Autor nun Sterbe- und Dankchoräle.[55] Und auch seine Lektüre ist ganz auf religiöses Leben ausgerichtet.

Vier Hauptgesichtspunkte sollen dieses Lesen unter geistlichem Vorzeichen etwas zu differenzieren helfen. Erstens: Jung-Stilling reagiert höchst sensibel, wenn er in weltlichen Texten seine Religion angegriffen sieht. Die antipietistische Satire "Sebaldus Nothanker" von Friedrich Nicolai erregt, sein Gemüt dermaßen, daß er eine Philippika gegen den Autor publiziert, "eine Unvorsichtigkeit, die ihn oft gereuet und ihm viel Verdruß gemacht hat."[56] Zweitens: Jung-Stilling versucht sich als christlicher Interpret Kantscher Philosophie.[57] Sein Interesse für Kant wird durch das Kennenlernen des Kategorischen Imperativs geweckt; er liest die "Kritik der reinen Vernunft" (1781), die "Kritik der praktischen Vernunft" (1788) und schließlich auch "Die Religion innerhalb der Grenzen der bloßen Vernunft" (1793). Jung-Stilling sieht in der Betonung des menschlichen Wollens einen Rettungsanker, mit dem er sich aus der Anfechtung des Determinismus befreien kann, wie ihn die Schriften von Leibniz und Wolf verkündeten. In einem von Kant an ihn gerichteten Brief sieht er seine Ansicht bestätigt, daß allein die Heilige Schrift Basis für ein Moralprinzip ist, das das Individuum zwischen Gut und Böse unterscheiden lassen kann. Jahre später distanziert er sich jedoch von Kant, als er bemerkt, daß dieser "die praktische Vernunft auf eben den Thron setzt, den Christus allein einnehmen sollte."[58]

Ein anderer Aspekt: Bücher geistlicher wie weltlicher Natur, die Jung-Stilling zum Verfassen christlich inspirierter Werke anregen, erscheinen als Werkzeuge der Vorsehung, vom Schöpfer in seine Lebensbahn gestreut, damit er seiner künstlerischen Bestimmung näherkomme. Die Lukian-Übersetzung Wielands, die er bei einer Lesung in einer Abendgesellschaft kennenlernt, liefert etwa die Anregung zu den "Scenen aus dem Geisterreiche" (1795 - 18o1), einer okkulten Schrift, die den Leser in christlichem Sinne belehren und unterhalten soll.[59] Für sein Werk "Das Heimweh" (1794 - 1796), "das die leidenvolle Reise eines Christen nach seiner Heimath enthalten sollte", dienen als Inspiration Laurence Sternes "Tristam Shandy" und Theodor Gottlieb von Hippels "Lebensläufe in ansteigender Richtung", zwei Bücher, die Jung-Stilling im Sommer 1793 liest, weiters natürlich "The Pilgrim's Progress" von John Bunyan.[60]

Der letzte Punkt: So wie Jung-Stilling Weltliches auf das Geistliche hin ausrichtet, verfährt er auch umgekehrt, macht das Geistliche weltlichen Zwecken dienstbar. In seinen späten Lebensjahren versucht er immer wieder, insofern Beziehungen zwischen Gelesenem und Tatsächlichem herzustellen, als er - seiner Vorstellung vom geplanten Weltenlauf folgend - anhand der Bücher Zukunftsschau betreibt. Das apokalyptische Werk des badischen Hofrats Georg Friedrich Fein regt ihn zu Übersetzung und Kommentar der "Geheimen Offenbarung" an,[61] die Protokolle und Nachrichten der Herrenhuter stehen ebenfalls im Zusammenhang mit eschatologischen Überlegungen,[62] und während der Lektüre eines Kapitels aus "Jesus Messias" von Johann Kaspar Lavater bemerkt er merkwürdige Korrelationen zur Wirklichkeit.[63] Mehr noch: Er findet einen für ihn neuen, magischen Zugang zur Heiligen Schrift. Als die Franzosen nach Hessen vorgestoßen sind, schlägt Jung-Stilling ein Büchlein mit Bibelsprüchen auf und holt sich durch orakelhafte Ausdeutung der zufällig bestimmten Texte Trost und Hoffnung,[64] an späterer Stelle geht er mit Bibelzitaten um wie mit einem Horoskop.[65] Parallel dazu wendet sich der Autor allerdings ganz strikt gegen Bibelstechen und andere verwandte Praktiken, da es sich dabei um Zweckentfremdung der Heiligen Schrift handle -

> - das Aufschlagen ist kein Mittel, das uns Gott zu irgend einem Zweck angewiesen hat, es ist eine Art des Looses, und dies ist ein Heiligthum, das nicht entweiht werden darf. (66)

Jung-Stilling schwebt hier spürbar im Dilemma: auf der einen Seite der Wunsch, der Zukunft in ihre Karten zu sehen, auf der anderen Seite religiöse Bedenken wegen der Wahl der Methode. Vor demselben Zwiespalt steht er, als er die Prophezeiungen des schwäbischen Pietisten Johann Albrecht Bengel in die Hände bekommt;[67] in einem Brief an seinen Onkel deklariert er sich nicht als "Freund von buchstäblichen Auslegungen der Weißagungen",[68] andererseits kann er sich aber auch nicht ihrer Faszination entziehen.

(B) TYPOLOGIE DES LESENS

Im vorangegangenen Abschnitt haben wir anhand der von Jung-Stilling gelesenen Bücher versucht aufzuzeigen, wie eng religiöser und säkularer Aspekt in seiner Lektüre ineinander verwoben sind. Im folgenden sei näher auf die Begleitumstände des Lesens eingegangen, auf die Frage, welchen Anreiz das Buch für Jung-Stilling hat und mit welcher Intensität es auf sein Leben einwirken kann. Zur Typologie verwenden wir die Kategorien der Rezeptionswissenschaft, mit Hilfe derer die genauere Analyse der Wechselbeziehung von Leser - Intention - Gelesenem möglich gemacht wird.

(1) Heinrich ist nicht der erste seiner Familie, der informatorisches, Belehrung suchendes Lesen betreibt. Einmal wird im Zusammenhang mit seinem Großvater mütterlichseits, der alchemistische Studien unternimmt, der "Vitulus aureus" des Spinoza-Zeitgenossen Johann Friedrich Helvetius erwähnt.[69] Heinrichs Onkel Johann, ein armer Kohlenbrenner, beschäftigt sich mit der Quadratur des Kreises und dem Perpetuum mobile.[7o] Bücher wecken und nähren Interessen, die man nicht ohne weiters in einer Bauernstube des achtzehnten Jahrhunderts vermuten würde; so reizen Heldengenealogien den jungen Heinrich, sich mit den eigenen Vorvätern näher zu beschäftigen[71] - eine Anlage, die für die Entstehung der Autobiographie nicht uninteressant ist, da sie den Knaben erstmals zum biographischen Niederschreiben inspiriert.[72]

Informatorisches Lesen vermehrt den Grad der Bildung, das Kapital des kleinen Mannes. An Geist und Intellekt knüpfen sich die Hoffnungen Heinrichs vom gesellschaftlichen Aufstieg. Er leugnet äußerliche Klassifizierungen; nur die inneren Werte eines Menschen sagen etwas über seinen Stellenwert aus: "Es giebt keine Niedrigkeit des Standes, wenn die Seele geadelt ist."[73] Dieser 'innere Adel' macht sich - als Auszeichnung vor den anderen - schon recht früh bemerkbar, von der Familie mit einem Anflug von Besorgnis registriert. Wie die Auffindung des zwölfjährigen Jesus (Lk 2, 41 - 52) spielt sich eine exemplarische Szene ab: Die Besucher des Stillingschen Hauses sind über den Knaben zutiefst erstaunt; "denn sie verstunden nichts von allem was er sagte, ob er gleich gut deutsch redete."[74] Der achtjährige Junge wird zum Lokalphänomen. Als der kleine Heinrich gar den Pastor Stollbein in der Kenntnis der Heiligen Schrift aus dem Feld schlägt, kann dieser dem Vater nur prophezeien:

"Euer Kind wird alle seine Voreltern übertreffen; /.../ der Junge wird ein großer Mann in der Welt."[75] Die Fähigkeiten des Knaben übersteigen bei weitem das normale Maß des in seiner Klasse Üblichen. Immer deutlicher zeigt sich die Polarisierung von Handwerk und Kopfarbeit, die - durch die Beschäftigung mit Büchern anschaulich gemacht - zugleich auch berufliche und soziale Besserstellung verspricht. So verdrängt die "Süßigkeit des Schulhaltens"[76] bald jegliche Befriedigung, die ihm ein solides Handwerk anzubieten vermag, wiewohl er sich in der Folge immer wieder vom Lehrstand zum Schneiderhandwerk zurückgetrieben sieht. Der Zwang, mittels manueller Arbeit für den Lebensunterhalt sorgen zu müssen, läßt die begleitende Lektüre schal erscheinen.[77]

Jung-Stillings Autobiographie ist die Geschichte eines gesellschaftlichen Aufsteigers, dessen Karriere zu einem guten Teil von Lektüre geprägt und bestimmt wird. Daneben zeigt das Werk auch, wie die äußere Lebensbahn - so Werner Bergengruen -

> in die rechten Proportionen gesetzt /wird/ zu jenen Gütern, die kein großer Name, kein Titel, kein Wohlstand und keine hohe Stellung verleihen kann und die mit dem Kern der menschlichen Persönlichkeit ihren Zusammenhang haben. (78)

Heinrich gelingt es, in der gesellschaftlichen Stufenleiter emporzusteigen, ohne dabei ein Verräter an seinen anerzogenen religiösen Idealen zu werden. Kritik am gesellschaftlichen Ordnungssystem und am Kapitalismus entspringt einer christlichen Grundhaltung; "Empfindsamkeit, Lectüre und Gelehrsamkeit"[79] sind die wahren und gültigen Maßstäbe für einen Gelehrten: Damit schreibt Jung-Stilling vor allem gegen "eine große glänzende, kleinstädtische, geldhungrige Kaufmannswelt"[80] an, innerhalb derer die Wertschätzung für einen Mitmenschen an dem Umfang seines Geldsäckels proportioniert wird.

(2) Ein weiterer Aspekt: Heinrich und das kognitive, das Erkenntnis suchende Lesen. Schon aus der Wahl des dazu gereichenden Fundamentalkanons spricht ein intellektualistischer Pietismus: "Er erkannte nur drey Quellen der Wahrheit. Erfahrung, mathematische Ueberführung, und die Bibel /.../."[81] Bezeichnend für diese Art der Lektüre ist ihre Auswirkung auf Jung-Stillings Geschichtsbild, das neben der lebendigen Auseinandersetzung mit vergangenen und gegenwärtigen Zeitläufen auch "durch

fleißiges Lesen und Betrachten der biblischen Weissagungen"[82] geprägt ist. In den zeitpolitischen Vorgängen erfüllt sich für viele die Vision der Apokalypse: "Sehr verständige Männer hielten schon die französische Kokuarde für das Zeichen des Thiers /.../."[83] Französische Revolution, das ist Signal für die Endzeit. Er sieht sie als einen - an die Vorstellungswelt des Manichäismus gemahnenden - "großen, letzten Kampf zwischen Licht und Finsterniß"[84], als Beginn des großen Abfalls, der sich schon in den Gestalten Voltaires und Rousseaus wetterleuchtend am Horizont angekündigt hat.

Jung-Stilling sieht sich gleichsam als Streiter für die Sache des Lichts. Seinen Kampf trägt er mit der Waffe des Poeten aus, mit der Feder: Er betätigt sich als Herausgeber einer reaktionären Zeitschrift mit dem Titel "Der graue Mann",[85] deren großen Leserkreis der Autor nicht ohne Stolz würdigt. Inwieweit er die an sich selbst erlebte Erfahrung des kognitiven Lesens als Gestaltungsprinzip in seine Werke - insbesondere natürlich in seine Autobiographie - einbringt, wird noch genauer zu zeigen sein. Jedenfalls wird Jung-Stilling später auch zu einer Schlüsselgestalt für die Verbreitung ausländischer Erbauungsbücher,[86] schlägt sich damit klar an die Front der konservativ-christlichen Reaktion und kann sogar als ideologischer Wegbereiter für die Heilige Allianz interpretiert werden.[86]

(3) Evasorisches, also realitätsflüchtiges Lesen ist für das Kind Heinrich die Hauptvariante der Lektüre. Bücher stimulieren die Phatasie, bieten das Potential, um aus einer beengten Welt zumindest in Gedanken auszubrechen. Beengt ist die Welt des Knaben vor allem durch die elterliche Erziehung: Bis zum siebenten Lebensjahr ist Heinrich von Gleichaltrigen hermetisch abgeschottet, bleibt bei Spaziergängen unter ständiger Observanz des gestrengen Vaters. So kommt es, daß Heinrich bis dahin "noch keine Nachbars Kinder, wohl aber eine Reihe schöner Bücher kannte."[88] Und an anderer Stelle heißt es:

> /.../ Er wuste daher nichts von der Welt, nichts von Lastern, er kannte gar keine Falschheit und Ausgelassenheit; beten, lesen und schreiben war seine Beschäftigung /.../. (89)

Die bis zur Schulzeit andauernde Abkapselung von der Welt einerseits und die ständige Begegnung mit den Idealen in den Büchern andererseits führt schließlich - wie im "Anton Reiser" - zur Sensibilisierung der Phantasie. Die wenigen kleinen Dinge, die Heinrich aus seinem Umkreis aufnimmt, werden durch das Perspektiv seiner Vorstellungskraft derart vergrößert, daß in Familie und Freundeskreis höchstes Erstaunen herrscht. Aus der Umgebung des väterlichen Hofes entstehen - dank Heinrichs Phantasie - aus Büchern erfahrene Szenerien, von der ägyptischen Wüste bis zur französischen Ritterburg.[90] Als er, bereits zum fünfzehnjährigen Jüngling herangewachsen, zum Schulmeister in Zellberg bestimmt wird, wiederholt sich dieses Spiel mit den Landschaften, die er auf seinem Weg zur Schule durchwandert.[91] Das Spiel mit der Vorstellungskraft erfüllt den Knaben mit unsagbarem Glück; die Genese der Phantasie, die die Autobiographie an dieser Stelle zur Sprache bringt, dient aber gleichzeitig auch als erster Hinweis auf die keimhaft vorhandenen poetischen Talente Heinrichs - "sein Geist floß über, er stammelte Reimen und hatte dichterische Einfälle."[92]

Daneben findet Jung-Stilling durch die in den Büchern vorgelebten Ideale auch Zugang zur moralischen Bewertung von Handlungen:

> Die Helden alter Romanzen, deren Tugenden übertrieben geschildert wurden, setzten sich unvermerkt, als so viel nachahmungswürdige Gegenstände in sein Gemüth feste, und die Laster wurden ihm zum größesten Abscheu /.../. (93)

Die Phantasie hilft aber der Ausprägung moralischer Grundbegriffe nicht nur weiter. Zuweilen geschieht das Gegenteil, nämlich dann, wenn die Moral unter Einwirkung der Vorstellungskraft Schaden nimmt. Ungewollt bewirkt durch die unnachgiebige Disziplin im Elternhaus, verfällt Heinrich auf immer feinere Lügengespinste, um väterlicher Züchtigung zu entgehen.[94] Phantasie als Mittel zur Schaffung von Freiraum - hier geschieht es auf ebenso nachfühlbare wie moralisch bedenkliche Weise. Doch nicht allein auf dieser Ebene spielt sich die Kollision von Phantasie und Realität ab. Ralph- Rainer Wuthenow hat deutlich darauf verwiesen,wie sehr das Wechselspiel von subjektiver Innerlichkeit, zu der Heinrich erzogen wird, und von objektiv existierender Außenwelt die Struktur der Lebensgeschichte bestimmt:[95] Sobald Heinrich in die Welt hinaustritt, aus seiner Verinnerlichung auszubrechen versucht, trifft er auf eine Reihe von Hindernissen, die ihn immer wieder auf sein Innerstes zurückverweisen. Die Realität des Lebens erfährt er in einer

Serie von Konflikten, von Widerständen, von Kurskorrekturen, von Fehlschlägen, denen der Erzähler dadurch höheren Sinn abzuringen trachtet, indem er sie als wunderbare Eingriffe der Vorsehung deutet.

(4) Die umstrittenste Form der Lektüre, die in Jung-Stillings Selbstbiographie auftaucht, ist zweifelsohne das ästhetische Lesen, das Lesen aus Freude am Lesen. Wie bedenklich das sein kann, beweisen die Zweifel, die Heinrich beschleichen, nachdem er Christoph Martin Wielands Lukian-Übersetzung subskribiert hat:

> Einige Zeit nachher schlug ihn das Gewissen über diesen übereilten Schritt: Wie! - sprach diese rügende Stimme in seiner Seele, du kaufst ein so theueres Werk von sieben Bänden! - und zu welchem Zweck? - blos um zu lachen! - und du hast noch so viele Schulden - und Frau und Kinder zu versorgen! - und wenn das alles nicht wäre, welche Hülfe hättest du einem Nothleidenden dadurch verschaffen können? - du kaufst ein Buch, das dir zu deinem ganzen Beruf nicht einmal nützlich, geschweige nothwendig ist. Da stand Stilling vor seinem Richter wie ein armer Sünder, der sich auf Gnade und Ungnade ergiebt. (96)

Das skrupulöse Gewissen reagiert hier höchst sensibel auf eine Art von Lesen, das des bloßen Vergnügens halber geschieht - eine Nutzlosigkeit ohne irgendeinen Wert für die Gesellschaft oder für die eigene persönliche Reifung. Diese Kosten-Nutzen-Rechnung liegt in der Tradition von Argumenten, wie sie die Aufklärung im Zusammenhang mit dem Romanlesen ins Spiel gebracht hat: Der Leser vertrödelt mit seinen unnützen Schwarten bloß wertvolle Zeit, die anderswo in wesentlichere Dinge investiert werden könnte.[97] Und um Investition geht es ja auch im Falle Jung-Stillings, wenn auch in einem anderen Sinn des Wortes.

Negative Akzente, die das Lesen betreffen, werden bereits durch das Elternhaus gesetzt. Lesen ist Nicht-Arbeit - ein kategorisch vertretenes Vorurteil seitens der Eltern, das besonders an jener entscheidenden Stelle im Lebensweg Heinrichs hervorbricht, als sich seine berufliche Zukunft entscheidet. Die Familie würde Heinrichs Existenz am liebsten in einem soliden Handwerk abgesichert sehen, der Sohn hingegen fühlt sich zur Kopfarbeit hingezogen. An diesen einander entgegengesetzten Lebensplänen entzündet sich der Konflikt. Die intellektuellen Ambitionen des Sohnes, die zu allem Überdruß auch noch anfangs immer wieder scheitern, werden von den Eltern mißtrauisch wahrgenommen. In ihren Augen wird der Umgang mit Büchern zur typischen Handlungsform desjenigen, der den Broterwerb durch manuelle Arbeit scheut. Lektüre wird sogar mit einer gesicherten Existenz als unvereinbar empfunden:

> Aber der Junge! der liebt nicht Geld und Gut, sondern Bücher, und davon läßt sichs im Bauernstand nicht leben. Wie die beyden zusammen stallen werden, weiß ich nicht! (98)

Der kapitalistisch fundierte Utiliarismus, der da aus den Worten der Großmutter klingt, entspricht wiederum den bereits erwähnten Argumentationsmodellen der Aufklärung gegen das Lesen. Daneben bleibt "Romanen und sonst unterhaltende Geschichten zu lesen"[99] eine Beschäftigung, die auch moralisch einigermaßen anfechtbar ist - der Dichter betont in diesem Zusammenhang den "Leichtsinn", der sich über alle diesbezügliche Bedenklichkeiten hinwegsetzt, ist doch diese spezifische Art der Lektüre rein sinnlicher Lust gleichzusetzen. Wo Lust und Erbauung hingegen zusammenfallen, dem Lesevergnügen also gleichzeitig ein moralisch-theologisches Element ins Unterfutter geschoben wird, wie Jung-Stilling von seiner Autobiographie behauptet,[100] da wird Literatur aus ihrer puren Schöngeistigkeit emporgehoben und einer höheren Bestimmung zugeführt. Ein Amalgam von Autobiographie und Roman, wie es in den Hauptwerken pietistischer Autoren wie Jung-Stilling oder Moritz vorliegt, erweist sich als rezeptionsästhetisches Kalkül, weil man damit einerseits ein an Romane orientiertes Breitenpublikum gewinnen kann, andererseits aber gleichzeitig durch anspruchsvollere Gestaltung die etwas anrüchige Form veredelt wird.[101]

(C) BEWERTUNG DES LESENS

Jung-Stillings Familie verhält sich weitaus nicht so lesefeindlich, wie es aus dem Vorangegangenen möglicherweise den Anschein hat. Das Elternhaus empfindet Lesen sogar als segensreiche und sinnvolle Beschäftigung, wenn es nur in wohldosierter Manier geschieht:

> /.../ Laß ihn lernen was er kann und was er will; gib ihm zuweilen Zeit dazu, aber nicht zu viel, sonst kommt er dirs an's Müßiggehen, und liest auch nicht so fleißig; wenn er aber brav auf dem Handwerk geschaft hat und er wird auf die Bücher recht hungrig, denn laß ihn eine Stunde lesen, das ist genug. (1o2)

So sieht der Großvater die Ideallösung für Heinrich: Versorgung in einem gesicherten Beruf, daneben Gelegenheit zur mäßigen Lektüre von Büchern, die - was vom Großvater erst an späterer Stelle angeschnitten wird - natürlich über gewisse moralische Qualitäten verfügen müssen, sich also weitgehend mit dem pietistischen Kanon decken. Er rät "gute Bücher, sonderlich die Bibel zu lesen, hernach auch was Doktor Luther, Calvinus, Oecolampadius und Bucerus geschrieben haben."[1o3] Wenn er in oben zitierter Stelle hingegen das Wort "hungrig" gebraucht, so schwingt an der Peripherie die Besorgnis des Erziehers mit, der Knabe könnte der unkontrollierten und alles vereinnahmenden Lesesucht zum Opfer fallen.

Der junge Heinrich ist wahrhaftig lesesüchtig zu nennen, doch zeigt seine Bilbliomanie keine Spur von dem Hauch des Krankhaften, des süchtigmachenden Berauschens, das Anton Reiser so zusetzt. Obwohl alles zunächst danach den Anschein hat: "Er lebte nur in den Büchern,"[1o4] wird von Heinrich an einer Stelle behauptet, und in dem in Ich-Form gehaltenen Rückblick zwischen den "Lehr-Jahren" und dem "Alter" spricht der Dichter "vom unersättlichen Lesen" als "Grundtrieb" seiner Existenz, von der ständigen Suche nach der Gelegenheit, "auf den Büchern zu brüten".[1o5] Oftmals provoziert die Begegnung mit dem Buch exzessive Gefühlsausbrüche, wie etwa bei der Lektüre der Barockromane oder bei Homer: "Er hüpfte für Freuden, küßte das Buch, drückte es an seine Brust /.../."[1o6] Gleichzeitig aber bewahrt er sich ein kontrollierendes Regulativ, das ihn vor totaler Okkupation durch die Lektüre schützt. Die Begierde zu lesen ist nämlich nicht bloß pure Sucht, sondern wird mit pietistischer Demut als gottgegebener Trieb empfunden. Dadurch wird der Drang zum Buch veredelt, als Teil eines göttlichen Plans gesehen, der die Anlagen des Knaben voll zur Entfaltung bringen wird.

"Ein ganzes Leben unter Büchern"[1o7] erscheint Heinrich als das Nonplusultra seines beruflichen Strebens, ein Leben etwa als Schulmeister oder Pastor, dessen Tätigkeit - von Chodowiecki auf dem Titelkupfer zu den "Jünglings-Jahren" festgehalten - er in kindlichem Spiel bereits imitiert. Aber auch das Anlegen einer Rolle, das den Figuren des Lenzschen "Hofmeisters" so fatal anschlägt, verläuft bei Jung-Stilling in kontrollierten Bahnen: Als der Titelheld und das Mädchen Anna Schmoll sich Identitäten aus einem Schäferlied zulegen, so tut er dies nur, um ihren bedenklichen Geisteszustand aufzuhellen, um durch das - von seiner Seite aus distanzierte - Nachspielen des Idylls das zerrüttete Gemüt zu trösten.[1o8]

Mag Heinrich zwar von seiner Umgebung verdächtigt werden, dem geschriebenen Wort bis zur Selbstaufgabe verfallen zu sein, so zerstreut er diesen Vorwurf mit Worten aus seinem eigenen Munde:

> Goldmann schüttelte den Kopf und erwiderte: Ey! Ey! wozu solltet ihr gebohren seyn? Ich glaube, ihr habt euch durch euer Romanlesen unmögliche Dinge in den Kopf gesetzt. Die Glücksfälle, welche die Phantasie der Dichter ihren Helden andichtet, setzen sich in Kopf und Herz vest, und erwecken einen Hunger nach dergleichen wunderbaren Veränderungen.
>
> Stilling schwieg eine Weile, sah vor sich nieder; endlich blickte er seinen Vetter durchdringend an, und sagte mit Nachdruck: Nein! bey den Romanen fühl ich nur, mir ists, als wenn mir alles selbsten wiederführe, was ich lese; aber ich hab gar keine Lust, solche Schicksale zu erleben. (1o9)

Das bedeutet: Identifikation, aber keine Imitation. Identifikation, die sich nur zwischen dem Auf- und Zuklappen des Buchdeckels abspielt. So sind verhältnismäßig klare Grenzen zwischen Fiktion und Realität gezogen. Der "Hunger", von dem Goldmann spricht, ist zweifelsohne da; nur wird dessen Befriedigung Gott überlassen, d.h. Heinrich ergibt sich einem höher waltenden Schicksalsplan. Und wie wir das bereits bei der Lektüre von "Herkules und Valiska" aufzuzeigen versucht haben, unterstützen Bücher nur diese Vorstellungen.

Lesen als Betätigung von und zu Gott: Hier erreicht Jung-Stillings positive Bewertung der Lektüre ihren Gipfelpunkt. Schon für den kleinen Heinrich gilt Lesen als essentielle Beschäftigung für ein Vernunftwesen. Als Nachbar Stähler den Achtjährigen nach seiner so ernsthaft ausgeführten Beschäftigung befragt, entspinnt sich zwischen den beiden folgendes Zwiegespräch:

> Stähler sah ihn an und sagte: Henrich was machst du da?
>
> "Ich lese."
>
> Kannst du denn schon lesen?
>
> Henrich sah ihn an, verwunderte sich und sprach: Das ist ja eine dumme Frage, ich bin ja ein Mensch. (11o)

In der Bewertung des Leseaktes werden Gedankengänge vorgestellt, die im Sinne der Aufklärung klar die Omnipotenz der Vernunft postulieren. Für Heinrich ist wichtig, mittels der Geisteskräfte das Geschriebene überhaupt zu begreifen: Der Mensch ist mit der Gabe des Verstandes gesegnet; an der göttlichen Gnade liegt es, diese Gabe während der Lektüre zur vollen Entfaltung bringen zu können: "'Ich bete: lieber Gott! gieb mir doch Verstand, daß ich begreifen kann, was ich lese.'"[111] Daß der Leser sein Vertrauen in Gott setzt, ihm bei der Lektüre hilfreich zur Seite zu stehen, ist Prämisse für eine positive Auffassung vom Lesen, zugleich auch Symptom für eine Intention, die unter die Oberfläche des Wortes zu schürfen trachtet. Richtige Lektüre als Teil des großen Lebensplanes, den der Schöpfer für ihn angelegt hat: Im Rückblick auf seine Entwicklung hält der Dichter fest, wie unterschiedlich die Absichten seines irdischen und seines himmlischen Vaters diesbezüglich waren -

> Daß er /der Vater/ mir solche Geschichten zum Lesen gab, geschahe deswegen, weil doch Kinder etwas Unterhaltendes haben müssen, und dann sollte es mir Lust machen, ein wahrer Christ zu werden. Daß aber jener Grundtrieb daraus entstand, das war die Absicht, nicht eines blinden Ohngefährs, nicht meines Vaters, nicht die meinige, sondern des großen Welt-Regenten, der mich dereinst brauchen wollte. (112)

Bücher dienen jedoch noch einem anderen Zweck: Sie dienen als Chiffre - wo sie zu finden sind, das gilt gleichsam automatisch als 'locus amoenus', dort fühlt man sich wohl, geborgen und in einer angenehmen Gemütsverfassung. Ganz anders in bedrückender Umgebung, wie während Heinrichs Schulmeisterzeit in Dorlingen: Nebst Demütigungen im Unterricht muß er zu allem Überdruß auch weitgehende Absenz interessanter Lektüre erleiden.[113] Dadurch wird die Atmosphäre von Roheit und Unzivilisation, die in der Schilderung der ersten Unterrichtsstunde vermittelt worden ist,[114] noch intensiviert: Ohne Buch wird das Leben zur Last. Wieder in den Schoß des elterlichen Hauses zurückgekehrt, tauchen allerorten Bücher auf: indikatorisches Signal dafür, daß die Welt nunmehr wieder in Ordnung ist.[115] Und wenn Heinrich verlockende Aussichten auf den Posten eines Bergverwalters hegt, verbindet er damit gleichzeitig die Vision einer mit Büchern vollgefüllten Bürgerstube.[116]

(D) DER LESER ALS AUTOR

Das Walten Gottes als Fluchtpunkt aller Handlungen und sozialen Ambitionen der Titelfigur - das ist die beständige Grundierung der Biographie: " /.../ Der rechtschaffene Mann und Christ würkt unabläßig, überläßt Gott das Gedeyen, und schweigt."[117] Fleiß, Frömmigkeit und Demut sind die Grundmaximen des Stillingschen Haushalts: "Du bist der erste, der aus unserer Familie seine Haare pudert, sey aber nicht der erste der auch Gottesfurcht und Redlichkeit vergißt!"[118] ermahnt die sterbende Großmutter den Knaben. Und Goethe behauptet von seinem Freund, daß dieser sein Leben "gestützt auf den Glauben an übernatürliche Hilfe"[119] lebe, sich also verwandten Hoffnungen hingibt wie Anton Reiser, was der Erzähler von dessen Lebensgeschichte als 'romanhafte Ideen' bezeichnet, wenn er auf die ersehnte Intervention höherer Schicksalsmächte anspielt.[12o]

Heinrich sieht seine Zukunft jedoch nicht von einem anonymen Fatum abhängig, sondern allein vom Schöpfer. Für ihn gilt das, was sein Vater an einer Stelle sagt:

> Ich will mit meiner Handthierung mich wohl durchbringen, und mich im übrigen ganz an die göttliche Vorsorge übergeben; die wird mich und meine Dorthe eben sowohl nähren, als alle Vögel des Himmels. (121)

Daß Wilhelm in seine Rede eine Bibelstelle einfließen läßt - um genauer zu sein: Mt. 6,26 - zeigt, wie sehr die Bibel und religiöses Schrifttum überhaupt Sprache und selbstverständlich auch Lektüreverhalten des pietistischen Haushalts prägen. Und das Studium geistlicher Texte wird ja in der Heiligen Schrift dem Gläubigen sogar vom Apostel Paulus explizit anempfohlen:

> Jedes Buch der Schrift ist von Gottes Geist erfüllt und daher nützlich zur Belehrung, zur Widerlegung, zur Zurechtweisung, zur Erziehung in der Gerechtigkeit; so wird der Mensch Gottes zu jedem guten Werk bereit und gerüstet sein. (122)

Ein Zitat, das quasi das Fundament für die pietistische Lesekultur legt, das auch nicht verwundern macht, wenn Jung-Stilling und Anton Reiser schon verhältnismäßig früh erbauliches Schrifttum von François de Fénelon oder Thomas a Kempis zu studieren beginnen.[123] In den "Lehr-Jahren" betont der Autor,

> wie wichtig es sey, wenn man den Kindern frühzeitig das Gedächtniß mit erbaulichen Sprüchen aus der Bibel, und Liederversen anfüllt. Die ersten Eindrücke im Gedächtniß des Kindes sind unauslöschbar. In der Jugend helfen ihnen solche Sprüche und Verse wenig; aber wenn sie im hohen Alter Wilhelm Stillings Wüste durchpilgern müssen, wo sie einsam, von aller Empfindung des gesellschaftlichen Lebens, und ihres eigenen Bewußtseyns entblößt, nur noch einen kleinen Schimmer der Vernunft zum Führer haben, da wo sie ihren ganzen Lebensgang vergessen haben, da sind solche Sprüche und Verse Himmelsbrod, das zum Uebergang über den schauerlichen Strom des Todes stärkt. (124)

Dieser Passus zeigt, wie sehr die literarische Kultur des ausgehenden 18. Jahrhunderts - mithin unseres Betrachtungszeitraumes - zu einem wesentlichen Teil auf dem Auswendiglernen basiert. Memoriert Anton Reiser ästhetisch gefällige Passagen, so werden bei Jung-Stilling Gedächtnisübungen als pädagogisches Instrument verstanden, den jungen Christen mit tröstenden Lebensweisheiten zu versehen, mit frommen Merksätzen den Lebenskampf erträglicher zu machen, insbesondere aber das Alter, wenn dem Individuum allein der nackte Glaube bleibt.

Interessanterweise ist die Lektüre religiöser Schriften nicht mit der makellosen Aura gottgefälligen Tuns umstrahlt, wie man zunächst vielleicht annehmen könnte. Daß Jung-Stilling zwar nicht von der Schädlichkeit erbaulicher Bücher, wohl aber von der Schädlichkeit einer extremen Lektüre überzeugt ist, geht aus einigen Stellen klar hervor. Etwa aus der Geschichte von Freymuths Bekehrung in der "Wanderschaft".[125] Dieser - ein rüder Saufkopf - zeigt sich besonders erregt, wenn er seine pietistische Gemahlin in fromme Bücher vertieft sieht: "Du feiner pietistischer T... weist ja wohl, daß ich das Lesen nicht haben will /.../."[126] Jegliche Vertiefung in religiöse Angelegenheiten, die über den obligaten Meßbesuch hinausgehen, ist Freymuth ein Greuel; was Wunder, daß ihm die pietistischen Zirkel und das dort so eifrig betriebene Lesen zum roten Tuch werden. Ähnliches gilt auch für eine Szene aus dem Teil "Häusliches Leben": Jung-Stilling äußert seine Bedenken über die Veranstaltung von Kaffeekränzchen, bei denen man protestantische Erbauungsliteratur vorliest; immerhin befinde man sich zu jenem Zeitpunkt im katholischen Rittersburg und könnte somit Anlaß zu Unfrieden geben[127] - was kurz darauf auch tatsächlich geschieht. Ein Zuviel an Zurschaustellung religiöser Betätigung - so mahnt der Dichter - erweckt leicht oppositionelle Geister. "Ich versichere Ihnen das häufige Sprechen und Ermahnen, das viele Bäten Lesen und Singen macht mehr Freygeister, als man sich vorstellt /.../", rät Jung-Stilling zur Kindererziehung in einem Brief.[128] Künstlerisch zieht der Dichter daraus seine produktionsästhetische Konsequenz, die Intention eines kognitiv zu rezipierenden Nutzeffekts mit der gefälligen Form des 'delectare' zu verbrämen. Oder anders formuliert: Durch die der biographischen Form eigenen fiktionalen und semifiktionalen Elemente poetisiert, wird der aufdringlich emporgerichtete Zeigefinger theologisch-moralischer Didaxe einigermaßen abgebogen, erscheint Erbauung in einer romanesken Gewandung. Eine Methode, die in der Öffentlichkeit nicht unumstritten ist, wie eine Stelle aus Jung-Stillings Roman "Theobald oder die Schwärmer" zeigt:

> Warum haltet ihr einen Mann für ein großes Genie, wenn seine Seele im Reich der Phantasie herumschwärmt, herrlich dichtet, herrlich malt und vortreffliche Romanen schreibt? Das tadelt ihr nicht; hingegen wenn ein phantasiereicher Kopf die Religion für einen würdigen Gegenstand hält und von ihr romanen- oder feenhafte Begriffe hat, dann möchtet ihr auffahren und einen solchen Mann aus der menschlichen Gesellschaft hinausbannen; ist das auch billig? Ja, sagt ihr, diese religiösen Romanhelden führen das Volk irre, sie stiften Schaden! - O, bei weitem nicht so viel, als eure Liebes- und vergifteten Romänchen! Diese führen den Jüngling und das schuldlose Mädchen auf den schlüpfrigen Pfad der Empfindelei und des Lasters; da hingegen Jene fast allemal den wirksamsten Einfluß auf ein tugendhaftes Leben haben. (129)

Nicht allein die Kritik am falschen Lesen religiöser Bücher weist somit den Weg hin zum Formprinzip von Jung-Stillings Autobiographie, sondern auch die Anschauung, daß religiös grundierte Fiktion weitaus wertvoller und in ihrer Wirkung mächtiger ist als bloß empfindelnde Fiktion. Zwei Elemente, die in ihrem Erkenntniswert für den Dichter die Brücke zwischen Lesen und Schreiben schlagen.

Noch unter zwei anderen Gesichtspunkten ist es möglich, die rezeptive und die produktive Seite des Dichters untereinander in Relation zu setzen. Erstens: Der Disziplinierung der Lesewut entspricht eine Disziplinierung der Schreibwut, die die Titelgestalt von Moritz'"Anton Reiser"ebenso vermissen läßt. Jung-Stillings Ziel und seine innere Stärke sind zu groß, als daß Ausartungen wie bei Reiser bei ihm um sich greifen könnten. Typisch ist dafür schon der Anstoß zur literarischen Betätigung: Dichtkunst entsteht weniger aus einer inneren Spannung heraus, die sich im Niederschreiben Platz schaffen muß; die Anregung erfolgt - bis auf wenige Ausnahmen - von außen. Da ist das Brüderpaar Vollkraft, das Jung-Stilling zu seiner ersten literarischen Publikation "Ase-Neitha" (1773) ermuntert;[130] da ist natürlich auch Goethe, der den Druck seiner Lebensgeschichte in die Hand nimmt; da ist die finanzielle Misere, die ihn zum Abfassen von Romanen zwingt[131] - nicht Jung-Stilling drängt zur Veröffentlichung, sondern er wird von seiner Umgebung dazu gedrängt. In Jung-Stillings eigener Interpretation ist das nicht Passivität, sondern Inspiration derselben göttlichen Vorsehung, die auch seine Schriften verherrlichen; himmlische Führung läßt ihn das Rechte bewerkstelligen.[132] Diese Passivität des Künstlers schaltet auch weitgehend ein Moment aus, das im "Anton Reiser" so breit dargelegt ist, nämlich die Sucht nach Anerkennung von außen. Der Beifall, mit dem Jung-Stilling bedacht wird, dient ihm nicht zur Kompensation von Minderwertigkeitsgefühlen, sondern wird als Bestätigung der Vorsehung gedeutet, daß er sich auf dem richtigen Weg befinde.[133] Zwar bringt der Abdruck der Lebensgeschichte Anerkennung und bescheidenen finanziellen Gewinn, in seiner engsten Umgebung wird der Dichter hingegen als 'Romanheld und Phantast' scheel angesehen.[134] In der feindlichen kleinbürgerlichen Umwelt wird der Literat nicht mit Ruhm, sondern bloß mit Neid und Verachtung bedacht.

Ein anderer Aspekt, der Einsicht in das Verhältnis von Lesen und Schreiben bei Jung-Stilling gewährt, ist seine Ausrichtung auf den kognitiven Leser. Die Tatsache, daß er als Leser aus verschiedensten Texten wichtige Erkenntnisse für sein Leben gezogen hat, verleiht seiner Lebensgeschichte - mehr oder weniger fühlbar - eine appellative Grundfunktion, mittels derer er bei seinen Lesern das zu erreichen sucht, was seine Lektüre vormals bei ihm erreicht hat. Das er dazu gerade die Form der Autobiographie wählt, ist kein beiläufiger Zufall, sondern Kalkulation mit einer literarischen Form, die in einem doppelten Ich-Bezug den Leser zur Erkenntnisfindung über ein fremdes Individuum und über sich selbst einlädt:

> What one seeks in reading autobiography is not a date, a name, or a place, but a characteristic way of perceiving, of

> organizing, and of understanding, an individual way of feeling and expressing that one can somehow relate to oneself. (135)

Die Biographie erfüllt ihren Zweck nicht im Vorgaukeln imaginärer Phantasiewelten, wie der Roman dies tut, sondern erhofft sich in paradigmatischer Darlegung eines frommen Lebenslaufs fruchtbringende Wirkung auf den Leser. Auf direktem Weg geschieht das etwa, wenn der Erzähler gegen Ende des "Häuslichen Lebens" sein jugendliches Lesepublikum zur gottgefälligen Einrichtung des Lebens ermahnt.[136] Und auf indirektem Weg geschieht es das ganze Buch hindurch: Heinrichs Weg durch die Höhen und Tiefen der menschlichen Existenz gewährt Einblick in das teleologische Walten Gottes und schenkt damit Hoffnung und Trost.

Lesen ist für Jung-Stilling vor allem ein Akt zur Erkenntnisfindung. Wenn er stolz auf die weltweite Wirkung seiner Schriften verweist und beteuert, eine Reihe von Zweiflern wieder dem Schoß der Religion zugeführt zu haben, so ist dies als Rechtfertigung des eigenen schriftstellerischen Tuns zu lesen: "Man sehe dies nicht als Prahlerey an, es gehört zum Wesen dieser Geschichte."[137] Zum Wesen der Geschichte gehört dies insofern, als die Ausrichtung auf den Leser, der Orientierung sucht, den einzigen und wahren Grund des ganzen Buches darstellt - eine exemplarische Vita zur Verehrung der Vorsehung.

Im Zusammenhang mit den Herrenhutern weist Jung-Stilling ausdrücklich darauf hin, wie diese seine Lebensgeschichte "allgemein zu lesen" beginnen.[138] Das ist ein Indiz dafür, daß der Autor sein Werk nicht als memoirenhaften Einblick in persönliche Details seines Lebens verstanden wissen will, sondern als beispielhafte Darlegung eines von höherer Macht gelenkten und geordneten Schicksals, aus der sich der Leser die erbauliche Konsequenz für sich selbst erst herausdestillieren muß. Mit dieser Intention wird Jung-Stillings "Lebensgeschichte" zu einem Musterexempel für die Entwicklung der Gattung Autobiographie im 18.Jahrhundert. Individualität präsentiert sich mit ständigem Seitenblick auf das Allgemeine; mit der Ausrichtung auf das Ich erfolgt außerdem auch eine Ausrichtung auf die Welt:

> Das Individuum ist als das Allgemeine zu begreifen und begreift sich selbst in seiner Besonderheit als solches, es sieht sich exemplarisch. Eben weil das Individuum sich als das Einzelne und Besondere weiß, erkennt es sich auch als das Allgemeine. Individualität wird als repräsentativ und typisch verstanden. (139)

Gerade diese generalisierende Ausrichtung, auf die Ralph-Rainer Wuthenow hier Bezug nimmt, entfernt von der Autobiographie das Stigma narzißhafter Selbstausstellung, das man leicht an ihr anbringen könnte. Letztlich entscheidend ist, was der Leser daraus zu machen bereit ist, inwieweit er auf die Lektüre anspricht und mithilfe der Schilderung eines fremden Lebens gewillt ist, sein eigenes zu überdenken oder neu zu orientieren.

(III) KARL PHILIPP MORITZ

> Er ist ein sonderbar guter Mensch, er wäre viel weiter, wenn er von Zeit zu Zeit Personen gefunden hätte, fähig und liebevoll genug, ihn über seinen Zustand aufzuklären. (1)

Was Goethe in seiner "Italienischen Reise" von Karl Philipp Moritz behauptet, ist ebenso auf die Titelfigur von dessen Roman "Anton Reiser" (1785 - 1790) anzuwenden: ein sensibler Charakter, der seinen Weg alleine gehen muß, weil er allzu empfindlich auf die Härte des Lebens reagiert, weil ihm hilfreiche Personen fehlen, die seine Lehrjahre ständig überwachen. In einem Vakuum zwischen Eltern, Lehrern und Mitschülern weitgehend auf sich selbst beschränkt, flüchtet sich Anton Reiser zu Büchern.

Bücher - sie werden zu jener Vermittlungsinstanz, mithilfe derer der Leser über Reisers Innenleben unterrichtet wird. Die Psychologie, auf die sich das Werk in seinem Untertitel beruft, kann zu einem Gutteil aus Reisers Verhältnis zu literarischen Texten abgeleitet werden. Wenn Arno Schmidt Moritz' Roman als "seelisches Hochland für sich"[2] charakterisiert, könnte man im Nachsatz weiterformulieren, daß es sich dabei um eine Seelenlandschaft handelt, deren Relief wesentlich von Büchern verschiedenster Art profiliert wird. Die im Buch vorgestellte ausladende literarische Rezeption wirft damit auch ein methodisches Problem auf: "Anton Reiser" ist ein Werk, das für unsere Themenstellung ergiebig, ja fast schon zu ergiebig ist. Kaum einem anderen Schriftsteller des ausgehenden achtzehnten Jahrhunderts ist es in einer dermaßen intensiven Art und Weise gelungen, seine Auseinandersetzung mit Literatur in einen fiktionalen Text einzubringen. Kaum eine Seite, auf der nicht über Lesen, Schreiben oder das Theater gesprochen wird; kaum auch ein anderes Werk dieser Zeit, wenn nicht der deutschen Literatur überhaupt, in dem die Bedrohung durch Lektüre, sprich: die Lesesucht, in ihren extremsten Auswucherungen so genau protokolliert wird, in dem Segen und Fluch des gedruckten Wortes dermaßen eng beisammen liegen. Dominierend wie sonst nirgends tritt Lektüre als substantielles Element der Existenz in den Vordergrund. Der Leser wundert sich mit dem Kantorsohn W. über Anton Reiser, "daß er ihn beständig lesend getroffen habe."[3]

Reisers Lesegeschichte ist wie eine lückenlose Folie, die sich über seine Lebensgeschichte legt. So wie sich aber das Individuum ändert, ändert sich auch das Verhältnis desselben zu seiner Lektüre. Umwelteindrücke, das Verhältnis zu den Mitmenschen, nicht zu vergessen die eigenen Maximen, die sich die Hauptfigur in wechselnder Folge als Richtschnur setzt - alles Faktoren, die nicht nur entscheidend auf die momentanen Lektürepräferenzen einwirken, sondern auch auf die Art und Intensität, wie die Lektüre angeeignet wird.

(A) DER LESEAKT

(1) Der Lektürekanon

Anton Reisers Lesegeschichte[4] beginnt so, wie Lesegeschichten normalerweise zu beginnen pflegen: mit einem Buchstabierbuch, das die ersten Lesekenntnisse mit Hilfe frommer Sprüche und Geschichten weiterzugeben sucht.[5] Doch schon das zweite Buch, das dem verwunderten Knaben in die Hände fällt, ist eine pädagogische Abhandlung, die gegen das Buchstabieren polemisiert[6] - damit ist schon in den ersten Leseerlebnissen eine unsichere, ambivalente Haltung gegenüber der Lektüre vorgezeichnet. Noch ein anderes Moment verdeutlicht bereits auf den ersten Seiten den Zwiespalt, den Lektüre provozieren kann: Eine durch Bücher vermittelte Lebensphilosophie hat seine Eltern zu jenem Zeitpunkt voneinander entfremdet, als Reiser geboren wird. Der Vater sieht in den Schriften der Madame Guion sein Ideal von Härte und Leidenschaftslosigkeit postuliert, die Mutter hingegen liest die Heilige Schrift buchstäblich als Frohbotschaft, gewinnt der religiösen Betätigung damit Freude und Vergnügen ab.[7]

Vernachlässigung und Krankheit zwingen Anton zur Beschäftigung mit sich selbst. Die Beschränkung auf sein eigenes Ich läßt ihn im Buch einen willkommenen Partner finden. Von seinem achten Lebensjahr an bis zu seinem zehnten widmet er sich zur Hauptsache geistlicher Lektüre: da ist Gottfried Arnolds Buch "Leben der Altväter",[8] weiters ein religionspädagogisches Werk unbekannten Titels;[9] vor allem sind da aber die frommen Schriften der Madame Guion, die vom Knaben kindlich ausgelegt werden.[1o] Ihre Werke begleiten Reiser über die Jünglingsjahre hinweg[11] bis ins frühe Mannesalter, als er sie in einem Gespräch mit seinem Vater von der metaphysischen Seite her zu beleuchten versucht.[12]

Um das zehnte Lebensjahr fallen mehrere wichtige Bildungserlebnisse: Im Kurort P. lernt Reiser einen Engländer kennen, mit dem er sich anfreundet und der ihn in wenig in die englische Sprache einführt.[13] Auch die ersten eigenen literarischen Gehversuche fallen in diese Zeit.[14] Und nicht zuletzt löst eine neue Art von Büchern die bisher gepflegte geistliche Lektüre ab: Die "Acerra philologica", in der Geschichten aus dem Altertum gesammelt sind, öffnet dem Knaben das Tor zur humanistischen Bildung.[15] Fénelons Staatsroman "Les Aventures de Télémaque" reizt Antons Gemüt zu kindlich-spielerischer Nachahmung. Tatsächlicher Schmerz wird vom Schmerz über das erfundene Geschehen abgelöst, und das Echo ist martialisch. Literarischer Heroismus weckt Zerstörungslust, die sich Helden und Häuser aus Papier, Obstkerne, Fliegen und Blumen zum Opfer erwählt:

> Wenn er auf der Wiese ging, so machte er eine Scheidung, und ließ in seinen Gedanken zwei Heere gelber oder weißer Blumen gegeneinander anrücken. Den größten unter ihnen gab er Namen von seinen Helden, und eine benannte er auch wohl von sich selber. Dann stellte er eine Art von blindem Fatum vor, und mit zugemachten Augen hieb er mit seinem Stabe, wohin er traf. (16)

Mit dem heimlichen Einverständnis seiner Mutter beginnt Anton in seinem elften Lebensjahr solche Bücher zu lesen, die von seinem strengen Vater leidenschaftlich abgelehnt werden. Für Reiser ist aber gerade der Genuß verbotener Lektüre ein 'unaussprechliches Vergnügen'[17], obschon er bei Romanen wie Heinrich Anselm von Ziegler und Klipphausens "Asiatischer Banise" und Johann Gottfried Schnabels "Insel Felsenburg"[18] sehr wohl "das Abstechendere und Unedlere in der Schreibart"[19] spürt. Der Altersstufe angemessen sind aber alle diese Texte nicht, vielleicht mit Ausnahme der Geschichten aus "Tausendundeiner Nacht".[2o] Doch schon bald kehrt Anton zur frommen Erbauungsliteratur zurück: Fénelons Totengespräche und Erzählungen[21], Karl Wilhelm Ramlers "Tod Jesu"[22], Friedrich Karl von Mosers "Daniel in der Löwen-Grube"[23] und natürlich Thomas von Kempis' "De imitatione Christi"[24] machen den Lektürekanon der folgenden Zeit aus. Als Dreizehnjähriger liest er zusammen mit dem Hutmacher L. in abendlicher Runde mystische Schriften von Tauler oder San Juan de la Cruz.[25] Eine naive Himmel- und Höllenfahrtsgeschichte von Hans Engelbrecht kann Reiser keine sonderliche Begeisterung entlocken - "sein Verstand blieb gleichsam neutral dabei - er glaubte es weder, noch zweifelte er daran/.../."[26]

Mit dem zweiten Buch beginnt die schulische Ausbildung Anton Reisers. Da fehlt nicht der Hinweis auf bereits gelesene biographische Werke (darunter auch eine Lebensbeschreibung des Erasmus von Rotterdam);[27] da fehlt freilich auch nicht die Erwähnung zeitgenössischer Schulbücher: Holbergs Universalgeschichte, Hübners Geographiebuch, die Märkische Grammatik.[28] Vor allem bringt ihm der Unterricht die Begegnung mit den lateinischen Klassikern im Original: Terenz, Phädrus und Eutropius sind da zu nennen;[29] Cornelius Nepos[3o] beeindruckt ihn dermaßen, daß er seiner Konfirmation so entgegensieht wie ein römischer Feldherr seinem Triumphzug.[31]

"/.../ Wenn man diese Geschichten aus dem Unterricht der Jugend verbannen wollte, so würde man nichts Gleichwertiges und Großes an deren Stelle setzen können,"[32] schreibt Karl Philipp Moritz einmal in anderem Zusammenhang über die Dichtungen der Griechen und Römer. Doch nicht nur in ihrer sprachlichen, literarischen oder ethischen Wirkung erfüllen die antiken Dichtungen ihren Zweck: Bei seinem Besuch der Via sacra in Rom verwendet Moritz Livius als Reiseführer,[33] beim Anblick des Monte Circello wird den Reisekameraden aus der "Odyssee" rezitiert,[34] bei den Pontinischen Sümpfen Horaz in der Wielandschen Übersetzung.[35] Solch eine praktische Handhabung der Klassiker, teils zur Information, teils zur Steigerung der Reiseeindrücke am Orte selbst, ist dem jungen Reiser freilich fremd; vorgestellte Erhabenheit und Größe ist es, was ihn für die antiken Schriftsteller entflammen läßt.

Parallel dazu studiert Reiser die Werke zeitgenössischer Autoren, wie etwa nicht näher erläuterte kleinere Schriften Gotthold Ephraim Lessings.[36] Diverse Robinsonaden werden erwähnt:[37] Hatte sich Reiser schon bei der Lektüre von Schnabels "Insel Felsenburg" an der Spitze einer utopischen Sozietät gesehen,[38] so entzündet sich seine Phantasie jetzt aufs neue. "Sein mit romanhaften Ideen angefüllter Kopf"[39] läßt Reiser ein Robinson-Dasein sondergleichen ausmalen; ein Insel-Leben zusammen mit dem Rektor, dem er beim Schlichten der Bibliothek dienstfertig zur Hand geht, mit dem er darüber hinaus auch gerne "auf einem freundschaftlichen und vertrauten Fuß" stehen möchte.[4o] Aus dieser Büchersammlung wählt er sich die Schriften von Moses Mendelssohn und eine Sammlung der "Berliner Literaturbriefe" zu seiner Lektüre;[41] letztere werden von ihm später bei seiner poetischen Tätigkeit als Hilfe herangezogen.[42]

Als Reiser im Gefolge der dramatischen Darbietungen von Lessings "Philotas" und Millers dialogischer Szene "Der sterbende Sokrates"[43] von seinen Mitschülern verhöhnt und verspottet wird, zieht er sich verhärmt auf das geschriebene Wort zurück. Eine Periode trotziger Lesewut beginnt: Reiser reagiert sich durch die Lektüre ab, schult aber während seines intensiven Lesens auch seine Urteilskraft. Er vergißt über Gerstenbergs "Ugolino" seine alltäglichen Verrichtungen,[44] liest sich durch das mehrbändige Kompendium "Theater der Deutschen", das 121 zeitgenössische Dramen umfaßt,[45] liest Reisebeschreibungen von Laurence Sterne und Johann Gottlieb Schummel, letztere jedoch mit weniger Gewinn.[46] Er legt ein Heft an, worin er seine Leseeindrücke kritisch festhält: "So lernte er nun von selbst allmählich das Mittelmäßige und Schlechte von dem Guten immer besser unterscheiden."[47] Reiser liest weiter: Lessings "Emilia Galotti"[48] und Gessners Idylle "Der Tod Abels"[49], woraus er später einmal Musikstücke lernt[5o] - Indiz für das möglichst vollständige Begreifen eines literarischen Werkes. Erwähnt werden weiters "Miß Sara Sampson" und ein "Romeo und Julia"- Drama,[51] auch die Lektüre von Vergils "Bucolica" fällt in diese Zeit.[52] Ein Gedicht mit dem Titel "Der Gottesleugner", das Reiser in der Zeitschrift "Die Abendstunden" auffindet,[53] inspiriert ihn an späterer Stelle zum Verfassen eines Textes zur Deklamation.[54] In einer Phase inneren und äußeren Elends richtet er sein Interesse auf philosophisches Schrifttum; die Werke von Friedrich II. und Alexander Pope gelangen als Leihgabe des Schusters S. in die Reisersche Matratzengruft[55] - Lektüreproviant aus der Unterschichte, aus deren Mitte sich einzelne zur 'Hohen Literatur' hingezogen fühlen.

Mit Beginn des dritten Buches ist die gefährliche Lesesucht überwunden. Fast erscheint es als selbstverständlich, daß der sechzehnjährige Reiser die Kur hiefür wiederum in seiner Lektüre findet:

> Er liehe sich seit einiger Zeit wieder Bücher vom Antiquarius; aber sein Geschmack fiel nun auf lauter wissenschaftliche Bücher. - Seine Romanen- und Komödienlektüre hatte seit jener schrecklichen Epoche seines Lebens gänzlich aufgehört. (56)

Gottscheds "Erste Gründe der gesammten Weltweisheit"[57] lassen Reisers Beschäftigung mit der Philosophie tiefer und eingehender werden: "Er schmeckte zuerst die Wonne des Denkens."[58] Auch das Werk Christian Wolffs entgeht dabei nicht seinem lernbegierigem Eifer,[59] ebensowenig wie eine französische Terenz-Übersetzung, anhand derer er sich die Sprache selbst beibringt.[6o]

Die folgende Zeit steht im Zeichen einer folgenschweren literarischen Entdeckung, die Reisers Gemüt zutiefst erschüttert: die Auseinandersetzung mit Shakespeare. Vorbereitet wird diese Begegnung mit der Lektüre von Edward Youngs "Night Thoughts", die Reiser begierig aufsaugt, ja beinahe auswendig beherrscht.[61] Hier findet er Melancholie in Reinkultur; hier findet er später auch ein Vorbild für eigene gemütsvolle Dichtungen.[62] Dermaßen seelisch präpariert, wird die gemeinsame

Shakespeare-Lektüre mit seinem Freund Philipp für Reiser zum wunderbarsten Glück seines Lebens. "Jede Stunde seines Lebens, wo er den Shakespear las, ward ihm unschätzbar,"[63] heißt es einmal, als sich die beiden Freunde in Wielands Übersetzungen von "Macbeth", "Hamlet" und "King Lear" vertiefen. "Hier war mehr als alles,was er bisher gedacht, gelesen und empfunden hatte"[64] - für die Titelfigur bedeuten die Schauspiele Shakespeares eine Einladung zu einer einmalig ausgeloteten Reise über die Gipfel und Täler menschlicher Leidenschaften. Dramensituationen werden zur Seinsmetapher: Es ist kein Zufall, daß Reiser, als er wie Lear einmal sinnierend in einem Unwetter über die "dürre Heide" geht, diesem Erlebnis eine größere Wirkungskraft auf seine Seele zugesteht "als alle Schulstunden, die er je gehabt hatte, zusammengenommen."[65] Und es ist auch keine Beiläufigkeit, wenn Reiser und sein Freund I. im Tragödienstil Hamlets Monolog aus dem dritten Akt aufsagen, während sie in melancholischem Überdruß frivol mit Pistolen herumhantieren.[66] Shakespeare: das ist ein poetisches Panorama der ganzen Welt, das Reiser mit höchsten Empfindungen versorgt. Doch handelt es sich dabei um Empfindungen, die aus denselben Motivationen erwachsen, die ihn einst zu Romanen und Komödien greifen ließen.[67] Auch hier ist die Lust an der Illusion die eigentliche Triebkraft für die Auseinandersetzung mit Literatur:

> /.../ in einsamen Stunden ergötzte er sich denn mit Shakespear und Homer, und hatte dasjenige reelle Leben in sich, was er nicht außer sich haben konnte. (68)

Youngs "Night Thoughts", die Reisers Inneres melancholisch eingefärbt haben, werden in seiner Gunst nunmehr von Shakespeare verdrängt, der all diese Gefühlsregungen eindrucksvoller und glaubwürdiger darzustellen vermag: "Selbst bei seiner Melancholie nahm seine Phantasie einen höhern Schwung."[69] Auch in der Art und Weise, wie er sich methodisch seiner neuen Lektüre zuwendet, greift Reiser auf kurz zuvor gemachte Leseerfahrungen zurück. Während seiner Beschäftigung mit wissenschaftlichen Sachtexten hat er sich "das beständige Vor-Augen-Halten des Hauptinhaltes"[70] beigebracht; jetzt, genauer gesagt bei der Lektüre des Monologs aus "Hamlet", betont der Erzähler, wie sehr Reisers Aufmerksamkeit zunächst "auf das Ganze des menschlichen Lebens"[71] ausgerichtet ist. Die Lesestrategie, die er sich während seiner Beschäftigung mit den philosophischen Werken angeeignet hat, wendet er nun bei poetischen Texten an. Die Shakespeare-Lektüre wird mit einem neuen Bewußtsein rezipiert; ein Bewußtsein, das das Buch einer sorgfältigeren Befragung unterzieht. Shakespeare steht an der Wendemarke zwischen quantitativer und qualitativer Lektüre, zugleich aber auch am Beginn eines neuen Gefühls der Selbstbehauptung. "Nachdem er den Shakespear, und so wie er ihn gelesen hatte, war er schon kein gemeiner und alltäglicher Mensch mehr"[72] - das ist Katharsis in Reinkultur.

Ein weiterer, den Autor unmittelbar betreffender Gesichtspunkt sei noch eingefügt, der - wie schon im Zusammenhang mit den antiken Schriftstellern dargestellt - die vielfätigen Einsatzmöglichkeiten andeutet, aus denen der Lesende im Umgang mit ein und demselben Text schöpft. Wird Reisers Bekanntschaft mit Shakespeare in einer Sprache der Superlative geschildert, so beschreibt Karl Philipp Moritz in ähnlich ausladender Weise seine ureigensten persönlichen Gefühle, als er mit Shakespeares "Julius Caesar" in der Hand das alte Rom durchwandelt. Das, was an anderer Stelle mit Livius, Homer oder Horaz geschieht, vollzieht sich auch hier: individuell ansprechende Dichtkunst verwandelt sich in funktionelle Reise-Lektüre.

> Ich habe seinen Julius Cäsar hier gelesen, und mein Studium der römischen Geschichte ist dadurch gleichsam belebt, und alles mir vergegenwärtigt worden. - Auch würde ich einem jedem raten, den Roms Geschichte interessiert, sein Studium derselben mit diesem Shakespearschen Stücke zu krönen. (73)

Die Shakespeare-Lektüre fördert hier gleichsam die Emanation des antiken Rom; Poesie und Genius loci lassen die Empfindungen des Lesers zu den lichtesten Höhen aufschwingen. Ein Sonderfall indikatorischen Lesens also, bei der die Art, wie ein Buch gelesen wird, abhängig ist von dem Ort, wo es gelesen wird.

Dieses wechselseitige Einwirken von Leseakt und Umgebung soll an späterer Stelle noch eingehender untersucht werden, da es für die Art der Reiserschen Literaturrezeption konstitutiv ist. Denn schon der nächste Abschnitt seiner Lesegeschichte spielt sich im Freien ab: Die Gedichte eines Christian Ewald von Kleist untermalen das empfundene Naturerlebnis bei morgendlichen Spaziergängen,[74] Horaz und Vergil sorgen in der selbstgewählten Einsamkeit des locus amoenus für seelische Erquickung.[75]

Doch eine ungleich stärkere Wirkung hinterläßt bei Reiser Goethes kurz zuvor erschienener "Werther". Er liest den Roman im Sommer 1775, trägt ihn in dieser Zeit auch beständig bei sich.[76] So wie Shakespeare vermag auch dieses Werk den Blick auf die Totalität zu schulen und dadurch die Titelfigur aus ihrer Vereinsamung herauszuholen. Beiden Autoren gelingt es, ihn in den Zustand eines neuen Bewußtseins zu versetzen; zusammen mit seinen philosophischen Studien lassen sie Reiser den Prozeß charakterlicher Reifung durchlaufen. Neben der Beruhigung und Disziplinierung des Geistes verhelfen sie der Hauptgestalt allerdings noch zu einem wesentlichen Bestandteil ihrer Existenz: das Glück der Sinnfindung, ein optimistisches Erwarten des Zukünftigen.[77] Doch bringt die in diesem Lebensabschnitt gemeisterte Lektüre keine so großartige Läuterung, wie es das bisher Gesagte vielleicht annehmen ließe. Allein eine dermaßen enthusiastische Rezeption des "Werther" birgt gewisse dunkle Aspekte in sich. Wie im Falle Shakespeare hat Dietrich Weber auch hier den schalen Beigeschmack des Leseerlebnisses "Werther" aufgespürt.[78] Als negatives Kriterium arbeitet er etwa die Tatsache heraus, daß sich Reiser fremde Formulierungen zu sehr 'anliest', daß sich bei ihm einzelne Gedankengänge und Wendungen auf penetrant parasitäre Manier festsetzen. "Seine Betrachtungen über Leben und Dasein fand er hier fortgesetzt,"[79] schreibt Moritz an einer Stelle über Reisers Verhältnis zu Goethes Helden. Die ausgedehnte Reflexion, die Reiser über das Leben im Vergleich zum Marionettenspiel anstellt,[8o] ist im Vergleich noch harmlos zu dem, was die Stelle über Werthers "freudenloses Dasein" in ihm anrichtet - fast führt sie ihn zum Selbstmord.[81] Doch nicht allein das Werk genießt Reisers faszinierte Aufmerksamkeit, auch der Autor wird zum Mittelpunkt einer übersteigerten irrealen Schwärmerei. Als Reiser in Hamburg einer Aufführung der Ackermannschen Spieltruppe mit Goethes "Clavigo" beiwohnt, ist er "auf das höchste gespannt"[82]. In der Folge steigert sich das verzückte Interesse für den Autor dermaßen, daß Reiser in einer seiner 'romanhaften Ideen' den Plan faßt, bei Goethe in Weimar als Bediensteter zu beginnen, "es sei unter welchen Bedingungen es wolle"[83] - eine Phantasterei, die Heinrich Heine als symptomatisch für Reisers überstiegenes Wunschdenken hervorgehoben hat.[84] Reisers innere Reifung bleibt demnach an einigen Stellen stecken. Der Zugang zu subtileren Texten wird ihm dadurch verwehrt, daß er sich ihnen mit denselben Lese-Prämissen nähert, mit denen er an die so massenhaft verschlungene literarische Dutzendware herangegangen ist. Goethe und Shakespeare, Reisers aufregendste Leseabenteuer, sind ungeachtet ihrer bildenden Wirkung auch Instrumente zur Weltflucht und Selbstbestätigung, die durch die Qualität der Texte gleichsam veredelt werden.

Diese "ausschweifende Ehrfurcht gegen Dichter und Schriftsteller"[85] trifft aber nicht ausschließlich Goethe, sondern auch die Autoren des Göttinger Hainbundes. Reiser liest Voß, die Gebrüder Stolberg, lernt Bürgers "Lenore" ebenso auswendig wie "Adelstan und Röschen" von Hölty, dessen Persönlichkeit ihn besonders zu fesseln vermag.[86] Ebenso lohnende Eindrücke vermittelt ihm die in 'vergnügter Einsamkeit' zugebrachte Lektüre von Hallers Gedichten und Fieldings "Tom Jones".[87]

Mit Beginn des vierten Buches bricht Reiser zu seiner Wanderung zu den Komödianten auf - was könnte als Reiselektüre dazu prädestinierter sein als Homers "Odyssee", die der junge Mann im Duodezformat als einziges Buch bei sich trägt: Die Irrfahrten des Helden parallelisiert Reiser mit dem Abenteuer seiner eigenen Wanderschaft.[88] Als er in einem Jägerhaus als Gast eingekehrt ist, amüsiert er sich bei der Lektüre von Wochenschriften, Kalendern und Studentengeschichten, die er in der Bibliothek des Hausherrn findet.[89] Als Student in Erfurt verfaßt Reiser ein Gedicht für eines dieser wöchentlich erscheinenden Magazine[9o] - ein Übergang vom Konsumieren zum Produzieren kündigt sich an. Denn auch das Lesen bedeutet für den Neunzehnjährigen zu diesem Zeitpunkt nicht mehr das, was es einmal für ihn gewesen ist. So lernt er einen Brief seines Freundes Philipp am Ende zur Gänze auswendig, obwohl ihn die darin erzählten Liebesaffären seines Kameraden eigentlich überhaupt nicht interessieren: "/.../ er hatte doch einmal nichts zu lesen, was ihm näher gewesen wäre, als dieser Brief."[91] Reiser wählt eine Art von Annäherung an diesen Text, wie sie sich schon früher einmal bewährt hat - in der Hoffnung, daß ein bestimmtes Leseritual die Seele in einen von früher her bekannten und jetzt gewünschten Erregungszustand versetzen könnte. Doch schon bei der Lektüre von Klopstocks "Messias" und Friedrich Wilhelm Zachariaes "Die Schöpfung der Hölle" versagt diese Methode.[92] Passionen bleiben aus, Fadesse stellt sich ein. Zusammen mit einem Erfurter Komilitonen rezitiert Reiser Hexameter unter freiem Himmel - "ein peinlicher Zustand", da sich alle verpflichtet fühlen, sentimentale Affektationen vorheucheln zu müssen. Die - laut Ludwig Völker - "beständigste und regelmäßigste Form von Langeweile, die in jeder Literatur in der einen oder anderen Weise zur Sprache kommt",[93] nämlich die literarische, findet in Klopstocks "Messias" ihr Paradigma. Zugleich schämt sich Reiser aber auch, "von den erhabenen Tönen, die unaufhörlich in ihre Ohren klingen",[94] nicht zutiefst erschüttert zu werden. Das schlechte Gewissen des Lesers zeigt, wie tief er sich in der Krise befindet. Bücher können nicht mehr beim Meistern der Umwelt behilflich sein, sie werden vielmehr zum Angelpunkt des Überdrusses.[95] Literatur, so scheint es, verringert nicht mehr die Instabilität der Gemütslage, sondern vergrößert sie. Zwar besucht Reiser noch einige Male die Universitätsbibliothek, wo er längere Zeit Jean Baptiste Duhaldes Reisebeschreibung über China liest,[96] doch versickert allmählich sein literarisches Interesse. Johann Martin Millers sentimentale Klostergeschichte "Siegwart" zeitigt bei ihm dasselbe einlullende Resultat wie zuvor Klopstocks Hexameterepos.[97] Und auch hier versagt er, als er sich künstlich an dem Werk begeistern will: Bei dem Versuch, den Stoff in ein Trauerspiel umzugießen, macht er die leidvolle Erfahrung eigener poetischer Unzulänglichkeit.[98] Es scheint, als ob sich Reisers intensives Verhältnis zur Literatur, die sein Dasein bislang überwölbt hat, langsam aufweicht. Mit dem - zumindest teilweisen - Verlust dieser Beziehung gibt die Titelfigur auch gleichzeitig ein Stück ihrer Identität auf. Offensichtlich zieht der Roman mit aus diesem Grund eine formale Konsequenz in seinem plötzlichen Abbruch. Da sich Reiser allem Anschein nach den Büchern nicht mehr so empfängnisbereit entgegenstellt, deren Lektüre nunmehr als lästige Pflicht empfindet, sie mechanisch herunterspult, immer eine tiefe Gemütsregung ersehnend, geht dem Erzähler damit auch ein brauchbares Perspektiv auf das Innenleben seiner Titelfigur verloren. Jede Krise des Lesens ist bei Reiser aber auch zugleich eine Krise der Persönlichkeit: Das Werk endet in jenem Augenblick im Widerspruch, als sich ein bislang bewährtes inhaltliches und formales Moment dem Erzähler als verschlissen und abgegriffen versagt.

(2) Die Art des Lesens

Die große Rolle, die die Bücher im Dasein Anton Reisers einnehmen, wird auch sprachlich angezeigt. So wie Jung-Stilling seine Leseeindrücke in den Unsagbarkeitstopos einzukleiden suchte,[99] verweist Moritz immer wieder superlativisch auf die Wonnegefühle, von denen Reiser während seiner Lektüre ergriffen wird. Die höchste Steigerungsstufe der Empfindungen findet ihre Entsprechung in der höchsten Steigerungsstufe des Adjektivs. Einige Beispiele: Als die Titelfigur in der Einsamkeit einer Dachkammer Gelegenheit und Muße zu phantastischen Traumgespinsten findet, bezeichnet der Erzähler diese Zeit als deren 'vergnügteste Stunden';[1oo] die Shakespeare-Lektüre ist für Reiser die "größte Wonne"[1o1]. Gleichgültig, ob die Begegnung mit der Literatur nun faszinierend oder verdrießlich ist - der Superlativ wird auch weiterhin als Beschreibungskategorie verwendet, als sich gegen Ende des Romans die unangenehmen Leseerlebnisse mehren. Bei Klopstocks "Messias" wird Reiser von der "entsetzlichsten Langeweile" befallen, die Verpflichtung zur Verzückung verschafft dem Leser "mit die traurigsten Stunden in seinem Leben /.../, deren er sich zu erinnern weiß"[1o2] - angesichts der Fülle leidvoller Erfahrungen in seinem Leben ein vernichtendes Verdikt. Momente der "entsetzlichsten Langeweile" verspürt die Titelfigur auch, als sie sich durch die drei Bände von Millers "Siegwart" frißt. In masochistischem Eifer quält Reiser sich damit ab, aus dem Stoff eine Tragödie zu verfertigen - "die trübseligsten und widrigsten Stunden, die man sich nur denken kann."[1o3]

Entscheidend für die Art, wie sich dermaßen erfahrene Eindrücke zu einem zweifellos tief empfundenen Erlebnis verdichten können, ist das Zeremoniell, das den Leseakt umgibt: wie gelesen wird, zu welcher Zeit, vor allem an welchem Ort. Und gelesen wird überall: tagelang verharrt Reiser "ausgestreckt rücklings" mit seinen Büchern im Bett;[1o4] frierend liest er des Nachts bei Kerzenschein, nur in eine wollene Decke eingemummelt.[1o5] Zusammen mit seinem Freund Philipp wird bei gemeinsamer Lektüre die Nacht zum Tag;[1o6] mit angespanntem Interesse werden in den "Shakespeare-Nächten" Dramen studiert, bei künstlichem Licht und zu heißem Kaffee. Hervorzuheben ist, daß die Assoziationsbrücke zur nächtlichen Umgebung bestehen bleibt, wenn fürderhin von William Shakespeare die Rede ist.[1o7] Beim Kaffeetrinken wird auch Homer gelesen;[1o8] in einer von zechenden Gästen gefüllten Wirtstube konzentriert ein Buch zur Hand zu nehmen, erweist sich hingegen angesichts des hohen Lautstärkepegels als wenig fruchtbringend.[109] Das Buch ist omnipräsent: Schüler lesen nicht nur ihren Lehrern vor,[110] sondern auch unerlaubterweise während des Lateinunterrichts - allerdings macht Reiser dies nicht aus öder Langeweile, sondern als ablenkende Hilfe gegen Vereinsamung und Verachtung.[111]

Von besonderer Bedeutung ist die Lektüre in frischer Luft - nicht nur während des Promenierens auf den Straßen,[112] sondern vor allem in der freien Natur. Ein kleines Gebüsch, bei dem er sich zur Werther-Lektüre niederläßt, wird Reiser zu einem zweiten Zuhause;[113] an ein wertherisches Ambiente gemahnt ihn die Gegend um eine Windmühle, wo er in einer Laube des öfteren bei einer Schale Milch und einem Buch sitzt.[114] Ebenso wird Homers "Odyssee" unter offenem Himmel genossen - "eine zurückgebliebene Idee aus Werthers Leiden."[115] Beim Lesen von Klopstocks "Messias" werden einem erstmals die banalen Schattenseiten der Freiluftlektüre ins Bewußtsein gerufen. Die Konzentration läßt zu wünschen übrig, die Aufmerksamkeit richtet sich auf die Umgebung, und der Leser merkt, "wie oft der Boden feucht war, die Ameisen an die Beine krochen, der Wind das Blatt verschlug, usw."[116] - am Rande erwähnenswert ist, daß auch bei Eduard Mörike der "Messias" von Klopstock herhalten muß, um das Idyll einer in freier Natur erlebten Lektüre mürbe zu machen.[117] Doch nicht allein für die Kopplung von Naturempfindung und literarischem Gefühlsüberschwang bewährt sich das Aufsuchen einer adequaten Szenerie, auch eine melancholische Grundstimmung vermag in einer melancholischen Umgebung potenziert zu werden. Wenn Reiser in verzweifelter Seelenverfassung einen Kirchhof aufsucht und dort über Diesseits und Jenseits nachforscht,so sucht er sich dabei eine Kulisse aus, die bereits die Dichter der Barockzeit zu ähnlich gelagerten Reflexionen inspiriert hat.[118] All das entspricht einer Synchronizität von innerem Gefühlsablauf und dessen topographischer Abbildung; zugleich wird damit aber auch eine spezielle Variante indikatorischen Lesens vorgestellt: Lektüreerlebnis und Naturerlebnis greifen tief ineinander, ergänzen sich wechselseitig, haben denselben Fluchtpunkt im Gemüt des Lesers. Ein Moment, das keine literarische Fiktion ist, sondern Moritz an sich selbst erlebt hat; etwa als ihm Miltons Beschreibung vom Höllensturz der Engel ähnliche Gefühle der Kolossalität einpflanzt wie der Blick über den Buchrand hinweg auf eine englische Berglandschaft.[119]

Lektüre bedeutet totale Vereinnahmung. Und so leistet Reiser Lesearbeit im wahrsten Sinne des Wortes. Ästhetische Präferenzen wecken das Bedürfnis, das poetische Werk bei sich zu haben, auch wenn das Buch gerade einmal nicht verfügbar ist - der Leser unterzieht sich an mehreren Stellen der Mühe des Auswendiglernens.[12o] Reiser übersetzt Texte - wie beispielsweise Vergil - aus reinem Vergnügen,[121] schreibt sie ab[122] oder fertigt Exzerpte daraus an, um während des Lesens methodisch eine allgemeine Orientierung zu gewinnen:

> Das simple Abschreiben des Hauptinhalts brachte für ihn schon ein vorzügliches Interesse in die Sache - denn indem er nun das Blatt, auf welches er die in dem Buche enthaltenen Materien niedergeschrieben hatte, beim Lesen des Buches vor sich hinlegte, erhielt er dadurch den Vorteil, daß er bei dem Einzelnen nie das Ganze aus den Augen verlor, welches doch beim philosophischen Denken immer ein Hauptserfordernis ist, und auch die größte Schwierigkeit macht.- (123)

Für Reiser bedeutet Lesen demnach nicht, daß Eindrücke bloß passiv einverleibt werden, sondern daß Literatur vom Rezipienten eine aktive geistige Auseinandersetzung abverlangt. Schon in der Rezeption liegt der Ansatz für die Produktion verborgen - repräsentiert etwa im Auswendiglernen oder Abschreiben; Handlungen also, die - wenn schon nicht im eigentlichen Sinne schöpferisch - durch den Akt der Wiedergabe ein gewisses Maß an Vertiefung fordern. Inwieweit sich Reisers Berufung zur Schriftstellerei auf dieses innige Verhältnis zur Literatur gründet, soll in einem späteren Abschnitt erläutert werden.

Jedenfalls graben sich gewisse Handlungselemente tief ins Gedächtnis der Titelfigur ein. Des öfteren begegnet man Reiser in einer Situation, in der er sich Figuren und Handlungsweisen aus der Bücherwelt zur Norm nimmt oder einfach an das angelesene Bildungsgut erinnert wird. Hat Reiser Probleme beim Finanzieren des Studiums, so entsinnt er sich jenes 'lehrbegierigen Jünglings' aus Griechenland, von dem er gelesen hat, wie er mit Wassertragen und Holzhacken sowohl für seine Ausbildung als auch für seinen Lebensunterhalt sorgte.[124] Die Reflexionen über die eigene Wanderschaft werden durch das Blättern in der "Odyssee" verstärkt,[125] bei kleineren Schwindeleien fühlt er sich ebenso wie Homers Held von Minerva beschirmt.[126] Von der Komödiantentruppe abgelehnt, vergießt er angesichts einer sentimentalen Theateraufführung die kummervollsten Tränen: "Es traf bei ihm zu, was Homer von den Mägden sagt, die um den erschlagenen Patroklius weinten, sie beweinten zugleich ihr eigenes Schicksal."[127] Die Wirklichkeit wird durch die herbeizitierte Fiktion griffiger gemacht; immer wieder finden sich Assoziationen an Fremdschicksale, wenn vom eigenen die Rede ist. Zwei Beispiele: Einer glücklichen Wendung im Kleinen, an die sich aber in der Folge unglückliche Schicksalsschläge reihen, wird vom Erzähler eine verwandte Szene aus Oliver Goldsmiths "Vicar of Wakefield" hinzugesellt.[128] Und als Reiser vereinsamt während eines Gewitters durch Erfurt wandert, sieht er sich selbst "mit einer Art von Wollust" als König Lear[129] - Verzweiflung wird dadurch zu dämpfen versucht, indem auf eine literarische Parallelsituation umgelenkt wird: Eigenes Elend wird von fremder Größe veredelt. Aber so wie sich literarische Bilder bei der Erfahrung der Wirklichkeit aufdrängen, laufen auch reziproke Vorgänge ab, die bei der Lektüre bestimmter Passagen automatisch in bestimmte Stellen der persönlichen Erfahrung einhaken; der Leser fühlt sich durch die Lektüre an Ereignisse aus seinem eigenen Leben erinnert.

Das bisher Gesagte läßt demzufolge auf mehreres schließen: Erstens, die Erfahrungen, die Reiser mit seinen Büchern macht, sind angesichts des stattlichen Lektürekanons weit gestreut. Zweitens: Die beiden Ebenen der Empirie - Erfahrung aus Büchern und Erfahrung aus der erlebten Realität - beeinflussen sich gegenseitig; Bücher können, weit über die Bereitstellung bequemer Zitate hinaus, beim Meistern der Wirklichkeit behilflich sein. Der Autor stellt daher den Interpreten vor ein komplexes Beziehungsgeflecht von Außenwelt und Innenwelt, das einigermaßen zu entwirren die Aufgabe des nächsten Abschnitts sein soll.

(B) INDIVIDUELLE RAHMENBEDINGUNGEN LITERARISCHER REZEPTION

(1) Phantasie und Lektüre

In Heinrich Zschokkes "Stunden der Andacht zur Beförderung wahren Christenthums und häuslicher Gottesverehrung" heißt es an einer Stelle über die Phantasie:

> Andere, denen die Natur eine reizbare Einbildungskraft verlieh, und deren ist eine große Zahl, bilden dies Seelenvermögen vermittelst der Vielleserei zum Schaden übriger Gemüthskräfte ins Ungeheure und Mißgeburtartige aus. Sie gewöhnen sich, Alles nur auf die Unterhaltung ihrer Phantasie zu leiten. Was damit in keiner Verbindung steht, wird ihnen trocken, widerlich, lästig. Bald müssen ihnen gründliche und nützliche Kenntnisse, bei denen Gedächtniß, Urtheilskraft und Scharfsinn erforderlich sind, zum Ekel werden. Sie wollen nur, was ihre Einbildungskraft kitzelt, und halten dies für das Höchste und Edelste. /.../ Dadurch entsteht jene Abneigung gegen nützliche, ernste Arbeiten und Beschäftigungen, zu welchen ein agnz anderer Aufwand von Kräften, als ein spielender Witz, als ein träumendes Dichtungsvermögen erfordert wird. /.../ Personen dieser Art beurkunden nur zu bald überall ihre Unbrauchbarkeit zu den Gewerben dse Lebens, und jammern, wenn man sie evrkennt, während sie eben deswegen nicht das Maas der ihnen wünschenswerten Achtung empfangen, weil man sie zu gut kennt. (13o)

Ein allgemein konstatierender Befund über die Gefahren des Lesens, stellvertretend für viele. Doch wie zufällig ist diese Passage auch gleichzeitig als Deutung von Reisers Lebensweg in nuce lesbar, der dadurch den Rang des Paradigmatischen zugesprochen bekommt. Mit exaltierter Phantasie beginnt es, mit der Unfähigkeit, in der Gesellschaft eine feste Verankerung zu finden, hört es auf. Dazwischen wirkt die verderbliche Attraktion der Lektüre; fast könnte man von einer katalysatorischen Determination sprechen, mit der das Buch den Geist immer mehr vom sozial wirksamen Handeln abdrängt. Wenn katalysatorisches Lesen als jene Form der Lektüre bezeichnet wird, die gestaltend in die Realität eingreift, so sind es hier nicht spezielle Bücher, denen ein solcher Effekt zugebilligt wird, sondern es ist der Akt des Lesens schlechthin.

Diese spezielle Ausprägung des Lesens wird vom Erzähler rückblickend einer scharfsichtigen Diagnose unterzogen:

> Weil er von Kindheit auf zu wenig eigene Existenz ge-

> habt hatte, so zog ihn jedes Schicksal, das außer ihm war, desto stärker an; daher schrieb sich ganz natürlich während seiner Schuljahre, die Wut, Komödien zu lesen und zu sehen. - Durch jedes fremde Schicksal fühlte er sich gleichsam sich selbst entrissen, und fand nun in andern erst die Lebensflamme wieder, die in ihm selber durch den Druck von außen beinahe erloschen war. (131)

Eine Schlüsselstelle für die Analyse von Reisers Persönlichkeit: Einerseits wird die kompensatorische Kraft der Bücher aufgedeckt, ihre Macht, fremde Wirklichkeiten entstehen zu lassen; andererseits wird der Keim für Reisers Interpretation der Realität bereits in seiner Kindheit gefunden. Zu Beginn der Lebensgeschichte wird davon gesprochen, daß Reisers Einbildungskraft ihm "die meisten Leiden und Freuden seiner Kindheit"[132] beschert hat. An späterer Stelle ist dann allein bloß von den "Leiden der Einbildungskraft" die Rede, die ihm "die Freuden seiner Jugend" rauben.[133] Doch genauso wie die Phantasie an dieser Stelle kategorisch verdammt wird, erscheint sie andernorts in strahlendstem Glanze:

> So bestanden von seiner Kindheit auf seine eigentlichen Vergnügungen größtenteils in der Einbildungskraft, und er wurde dadurch einigermaßen für den Mangel der wirklichen Jugendfreuden, die andre in vollem Maße genießen, schadlos gehalten. (134)

Allein diese einander in gewisser Opposition gegenüberstehenden Zitate zeigen, daß sich das so wichtige Grundphänomen der Phantasie bei Reiser eindeutig negativen wie positiven Bewertung entzieht:[135] Reisers geistige Evasion mag zwar für den Moment als angenehm empfunden werden, wirkt sich aber wegen ihrer Intensität und Häufigkeit auf seine Mentalität eher nachteilig aus.

Daß sich Reisers Leben unter dem Zeichen einer übermächtigen Phantasie abspielen wird, zeichnet sich schon früh in seinen Assoziationen zu Erscheinungen der Umwelt ab: Lautbilder rufen Phantasiebilder hervor,[136] sein Frühstück schmeckt ihm immer "schon in der Vorstellung",[137] die Glocken im Kirchturm zu H. werden von ihm in "romanhaftesten und ausschweifendsten Ideen" vergrößert.[138] Die Einförmigkeit des Wollkratzens beim Hutmacher L. löst Reiser durch Versinken in 'entzückende Ansichten' auf[139] - die Einförmigkeit der Realität weicht der Kreativität der Phantasie. Aber die Macht der Einbildung vermag auch schrecklich zu sein. Das erfährt der Knabe schon in frühestem Kindesalter, als ihm die von seiner Mutter und von seiner Base erzählten Märchen des Nachts 'höllische Qualen' bereiten: grauenhafte Figuren geben sich im Traum ihr Stelldichein, Naturerscheinungen werden von dem verängstigten Kind ebenso magisch interpretiert wie die verschiedenen alten Frauen im Dorfe als Hexen gesehen.[14o]

Immer wieder wird vom Erzähler auf die Bedeutung des Traumes verwiesen, wenn es gilt, Reisers Verhältnis zur Wirklichkeit abzustecken. "Sein Wachen selber war ein fortgesetzter Traum,"[141] heißt es einmal bei der Beschreibung einer Seelenverfassung, die von Reiser selbst aber als sehr angenehm empfunden wird."Erlebte auf die Weise gleichsam ein doppeltes Leben, eins in der Einbildung und eins in der Wirklichkeit"[142] - es wird aber auch zum Ausdruck gebracht, daß sein verschwommener Blick auf die Realität so einzigartig nicht ist: "Eigentlich kämpften in ihm, so wie in tausend Seelen, die Wahrheit mit dem Blendwerk, der Traum mit der Wirklichkeit /.../."[143] Wieder erscheint der Rückgriff in die Kindheit bezeichnend: Gerade in diesem Lebensalter - so versichert uns der Erzähler - sei es schwierig, "das Wachen vom Traume zu unterscheiden."[144] Wie problematisch es ist, in einem solchen Stadium die Eindrücke richtig zu ordnen, zeigt eine illustrative Episode aus Reisers Kindheit: Bei Spaziergängen durch die Straßen von B. fühlt er sich plötzlich nicht bloß an die Stadt H.erinnert, sondern sich auch in eine mit diesem Orte verbundene Lebensphase versetzt. Die Grenzen von Raum und Zeit verschwimmen - Reiser fühlt sich "manchmal plötzlich wie im Traume."[145] Erst die angelernte Fähigkeit, wahrgenommene Dinge niederzuschreiben, kann Reisers krause Gedankenwelt einigermaßen in einen geordneten Rahmen bringen; eine Erfahrung, die später auch sein methodisches Begreifen wissenschaftlicher Texte mitbestimmt. Erstmals geschieht dies mit der Predigt des Pastors P., die Reiser "mit allen ihren Abteilungen und Unterabteilungen" auswendig niederschreibt[146] - eine Gedächtnisleistung sondergleichen. Motiviert wird er dazu freilich aus einem handfesteren Grund: Die Niederschrift soll das Defizit, das aus der vorübergehenden Absenz gedruckter Schriften entstanden ist, wettmachen - "Er fühlte sich jetzt um so mehr zu schriftlichen Aufsätzen gedrungen, weil es ihm gänzlich an aller Lektüre fehlte /.../."[147]

Reisers träumerische Veranlagung führt dazu, daß Bücher immer wieder

Impulse zur Gedankenflucht geben. Literatur ermöglicht den Rückzug aus dem engen Gesichtsfeld schäbiger Realität, führt den Leser in angenehmere Gefilde, deren Phantastik proportional mit der Entfernung wächst.[148]

> Er fühlte sich aus dem umschränkten Zirkel seines Daseins in eine große weite Welt versetzt, wo alle wunderbaren Ereignisse, die er je in Romanen,gelesen hatte, möglich waren - (149)

Die Fluchträume, die Reiser sucht, schenken ihm jedoch nicht ausschließlich Befriedigung, sondern wecken zugleich seine Melancholie. Der Genuß der geistigen Expansion, die Gedankenreise, ist überlagert von dem Bewußtsein der Einschränkung, der Fesseln des Hier und Jetzt. Das Hineinträumen in Fluchträume ist eine äußerst ambivalente Erscheinung, die seelische Erregungen provoziert, deren Ausschlag ebenso stark auf die eine wie auf die andere Seite geht.

Für die Scheidung des Erträumten vom Wirklichen werden Begriffe wie 'romanhaft' oder 'romantisch' zu Schlüsselwörtern. Jene Literaturgattung, die laut zeitgenössischer Anschauung am großzügigsten mit der Wirklichkeit umgeht, liefert dem Erzähler durch eben jenes Konnotat ein sprachliches Instrument zur Handhabung des Irrealen. Einige Beispiele: Von B. nach H. zurückgebracht, inszeniert Reiser weite Gedankenreisen in seinem Kopf. Wälle werden zu Gebirgen, Erdhügel zu Inseln, Gebüsche zu ganzen Wäldern, Bücher werden zu Festungen - ein kindliches Abenteuerreich ersteht, in dem das Banale durch die Kraft der Vorstellung zum Großartig-Fremden wird, wo "seine ganze idealische Romanenwelt" in die Realität gezaubert wird.[15o] Oder: Von der Stadtmauer zu H. heißt es -wiederum in superlativischer Beschreibung -, sie sei "von seiner Kindheit an der vorzüglichste Schauplatz seiner angenehmsten Phantasie und romanhaftesten Ideen" gewesen.[151] Auch ein anderer geographischer Punkt, nämlich das Kartäuserkloster in Erfurt, hat "etwas Romantisches" für Reiser, der es von seiner Wohnstube aus betrachten kann und mit den wunderbarsten Phantasiegespinsten beseelt.[152] Nichts kommt der Einbildungskraft aus, am allerwenigsten Reiser:

> Es ging auf die Weise fast kein Tag hin, wo seine Phantasie nicht mit neuen Bildern aus der wirklichen sowohl als aus der idealischen Welt genährt worden wäre.- (153)

Die Unbestimmtheit der Zukunft[154] ist für Reiser ebenso 'romanhaft' wie seine Reise zur Nordsee[155], die allerdings infolge finanzieller Fehlkalkulationen zu einem unersprießlichen Erlebnis wird. 'Romanhaft' grundiert ist auch die Übernachtung mit einem Freund in einem kleinen Dorf bei H.;[156] die Unterhaltung während eines damit verbundenen Spazierganges bezeichnet der Erzähler als "ganz poetisch"[157]: Wortmaterial aus dem Bereich der Dichtkunst sorgt immer dann für Treffsicherheit, wenn Phantasie oder Gefühl die Oberhand gewinnen.

Umso ernüchternder ist es, wenn die "Zauberlaterne" der Einbildungskraft urplötzlich verlischt und "die kahle Wirklichkeit mit allen ihren unvermeidlichen Unannehmlichkeiten"[158] wieder ihr Recht fordert. Für Reiser ist es eine deprimierende Erfahrung, daß gerade die platte und lächerliche Banalität der tatsächlichen Dinge so zersetzend auf die glanzvollen Gebäude der Phantasie wirken kann.[159] Realitätsflucht kann zur Bewältigung der Realität letztendlich nicht beitragen. Die Phantasie, das Theater und die Dichtung dienen Reiser bloß als Notbehelfe, die ihm über seine Orientierungslosigkeit hinweghelfen sollen. Rückzug und Resignation sind die Antworten auf die Fährnisse der Welt.[160]

Das ständige Hin und Her von Realität und Phantasie und die damit verbundene Überstrapazierung von Reisers verwundbarer Seele bleiben nicht ohne Auswirkungen. Der Konflikt zwischen Einbildungskraft und 'Denkkraft' - "für Reisern oft ein ängstlicher qualvoller Zustand"[161] - nimmt ihn nicht allein geistig, sondern auch körperlich mit. So verfällt der Knabe während seines Aufenthalts beim Hutmachermeister L. in ein heftiges Fieber - trägt die gesundheitsschädigende Arbeit dafür die die Verantwortung oder etwa gar die "unnatürliche Überspannung seiner Seelenkräfte", hervorgerufen durch den überwältigenden Eindruck, den der Prediger P. auf ihn gemacht hat?[162] Phantasievorstellungen versetzen den ganzen Körper in Erregung: Während der Meister sein Sitzbad nimmt, warnt er Reiser vor der Hölle -

> Anton zitterte bei diesen Worten, ein plötzlicher Schauder lief ihm durch den ganzen Körper. Alle Schrecken des Todes überfielen ihn, -denn er zweifelte nicht im geringsten, daß L/obenstein/ in diesem Augenblick eine Erscheinung gehabt habe, wodurch ihm Antons Tod angedeutet sei; und das habe ihn zu dem fürchterlichen Ausruf: "Hüte, ach! hüte dich vor der Hölle!" bewogen! (163)

Aberglaube, Milieu und nicht zuletzt die Lektüre stimulieren Reisers Sensibilität. Simpelste Vorgänge und Vorfälle gemahnen die Titelfigur an Tod und Vergänglichkeit, machen ihn zum Opfer psychosomatischer Überreizung:

> So war Anton nun in seinem dreizehnten Jahre, durch die besondre Führung, die ihm die göttliche Gnade, durch ihre auserwählten Werkzeuge hatte angedeihen lassen, ein völliger Hypochondrist geworden, von dem man im eigentlichen Verstande sagen konnte, daß er in jedem Augenblick lebend starb. (164)

Die extreme Religiösität des Knaben läßt ihn in einer dermaßen skrupulösen Gewissenhaftigkeit um sein Seelenheil fürchten, daß für seinen gesundheitlichen Zustand bedenkliche Folgen nicht ausgeschlossen sind. Hinter all der naiven Frömmigkeit der Zentralfigur steht die Erkenntnis des Erzählers, daß das Geschöpf Mensch eigentlich recht wenig über seinen Schöpfer auszusagen weiß. Reisers Zugang zu Gott ist von kindlich-unschuldiger Natur; geprägt vor allem durch höchst subjektive, von seiner intensiven Einbildungskraft inspirierten Vorstellungen, die wegen ihrer Irrealität ebenfalls mit dem Prädikat des 'Romanhaften' versehen werden. Der Erzähler spricht von einem "Roman, den die frömmelnde Phantasie der gläubigen Seelen mit dem höchsten Wesen spielt /.../."[165] Die hier evozierte Begleitvorstellung wird zum Hilfsmittel bei der Beschreibung persönlichster religiöser Empfindungen. Das wechselnde Verhältnis von Gott und Gläubigem, die Möglichkeit gütiger Annahme und strafenden Verstoßes - die Unvorhersehbarkeit göttlicher Ratschlüsse wird parallelisiert mit der Unvorhersehbarkeit epischen Erzählens. Die Vergleiche sprechen für sich: Das Leben ist nicht nur wie ein Traum, sondern auch wie ein Roman. Beide Möglichkeiten der Ausdeutung belassen das Individuum aber in einem Stadium erwartender Passivität. Das Schicksal besorgt alles, Entwicklungen werden von außen erhofft. Gerade in dieser Parallelisierung zum Roman liegt die Gefahr für Reiser: Die fiktiven biographischen Modelle, die sich die Titelfigur anliest, werden auf das eigene Dasein umgemünzt, von dem erwartet wird, daß es nach den gleichen Regeln ablaufen solle wie ein formal vollendeter Roman.

(2) Bildung und Lektüre

'Romanhafte Ideen' speisen Reisers Hoffnung auf ein wunderbares Zeichen von oben, auf die Gestaltung seines Schicksals durch mächtige übergeordnete Instanzen. So träumt er von einer plötzlichen Entdeckung durch einen edlen Mann, "der auf der Straße ihm begegnete, etwas Auffallendes an ihm bemerkte, und sich dann seiner annehme."[166] Um dies zu bewerkstelligen, singt er klagende Lieder, in denen er "Anspielungen auf sein Schicksal" zu erkennen glaubt -

> /.../ weil zuweilen in den Romanen, durch ein solches klagendes Lied, das einer singt, Wunderdinge gewürkt werden, würde es auch ihm vielleicht gelingen, dadurch, daß er die Aufmerksamkeit irgendeines Menschenfreundes auf sich zöge, seinem Schicksal eine andere Wendung zu geben. (167)

Religiöse Lektüre verstärkt Reisers Hoffen auf ein Eingreifen Gottes.[168] Als seine Mutter erkrankt, wartet er auf ein Zeichen von Gott, so wie er es aus der Bibel über Hiskias, den König von Juda, gehört hat.[169] Das Leben ist für ihn wie ein Bundesroman: In seiner Beziehung zum Pastor M. glaubt Anton ein Geheimnis im Hintergrund zu sehen, das ihn zu großen Dingen lenken soll : "Dies erhitzte seine Einbildungskraft bis auf einen hohen Grad."[17o] Das Phantasiegespinst vom Aufstieg, der von fremden Mächten herbeigeführt wird, erfüllt sich aber, als er erfährt, daß ihm ein gönnerhafter Prinz ein monatliches Stipendium gewährt hat - "/.../ das süße Traumbild eines sehnlich gewünschten, aber nie gehofften Glückes, war ehe er es sich versehn, wirklich geworden /.../."[171]

Die großen Erwartungen Reisers gründen sich auf eine Mischung von Prädestinationsdenken und Elitedenken. Sein Leiden ist auch das Leiden eines Menschen, der die Diskrepanz zwischen den an ihm selbst diagnostizierten Anlagen und der sozialen Wertigkeit seiner Tätigkeiten erkennt. Als besonders demütigend empfindet er die Anstellung als Hofmeister bei einem jungen Edelmann:

> /.../ was hatte er vor seiner Geburt verbrochen, daß er nicht auch ein Mensch geworden war, um den sich eine Anzahl anderer Menschen bekümmern, und um ihn bemüht sein müssen - warum erhielt er gerade die Rolle des <u>Arbeitenden</u> und ein andrer des <u>Bezahlenden</u>? (172)

Reisers so geordnetes Dasein in der Hutmacherlehre wird immer dann von den gewohnten 'romanhaften Ideen' verstimmt, wenn sein Blick auf die gegenüberliegende Lateinschule fällt. Wer Schüler sein darf, der ist für ihn automatisch auf der sozialen Leiter eine Sprosse höher; Chorschüler sind für ihn "Wesen aus einer höhern Sphäre."[173]

Karl Philipp Moritz stellt dem Leser ein Individuum vor, das sein Augenmerk auf das Weiterkommen in der sozialen Rangordnung richtet, für das Anerkennung und Achtung, die ihm von den Mitmenschen entgegengebracht werden, so hohe Werte sind, daß es an Spott und Verhöhnung fast zerbricht.[174] Bildung ist für Reiser jenes Mittel zum Aufstieg, mit dem sich der durch die Geburt Benachteiligte seine sozialen Chancen zu wahren bemüht. Bildung: das ist ein Wert, der unabhängig von jedem ererbten Rang existiert. Bildung: das ist ein Wert, der sich vor allem in der Gestalt des Buches konkretisieren läßt. Das Buch ist das Wappen des Gebildeten, das unverwechselbare Emblem des 'Literatus'[175]: Als Reiser einmal in einem Gasthaus einkehrt, wird der mürrische Wirt gleich freundlicher, als sein Blick auf die gute Kleidung und das mitgebrachte Buch seines Gastes fällt - hat er etwa einen Juristen vor sich?[176] Nicht nur Kleider, auch Bücher machen Leute.

Diese Erkenntnis faßt Reiser schon recht früh. Der Bildungsaspekt der Lektüre überdeckt in den Kindheitsjahren deren potentielle Gefahren. Bevor das Pendel in die Gegenrichtung ausschlägt, werden Bücher als Sprossen einer Bildungs- und damit Erfolgsleiter vorgestellt - kein Gedanke an moralische Konsequenzen vorerst. Unschuldig wirken die ersten Schritte, die Anton zu einer Art von Überlegenheitsgefühl verhelfen: Die Freude am Kirchgang erhöht sich in jenem Moment, als der Knabe beginnt, Stellen im Gebetsbuch flinker ausfindig zu machen als die Erwachsenen.[177] Elitegefühl durch die Beherrschung des Lesens - das prägt sich bei Reiser langsam heraus. Lesefertigkeit dient als Schaustück geistiger Gewandtheit, als deren Gradmesser sie auch in späteren Jahren herhalten muß.[178] Doch leicht kann dieser Bildungsstolz zerstört werden: Während seiner Zeit beim Konfirmationsunterricht dünkt sich der Vierzehnjährige über die Lehrmethode und die Mitschüler erhaben. Er als des Lesens Kundiger soll wieder mit dem Buchstabieren beginnen - "diese ganze Übung kam Anton wie toll und rasend vor."[179] Dennoch versagt er und erfährt vom Inspektor eine kummervolle Demütigung. Überhaupt rufen die Talente des Knaben bald kleinlichen Neid bei seinen Lehrern hervor, die seinen Ehrgeiz und Fleiß bewußt übersehen.[18o] Das ist doppelt schmerzhaft für einen, dem das Ideal der Bildung über die Befriedigung der elementarsten Bedürfnisse geht.

Noch an anderer Stelle konkretisiert sich Reisers Trauma, trotz inneren Adels - repräsentiert durch Bildung und Talent - gesellschaftlich auf der Strecke zu bleiben. Denn auch in einfachsten Kreisen wird fleißig gelesen, ohne daß sich mit der Lektüre gleichzeitig ein Tor zu einer geachteteren Position auftäte. Musterfall hiefür ist der Essigbrauer K., der um sich einen Dunstkreis von Bildungshungrigen schart, mit denen er unter anderem "größtenteils wahre sokratische Gespräche"[181] führt und literarische Texte - beispielsweise Fieldings "Tom Jones" - liest. Zweifellos verfügt K. über eine vom vielen Lesen verfeinerte Bildung - allein die Gelegenheit, all diese erworbenen geistigen Fähigkeiten auch auszunützen und sinnvoll anzuwenden, fehlt ihm. Reiser bewundert den Essigbrauer: Hier findet er einen Menschen, der sich seinem Schicksal bedingungslos unterwirft, dessen innere Werte im Kontrast zu seiner Umgebung umso strahlender hervortreten. Das ist keine Anklage an eine feudale Gesellschaftsordnung, die Geburt vor Fähigkeiten stellt, sondern ein Verantwortlichmachen des blind waltenden Schicksals. Lektüre hat bei Moritz in diesem Zusammenhang einen bemerkenswert apolitischen Stellenwert. In seiner "Reise eines Deutschen in England im Jahre 1782" berichtet er von einer Schneiderswitwe, deren Faible für John Milton so weit gegangen ist, daß sie ihren Gatten aufgrund seiner exzellenten Deklamation geheiratet hat[182] - ein Beleg dafür, daß anspruchsvolle Literatur in England bei einfachen Leuten ein weitaus stärkeres Echo findet als in Deutschland. Das ist ein Faktum, das von kontinentalen wie englischen Quellen der Zeit - etwa von Samuel Johnson - übereinstimmend hervorgehoben wird.[183] Die von Moritz in seiner Reisebeschreibung angesprochene soziale Dynamik, die das Lesen mit sich bringt ("Dies veredelt die niedern Stände und bringt sie den Höhern näher"[184]), ist jedoch nicht von der Art, daß sie jene Zeitgenossen verstören könnte, die in der Lesesucht umstürzlerische Momente wittern. Es wird bloß vermerkt, daß Lektüre gewisse positive Anlagen zu fördern imstande ist, wie etwa Wendigkeit in der Konversation.

Lektüre bringt einen also auf irgendeine Weise weiter. Doch auch zu einer entgegengesetzten Bewegung lädt Literatur ein, nämlich in der sozialen Rangordnung einen Schritt nach unten zu machen, wohl wissend, daß man aufgrund seiner Bildung in Wahrheit etwas viel Besseres sei. Auslösendes Moment für dieses romantisch-phantastische Hirngespinst ist eine Aufführung eines dramatisierten Richardson-Romans, "Klarissa oder das unbekannte Dienstmädchen". Für Reiser, der gerade an einem seelischen Tiefpunkt seines Lebensweges angelangt ist, wird das Rührstück zum rettenden Strohhalm, der ihn "von der gänzlichen Verzweiflung" zu bewahren vermag.[185] Er begeistert sich am adeligen Helden des Dramas, der sich ins rustikale Milieu zurückzieht. So wie Lenz' "Waldbruder" faßt Reiser sofort den Gedanken, dem Bühnenhelden gleichzutun und Bauer zu werden, obwohl er von einem Bauernknaben über die wahren Verhältnisse des Landlebens aufgeklärt wird. Ein feiner, gesitteter Mann, verborgen unter dem grobschlächtigen Pöbel; eine Art soziales Zwitterwesen, in Wahrheit über dem Stand, dem er anzugehören scheint, vom Äußeren her aber unter dem Stand, dem er tatsächlich angehört[186] - das alles findet Reiser ungeheuer faszinierend. Denn auch er befindet sich zu jenem Zeitpunkt in einem - allerdings unfreiwilligen - sozialen Exil, gemieden von der Gemeinschaft trotz seiner so herausstechenden Fähigkeiten, die er in seiner bürgerlich ideologisierten Parallelisierung einer geburtsständischen Auszeichnung wie der Nobilität gleichsetzt:

> /.../ wenn er sich nun als Bauer dachte, so glaubte er sich doch zu etwas Besserm bestimmt zu sein, und empfand über sein Schicksal wieder eine Art von tröstendem Mitleid mit sich selber. (187)

Die durch die Literatur eingepflanzte Idee einer 'selbstgewählten freiwilligen Niedrigkeit'[188] ist für Reiser Traum oder Trauma, mit dem er sowohl gegen seinen Umkreis wie auch gegen sich selbst anzutreten versucht. Den Spott und die Verachtung, die ihm die Umwelt entgegenbringt, erträgt er nur mit dem Bewußtsein, eigentlich in Wahrheit etwas Edleres darzustellen, das nur unter der Maske der Erniedrigung verborgen ist. Genau dieselbe theatralische Poesie, die in der Übernahme anderer Identitäten steckt, fesselt ihn auch während seiner Reise zu den Komödianten; Reiser träumt in missionarischer Begeisterung, wie er Bauern und Soldaten scheinbar als einer der Ihren zu verfeinerter Lebensart erzieht.[189] Zugleich hilft ihm aber diese soziale Regression bei der Aufwertung des eigenen Ich: Als er sich einmal als Schuhknecht ausgibt, findet er "ordentlich eine Art von Würde darin",[19o] denn dadurch kann er mit einer trotz aller sozialen Niedrigkeit soliden Existenz prunken, über die der in der Einbildungskraft Herumirrende gar nicht verfügt. Paradoxerweise rückt Reiser an dieser Stelle seiner übermächtigen Phantasie mit Hilfe ihrer selbst zu Leibe. Sie soll ihm einen handfesten Hintergrund in Gestalt der beruflichen Sicherheit vorschwindeln: Die Gesellschaft schätzt Arbeitende höher ein als Träumer.

(C) DIE WIRKUNG DER LEKTÜRE

Ist Lesen gut oder schlecht? Ähnlich wie im Falle der Phantasie ist auch hier eine eindeutige Beantwortung nicht möglich. Geht es nach der Umwelt Reisers, so ist die Haltung mehr als skeptisch:

> Sein Lesen aber bei dem Bücherantiquarius und sein Komödiengehn wurde ihm am schlimmsten ausgeleget, und immer noch für ein unverzeihliches Vergehen gehalten. (191)

Beispielhaft für die Mehrdeutigkeit, die die generelle moralische Qualität des Lesens so schwer faßbar macht, ist Reisers Zimmergenosse G.: Zwar spricht er von der Moral bezeichnenderweise "wie ein Buch",[192] doch ist der Tugendbold in Wahrheit ein Schurke. Ebenso ambivalent verhält es sich vom moralischen Standpunkt her mit jenem Gegenstand, der zum Vergleich mit G.'s Wesen herangezogen wird: Bücher schwanken eben in der Bewertung der Zeit stark zwischen Segen und Verderben.

Zweifellos verfügt Literatur für Moritz auch über eindeutig positive Merkmale. Klar kommt das an einer Stelle zum Ausdruck, in der der sonst immer im Bedeutungsfeld von 'versponnen' oder 'unrealistisch' angesiedelte Begriff 'romanhaft' mit einem positiven Konnotat versehen wird:

> Seine Treue in der Freundschaft, seine Begierde, den Notleidenden zu helfen, und selbst seine Gastfreiheit, kam auf diesen Schlag heraus, und gründete sich zum Teil auf die romanhaften Begriffe, womit seine Phantasie genährt war, obgleich sein gutes Herz der eigentliche Grund davon war - denn nur auf dem Boden eines guten Herzens können dergleichen Auswüchse von romanhaften Tugenden emporkeimen, und Wurzel fassen. In einer eigennützigen Seele, und zusammengeschrumpften Herzen wird die häufigste Romanenlektüre nie dergleichen Wirkungen hervorbringen. - (193)

Moritz zeichnet sich hier als differenzierter Interpret des Leseaktes aus: Lektüre ist in ihren Auswirkungen letztendlich immer von den moralischen Qualitäten des Lesenden abhängig. In verstärkter Weise erkennt sein Anton Reiser den moralischen Wert der Bücher nach seiner großen seelischen Krise gegen Ende des zweiten Buches. Sind Bücher von ihm zuvor hauptsächlich zur Wissensaneignung gelesen oder als Hilfsinstrument zur Realitätsflucht gebraucht worden, so extrahiert er in der Folge vermehrt Lebensregeln und gute Vorsätze. Popes deistisches Gedicht "Universal Prayer" wird nunmehr von ihm auf erstrebenswerte Richtlinien für die Tugend geprüft. Erneut große Erwartungen also: nicht jedoch in Bezug auf Bildung, sondern auf innere Reifung, auf die Chance, "ein beßrer Mensch zu werden."[194]

Veränderbarkeit durch Lesen ist ein wichtiger Konstruktionsmechanismus innerhalb des Romans. Lektüre erfüllt nicht nur die Aufgabe, im Sinne einer psychologischen Seelenerfassung kleinste Gemütsregungen zu veranschaulichen, sondern lenkt die Biographie oft in gänzlich neue Bahnen, wird - im extremsten Fall - sogar für einige Zeit zu ihrem Thema. Mit den Worten unserer Terminologie: "Anton Reiser" ist ein Roman, in dem indikatorisches wie katalysatorisches Lesen gleichermaßen nicht wegzudenken sind. Was das für die Anlage des Werkes zu bedeuten hat, zeigt ein genauerer Blick auf drei Dimensionen der Reiserschen Existenz, die unmittelbar vom Lesen und von der Literatur berührt werden: seine Sprache, sein Verhältnis zu den Mitmenschen, sein fanatischer Hang zum Theater.

(1) Bücher haben für Reiser eine Sprache, die sich deutlich vom Umgangston der alltäglichen Umgebung abhebt. Einfache Handwerker wie der Schuhmacher Heidorn, der "eine Art von Büchersprache"[195] redet, fallen auf; Leute, die sich einer Literatursprache auch während ihrer gewohnten Hantierungen befleißigen, lehnen ihre Sprechweise nicht nur dem Duktus der Bücher an, sondern versuchen zudem, ihre Rede mit literarischen Zitaten zu würzen. Die Büchersprache ist im "Anton Reiser" ein parallel zur Standardsprache existierendes Kommunikationsmedium, das im Normalfall gar nicht an ein bestimmtes Werk gebunden ist. So 'siegwartisiert' Reiser bereits ein Jahr vor Erscheinen von Millers Roman bei einem nächtlichen Spaziergang[196] - im Rückblick erweisen sich die empfindsamen Sprachmuster von Wirklichkeit und Fiktion als kongruent.

Die Andersartigkeit der Büchersprache suggeriert gleichzeitig eine Andersartigkeit des Standes. Lektüre kompensiert eine fehlende 'höhere Erziehung'; das Reglement für einen verfeinerten Gesellschaftsumgang wird den Büchern entnommen. Gepflegte Sprachmuster werden - für ein Kind oftmals eigenartig - in die Rede eingeschaltet:

> Da er nun die Sprache der feinen Lebensart nicht gelernt hatte, und sich doch auch nicht gemein ausdrücken wollte, so bediente er sich bei solchen Gelegenheiten der Büchersprache, die bei ihm aus dem

> Telemach, der Bibel, und dem Katechismus zusammengesetzt war, welches seinen Antworten oft einen sonderbaren Anstrich von Originalität gab /.../. (197)

Das Fehlen sprachlicher Wendigkeit bedeutet gleichzeitig auch ein Defizit im gesellschaftlichen Umgang. Daneben zeigt der Junge aber auch eine sensible Abneigung gegen vordergründige Phraseologie, deren Worte ebenso schön wie unehrlich empfunden sind. Einschmeichelndes Verhalten ist ihm fremd und widerwärtig - in den Augen der Umwelt ein Hemmschuh für seine Karriere.[198] Wer der unteren Gesellschaftsschichte entwachsen will, muß gleichzeitig auch deren Sprache entwachsen. Das Anlernen formelhafter Sprachklischees ist unwichtig; viel bedeutsamer ist es, dem Gesagten ein formal bestechendes Gewand zu verleihen. Das beginnt schon bei der Grammatik, beispielsweise bei der Differenzierung von 'mir' und 'mich';[199] Einzelheiten, die das Defizit in der Kompetenz des Sprechers preisgeben. Die Sprache der Unterschicht erweist sich zudem als Hindernis, wenn es darum geht, über Dinge zu sprechen, die jenseits des Erfahrungshorizonts von Haus, Handwerk und Schule liegen. Zum Gebrauch unadequater Umschreibungen sind Anton und der Schuster S. verdammt, wenn sie sich über Metaphysik unterhalten wollen, ohne die Sprache der Metaphysik zu beherrschen. Laienhaft wird die Welt des Abstrakten sprachlich erschlossen: "/.../ sie halfen sich denn mit der Sprache des gemeinen Lebens so gut sie konnten, welches oft sonderbar genug heraus kam /.../."[2oo]

All das erhöht die Anfälligkeit Reisers, fremde Sprachmuster zu okkupieren; sei es in der Form des Zitats, sei es in der Form einer chamäleonhaften Anpassung an fremde stilistische Muster. Was vormals aber als Chance gesehen worden ist, mit Hilfe der Büchersprache den Anschluß nach oben zu finden, stellt sich später bei Reisers schriftstellerischer Tätigkeit als Belastung heraus. Vor dem Plagiat - besonders vor dem unabsichtlichen - hat er "die entsetzlichste Scheu"[2o1]. Wörtlichen Entlehnungen geht er durch vorsichtige Abstraktionen aus dem Weg. Trotzdem verfällt er bisweilen in eine vorgeprägte Diktion: Sei es in die eines Ewald von Kleist, was ihm von mißgünstigen Chorschülern auch angekreidet wird;[2o2] sei es in die von Goethes "Werther", was er selbst verschämt registriert.[2o3] Wendungen und Gedanken, die Reiser aus diesem Roman übernimmt, vereinnahmen seinen Geist derart,

> /.../ daß er sie oft für seine eigenen hielt, und noch verschiedene Jahre nachher bei den Aufsätzen, die er entwarf, mit Reminiszenzen aus dem Werther zu kämpfen hatte /.../.(2o4)

Allerdings ist, wie der Erzähler entschuldigend im Nachtrag einräumt, Reiser bloß ein Einzelfall in einer Legion von "Werther"-Epigonen; Beispiel für letztere ist sein Freund Philipp, der Anton einmal ein "Schreiben /.../ ganz im Tone der Wertherschen Briefe"[2o5] übersendet. Nicht ganz frei von schlechtem Gewissen greift Reiser daher in Erfurt zur Feder, um in einer satirischen Philippika sowohl die Imitatoren von Goethes "Werther" als auch die von Laurence Sterne ner erheuchelten Empfindsamkeit anzuklagen.[2o6] Künstlerische Originalität ist jene Richtschnur, nach der auch der Literaturkritiker Moritz selbst mißt: Schiller etwa bezichtigt er in einem scharfen Verriß von "Kabale und Liebe" aus dem Jahr 1784 'elender zusammengestoppelter Phrasen' und einer 'auswendig gelernten Büchersprache'.[2o7] Das reservierte Verhalten, das seine Romanfigur der affektionierten Formelhaftigkeit der Sprache entgegenzubringen versucht, schimmert auch beim Autor durch.

(2) Auch Reisers Verhältnis zu seinen Mitmenschen wird von seiner Lektüre in entscheidendem Maße mitbeeinflußt. Das Buch dient zuweilen als Brücke, um soziale Kontakte herbeizuführen. Die Beziehung Reisers zu seinem Rektor etwa wird unter anderem auch über Bücher aufgebaut, aber auch wieder abgebaut. Während er die Bibliothek des Rektors schlichtet, erträumt sich Reiser in überspannter Phantasie ausschließliche Würdigung durch seinen Vorgesetzten.[2o8] Die Rolle, die die Bücher bei der Gestaltung zwischenmenschlicher Beziehungen spielen, wird auf markantere Weise sichtbar gemacht, als sich Reiser mit seinem Rektor überwirft. Läppische Kleinigkeiten - das Zerreißen einer Buchseite und das Zerschneiden von gehefteten Buchblättern[2o9] - führen diese Verstimmung herbei, die sich tief ins Gemüt Antons eingräbt.

Viel wichtiger als die Funktion der Bücher, Beziehungen zu anderen Menschen zu bestimmen, ist ihre Funktion, eben diese Beziehungen zu ersetzen. Die Ansicht, daß Bücher besser, zuverlässiger und wertvoller seien als Menschen, erhebt Reiser in seiner Lebenskrise zur Maxime. "Lektüreanfälligkeit ist ein Anzeichen der sozialen Isolierung und Demütigung des Helden /.../," [21o] definiert Thomas Koebner das Dreiecksverhältnis von Leser, Buch und Gesellschaft. Lektüre in privater Enklave ist höchstes Vergnügen für Reiser, zusammen mit anderen wird sie ihm jedoch unerträglich.[211] Über Goethes "Werther" heißt es einmal: "/.../ so wie mit diesem Buche konnte er sich doch auch selbst mit seinem Freunde nicht unterhalten."[212] Reisers Blick auf die Mitmenschen und damit auch auf ihre Charaktere scheint allmählich von den Büchern verstellt zu werden - so wie beim Sinologen Kien in Elias Canettis Roman "Die Blendung", dessen übermäßiger Bücherfetischismus seine Bibliothek zum Maß aller Dinge werden läßt.

Lesen - "dies war der einzige ihm übriggebliebene Genuß des Lebens."[213] Der auf seine Lektüre eingegrenzte Reiser kennt auch die Liebe nur aus Büchern. Sie substituieren die Empfindungen für das andere Geschlecht. Die Überschwenglichkeit des Wortschatzes allein macht dies deutlich - am "Werther" hängt Reiser 'mit ganzer Seele';[214] die Lektüre Shakespeares ist ihm die "größe Wonne" seines Lebens und die Aussprache darüber die "größte Begierde".[215] Auf die Beschreibung von Liebesangelegenheiten in Büchern reagiert er hingegen gänzlich uninteressiert. "Bis auf den Punkt der Liebe"[216] glaubt sich Reiser gänzlich im "Werther" wiederzubegegnen: Für Liebe und Liebesleid hat er keinen Sinn. Erotische Empfindungen sind in seinen Augen öde Angelegenheiten:

> Die eigentlichen Liebesgeschichten waren ihm daher auch höchst langweilig, und am langweiligsten die Erzählungen von den Liebesabenteuern, womit ihn sein Freund Philipp Reiser unterhielt, und die er manche Stunde bloß aus Gefälligkeit für ihn anhörte.- (217)

Reiser sieht die Herzensangelegenheiten seines Freundes mit der Optik eines Lesers. Die Erzählungen Philipps gleichen den Passagen, die Reiser in seinen Romanen aus Langeweile überflogen oder überblättert hat. Um selbst in den Genuß der Liebe zu kommen, sieht er sich selbst als viel zu verachtenswürdig.[218] Tatsächliche Liebesgeschichten sind für Reiser ebenso irreal, wie es die Welt der strahlenden und idealisierten Roman- oder Komödienhelden ist. Im Zusammenhang mit den Amouren Philipps spricht der Erzähler in ähnlich gelagerter Distanzierung denn auch an einigen Stellen von den 'verliebten Romanen', die Reisers Freund spielt.[219] Die mangelnde Vorstellungsgabe, "daß er von einem Frauenzimmer je geliebt werden könnte", stellt Reiser vor eine schier unüberwindliche Hürde, als er für einen Auftraggeber die Klagen eines Verliebten dichten soll.[22o] Anders als bei seinen früheren dichterischen Elaboraten versucht Reiser sich Erfahrungen zu vergegenwärtigen, die ihm aus dem Munde Philipps mitgeteilt worden oder - bezeichnenderweise - in seiner Lektüre vorgekommen sind. Im Gedicht sublimiert sich bloß Erotik aus zweiter Hand, und deutlich zeigt sich an dieser Stelle, wie dominierend sich das Buch in Reisers Leben gedrängt hat.

Bücher springen auch ein, wenn Reisers Verhältnis zur Umwelt nicht mehr von Distanz geprägt ist, sondern von Allergie. Von seinen Mitschülern wegen seiner dramatischen Ambitionen verhöhnt, kapselt er sich verhärmt von jeglicher menschlicher Gesellschaft ab. "Mit einer Art von Wut"[221] fängt er an, Bücher zu lesen oder besser: zu verschlingen.

> Das Lesen war ihm nun einmal so zum Bedürfnis geworden, wie es den Morgenländern das Opium sein mag, wodurch sie ihre Sinne in eine angenehme Betäubung bringen.-(222)

Ähnliche Symptome wie die Lesewut zeitigt auch die Theaterwut, nämlich die bloße "Betäubung seines inneren Schmerzes."[223] Literatur als vermeintlich einzig akzeptables Relikt der Erfahrung mit der Außenwelt wirkt auf Reiser wie ein Opiat. Wie ein Süchtiger tut er alles, um in den Besitz seiner Droge zu gelangen. Der Lektüre absolut hörig, vernachlässigt er um ihrer Beschaffung willen sogar sein Äußeres: "Wenn es ihm an einem Buche fehlte, so hätte er seinen Rock gegen den Kittel eines Bettlers vertauscht, um nur eins zu bekommen."[224] Oder: "Seine Kleidung, die immer schlechter und unordentlicher wurde, kümmerte ihn nicht mehr."[225] Bücher sind Futter für das welke Gemüt, sind ein elementares Verlangen, "denn das Bedürfnis zu lesen ging bei ihm Essen und Trinken und Kleidung vor /.../."[226] Geldbeträge werden sofort in adequate Bücherkontingente umgerechnet: "Reiser hatte eine sonderbare Empfindung dabei, da er das Geld nahm; /.../ für das Geld konnte er mehr wie zwanzig Bücher lesen."[227] Sehnsüchtig gibt er sich während der Lektüre einer lähmenden Begierde hin - "Seine Denkkraft war vollkommen wie berauscht - er vergaß sich und die Welt."[228]

Die Lust am Lesen geschieht auch aus der Lust an der misanthropischen Pose, an der 'Wonne der Tränen'. Reiser ist der Lesesucht wie dem Selbstmitleid gleichermaßen verfallen:

> Die häufigen Tränen welche er oft beim Buche, und im

> Schauspielhause vergoß, flossen im Grunde ebensowohl über sein eignes Schicksal, als über das Schicksal der Personen, an denen er teilnahm, er fand sich immer auf eine nähere oder entferntere Weise in dem unschuldig Unterdrückten, in dem Unzufriedenen mit sich und der Welt, in dem Schwermutsvollen, und dem Selbsthasser wieder. - (229)

Selbst bei komischen Stücken sitzen ihm die Tränen locker. Empfindsame Rührung erstickt alle anderen Gefühle, führt zur totalen Selbstaufgabe:

> Sein eignes äußres Schicksal war ihm daher, so verächtlich so niedrig , und so unbedeutend geworden, daß er aus sich selbst nichts mehr machte - an dem Schicksal einer Miß Sara Sampson, einer Julie und Romeos hingegen konnte er den lebhaftesten Anteil nehmen; damit trug er sich oft den ganzen Tag herum. (23o)

Selbstverachtung und Selbsthaß werden von Moritz psychologisch sehr fein durchleuchtet.[231] Die Kompensation von Frustrationen erfolgt vorerst nicht in aggressiven Verhaltensweisen, sondern in einer subtileren, mehr gedämpften Form - in der Lektüre. Aufgestaute Gefühle finden ihr Ventil nicht in der Gewalt, sondern im monomanischen Lesen. Affekte werden nicht nach außen getragen, sondern durch verwandte Phantasieschicksale, die sich die Innenwelt des Lesers bereitwillig als Spiegelbilder der eigenen Misere einlädt, gehätschelt und gepflegt. Auf Enttäuschung folgt nicht - wie beim Kraftgebaren des Sturm-und-Drang-Kerls - rabiate Reaktion, die - wie etwa bei Klinger oder Schiller - gegen Familie und Gesellschaft wütet, sondern stilles Erdulden des Unrechts und der sich selbst auferlegten Isolation: Ralph-Rainer Wuthenow bezeichnet Reiser denn auch als einen 'lyrischen Karl Moor'.[232] Lesewut als Dämpfung der Affekte im Sinne der Klassik? Als Alternative zur teilweise aggressiven Attitüde des Sturm-und-Drang-Dramas mag das Werk leicht zu einem solchen Schluß führen; "Anton Reiser" deswegen als einen im Geiste der Klassik verfaßten Roman zu bezeichnen, scheint aber etwas problematisch zu sein. Moritz' Hauptanliegen ist nämlich die Psychologie, die Durchleuchtung einer auf biographischem Wege aufgeblätterten Persönlichkeit, wie schon der Untertitel erwarten läßt.

Allerdings wandelt sich mit der Zeit Lesewut in wirkliche Wut, wenn die Schranken, die die verinnerlichte Gewalt eingedämmt haben, morsch werden und Reiser mit einem Hammer unter einer als Armee vorgestellten

Kollektion von Kirsch- und Pflaumenkernen wütet, so wie "das blinde Verhängnis".[233] Lektüre kann das gestörte seelische Gleichgewicht nicht mehr ohne weiteres ausbalancieren, Reisers Verhalten wird zur stumpfen, tätlich werdenden Handlung. Der Weg in den sinnlosen Exzeß führt ihn schließlich zur Selbstbesinnung, zur Erkenntnis über den schädigenden Effekt der Lektüre. Was ursprünglich als Kompensation für den defekten Kontakt zur Umwelt gedacht war, hat Anton noch viel weiter in die Isolation abgetrieben.[234] In einem Stadium angelangt, in dem der Haß gegen sein eigenes Ich bereits in mentale Selbstzerfleischung umzuschlagen droht, sodaß der Selbstmord nur die - im doppelten Wortsinn - letzte Konsequenz sein kann, sieht er ein, "/.../ daß die Wut, Romanen und Komödien zu lesen und zu sehen, die nächste Veranlassung seines gegenwärtigen Zustandes war /.../."[235] Es ist das "rauhe und harte Betragen"[236] gegen ihn selbst, das ihn von seinen sentimentalen Phantasien zurück auf den Boden der Wirklichkeit führt.

Ist die Schilderung der für den Lesenden so unheilvollen Lesewut, die so eindringlich und genau in ihren Ursachen und Symptomen präsentiert wird, nicht gleichzeitig ein Schlag gegen die Komödie und vor allem gegen den Roman, dessen althergebrachte Muster Moritz ja schon durch die psychologisierende Anlage seines "Anton Reiser" innovatorisch zu umgehen versucht? Zweifellos ergäbe sich hier für den Dichter sowohl inhaltlich als auch formal die Gelegenheit zur Romankritik. Doch der Autor enthält sich jeglicher hintergründiger Dämonisierung der genannten Gattungen: Zu analysierend und zu sezierend ist da der Stil, in dem eine übersteigerte Leidenschaft in allen Details festgehalten wird. Polemische Seitenhiebe auf die verursachenden Kräfte der Verstörung bleiben aus. Außerdem sind der Roman und die Komödie nicht alleinverantwortlich für Reisers Lesewut; auch wissenschaftliche Bücher können zu verwandten Erscheinungen führen:

> Er vergaß hierüber fast Essen und Trinken, und alles was ihn umgab, und kam unter dem Vorwande von Kränklichkeit, in einer Zeit von sechs Wochen fast gar nicht von seinem Boden herunter - in dieser Zeit saß er vom Morgen bis an den Abend mit der Feder in der Hand bei seinem Buche, und ruhete nicht eher, bis er vom Anfang bis zum Ende durch war. - (237)

Anton kostet hier nicht die 'Wonne der Tränen', sondern die 'Wonne des Denkens': "Wo er ging und stund, da meditierte er jetzt, statt daß er vorher bloß phantasiert hatte."[238] Keine überspannten Phantastereien sind nunmehr das Resultat rauschhaften Lesegenusses, sondern wachsende Freude an der Schau höchster philosophischer Begriffe. Geist und Denken erfahren eine für Reiser auf abenteuerliche Weise erlebte Erweiterung. Wie die früher konsumierten Bücher führen auch jene Reisers Geist auf Expeditionen, doch diesmal tiefer unter die Oberfläche. Damit zeigt sich auch die Lesesucht als eine Erscheinung, die nicht eindeutig auf einen positiven oder negativen Generalnenner zu bringen ist. Mag ekstatisches Lesen für Reiser auch die nachteiligsten Folgen haben - an anderer Stelle und unter anderen Umständen bringt es dem Lesenden eine sicherlich nutzbringende Erweiterung des geistigen Horizontes, eine tiefere Einsichtnahme in die Weltenläufe. Intensive Lektüre bringt den Lesenden entweder einen Schritt näher zu geistiger Emanzipation und Mündigkeit oder entfernt ihn davon - mitverantwortlich ist unter anderem die Beschaffenheit des Gelesenen.

(3) Der Lesesucht nahe verwandt ist die Theatersucht. Wie die Lektüre übt die Schaubühne auf Reiser eine ungeheure Anziehungskraft aus:

> Er fand sich hier gleichsam mit allen seinen Empfindungen und Gesinnungen wieder, welche in die wirkliche Welt nicht paßten. - Das Theater deuchte ihm eine natürlichere und angemeßnere Welt, als die wirkliche Welt, die ihn umgab. (239)

Das auf der Bühne Vorgestellte wird für ihn wie seine Lektüre dermaßen zu einer lebendigen Sensation,

> /.../ daß Reisers unwiderstehliche Leidenschaft für das Theater eigentlich ein Resultat seines Lebens und seiner Schicksale war, wodurch er von Kindheit auf, aus der wirklichen Welt verdrängt wurde, und da ihm diese einmal auf das bitterste verleidet war, mehr in Phantasien, als in der Wirklichkeit lebte - das Theater als die eigentliche Phantasienwelt sollte ihm also ein Zufluchtsort gegen alle diese Widerwärtigkeiten und Bedrückungen sein. (24o)

Auffällig ist die Deckungsgleichheit im Vokabular, mit der Lesewut und Theaterwut sprachlich gefaßt werden. Ersetzt man bei den beiden zuvor zitierten Stellen das Wort 'Theater' durch die Begriffe 'Lektüre' oder 'Roman', so beschreiben die Passagen plötzlich Reisers Lesesucht, ohne sinnstörend im entsprechenden Kontext des Romans zu wirken. Dementsprechend hat auch 'romanhaft' sein semantisches Pendant in 'theatralisch' - Antons Beziehung zu Philipp Reiser mündet etwa in eine "beinahe /.../ theatralische Freundschaft, die oft so weit ging, daß einer für den anderen zu sterben entschlossen war."[241] Beide Begriffe führen mit sich den Unterton versponnener Irrealität, hier wie dort beziehen sich die Termini auf überempfundene Handlungsweisen, die stark aus den üblichen Normen ausscheren.

So wie Reiser in seiner Lektüre lebt auch sein Freund I. "ganz in der Phantasienwelt"[242] des Theaters. Durch ihn kommt Anton in puncto Schaubühne auf den richtigen Geschmack: Sein Sinn steht ihm nach pathetischem Rezitieren. Das Theater vermag Fluchträume bereitzustellen, wie sie das reine Lesen nicht bieten kann; namentlich in der Chance, seine Person endlich einmal in den Mittelpunkt gerückt zu sehen. Das mögliche Zurschaustellen der eigenen Persönlichkeit im großen Monolog reizt Reisers Einbildungskraft. Doch liegt es in der Tragik seiner Liebe zum Theater, daß ein hinterlistiges Schicksal all seine Träume sabotiert. Der Hang zur Bühne kann sich bloß in amateurhaften Versuchen deklarieren; die professionelle Ausübung des Schauspielerberufs bleibt ein ungestillter Wunsch. In seinem "Magazin zur Erfahrungsseelenkunde" bringt Moritz einen ähnlich gelagerten Fall zur Sprache: Der Autor berichtet vom Sohn eines Freundes, der - "zu allen ernsthaften Beschäftigungen unfähig" - im 19. Lebensjahr derart der Lektüre von Komödien verfällt, "daß seine ganze Seele von Ideen aus der theatralischen Welt" vereinnahmt wird. Vom Vater vorerst bloß belächelt, "lebte und webte /er/ bloß in der Theaterwelt." Sein Studium an der theologischen Fakultät nährt den Hang zur Deklamation - "ein Grund, der mehr junge Leute zum Studium der Theologie antreibt, als man glauben sollte." Eine Komödiantentruppe vermag schlummernde Neigungen zu wecken - "die Freuden der wirklichen Welt wurden ihm schal und abgeschmackt." Der Autor versucht, den zwischen wahrer und künstlicher Natur Zerrissenen zu beruhigen, ihm bei der definitiven Wahl seines Weges hilfreich zur Seite zu stehen. Gedanken ans Elternhaus, an die Sicherheit im Alter, nicht zuletzt eine in ihrer Brutalität abschreckende Aufführung von Schillers "Räubern" lassen den Jüngling im letzten Moment den bürgerlichen Weg einschlagen.[243] Anders als im "Anton Reiser" findet die Theaterwut in dieser Skizze eine gefällige Auflösung, ohne die möglichen Auswüchse zu verschweigen.

Erfüllung und Enttäuschung liegen im Theater dicht beieinander; Ruhm und Verheißung auf der einen, Enttäuschung durch ungerechte Praktiken auf der anderen Seite. Reisers Weg als Schauspieler beginnt mit einer Absage: Von Schulaufführungen sowohl als Schauspieler wie auch als Zuseher ausgeschlossen, gibt er in seiner Wohnstube Privatvorstellungen von Stücken

Lessings und Johann Peter Millers.[244] Bei Aufführungen in Hannover wird Reiser zunächst bei der Rollenbesetzung übergangen, bekommt dann aber im Stück "Der Deserteur aus Kindesliebe" von Gottlieb Stephanie d.J. eine Nebenrolle zugesprochen.[245] Im Erfurter Studententheater wird ihm wegen seiner Bartlosigkeit eine Frauenrolle zugewiesen, was Reiser trotz der "auffallenden Sonderbarkeit" des Parts dankbar akzeptiert.[246] Keine überwältigenden Erfahrungen also, die Reiser als Schauspieler mit dem Theater macht. Trotzdem übt es auf seine Einbildungskraft eine ungebrochene Faszination aus; nicht umsonst hat - laut Eckehart Catholy - der Autor für seine Titelfigur den Namen eines Pamphletisten gewählt, der im 17. Jahrhundert eine Schrift gegen die Theaterwut ("Theatromania") verfaßt hat.[247]

Das Anlegen einer Rolle, das Reiser so am Theater begeistert, betreibt er auch im wirklichen Leben. So wie bei seiner Lektüre fällt es ihm schwer, die Welt des Fiktiven abzugrenzen von seinem tatsächlichen Sein. Nur allzuoft ragt der künstliche, dramatische Gestus in seine Handlungsweisen hinein. So ist der Brief, den er seinem Vater im zweiten Buch schreibt, "im Grunde eine Rolle die Reiser spielte"; voll Verzweiflung bezichtigt er sich darin harter Verfehlungen, doch ist Verzweiflung nicht die einzuge Empfindung, die ihn während seiner Niederschrift ergreift:

> Er fand ein Vergnügen daran, sich selbst, wie es zuweilen die Helden in Trauerspielen machen, mit der schwärzten Farben zu schildern, und dann recht tragisch gegen sich selbst zu wüten. (248)

Als er von Pastor M. Verzeihung für eine Verfehlung erflehen will, plant er, mit ihm einen 'Roman' zu spielen: Er möchte sich mit großartiger Gebärde vor seinen Füßen zu Boden werfen - "eine sehr theatralische Szene", auf die sich Reiser mit "schauervoller Sehnsucht" vorbereitet.[249] Die aufgepfropfte Gebärde wird von ihm selbst jedoch als zu überspannt empfunden: Die Einsicht über die verfehlte Handlungsweise bremst den "Übergang von der Affektation zur Heuchelei und Verstellung."[25o] Reisers Theaterwut hätte ihn nach Aussage des Erzählers auf bedenkliche Abwege geführt.

Es ist anzumerken, daß der Titelgestalt auch bei ihren ersten dichterischen Gehversuchen nicht immer die Stunde der wahren Empfindung schlägt. Reiser muß einsehen, daß seine Gedichte zuweilen nur Pose sind, aufgezüchtete Gefühlsergüsse, während sein Herz in Wahrheit eine andere Sprache spricht. Doch nicht nur die Grenzlinie zwischen wahrem und erheucheltem Gefühl verschwimmt, wenn Theatersprache und Theatergestus die Oberhand gewinnen, auch wirklich Wahrgenommenes durchmischt sich mit Traumhaftem: Auf der Straße nach Gotha einherirrend, verfällt Reiser in tollste Phantastereien, er monologisiert und deklamiert sich so eifrig in eine Rolle hinein, daß es für ihn schwierig wird, diese abzulegen - so "drohte die Scheidewand zwischen Traum und Wahrheit bei ihm den Einsturz."[251] Egal, ob nun Literatur durch Bücher oder über die Schaubühne erfahren wird - die Folgen bleiben dieselben. Die ganze Welt ist ebenso Bühne wie Roman. Daß das für die Bewältigung der Lebensprobleme eine höchst untaugliche Philosophie ist, erfährt Reiser recht oft, hält ihn aber nicht weiter davon ab, sich über das Normalmaß hinaus an fiktionalen Geschehnissen zu entzünden.

Die Transformation der literarischen in die tatsächliche Welt wird durch Reisers Konfrontation mit der Ackermannschen Truppe beschleunigt - ein Erlebnis "wie ein Blitz, ein Gedanke durch seine Seele, der alles aufhellte."[252] Das Theater entschädigt Reiser ebenso wirkungsvoll für die verlorengegangene Wirklichkeit wie das gelesene Buch. Auch hier vermag der von der Gesellschaft Isolierte in seiner kritischen Lebensphase in bereitgestellte Fluchträume einzudringen. Reisers Begeisterung entflammt sich an "Emilia Galotti" von Lessing, denn im Bühnengeschehen entdeckt Reiser das wieder, was sich bislang bloß in seiner Einbildung abgespielt hat:

> Sein Herz schlug ihm vor Freuden, da er dies las; gerade dies Stück, bei dem er schon so manche Träne geweint, und so oft bis ins Innerste der Seele erschüttert worden, und was bis jetzt nur noch in seiner Phantasie aufgeführt war, nun auf dem Schauplatz mit aller möglichen Täuschung wirklich dargestellt zu sehn. - (253)

Die dramatische Aktion tritt aus der Enge des Kopfes hinaus auf die wirkliche Bühne, wird sichtbar und hörbar. "Wie mächtig mußte Reisers Seele hier eingreifen; da sie nun die Welt der Phantasie gewissermaßen wirklich gemacht fand!"[254] - das früher bloß Imaginierte ist nun sinnlich wahrnehmbar geworden. Hatten in früheren Jahren die Stücke eines Johann Benjamin Michaelis oder eines Johann Christian Brandes schon großen Eindruck auf ihn gemacht, so begeistert er sich nunmehr an Lessing, Weiße und Young.[255] Reisers Enthusiasmus für die Schaubühne läßt ihn allmählich verlottern:

> Er verlor immer mehr in der Achtung der Menschen, geriet

> immer tiefer in Unordnung - seine Kleidung und Wäsche wurden immer schlechter, so daß er am Ende Scheu trug, sich vor Menschen sehen zu lassen - er versäumte daher sooft er konnte, die Schule und das Chor, und hungerte lieber, als daß er irgendeinen seiner noch übrigen Freitische besucht hätte /.../. (256)

Ein Zitat, das genausogut aus der Schilderung von Reisers Lesewut stammen könnte. Beides - die alles vereinnahmende Auseinandersetzung mit den Büchern ebenso wie die Konfrontation mit dem Theater - sind im Grunde genommen dieselben Phänomene. Literatur legt dem Individuum Scheuklappen an: Gefühle werden ausschließlich an fremde Schicksale verschwendet, eigenen Erfahrungen steht Reiser indifferent gegenüber - "und da er wieder allein war, vergoß er nicht einmal eine Träne mehr über sein Schicksal."[257]

Kein Wunder, daß sich Reiser eines Grundpfeilers seiner Existenz beraubt sieht, ja sogar mit dem Gedanken an Selbstmord spielt, als die Truppe abzieht.[258] Im dritten Teil begegnet er ihr wieder und fällt erneut in seine Theatersucht zurück: Alle anderen Ideen werden von der Begeisterung für das Theater verdrängt. Sein eklektischer Geist extrahiert aus dem Geschehen einzelne Elemente und vergleicht sie mit seinem eigenen Schicksal. Die Rolle des Clavigo aus Goethes gleichnamigem Drama wird für ihn "gleichsam Zweck seines Lebens."[259] Hierin konkretisieren sich all seine Träume von einer - ihm später allerdings verwehrt bleibenden - Karriere als Schauspieler. Musterbeispiel für die Schilderung einer totalen literarischen Identifikation bieten jene Stellen, in denen die Wirkung von Klingers Drama "Die Zwillinge" auf Reiser analysiert wird. Einzelne Elemente der Tragödie werden in den Facetten der Reiserschen Existenz gebrochen und widergespiegelt. In der Unterdrückung des Zweitgeborenen Guelfo sieht Anton ein Abbild seiner eigenen Unterdrückung.[260] Wenn Guelfo bitteres Gelächter über sein inneres Elend anschlägt, wenn er aus Verzweiflung den Schlummer des Vergessens herbeisehnt,[261] so fühlt Reiser dadurch sein verborgenstes Ich auf die Bühne gebracht - "/.../ sein Hohngelächter über sich selber, seinen Selbsthaß, seine Selbstverachtung und Selbstvernichtungssucht, dennoch mit Kraft vereint /.../."[262] Wenn Guelfo voll Abscheu gegen sein eigenes Spiegelbild wütet, so ist es für Anton "ein wahres Fest."[263] Seine Affinität zu der Dramengestalt ist von einer solchen überwältigenden Stärke gekennzeichnet, "daß er sich ganz in die Rolle des Guelfo hineindachte, und eine Zeitlang mit allen seinen Gedanken und Empfindungen darin lebte."[264] Identifikation am Rande totaler Selbstaufgabe ist die Substanz von Reisers Rezeption. In gewissem Sinne spielt hier auch ein indikatorisches Element mit: Reiser rezipiert das Drama selektiv bezogen auf seine momentane Gemütsverfassung. er filtert aus der dramatisch vorgestellten Figur jene Züge heraus, in denen er sich selbst wiederfindet. Guelfo wird quasi zum Alter ego Reisers. Der Leser kann Reisers Psyche somit anhand einer ihm möglicherweise vertrauten literarischen Figur einmessen; durch dieses Rekurrieren auf einen vergleichbaren Charakter wird eine klarere Einsichtnahme auf die Struktur von Reisers Seelenleben ermöglicht. Identifikation ist hier zugleich Indikation, ein Instrument zur tiefenpsychologischen Bewußtseinserfassung: Das Drama reißt die Innenwelt Reisers vor den Augen des Lesers auf, provoziert das Heraustreten und Sichtbarwerden verborgener Gefühlsmomente.

An das Theater, jenes faszinierende Gefühlsspektakel, kettet Anton "die einzige Hoffnung seines Lebens."[265] Denn die Bühne stellt dem Zuschauer Reiser nicht allein Freiraum zu Weltflucht und Identifikation zur Verfügung, sie verheißt ihm auch eine strahlendere Zukunft. Hier eröffnen sich Perspektiven auf Ruhm und Macht, das also, was Reiser in seinem realen Leben vermissen muß. Vorerst kann er nur davon träumen, doch bieten sich Chancen zur Verwirklichung an. Wo sonst kann er als Dichter "Beifall aus der ersten Hand"[266] erleben, spontane Anerkennung ernten, sein schöpferisches Genie in einer unmittelbar empfundenen Publikumsreaktion gewürdigt wissen? Wo sonst können die Gebilde seiner Phantasie solch ungebrochenen Zugang in die Seelen anderer Menschen finden? Genüßlich malt Reiser sich aus, wie das Theaterpublikum mit den von ihm abgefaßten Texten in alle möglichen Empfindungen gestürzt wird. Das schmale Areal der Bühne ist in Wahrheit "/.../ ein Wirkungskreis, der in Ansehung der Lebhaftigkeit in der Welt nicht seinesgleichen hat."[267] Die definitive Hinwendung Reisers zum Theater wird durch sein Gefühl der Isolierung beschleunigt. Ohne Freund sieht er sich in einem sozialen Vakuum alleingelassen, vernachlässigt, übergangen, ignoriert - "das ist die wahre Hölle, die alle Qualen der fühlbaren Vernichtung eines denkenden Wesens in sich faßt."[268] Trotz mannigfaltiger Enttäuschungen, die ihm die Schauspielerei bereits bereitet hat, wird ihr Lockruf immer mächtiger. Im Theater findet er eine Anstalt, wo "die Sucht nach Beifall gleichsam privilegiert ist"[269], wo das Talent im

Mittelpunkt steht und nicht an den Rand gedrückt wird. Das Theater wird zum Instrument der Selbstverwirklichung. Aber - so befragt der Erzähler später kritisch Reisers Verhältnis zur Bühne[27o] - wird die Kunst hier nicht um ihren eigenen Wert betrogen? Wird sie von ihm nicht zum Vehikel eigener Eitelkeit degradiert? Sieht Reiser im Theater - oder in der Literatur ganz allgemein - nur einen Behelf zur glanzvollen Inszenierung des eigenen Ich? Welchen Zweck verfolgt er, wenn er schließlich selbst zu dichten beginnt? - Alles Fragen, die eine nähere Auseinandersetzung mit Reisers poetischer Sendung ratsam erscheinen lassen.

(D) DER LESER ALS AUTOR

Es verwundert kaum, wenn Reisers produktive Beschäftigung mit der Literatur ebenfalls das Maß des Normalen übersteigt. So wie seine Leidenschaft für das Lesen oder für das Theater artet auch die Schriftstellerei in eine "Wut Verse zu machen"[271] aus; an anderer Stelle fällt das Wort "Schriftstellersucht"[272]. Nicht nur beim Lesen wird Natur durch Dichtung erfahrbar gemacht,[273] sondern auch beim Schreiben: In literarischen Texten gerinnt eigene wie fremde Empirie. Zwischen das Individuum und die Welt schiebt sich die Phantasie - und damit die Literatur - in allen erdenklichen Einkleidungen: wenn sich Reiser als Zuseher oder als Schauspieler im Theater befindet, wenn er ein Buch liest oder schreibt. Schreiben ist für den Leser Reiser nur die logische Konsequenz, denn auch hier findet seine Einbildungskraft einen überreichen Weidegrund.

Die ersten Bücher Reisers entstehen - fast wäre es nicht anders zu erwarten - ausschließlich in seinem Kopf. Auf Reisen entwirft er großartige Roman- und Dramenpläne als Wegkürzer; "zuweilen fiel ihm auch der Gedanke ein, sein Leben zu schreiben."[274] Phantasiestücke erfüllen die Aufgabe, Anton von der ungerechten Realität abzulenken,[275] die Welt im Kopf verdrängt mit therapeutischem Effekt die böse Wirklichkeit. Jahre später, nach den ersten dichterischen Erfolgen, handelt er professioneller: Mit einem Notizbuch und einem mobilen, in die Erde steckbaren Tintenfaß versehen, plant er, eine Wanderung zur Nordsee im Stil der Reisejournale festzuhalten.[276] Dabei wird ihm seine Phantasie, durch die Lektüre zahlloser Bücher geschmeidig gemacht, schließlich zur poetischen Inspiration.[277] Hierin ist bereits die erste Ebene der Abhängigkeit zwischen dem Leser und dem Autor zu entdecken: Die Schwingungen der durch die literarische Rezeption stimulierten Einbildungskraft setzen sich im poetischen Schaffensprozeß mächtig fort.

Ein anderes Moment, das diesem Aspekt des Leser-Autor-Verhältnisses bei Reiser geradezu entgegengesetzt ist, findet sich in der Motivation für die Niederschrift eines Tagebuches. Reiser fängt damit zu einem Zeitpunkt an, als er sich gerade von den Erschütterungen der Lesesucht seelisch zu erholen beginnt.[278] Das Tagebuch unterstützt diese Rekonvaleszenz, denn es ermöglicht ihm eine Gegenbewegung zu seinem schon maßlosen Eskapismus. Wollte Reiser vormals die Wirklichkeit mittels der

Fiktion verdrängen, so tritt jetzt der umgekehrte Fall ein: Mit dem Schreiben wird die Phantasie nicht ausgelebt, sondern verweigert. Beinahe sinnbildlich vertreten die verschiedenen Textsorten die Seiten des Wirklichkeitszuganges: Roman und Komödie die Phantasieseite, das Tagebuch die Realität. Plakativ zeigt es die Renaissance der Wirklichkeit an: Der kahle Bericht über das tatsächlich Erlebte läßt keinen Raum mehr frei für die ebenso schillernd wie schädlich wuchernde Einbildungskraft.

> Da er nun nur lauter wirkliche Begebenheiten, und seine Phantasien, die er den Tag über hatte, nicht mit aufschrieb, so mußten die Erzählungen von den Begebenheiten des Tages, ebenso kahl und abgeschmackt, und ohne alles Interesse sein, wie diese Begebenheiten selbst waren. (279)

Reiser will seine vorgestellten Welten verdrängen, also schreibt er dagegen an. Indem er sich an die belanglose Wirklichkeit anklammert, die Innenwelt ausspart und verschweigt, will er das Tor zur Phantasie zudrücken. Im Gefolge seiner Shakespeare-Lektüre weitet sich dieser Blick aber wiederum aus: Erneut rafft sich Reiser auf, Aufzeichnungen in Tagebuchform anzulegen, um diesmal aber "die innere Geschichte seines Geistes" festzuhalten, "seine Gedanken und Empfindungen mitzuteilen."[28o] Das Tagebuch dient in diesem Zusammenhang nicht einer mechanischen Inventarisierung der Außenwelt, sondern führt Anton zu Reflexionen über Dasein und Existenz des Menschen.

Anders gelagert ist das Verhältnis zwischen Autor und Leser wiederum, als Reiser darangeht, poetische Texte zu verfertigen. Während seiner Lektüre ist er von der Poesie immer wieder in höchste Gefühlsaufwallungen versetzt worden; zu verlockend ist da der Gedanke, das an ihm selbst verspürte Erlebnis durch eigene dichterische Werke auf andere wirken zu lassen. Zu verlockend ist auch der Gedanke, seine Persönlichkeit dadurch in den Mittelpunkt gerückt zu sehen. Warum soll sich ein Publikum, das sich am Stil Edward Youngs begeistert, nicht auch am Stil Reisers Gefallen finden, wenn er Young nachahmt? Emotionen, die sich Reiser angelesen hat, tauchen in seinen eigenen Schöpfungen wieder auf. Allerdings rührt die auf Abruf herbeizuzitierende Empfindsamkeit an sein Gewissen: Echte poetische Begeisterung läßt sich nicht künstlich erzeugen, sondern muß einem inneren Trieb entwachsen.[281] Über diese Bedenken legt sich aber das strahlende Gefühl der Besonderheit, in seiner Umgebung als Poet zu gelten und geachtet zu werden. Ein bizarrer Kontrast: Hier die triste

Enge einer repressiven Umwelt, dort der Blick auf die verheißungsvolle Gelegenheit, sich im Sinne eines Horaz mit seinen Werken ein Denkmal dauerhafter als Erz zu errichten.

Zwar liebäugelt Reiser auch mit dem ewigen Ruhm, entscheidend für ihn ist aber die Anerkennung durch die Gegenwart. Daß eine solche Anerkennung ein sonderbares Maß an Exaltation annehmen kann, zeigt wiederum Reiser selbst in seinem Verhalten. Als Leser sucht er sich seine Idole nicht bloß aus Büchern, sondern auch aus der Wirklichkeit: Seine Verehrung für einzelne Dichter erinnert an die Überspanntheiten pubertären Starkults unserer Tage:

> /.../ ein Buch war ihm eine so heilige und wichtige Sache, deren Hervorbringung er kaum einem Sterblichen, wenigstens keinem noch lebenden Sterblichen zutrauete.- (282)

Nicht nur das Buch wird an dieser Stelle mit einem sakralen Konnotat bedacht; auch der Dichter steigt in Reisers Bewußtsein empor zu einer Stufe, auf der er als eine Art priesterlicher Mittler des Wortes gesehen wird, mythisch entrückt, fern von allen banalen Alltäglichkeiten, allein dem sprachlichen Zeichen verpflichtet. Ludwig Christoph Heinrich Hölty ist so ein Wesen aus einer höheren Sphäre, das von Anton glühend verehrt wird:[283] Als der Dichter einmal in H. weilt, genießt Reiser schauervoll den Zustand von gleichzeitiger Nähe und Ferne. Mögen beide geographisch auch am gleichen Ort weilen, so bleibt doch eine für Reiser unüberbrückbare Distanz zu seinem Idol bestehen. Wohlgemerkt: die Distanz ist von Reiser künstlich aufrechterhalten worden, denn der ihm bekannte Bruder des Dichters könnte jederzeit eine Begegnung arrangieren. Indes labt sich Anton lieber an Erzählungen über den Gegenstand seiner Vergötterung und träumt von einem zukünftigen Zusammentreffen, von dem er, als es später tatsächlich erfolgt, aber einigermaßen enttäuscht ist:[284] Wiederum war der Rückzug auf ein Ideal seiner Einbildungskraft für ihn seelisch befriedigender als das Bild der Realität selbst. Doch auch andere Zeitgenossen werden zu beinahe mythischen Größen emporgehoben: Moses Mendelssohn etwa erscheint in Reisers Vorstellung als "alter Weiser" oder als "eine unter den Menschen wandelnde Gottheit"; nur mit Mühe kann sich Reiser dieses Überwesen als essenden, trinkenden oder schlafenden Menschen denken.[285] Oder Goethe: Mit dem "Werther" weckt er in Reiser ein Gefühl der Faszination sondergleichen, die Sehnsucht nach einer möglichen Begegnung mit dem Dichter.[286]

Vereitelt wird dieses Bedürfnis, auch selbst einmal im Mittelpunkt des öffentlichen Interesses zu stehen, durch eine Reihe von Fehlschlägen. Im Sommer 1775 plant Reiser die Niederschrift und Publikation einer Abhandlung über die Liebe zum Romanhaften; trotz einer umfangreichen Sammlung empirischer Materialien kommt er mit dem Werk nicht zu Rande.[287] Im darauffolgenden Winter erteilt ihm der Rektor den Auftrag, anläßlich des Geburtstages der englischen Königin eine Festrede zu verfassen. In seinem Geiste sieht Reiser bereits die führenden Köpfe des Gemeinwesens bei der Verlesung anwesend, stellt sich dieses Ereignis als Höhepunkt seines Lebens vor - da trifft ihn die schmerzvolle Ankündigung, daß die Rede nicht öffentlich gehalten wird: "/.../ er fiel wieder in sein voriges Nichts zurück."[288] Umgekehrt ist der Gefühlsausbruch umso intensiver, wenn endlich nur ein schwacher Schlagschatten des Ruhms Reisers Persönlichkeit streift: "Tränen der Freude und Wehmut"[289] quellen hervor, als er erstmals seinen Namen gedruckt auf einem Anschlagbogen sieht. Das gedruckte Wort wird zum handfesten Beweis dafür, wie rapide sich Reisers Leben verändert hat, sich zu Anerkennung und Respektierung von höchster Seite aufschwingen konnte. Und gleichzeitig spornt es auch zu neuen Dichtungen an: "Er sah schon den Komödienzettel angeschlagen, worauf sein Name stand /.../."[29o]

Der erste literarische Lorbeer bewirkt bei Reiser einen Wechsel in seiner Lebenshaltung: Das leuchtende Bild des Theaters verdrängt den Plan eines mühsamen Universitätsstudiums.[291] Der Weg nach oben wird nicht mehr durch Bildung verheißen, sondern durch erfolgreiche künstlerische Tätigkeit - in der Bestätigung durch das Sich-Produzieren als Schauspieler oder durch das Produzieren an sich als Dichter. "Eine neue Epoche seines Lebens"[292] scheint angebrochen zu sein, als ein Gedicht Anton Reisers in der ganzen Stadt Anerkennung findet. Literatur wird somit in einem sozialen Bezugsfeld gesehen. Lesen als passiver Rezeptionsvorgang liefert allein das Muster für den gesellschaftlichen Aufstieg, doch erst die selbsttätige literarische Produktion vermag bei der Verwirklichung mitzuhelfen:

> /.../ er fing an zu hoffen, daß ihm einmal ein Werk des Geistes gelingen würde, wodurch er sich den Weg in jenen glänzenden Zirkel bahnte, und sich das Recht erwürbe, mit Wesen umzugehen, die er bis jetzt noch so weit über sich erhaben glaubte. (293)

Literatur erscheint als Medium, das eine Art Mythos von sozialer Dynamik verbreitet, schließlich aber selbst zum Vehikel für alle Spekulationen auf Anerkennung und Karriere wird. Diese zweifache Valenz von Literatur zeigt, wie abhängig Reisers Vita von der Dichtung ist: Sie ist das Brennglas, durch das fremdes Glück erfahren und zum eigenen verwandelt werden soll. Fortunas Rad beginnt sich für Reiser erst zu drehen, nachdem er die Feder selbst in die Hand genommen hat. Nicht passive Flucht in eine von anderen erträumte Gedankenwelt bringt Reiser wieder ins Gleichgewicht mit sich und seiner Umgebung, sondern der aktive, gestaltende Umgang mit Literatur. Lesen bringt - und nicht nur dadurch ist es dem Rauschgift vergleichbar - nur vorübergehende Erlösung; Schreiben hingegen bietet Reiser die Gelegenheit, seine psychische und soziale Misere dauerhaft aufzulösen, indem er Selbstachtung und Selbstbewußtsein erlernt.[294]

Der von Reiser erträumte Automatismus von Dichtung und Ruhm erweist sich allerdings ebenso als brüchige Phantasie, die der Wirklichkeit entgegenläuft. Am Beispiel des Doktor Sauer, der, zum Autor hochbegabt, sein Dasein mit Korrektur-, Kopisten- und Übersetzerarbeit fristen muß, wird gezeigt, wie sehr das Genie von seiner gesellschaftlichen Einbettung abhängig ist, daß Talent nicht gleichzeitig dessen Verwirklichung in der anerkennenden Öffentlichkeit bedeuten muß. Sauer verliert zudem noch das Vertrauen seiner Patienten; von der Gesellschaft isoliert, vertraut er sich zögernd dem jungen Reiser an, der - von der Lektüre Sauerscher Werke fasziniert - den verkannten Autor im Englischen zu unterweisen sucht. Faszination wird in Reiser aber auch dadurch geweckt, weil ihn Sauers Schicksal in seinem Antagonismus von schlummernder Begabung und deren fataler Erstickung an sein eigenes erinnert. Auf ernüchternde Weise zeigt diese Episode, wie verfehlt Reisers Hoffnungen sein mögen, mit einem Quentchen an literarischer Produktion bereits in die Ewigkeiten des Parnaß eingehen zu wollen. Als Sauers Sarg aus dem Haus getragen wird, spielt der Erzähler in ungewohnter Schärfe auf den Wirkungskreis des Poeten an: "Ein Grad des Nichtbemerktwerdens, der in einer so unbevölkerten Stadt, wie Erfurt, höchst auffallend ist."[295]

Es erweist sich letztendlich also als verhängnisvoll, im Schreiben ausschließlich Ruhm und Anerkennung zu suchen. In einem Aufsatz mit dem Titel "Die Leiden der Poesie" schreibt Moritz an einer Stelle:

> Denn der wahre Dichter und Künstler findet und hoft seine Belohnung nicht erst in dem Effekt, den sein Werk machen wird, sondern er findet in der Arbeit selbst Vergnügen, und würde dieselbe nicht für verlohren halten,

> wenn sie auch niemanden zu Gesicht kommen sollte. Sein Werk zieht ihn unwillkürlich an sich, in ihm selber liegt die Kraft zu seinen Fortschritten, und die Ehre ist nur der Sporn, der ihn antreibt. (296)

Die Empfindungen des Lesers Reiser und die Empfindungen des Dichters Reiser sind Seiten derselben Medaille: Rezeption wie Produktion suchen in der Subjektivität ihren Fluchtpunkt. Reiser dichtet nicht für ein Publikum, sondern gegen sein Ich; in seiner poetischen Tätigkeit sucht er Geltung und Emanzipation. Rudolf Vaget schreibt dazu:

> In dieser Selbsttäuschung entwickelt der Dilettant den von Moritz als egoistisch empfundenen Trieb, das im Kunstgenuß erfahrene Vergnügen selbst wieder hervorzubringen. Ästhetisch hat dies zur Folge, daß unter solchen Voraussetzungen kein in sich vollendetes Kunstwerk entstehen kann; der brennpunkt fällt außerhalb des Werkes, in einen erhofften oder berechneten Effekt. (297)

Schriftstellerei und Theater hinterlassen am Ende bei Reiser doch den unbestimmt schalen Geschmack des Unbefriedigtseins. Und darin liegt auch sein Scheitern.

(IV) ULRICH BRÄKER

Ulrich Bräker ist eine Erscheinung innerhalb der deutschen Literaturgeschichte, bei deren Analyse die Literaturwissenschaft seit jeher vornehmlich die Diskrepanz zwischen sozialer Herkunft und einer für die Klasse eher ungewöhnlichen Affinität zur Literatur anvisiert hat. Diese Doppelwertigkeit wird von Hans Mayer bereits im Titel seiner Bräker-Studie angedeutet, wenn er von einem "Aufklärer und Plebejer" spricht.[1] 1735 als Sohn eines Salpetersieders im toggenburgischen Wattwil geboren, verbringt Bräker sein Leben unter ärmlichen Umständen. Er sucht Erwerb als Hirtenjunge und Bauer, kommt als preußischer Rekrut wider Willen bis nach Berlin und desertiert, verdient sich sein Geld als Garnhändler und Baumwollweber. Tagtäglich ringt er um die Existenz seiner Familie; Mißernten, der starke Druck der Konkurrenz und schließlich der Bankrott treiben ihn bis an den Rand des Selbstmords. Bräkers Tagebuch, das die Nachwelt über seine Lebensumstände unterrichtet, bricht etwa einen Monat vor seinem Tod 1798 ab: Das darin und in der Autobiographie vermittelte Bild entspricht ganz und gar nicht der Schweizer Klischeeidylle von einem älplerischen Garten Eden, der die Herzen eines Haller, eines Heinse oder eines Goethe höher schlagen ließ.[2]

So düster die äußeren Lebensumstände sind, so intensiv ist die Auseinandersetzung mit Literatur. Mühevoll bringt er sich das Schreiben im Selbstunterricht bei, und da er sich selbst kaum Bücher leisten kann, ist der 'Arme Mann im Tockenburg' auf die Gunst wohlmeinender Freunde angewiesen.[3] Die Liste der nachweislich von ihm gelesenen Autoren ist stattlich: Cervantes, Shakespeare, Voltaire, d'Alembert, Rousseau, Samuel Butler, Smollet sind ebenso darunter wie Geßner, Wieland, Goethe, Jung-Stilling, Karl Philipp Moritz, Lavater, Schubart oder Campe. Tagebücher, eine Autobiographie, Totengespräche, Gedichte und Kritiken zu Shakespeares Stücken zählen unter anderen zu seinem hinterlassenen Werk. 1776 wird Bräker Preisträger und Mitglied der "Moralischen Gesellschaft" in Lichtensteig; als solches lernt er Lavater, Johann Heinrich Füßli und Johann Anton Sulzer kennen.

Seine Beschäftigung mit Literatur läßt den Bauern Bräker in bürgerliche Kreise aufrücken; wenigstens nach außen hin, wenn er sich an die Seite gelehrter Köpfe schlägt und mit seiner angelesenen Bildung sein Herkommen auszustechen versucht. Wie später noch genauer zu zeigen sein wird, ist diese Doppelexistenz für ihn ein Grundproblem seines ganzen Daseins.

Der Pfarrer Martin Imhof berichtet dazu in der Vorrede zu Bräkers Autobiographie:

> Den Tag bringt er mit seiner Berufsarbeit zu. Einen Teil der Nacht, oft bis in die Mitte derselben, liest er, was ihm der Zufall oder ein Freund, oder nun auch seine eigene Wahl in die Hände liefert - oder schreibt auch seine Bemerkungen über sich und andere in der kunstlosen Sprache des Herzens nieder. (4)

Ulrich Bräker als in seiner Intellektualität exotisch anmutender Naturbursche, ein Dilletant, der für die deutsche Literaturgeschichte ungefähr das bedeutet, was Henri Rousseau für die Malerei ist. "Es gieng mir doch wie dem Raben, der mit den Enten fliegen wollte"[5] - was an ihm so einzigartig ist, ist nicht so sehr die Qualität seiner Werke, sondern die Gegebenheiten, unter denen sie entstanden sind; Gegebenheiten, die in entscheidendem Maß von Büchern mitgestaltet worden sind.Wie Menschen mit der Hilfe ihrer Lektüre - zumindest zeitweise - aus dem sozialen Raster, in den sie versenkt sind, herausgenommen werden können, wie man sich einen vermeintlich verbesserten sozialen Status erlesen und erschreiben kann - darüber gibt Bräkers Selbstzeugnis beredt Auskunft.

(A) DER LESEAKT

> Der Dorfprediger von Wakefield gefiel mir ausnehmend. Und das um destomehr, da so viele seiner Lebensszenen auch die meinigen sind. Nämlich ohne Absicht des Standes. Es ist sonderbar tröstlich, solche Geschichten zu lesen (wahr oder erdicht), die ein so sehr, so nah angehen - viele von seiner eigne Lebensgeschichte, seines Geschicks, gedruckt zu lesen - so net, so trefent geschildert, daß ichs selber nicht zu sagen noch zu schildern imstande wäre. Das ist mir, wie mich dünkt, wahres Vergnügen, macht manch drückendes Plunderpäckgen des Lebens, das oft so schwär auf dem Rücken liegt, lichter, macht froher, mutiger, sorgloser, sich auf die allgütige Vorsehung stützender, muthvoll auf dem Weg nach der Ewigkeit fortzuwandeln, das unnütze Gepäck abzustreifen, wo man kann, und das geduldig zu ertragen, was man ertragen muß. Wakefield wäre mir in vielen Stückgen ein treffliches Muster. (6)

Allein diese Stelle aus einem Brief, in dem Ulrich Bräker dem Pfarrer Eckenstein aus Wattwil das Erlebnis seiner Lektüre von Oliver Goldsmiths Roman "The Vicar of Wakefield" mitteilt, zeigt, wie facettiert er sein Lesen betreibt. Das Buch spendet ihm ebenso Vergnügen wie Trost, stellt ihm Möglichkeiten zur Identifikation im selben Maß zur Verfügung wie Möglichkeiten zur Weltflucht, regt ihn nicht zuletzt zu einem Vergleich mit den eigenen poetischen Anlagen an. Dieser Vielfalt des Leseakts entspricht konkret die ambivalente Rezeption geistlicher Bücher in der Jugendzeit, die dem Knaben gleichermaßen zur Stütze wie zum Auslöser seelischer Verwirrungen werden.

Die Anzahl der namentlich genannten Buchtitel ist weitaus geringer als bei Jung-Stilling oder gar Moritz. Das erste explizit angeführte Werk, Arndts "Wahres Christentum", wird dem kleinen Ulrich von seiner Großmutter als Erbteil hinterlassen.[7] Größere Spuren im Bewußtsein hinterläßt ein nicht näher genanntes Buch, das er während der einsamen Stunden als Geißhüter immer wieder liest, oftmals unter Tränen.[8] Samuel Voellmy vermutet hinter diesem Werk, bezugnehmend auf eine Briefstelle, eine radikale pietistische Schrift von Johannes Tennhardt.[9] Die Lektüre fällt in eine Zeit innerer Reifung, in einen Lebensabschnitt, in dem die Phantasie des Knaben höchst erregbar ist. Das Buch ist da Gegengewicht zur 'bösen' Welt, die durch die wilden Freunde des Erzählers verkörpert wird; das Buch ist Refugium, um die im Umgang mit den Kameraden verlorene Unschuld wieder zu restaurieren; das Buch knüpft die Maschen des Gewissens enger: "Ich machte mir alles zur Sünde: Lachen, Jauchzen und Pfeifen per se."[10]

An dieser Stelle beginnen die Verwirrungen des Knaben Ulrich. Das nächste Werk, eine apokalyptische Schrift mit dem Titel "Der flüchtige Pater", übt bereits einen fatalen katalysatorischen Effekt aus, indem es den jungen Leser einer jeglichen kritischen Haltung beraubt. "O der unseligen Wißbegierde" nennt sich das Kapitel, in dem die betreffenden Lektüreerfahrungen vergleichsweise breit behandelt werden.[11] Damit wird Lesen um der reinen Wissensvermittlung willen bereits a priori mit einem Etikett versehen, das Unheilvolles ahnen läßt. Und am Ende des Abschnitts wird auch das entsprechende Resumée gezogen: "Allein mein unruhiges Wesen nahm dabey sichtbarlich zu, so sehr ich mich auf mancherley Weise zu zerstreuen suchte."[12] Ungehemmt strömen die Ideen des Buches in den Kopf des Erzählers, werden zu den eigenen.

> Mir stieg nur kein Gedanke auf, daß ein Mensch ein Buch schreiben könnte, worinn nicht alles pur lautere Wahrheit wäre; und da mein Vater und der Hans nicht daran zweifelten, schien mir alles vollends Ja und Amen zu seyn. (13)

Die Anerkennung des Buches als Autorität erfolgt über die Vorbildwirkung fremder Autoritäten. Damit sind die Eindrücke aus dem engsten Familienverband ebenso gemeint wie die nebenher laufende Lektüre der Geheimen Offenbarung und des Buches Daniel. Verwundert registriert da der unmündige Leser, wenn die Autoritäten untereinander uneins sind, wenn sich etwa zwischen dem Vater und dem Pfarrer Streitgespräche über die rechte Bibelauslegung entspinnen.[14] Eine andere unliebsame Begleiterscheinung der Lektüre: Das Gewissen wird bis zum Überdruß überreizt und sensibilisiert - "Und was das Schlimmste war, so verlor ich ob dieser Ueberzeugung gar alle Freud' und Muth."[15]

Auch andere Lektüre geistlicher wie weltlicher Art rührt die unverbildete Seele auf. Berichte aus der Neuen Welt etwa, die in Ulrich biblische Assoziationen wachrufen:

> Das las' ich wohl hundertmal; mein Herz hüpfte mir im Leib bey dem Gedanken an dieß herrliche Canaan, wie ich mir's vorstellte. Ach! wenn wir nur alle schon da wären, dacht' ich dann. (16)

Weltliche Lektüre weckt, wie Bräker in seiner Tagebucheintragung "Über die Bücher" vermerkt, "ein Mißvergnügen mit /.../ Stand und Vatterland"[17], eine Art von Überdruß, der aber interessanterweise durch geistliche Lektüre vorbereitet worden ist. Auch an anderer Stelle heißt es von pietistischen Erbauungsbüchern, die vom Vater ausgelegt und vorgelesen werden: "Aber mein Sinn stuhnd meist nicht im Buch, sondern in der weiten Welt."[18]

Sein Wunsch nach der Ferne wird ihm erfüllt; er fällt Werbern in die Hände und findet sich als Soldat in Preußen wieder. Doch auch im Lager gibt Ulrich das Lesen nicht auf: "Im Quartier übte ich mich stets im Exercieren, las' im Hallischen Gesangbuch, oder betete."[19] Wieder in der Schweiz angelangt, heiratet er. Die Zeit der Ehe wird für ihn zugleich auch zu einer Zeit des Lesens, in der er "zuerst auf lauter mystisches Zeug - dann auf die Geschichte - dann auf die Philosophie - und endlich gar auf die verwünschten Romanen"[2o] kommt. Titel werden nur ausnahmsweise angeführt: Unter den frommen und erbaulichen Schriften findet sich einmal eine Berlenburger Bibel in acht Bänden,[21] auch eine "Bekehrungsgeschichte zweier dänischer Grafen" aus dem Jahre 1772 ist darunter.[22]

Von allen in der Autobiographie erwähnten Büchern übt die Heilige Schrift die größte Wirkung auf den Knaben aus. Da ihm das Memorieren nicht sonderlich schwer fällt, beherrscht er bald viele Geschichten aus der Bibel auswendig.[23] Für ihn und einen gleichaltrigen Freund wird das Studium der Heiligen Schrift zu einer Quelle der Unterhaltung, wenn sie sich gegenseitig in einem Ratespiel Bibelverse abprüfen. Zuweilen ist da die Merkkraft überfordert: "Oft hielt es schwer,oder gar unmöglich; in den Psalmen und Propheten zumal, wo die Verslin meist kurz, und viele fast gleichlautend sind."[24] Als der Vater Ulrich in die "verführerische Welt" entläßt, warnt er ihn, sich unter der "Hallunken und Schurken" wie "Daniel zu Babel" zu verhalten - die Heilige Schrift sei immer tröstender Beistand und Orientierung:

> Du weist ja die Bibel, das heißt Gottes Wort, inn- und auswendig. Sinn' ihm nach, und vergiß es nie, wie wohl's den frommen Leuten, die Gott liebten, gegangen ist. Denk! Ein Abraham, Joseph, David. Und wie hingegen jenen nichtsnutzen gottlosen Buben, wie unglücklich sie worden sind. (25)

Ein väterlich wohlmeinender Rat, der auf zweifache Art zu lesen ist: in seinem inhaltlichen Kontext - als Deutung der Bibel - wie in seiner pragmatischen Textdimension. Genauso wie die Bibel Anweisungen für das reale Handeln gibt, evozieren Realsituationen Bilder aus dem bereits daraus Gelesenen. Die alltäglichsten Momente rufen Ulrich die Heilige Schrift ins Gedächtnis: Der Vater verfährt mit ihm bei der Arbeit so streng "wie Pharao mit den Israeliten"[26]; beim Anblick bizarrer Wolkenformationen wünscht er sich "Jakobs Leiter"[27]; ein Mädchen auf dem Tanzboden erinnert ihn an Salome.[28] Auch weltliche Texte genügen Bräkers Zitierlust, wenn auch in weitaus bescheidenerem Maße. So muß für einen - vom Satan eingehauchten - Selbstmordgedanken Goethes "Werther" herhalten:

> Ein andermal stellte mir der Bösewicht des jungen Werthers Mordgewehr auf einer sehr vortheilhaften Seite vor. "Du hast zehnmal mehr Ursach' als dieser - und er war doch auch kein Narr, und hat sich noch Lob und Ruhm damit erworben, und wiegt sich nun im milden Todesschlummer? - Doch wie? - Pfui eines solchen Ruhms!" (29)

(B) TYPOLOGIE UND BEWERTUNG DES LESENS

Goethes "Werther" ist wegen seiner ihm innewohnenden Gefahr sicherlich eines jener literarischen Werke, welches laut Bräkers Klassifikationsmodell, das er in seiner Tagebucheintragung "Über die Bücher" (1769) an seine Kinder weiterzugeben versucht, als schädlicher Text einzustufen wäre.[30] Bücher solcher Art sind vor allem

> romansche erdichtete Liebesgeschichten, Hurengeschichten, Liebes- oder Hurenlieder, alle erlogne gottlosen Erzählungen und Erdichtungen, alle Schwarzekunst- und Zauber- oder Teufelsblendbüchlein, alle pasquilantische, Schmäh- und Lästerschriften über andere Ständ und Personen. (31)

Alles Bücher, die den Leser vom Pfade rechten gottgefälligen Tuns abbringen können: "eine Pest der Seelen", "Teufelsgift", "Lotterfallen des Satans",[32] die Bräker selbst, wie er freimütig gesteht, während seiner Junggesellenzeit in Gestalt zweier Bände mit Liebesgeschichten und Liebesliedern in arge Nöte gebracht haben. Um sich und seine Mitmenschen vor der drohenden Verführung zu schützen, hat er die Bücher den Flammen überantwortet : "Derselben Autor wird es auch nicht besser gehen, wo er sich nicht bekehret hat."[33] Die eigenen Erfahrungen lassen ihn demnach besonders aufmerksam über die Lektüre seiner Kinder wachen, nicht zuletzt auch aus dem Grund, daß er der Jugend eine besondere Affinität zu vordergründigen literarischen Produkten zuschreibt.[34] Ohne Ansehen des Standes erfreuen sich "Romänchen" besonderer Beliebtheit in jugendlichen Leserkreisen: "Werden oft dadurch auch zeitlebens verdorben."[35] Schlechter Geschmack durchbricht alle Schranken der Gesellschaft und der Bildung:

> Man muß sich sehr wundern, daß oft gelehrte Männer, von denen man glauben sollte, daß sie Welt- und Menschenkenntnis genug besäßen, dennoch diesen Hang in ihrem Busen nähren. (36)

Kein Wunder, daß ihm sein ältester Sohn Johannes diesbezüglich wenig Freude bereitet. Betrübt stellt Bräker fest, daß er "keine Unze Geschmack am Lesen" findet, "es müßten denn Mord- und Gespenstergeschichten, oder andere Abentheuer seyn."[37] Auch in anderer Hinsicht geraten die Kinder dem Vater wenig nach:

> /.../ Wolte Gott ich könt erleben das ich dich aus eigenem Trieb mit einem Buch in der Hand in einem Weinkel fände - oder dich anträfe - einen eigenen Gedanken aufs Paper hinkleksen - oder nur einsam deinen Gedanken nachhengen /.../. (38)

Doch nicht nur seine Kinder, auch sich selbst sieht Bräker durch eine gewisse Kategorie von Büchern gefährdet, Bücher, die seiner Sehnsucht nach Freiräumen gerecht werden, ihn in die entrückten Welten einer Robinsonschen Insel oder eines Schlaraffenlandes versetzen:[39]

> Jeden Helden und Ebentheurer alter und neuer Zeit macht' ich mir eigen, lebte vollkommen in ihrer Lage, und bildete mir Umstände dazu und davon wie es mir beliebte. Die Romanen hinwieder machten mich ganz unzufrieden mit meinem eigenen Schicksal und den Geschäften meines Berufes, und weckten mich aus meinen Träumen, aber eben nur zu grössrem Verdruß, auf. (4o)

Der Blick für das Wesentliche wird von der Lektüre getrübt. Ihre ungebremst ausladende Fiktionalität verschiebt die Maßstäbe in einer Welt, die Bräker in der Realität nur geringen Spielraum zugesteht:

> Ich suchte mein Glück in der Ferne und in der Welt - mittlerweile es lange bey mir vergebens auf mich wartete. Und noch itzt, da ich doch überzeugt bin, daß es nirgends als in meinem eigenen Busen wohnt, vergeß ich nur allzuoft, dahin - in mich selbst zurückzukehren - flattre in einer idealischen Welt herum, oder wähle in dieser gegenwärtigen falsche, Eckel und Unlust erweckende, Scheingüter ausser mir. (41)

Während die schädlichen Bücher die Seele dermaßen aufwühlen, liegt es ihm Wesen der - laut Bräkers Schema - nützlichen Werke, daß sie das Gemüt beruhigen, darauf heilsam einwirken. An deren Spitze steht natürlich die Bibel, das Buch der Bücher - "es soll uns sein wie das tägliche Brot auf unserem Tisch."[42] Symptomatisch für die höhere Rangstufe geistlicher Lektüre im Bewußtsein Bräkers ist eine Episode aus seiner Jugend: Wenn Ulrich während der Arbeit fromme Lieder singt, so wünscht er, vom Vater dabei heimlich belauscht zu werden, von ihm Anerkennung zu ernten, weil er ihn nicht beim 'losen Lirum larum' weltlicher Weisen ertappt hat.[43]

Bräkers Kurzabhandlung "Über die Bücher" kennt jedoch nicht nur eindeutig nützliche und eindeutig schädliche Texte, sondern spricht noch von einer dritten Kategorie, den moralisch indifferenten Büchern. Dazu zählen

> /.../ Geschichtsbücher, geographische, Weltbeschreibungen, Helden-, Staats- und Lebensbeschreibungen gewüsser Potentaten, Länderen und Städten, viel Streit- und Zankschriften und dgl. hunderterley Arten /.../. (44)

Für Christen, die den Fluchtpunkt ihrer Existenz in Gott sehen, sind diese Werke allesamt überflüssig. "Alle anderen Bücher sind nicht lesenswert, wenn sie die h.Schrift nicht zum Grund und Fundament haben,"[45] heißt es einmal ganz kategorisch. Sie wecken beim Leser allein Mißvergnügen, Unzufriedenheit und Überdruß, wiewohl Bräker Geschichtsbücher aus seinem radikalen Verdikt ausklammert, da daraus die wunderbaren Pläne des Schöpfers abzulesen sind. Auch in der Autobiographie schimmern zuweilen die skrupulösen Vorbehalte gegen das Lesen durch:

> Dann hast du unvernünftig viel Zeit mit Lesen, Schreiben, u.d.gl. zugebracht. /.../ Aber jenes ewige Studieren zumal, was nützt es dir? Bist ja immer der alte Mensch, und kein Haar besser als vor lo. Jahren, da du kaum lesen und schreiben konntest. (46)

Der Sinn des Lesens liegt für Bräker demnach in der Besserung des Menschen. Eine einfache Bilanz: Auf der Minus-Seite die durch die Lektüre verlorene Zeit, auf der Plus-Seite eine - im Bereich des Möglichen stehende - Veredelung des Charakters. Ist der Saldo positiv, war das Lesen nicht vergebens.

Mit seiner Typologie des Lesens verbindet Bräker gleichzeitig auch eine Bewertung des Gelesenen. Die Ansicht, daß der Nutzeffekt für das Seelenheil die einzige Anforderung sei, die an die Literatur bei ihrer Bewertung zu richten ist, verschwindet in dem Maße, in dem sich Bräker in die Bibliothek der "Moralischen Gesellschaft" vertieft.[47] Berühmtester Beleg für diese allmähliche Säkularisierung des Leseerlebnisses sind die 178o niedergeschriebenen Betrachtungen zu den Dramen William Shakespeares, die Bräker drei Jahre zuvor zu lesen begonnen hat.[48] Bräkers Aufzeichnungen über "das literarische Erlebnis seines Lebens schlechthin"[49] zählen zu den bedeutendsten Dokumenten deutscher Shakespeare-Rezeption in der zweiten Hälfte des 18.Jahrhunderts, freilich mit anderer Nuancierung versehen als etwa bei Goethes Aufsatz "Zum Shakespeares-Tag" (1771).[5o] Goethe sieht darin Shakespeare als verwandte geniale Natur, als Autor, durch den er erst richtig sehen gelernt hat. Angesichts der Glaubwürdigkeit der von Shakespeare erschaffenen Menschen stellt Goethe resignierend fest, seine Figuren seien bloß "Seifenblasen /.../, von Romanengrillen aufgetrieben."[51] Goethes Shakespeare-Lektüre vollzieht sich mit in der Hoffnung, für die eigene poetische Praxis Anleitungen zu gewinnen, 'Romanhaft'-Künstliches zugunsten von Ursprünglichkeit und Natürlichkeit abzulegen. Ganz anders bei Bräker:

Seine Shakespeare-Lektüre ist in erster Linie Weltflucht, ist ein Typus naiver Rezeption, bei dem die Grenzen von Kunst und Wirklichkeit zu verschwimmen scheinen. Werner Mahrholz deutet Ulrich Bräker als ein von pietistischen wie genialischen Strömungen beeinflußtes

> romantisches Gemüt, das sich in der Idylle von der Qual und der Not seines Lebens zu erlösen sucht und daneben sich in der Wunderwelt der Dichtung, in Shakespeare besonders, den Traum eines größeren und weiteren Daseins schafft, das ihm die rauhe Wirklichkeit versagt. (52)

Die evasorische Grundhaltung beim Lesen macht aus den Dramenfiguren und dem Autor beinahe real anwesende Personen. Sie werden von Bräker ungemein plastisch imaginiert, zum Teil wie in der Gegenwart lebende Gesprächspartner angesprochen, beschworen, gerügt. Ein Stück Literaturkritik, so impulsiv und unkompliziert in Stil und Anlage wie es nur sein kann: Mit Shakespeare wird umgesprungen, als sei er ein lustiger Kumpan, mit dem man beim Umtrunk ein wenig über Literatur plaudert. Bräker will "mit diesem lieben Mann reden, als wenn er bei mir am Tisch säße"[53] - ein in der Vorrede dargelegtes Vorhaben, das viel an Spontaneität und hoher Imaginationskraft erwarten läßt. Das alles zeigt, daß Bräker kein durchschnittlicher Leser ist, sondern ein Mensch, der ungewöhnlich hohen Anteil am Gelesenen nimmt, der während des Leseaktes sehr viel an emotioneller und gedanklicher Auseinandersetzung in den Text investiert. Bräker liest viel, aber genau, manches sogar mehrmals; am Schluß entschuldigt er sich gleichsam, sein ursprüngliches Vorhaben aufgeben zu müssen, alle Stücke erneut durchzulesen und eine Art Sentenzenmappe anzulegen: Er istvon der Erstlektüre noch zu erschöpft.[54]

Und das ist kein Wunder, denn Bräker liest so, daß keine Faser seines Körpers verschont bleibt; er lebt in den Büchern, ohne daß dabei die Bücher über ihn die Oberhand gewinnen. Liest man über die Intensität von Bräkers Shakespeare-Erlebnis, so drängt sich die Parallele zu Anton Reisers Shakespeare-Erlebnis auf. "Im Shakespeare lebte, dachte und träumte er nun, wo er ging und stund /.../,"[55] schreibt Moritz an einer Stelle seines Romans. Wenn man die Passagen bedenkt, in denen Bräker vom wiederholten Lesen ein und desselben Werkes spricht, so scheint es als sehr wahrscheinlich, daß für ihn das gleiche wie für Reiser gilt. "/.../ Ich möchte es alleweil lesen und immer wieder lesen, und wenn auch nichts darin vorkäm als die Reden Faulconbridges und Arthurs"[56]: "King John". "Rasch und hitzig hab ichs gelesen, und wieder gelesen und dreimal gelesen, immer in Wut gesetzt - ungeduldig, bis die Rache befriedigt"[57]: "Henry VI.", zweiter Teil. "So froh ich bin, daß die historischen Schauspiele zu Ende sind, wünsch ich doch mehrere zu lesen und und diese wieder zu lesen"[58]: "Henry VIII.", das letzte Königsdrama in der von Bräker benützten Ausgabe. " Mit Herzenslust hab ichs gelesen und wieder gelesen"[59]: "Julius Caesar". Intensive Lektüre bedarf demnach ständiger Verfügbarkeit des Werkes - "/.../ Diamant aller Büchersäle /.../; ich werde nicht ruhen, bis du nebst deinen Bedienten, oder wenigstens einzeln, mein armseliges Bücherschrank zierst"[60]: "Hamlet". Selbst negative Kritik impliziert wiederholte Lektüre - "Othello" ist und bleibt für Bräker ein schauderhaftes Stück, "und wann ichs hundertmal lese und zehnmal mir als ein Gedicht vorstellen will /.../."[61]

Intensives Lesen erzeugt intensive Gemütsbewegungen, wirkt sogar auf die Gesundheit. Shakespeare agiert als Therapeut, der körperliches Wohlbefinden herbeizaubern kann:

> Du hast mich böse, zornig, ergrimmt, oft fast rasend gemacht, du hast meine Brust aufgerissen, in Mitleid schmelzen gemacht, hast mich traurig, betrübt und melancholisch gemacht und alles wieder geheilt. Du hast mich ergötzt, lustig und fröhlich gemacht, daß mir tausend Stunden wie der angenehmste Traum verschwanden. Du bist mein Arzt. Wann Sorgen und Unmut meinen Geist umhüllten, traf ich in deiner Gesellschaft Leute an, die mir so treffend ans Herz redten und allen Gram wegpredigten, Leute, die den geheimsten Schmerz von der Brust wegscherzten und mich gesund und mutig machten. (62)

Shakespeare lesen, das ist für Bräker Labsal und Rausch in einem. Im Abschnitt über "Cymbeline" heißt es: "/.../Ich les es mit Vergnügen, kanns in die Seel hinein trinken, wie ein labender Trank."[63] Ein Musterfall identifikatorischen Lesens ist "King Lear": "Ich las und konnte nicht aufhören, ich war ganz Leidenschaft /.../."[64] Hier wird die Heftigkeit des Leseerlebnissses besonders eindringlich vermittelt: Jeden Satz anaphorisch einleitend, taucht das Ich ein in die finstere Welt des Stückes ("Ich war ganz in jenen Zeiten, in allen Gegenden /.../"), schließt sich den Dramatis personae an ("Ich fand den armseligen Lear und seinen Narren im Sturm und Wetter, und der gute Kent stieß zu uns /.../") - der Lesende wird selbst zum Teil des Geschehens.[65] Immer wieder treten die Figuren aus ihrer Fiktionalität, Protagonist und Leser werden austauschbar: "Hätte vielleicht Macbeth ein solches Trauerspiel gelesen, wär er zurückgebebt vor solchen Greueltaten."[66] Ideal und Phantastik gerinnen bereits bei der Lektüre derart stark zum Konkreten, daß Bräker eine Vorstellung auf der Bühne nur als störend empfinden würde:

> /.../ Ich glaube nicht, daß man so leicht ein Gesicht finde, das zu Hamlets Charakter paßt./.../ Aber die Szene, wo der Geist in voller Rüstung auftritt, und wo die Totengräber auftreten und man das schlafende Täubchen zur Ruhe hinsenkt, die müssen gewiß verhunzt werden. (67)

Trotz all dieser deutlichen Qualitäten sind Shakespeares Dramen keine geistlichen Texte; und geistliche Texte waren es ja ausschließlich, denen Bräker acht Jahre vor seinem Shakespeare-Erlebnis in der Nomenklatur "Über die Bücher" ausschließlich ein positives Prädikat verliehen hat. Im Gegenteil: Shakespeare zeitigt bei Bräker jene Effekte, die eigentlich einen 'schädlichen' Text kennzeichnen - Verschiebung von Realität und Fiktion, Störung des Gefühlslebens und ähnliches. Bräker dürfte diesen Widerspruch zumindestens in seinem Unterbewußtsein registriert haben. Sehr für diese Annahme spricht die Tatsache, daß Bräker die weltlichen Shakespeare-Stücke mit religiösem Vokabular zu beschreiben versucht. Die Leseerfahrung wird in einer Sprache mitgeteilt, die mit Konnotaten aus der geistlichen Sphäre durchsetzt ist; nicht zu übersehendes Zeichen dafür, wie sehr die ehedem ausschließliche Fixierung auf das fromme Schrifttum noch in der profanen Lektüre mitschwingt. "Himmel" ist jenes Wort, mit dem die Betrachtungen - nach einer versifizierten Vorrede - beginnen;[68] "Amen" ist jenes, mit dem sie schließen.[69] Und auch dazwischen hegt Bräker Empfindungen, die er einige Jahre zuvor möglicherweise verschämt abgetötet hätte:

> /.../ Ich zähle dich unter meine Heiligen und verehre dich in deinen Werken als einen Liebling des Himmels, als einen Hofmann des größten Königs - und wenn ich je die unverdiente Gnade über alle Gnade genieße, bei diesem heiligen Korp nur der Allergeringste zu werden, sollst du die Ehre haben, mein Werber zu heißen. (7o)

Shakespeare wird - um Heines Worte zu verwenden[71] - gleichsam als 'weltliches Evangelium' gelesen, und das im wahrsten Sinne des Wortes: "/.../ Du müßtest mehr Nutzen schaffen als Millionen schwatzhafter Theologen mit ihrem Kram."[72] Über Shakespeare vergißt er sogar die Bibel: "Unsterblicher William, du hast mir mehr gesagt, als alle Bücher der Welt mir sagen könnten /.../",[73] und "Julius Caesar" hat er nach eigenen Worten so genau im Kopf "wie das Vaterunser."[74] Daneben wohnt dem Shakespeare-Text eine katalysatorische Kraft inne, die den Leser Bräker auf ungleich direktere und für den Beobachter unkompliziertere Art als bei Jung-Stilling oder Moritz zur Schreibfeder greifen läßt. Geradlinig verläuft der Impuls vom Aufnehmen der Eindrücke zu ihrem Festhalten, ohne daß Bräker dabei die künstlerische Diskrepanz vergißt, die zwischen dem Beschriebenen und dem Beschreibenden liegt.[75] Als er 178o seine literaturkritische Arbeit zu Shakespeare beginnt, kann er bereits auf eine mehrjährige Erfahrung als regelmäßig Schreibender zurückblikken, der seine Eindrücke in Tagebüchern festhält. Doch gründet sich diese Art von Schreiben auf eine weitaus verschlungenere Motivation, als dies bei den Gedanken zu William Shakespeare der Fall gewesen ist.

(C) DER LESER ALS AUTOR

Bräkers Weg zum Verfasser einer Selbstbiographie sieht Hans Mayer darin begründet, daß der Autor mit seinem Werk sowohl Lebensbeichte ablegen als auch Lebenshilfe für seine Nachkommen geben wollte; er habe es mit dem Verlangen geschrieben, "daß sein Familienkreis beim Lesen dieser Aufzeichnungen zu milderem und gütigerem Verhalten dem scheinbar so nutzlos Lesenden und Schreibenden gegenüber gelangen könnte."[76] Bräker selbst drückt sich da viel radikaler aus. Es klingt zwar recht harmlos, wenn er zu Beginn der Lebensbeschreibung seine Schreibtätigkeit als biederes Vergnügen vorstellt, als "eine unschuldige Freude, und ausserordentliche Lust, so wieder einmal mein Leben durchzugehen."[77] In Wahrheit ist Schreiben für ihn Obsession und Sucht - eine einmalige Gelegenheit, sich verstecktester Gedanken entäußern zu können:

> Nicht schreiben! Ich nicht schreiben! Das Ding kann ich nicht verdauen. /.../ Wann ich mich so beobachte, nicht schreiben, nicht schreiben, wann ich Brüder beobachte, sehe, wie auch sie von Leidenschaften rumgebüttelt, rumgewirbelt mit mir's gleiche Geschick haben. Wann mich Geschäfte von einer Tür zur anderen rufen, nicht schreiben, was ich gesehen, gemerkt, wie's mir gedünkt, was, wie ich darüber nachgedacht, mir's zur Lehre, zum Nutz gemacht, wo ich geschreckt, erfreut, wo ich mitleidvoll oder wo ich böse ward! Sagen dörft' ich's nicht, aber schreiben darf ich's. (78)

Schreiben: das ist penible Inventur des Bewußtseins, die bis in die letzten Schlupfwinkel der eigenen Persönlichkeit vordringt; das ist zugleich auch eine Tätigkeit, die umso notwendiger wird, je mehr sich die Umwelt als kommunikationsfeindlich erweist:

> Schade, daß ich mich keinem von allen mitteilen kann, von allem Gesehenen, Gehörten, meine Empfindung bei diesem und jenem Gegenstand wenig erzählen kann, weil mir alles mißdeutet wird. (79)

Die Wegbereiter für Bräkers Schreiben sind zwei Faktoren, die gleichermaßen ungewöhnlich sind, wenn man seine soziale Position in Rechnung stellt: ausreichende Fähigkeit und ausreichende Motivation. Beide Elemente werden durch Oppositionspaare gekennzeichnet: Fähigkeit durch die Gegensätze von Wollen und Können, Motivation durch die Gegensätze von Freiraum und Beschränkung.

Um mit der Motivation zu beginnen: Auch hier stehen über allem die Bücher. Sie gelten vor allem Bräkers Vater als Indikator für die Gewitztheit, sich in der weiten Welt zurechtzufinden. Als er mit einem befreundeten Handwerker über das Weiterkommen der Kinder spricht, bezeichnet er Ulrich als seinen Begabtesten. Er steche durch Lese- und Schreibkenntnisse hervor, und gerade diese Dinge seien, wie es der dadurch bewirkte Aufstieg von Kindern anderer nahelege, sicherer Garant des Weiterkommens. Da ist von großartiger Ausstaffierung die Rede, von goldbordierten Hüten, schließlich vom Wunsch, "um kein Geld mehr hie zu Land bleiben."[80] Denn Lesen allein bringt dem Individuum kein Glück; es muß, um wirklich etwas aus sich zu machen, das starre gesellschaftliche Gefüge verlassen, dessen fehlende Dynamik dem Talent keinen Spielraum zugesteht, und letztlich seine Chancen in der Fremde suchen. Diese Auffassung wird schon recht früh durch evasorische Lektüre über fremde Weltgegenden genährt.[81] Sehr oft ist da die Rede von einem "Gelobten Land"[82] oder von einem "Canaan"[83], das einfach Besseres verheißt als die alte Umgebung. Visionen mythischer Schlaraffenländer tauchen auf, in denen es ein leichtes ist, "Geld z'verdienen wie Dreck."[84] Als es darangeht, ins Tirolerische aufzubrechen, meint Ulrich schwelgerisch, "der Himmel hange voller Geigen und Hackbrettlin",[85] und nichts könne sich mehr seinem sicheren Glück entgegenstellen. Denn: Nur durchs Fortkommen gibt es ein Fortkommen; räumliche Bewegung verheißt eine gleichzeitige Aufwärtsbewegung in der gesellschaftlichen Stufenleiter.

Die Vorstellung von der Reise als einer positiven Veränderung erfährt bald nach ihrem Antritt ihre Umkehrung ins Gegenteil. Gerüchte über eine angebliche Verschleppung kommen den Daheimgebliebenen, die schon zuvor auf Ulrichs Fernweh mit einer Mischung aus Skepsis und Sorge geblickt haben, zu Ohren: "Schon stellte man mich allen Kindern zum Exempel vor, daß sie fein bey Haus bleiben, und sich nicht in die böse Welt wagen sollten."[86] Reisesucht als Analogon zur Lesesucht: Beide lassen die gottgewollte Ordnung aus den Fugen geraten, verleiten zu Bewegungen in unsichere Freiräume. Diese Bewegung dreht sich in die genau entgegengesetzte Richtung, als aus der angeblichen Verschleppung eine tatsächliche wird. Die Strapazen der Reise nach Berlin[87] und die allmähliche Ernüchterung, einem Betrug zum Opfer gefallen zu sein,lassen die alte Armut plötzlich aus neues Glück erscheinen, auf das sich von nun an alle Gedanken richten. In der Einsamkeit der Fremde erwählt sich Ulrich den Mond zum neuen Gesprächspartner:

Ach! könnt' ich ein Vöglein seyn, und dir nach in meine

> Heimath fliegen! Ich armer, unbesonnener Mensch! Gott erbarm' sich mein! Ich wollte mein Glück bauen, und baute mein Elend! (88)

Doch als der verlorene Sohn wieder aus der Ferne heimgekehrt ist, beginnt er bald wieder von fremden Gegenden zu phantasieren - auf "Frankreich, Holland, Piemont, die ganze Welt - ausser Brandenburg"[89] richtet sich sich sein Geist, obwohl er einige Zeit zuvor noch sein ganzes Lebensglück in der Heimat gesehen hat: Symptom dafür, wie sehr Bräker auf Freiräume angewiesen ist.

Das, was ihm nach seiner Rückkehr aus Preußen daheim noch als derartiger Freiraum übriggeblieben ist, wird ihm durch seine Hochzeit mit Salome Ambühl noch genommen. Diese Ehe, die sich schon bald als endlose Kette von Streitereien entpuppt, ist Ergebnis einer schlauen Verstellung. Salome hat es gut verstanden, die wahren Züge ihrer Person zu verschleiern. Selbst ihre Liebespost hat sie sich von anderen erledigen lassen:

> Sie schrieb mir nämlich ihre Briefe meist in Versen, so nett, daß sie mich darinn weit übertraf. Ich hatte darum eine grosse Freude mit dem gelehrten Ding, und glaubte bald eine vortreffliche Dichterinn an ihr zu haben. Aber am End kams heraus, daß sie weder schreiben noch Geschriebenes lesen konnte, sondern alles durch einen vertrauten Nachbarn verrichten ließ. (9o)

Alles ist bloß reizende Fassade. Mit dem Anlegen sprachlicher Gewandtheit versucht Salome, Ulrich in den Ehehafen zu lotsen. Wie in Elias Canettis "Blendung" scheint auch er auf vorgegaukelte sprachliche Kompetenz hereinzufallen; auf eine Eigenschaft also, die in einer zum Großteil von Analphabeten geprägten Kommunität als Zeichen der Besonderheit gilt. Im Ehestand enthüllt sich dann ihr wahres Wesen. Die vormals so literarisch Gebildete erweist sich von recht kleinlicher Gesinnung, was das Lesen betrifft: unnötige Zeitverschwendung, müßiggängerisches Treiben, das der Hauswirtschaft bloß Arbeitskraft entzieht - "Hätt'st du /.../ deine Hände mehr in den Teig gesteckt, als deine Nase in die Bücher."[91] Eine Einstellung, die sich zuweilen auch Ulrichs bemächtigt:

> Du Narr! was nützt dir itzt all' dein Lesen und Schreiben? Kaum wirst du noch dir und deinen Kindern den Bettelstab daraus kaufen können. (92)

Oder, als er in einem Brief an Lavater seine ökonomische Misere beklagt: "Meine Unbesonnenheit, meine Leichtgläubigkeit, mein unwiderstehlicher

Hang zum Lesen und Schreiben, haben nicht die mich dahin gebracht?"[93]

Zu Ende ist es mit den Träumen, in der Welt nochmals sein Glück zu suchen. Ulrich kann sich der häuslichen Verantwortung nicht mehr entziehen; die Sorge für die Familie hält ihn in der Heimat. Gerade deshalb hält er so zäh an seinen Büchern fest: Von ihnen kann man leichter ins Tockenburg zurückkehren. Ausdrücklich werden die Fluchtwelten, die die Lektüre präsentiert, als ungefährliches Substitut für die unbefriedigte Leidenschaft des Fernwehs genannt. Bräker nimmt das Buch mit in die Einsamkeit, die er sogar noch fürs Jenseits als Zustand höchsten Glücks erfleht:

> Beßter Vater! In deinem Hause sind so viele Wohnungen; also hast du gewiß auch mir ein stilles Winkelgen bestimmt. Auch meinem Weibe ordne ein artiges - nur nicht zu nahe bey dem meinigen. (94)

Erst in der Isolation kann die Lektüre ihre katalysatorische Kraft bei Bräker anwenden, seine Kreativität freisetzen. Diese Freisetzung geschieht in zwei Phasen: In der ersten fühlt sich Ulrich angeregt, Gottes Wort mündlich zu verbreiten - ein Gedanke, hinter dem noch der Lockruf der Ferne steht, der in seinem Leben nie ganz verklingen wird: "Oft fiel's mir gar ein, ich sollte, gleich den Herrenhutern und Inspirirten, in der weiten Welt herumziehn, und Buß' predigen."[95] Die mangelnde rhetorische Fertigkeit zwingt Ulrich jedoch alsbald zum Rückzug auf das geschriebene Wort: Die zweite, ungleich wichtigere Phase beginnt. 1768 macht er die ersten Aufzeichnungen in sein Tagebuch mit der Absicht,

> /.../ ein Büchlin zum Trost und Heil wo nicht ganz Tockenburgs, wenigstens meiner gemeinde zu schreiben, oder es zuletzt auch nur meiner Nachkommenschaft - statt des Erbguts zu hinterlassen. (96)

Bräker ist bescheiden geworden. Seine Reduktion auf das engste Zuhause lassen die Ansprüche, die er stellt, innerhalb eines einzigen Satzes kontinuierlich schrumpfen: Zuerst ist der Adressat des Werkes ganz Tokkenburg, dann die Gemeinde, dann die Familie. Im Endeffekt schreibt er für sich selbst: Denn die Hoffnung liegt für ihn nicht in der Verbreitung seines Geschriebenen in der weiten Welt - mit dieser Welt heißt es vorsichtig zu sein. Was zählt, ist nicht die Anzahl der Lesenden, sondern der Akt des Schreibens an sich. Nicht Ruhm, sondern Befreiung der Seele ist die Devise; eine Befreiung, die in der Wirklichkeit nicht erfolgen kann, weil man aus dem Scheitern der Vergangenheit Lehren gezogen hat, weil die Verhältnisse der Gegenwart das Subjekt zu sehr eingrenzen. Das Wort wird zur lockenden Insel der Individualität, wohin ein Rückzug nach den familiären und beruflichen Querelen des Arbeitstages noch möglich ist: "Gott, wenn sie /Bräkers Frau/ wüßte, was ich schreibe, was ich da, um meiner vollen Brust Luft zu machen, aufs Papier hinklexe!"[97]

Ulrichs Tätigkeit als Schreibender ist Welt-Flucht im ureigensten Wortsinn. Bräker hat eine extrem persönliche Vorstellung von Gott, den er demzufolge zum Adressaten seiner schriftlich dargelegten Nöte macht:

> Und da ich mich, wie schon oft gesagt, keiner Seele glaubte entdecken zu dürfen, nahm ich in diesen muthlosen Stunden meine Zuflucht zum Lesen und Schreiben; lehnte und durchstänkerte jedes Buch das ich kriegen konnte, in der Hoffnung etwas zu finden das auf meinen Zustand paßte; fieng halbe Nächte durch weisse und schwarze Grillen, und fand allemal Erleichterung, wenn ich meine gedrängte Brust aufs Papier ausschütten konnte; klagte da meine Lage schriftlich meinem Vater im Himmel, befahl ihm alle meine Sachen, fest überzeugt, Er meine es doch am beßten mit mir. (98)

Die Botschaften ins Transzendente mögen Ulrich zwar vorübergehend Ablenkung und Befreiung verschaffen, zuweilen wird aber der Druck auf der Seele dermaßen stark, daß selbst Lesen und Schreiben keinen Ausweg mehr bieten.[99] Wenn die hermetische Sublimierung der privaten Nöte versagt, tritt an deren Stelle die Offenbarung an ein Gegenüber. Wiederum bringt Schreiben eine gewisse Therapie: Der Brief, den Bräker an Lavater richtet,[100] ist zum Teil verknappte, an einen realen Kommunikationspartner gerichtete Autobiographie; ist aber auch Dokument dafür, daß die literarische Produktion für die Schublade die innere Zerrissenheit nicht zur Gänze zu überwinden vermag, sondern bloß beiseiteschiebt.

Rückblickend kann gesagt werden, daß das Lesen Bräker mittels zweier gegenläufiger Momente zum Schreiben bringt: durch ein zentrifugales, das ihn von der Heimat fort in die Fremde treibt, und durch ein zentripetales, das ihn auf sein eigenes Selbst verweist, ihn über seine eigene Identität nachdenken läßt. Der äußere Fluchtraum wird zu einem inneren. Wichtig ist, daß Bräkers Weg zum Schreiben eigentlich ein Umweg ist. Das Resultat heißt doppelte Reduktion: von der Fremde in die Heimat, von der Heimat auf das eigene Ich. Die Spannung von Heimat und Ferne wird ersetzt durch die Spannung von Leben einerseits und Lesen und Schreiben andererseits, von ökonomischer und intellektueller Notwendigkeit, von Alltag und Alltagsflucht.

Dieses ständige Hin und Her zwischen häuslicher Enge und literarischem Freiraum kommt aber auch auf dem Papier nicht ins Lot. Zu dieser Spannungssituation tritt nämlich eine zweite, innerliterarische: die Diskrepanz von Wollen und Können. Sie betrifft nicht die motivationale Voraussetzung des Schreibens, sondern allein die technische. Wie bei dem Oppositionspaar von Freiraum und Beschränkung ist auch hier die Genese in der Autobiographie selbst - besonders im Kapitel "Das Saamenkorn meiner Authorschaft"[1o1] - klar nachvollziehbar.

Darin entdeckt Ulrich einem erstaunten Freund, Mitglied einer moralischen Gesellschaft, seine Liebe zum Lesen und Schreiben - "Das ist neben meinen Geschäften mein einziges Wohlleben."[1o2] Der Freund stellt ihm nicht nur seine bescheidene Bibliothek zur Verfügung, sondern regt ihn auch zur Beantwortung einer Preisfrage an, die die Gesellschaft öffentlich ausgeschrieben hat. Vorerst ist Ulrich recht distanziert; er fürchtet, von den ihm intellektuell und sozial Überlegenen verhöhnt zu werden. Wider Erwarten wird ihm für seine Arbeit eine Anerkennung zugesprochen; als er jedoch in die Gesellschaft aufgenommen werden soll, kehren ein paar Herren ihre Standesdünkel demonstrativ nach außen:

> Einige Mitglieder widersetzten sich, und bemerkten mit allem Recht: Ich sey von armer Familie - dazu ein ausgerißner Soldat - ein Mann von dem man nicht wisse wie er stehe - von dem wenig ersprießliches zu erwarten sey, u.s.f. Gleichwohl ward ich durch Mehrheit der Stimmen angenommen. aber erst itzt reute mich mein unbesonnener Schritt, als ich bedachte: Jene Herren sagen ja nichts als die pur lautere Wahrheit, und könnten noch einst wohl damit triumphieren. (1o3)

Aufstieg durch Bildung, speziell durch Lesen: Dieses Element, das in den den Autobiographien von Jung-Stilling und Karl Philipp Moritz von entscheidenderBedeutung war, wird von Bräker subtil variiert, ja beinahe ins Gegenteil umgedreht. Das gesellschaftliche Aufrücken des Schreibenden geschieht fast gegen dessen Willen. Außerdem handelt es sich dabei um eine Art von Aufstieg, die für Ulrichs reale ökonomische Situation keinerlei Verbesserung verspricht.Er fühlt sich unwohl in der ihm ungewohnten Welt, eingezwängt in eine doppelte Außenseiterposition. Zum einen bedeutet die neue Gemeinschaft für Ulrich bloß neue Isolation, sowohl Abweisung durch die alteingesessenen Mitglieder als auch Entfremdung von den alten Freunden. Denn: Die moralische Gesellschaft ist - zum anderen - für die rohe Umwelt eine Ansammlung von bloßen Bücherfressern. Der mit scheelen Blicken betrachtete Intellektualismus wird selbst in den eigenen vier Wänden zur Provokation:

> Meine Frau vollends speyte Feuer und Flammen über mich aus, wollte sich viele Wochen nicht besänftigen lassen, und gewann nun gar Eckel und Widerwillen gegen jedes Buch, wenn's zumal aus unserer Bibliothek kam. (1o4)

Seine Position zwischen einer Welt des Analphabetentums und einer Welt der Gelehrsamkeit, in denen er - jedesmal freilich unter einem anderen Blickwinkel - als Kuriosum angesehen wird, läßt ihn seiner poetischen Sendung mehrfach unsicher werden.[1o5] Für sich selbst sieht Bräker die Rechtfertigung seiner Schriftstellerei nicht in der Annäherung an einen professionellen Perfektionismus, nicht in der Komposition vollendeter Kunstwerke. "Und sollt ich auch die gleichgültigsten Dinge in mein Tagebuch kritzeln, oder in alten Kalendern studiren!"[1o6] - es geht Bräker zur Hauptsache um die geistige Auseinandersetzung. Er schreibt weiter, auch wenn er weiß, einmal nicht das Bestmögliche gegeben zu haben:

> Dann denk ich (freylich wie der Fuchs in der Fabel): "Und wozu am End alle dieß Dinten verderben? Wirst doch dein Lebtag kein eigentlicher Autor werden"! Und wirklich daran kam mir oft Jahre lang nur der Sinn nie - Wenn ich zumal in irgend einem guten Schriftsteller las, mocht' ich mein Geschmier vollends nicht mehr anseh'n, und bin zugleich überzeugt,daß ich in meinen alten Tagen, es besser zu machen kaum mehr lernen, sondern halt so fortfahren werde, ohne Kopf und Schwanz, bisweilen auch ohne Punkt und Comma, Schwarz auf Weiß zu klecksen, so lang meine Augen noch einen Stich sehen können. (1o7)

An anderer Stelle schreibt Bräker: "Je mehr ich das Gickel Gackel meiner bisher erzählten Geschichte überlese und überdenke, desto mehr eckelt mir's davor."[1o8] Ihm fehlt es an Zeit, sein Werk etwa "nach dem Modell eines Heinrich Stillings"[1o9] neu zu konzipieren; ihm fehlt ebenso die sichere Gewährleistung, mit einer Überarbeitung auch wirklich etwas Besseres zuwege zu bringen. Hingegen fehlt es ihm nicht an Aufrichtigkeit, seine Schwächen dem Leser auch offen klarzulegen:

> Freylich muß ich zu meiner etwelchen Entschuldigung sagen, daß ich mein Bißchen Schreiben ganz aus mir selbst, ohne andern Unterricht gelernt, dafür aber auch erst in meinem dreysigsten Jahr etwas Leserliches, doch nie nichts recht orthographisches, auch unlinirt bis auf den heutigen Tag nie eine ganz gerade Zeile herausbringen konnte. (11o)

Das Wissen um die Bruchstückhaftigkeit seiner Bildung drängt Bräker in eine Position der apologetischen Demut. Selbstkritik ist da nicht mehr bloße captatio benevolentiae, keine rhetorische Figur, die den Leser gewogener machen soll, sondern wahrgemachter Vorsatz, sich unausgesprochene Gedanken, Probleme, Krisen, Selbstzweifel unverschönt von der Seele zu schreiben. In kaum einem anderen autobiographischen Werk dieser Zeit findet sich eine vergleichbare Anhäufung von Reflexionen über die eigene poetische Unzulänglichkeit. Während andere Autoren in ihren Lebensbeschreibungen festzuhalten versuchen, wie sie zu etwas geworden sind, könnte man von Bräker beinahe das Gegenteil behaupten. Gerade dadurch hat er sich aber in der Literaturgeschichte des 18.Jahrhunderts einen einmaligen Platz gesichert.

ZUSAMMENFASSUNG

Als Harald Weinrich zu Beginn der Siebzigerjahre "Für eine Literaturgeschichte des Lesers"[1] plädierte, hatte er freilich nur solche Leser vor Augen, die für das Leseverhalten ihrer Zeit typisch sind, die den Durchschnitt ihrer gesellschaftlichen Gruppe repräsentieren. Solche Durchschnittsleser finden sich in den dichterischen Texten des ausgehenden 18.Jahrhunderts nicht sehr häufig. Wenn die Bücher einen Don Sylvio zu einer märchenhaften Abenteuerfahrt inspirieren können, wenn sich der sprachliche Duktus und das Gehabe von Shakespeare-Helden auf ihre Leser zu übertragen beginnt, wenn Lesesüchtige sich fast ihrer gesamten Habe zu entledigen beginnen, nur um Bücher nach Hause tragen zu können, so ist das für die Epoche wohl kaum als repräsentativ zu bezeichnen. Gerade die Verschiedenheit des Lesens, wie es ein Werther, ein Anton Reiser, ein Gustchen betreiben, bestätigt ihre Individualität, ihre Abweichung von einem fiktiven Durchschnittsrezipienten, ihren Status als Sonderfall.

Sicherlich spekuliert das Vorstellen von Lesern, die von der gewohnten Norm abweichen, mit dem Interesse und der Neugier des Publikums. Doch steckt dahinter mehr - und gerade dieses 'Mehr' anschaulich darzustellen, war ein Hauptanliegen dieser Arbeit. Um die wichtigsten Blickwinkel, unter denen die Thematisierung des Lesens gesehen werden kann, nochmals in komprimierter Form deutlich zu machen, seien einige der darin diskutierten Punkte abschließend besonders hervorgehoben:

(1) Lesen und Lektüre werden in der Literatur des ausgehenden 18.Jahrhunderts auffallend häufig literarisch verarbeitet. Dieser Umstand ist mehreren Faktoren zuzuschreiben, die die Lesegewohnheiten dieser Zeit von Grund auf ändern: der Übergang von intensiver zu extensiver Lektüre (Lesewut), vermehrte Buchproduktion und Autorenzahl, Säkularisation der Lesestoffe, Aufschwung der Trivialliteratur und anderes mehr. Daneben wird in der Literatur der Zeit die Tendenz spürbar, die außerliterarische Wirklichkeit glaubwürdig im Text abzubilden. Dadurch fließt auch die Leseexplosion als Darstellung individuell vollzogener Leseakte und individuell empfundener Lese-

erlebnisse in die Dichtung der Zeit ein.

(2) Die Thematisierung des Lesens erfüllt ihre Funktion sowohl als werkimmanenter Bezugspunkt als auch in ihrem Verweis auf die außerliterarische Wirklichkeit. In dieser Synthese wird das rein strukturelle und wertfreie Handlungselement mit der Abbildung realer literatursoziologischer Phänomene verschmolzen, der eine polemische Tendenz unterlegt werden kann. Die polemische Tendenz richtet sich nicht undifferenziert gegen Leser und Literatur generell, sondern nur gegen die Extremerscheinungen. 'Normales' Lesen ist für die literarische Verarbeitung nur als Strukturelement ohne polemische Zielrichtung brauchbar (etwa in Gestalt der Briefszene).

(3) Wenn der Akt des Lesens in die Handlung eines Werkes in relevanter Weise eingebaut wird, so beschränkt sich seine Aufgabe nicht etwa in der Konstruktion eines simplen Ablaufs 'Lektüre - schädliche Wirkung', sondern ist in seinem Gebrauch viel nuancierter und abgestufter. Das Leseerlebnis als Handlungselement erfüllt seinen Zweck als Indikator oder als Katalysator. Lektüre kann mithelfen, das Seelenleben der Protagonisten zu verwirren, indem sie charakterliche oder stimmungsmäßige Anlagen, die ihre Auswahl mit beeinflußt haben, verstärkt. Dadurch kann der Fortgang der Handlung erheblich verändert werden. Es ist daher nicht immer einfach, dem Leseakt eine eindeutige katalysatorische oder eine eindeutig indikatorische Funktion zuzuschreiben: Gelegentlich erfüllt er beide Aufgaben.

(4) Die in Drama und Roman vorgestellten Schicksale reizen zur Imitation. Somit kann sich die katalysatorische Wirkung der Lektüre in einer Spaltung der Persönlichkeit bemerkbar machen: Die Leser verwechseln Leben und Literatur. Sie eignen sich eine fiktive Zweitexistenz an. Der tragikomischen Auseinandersetzung mit der Wirklichkeit hält die angenommene Identität in der Regel jedoch nicht stand.

(5) Das schriftlich fixierte Wort vermittelt den Eindruck des Unumstößlichen. Es kann daher, wenn es unwahr ist, leichter als Wahrheit erscheinen. Lesen erfordert daher kritischen Verstand. Die Vorbehalte der Zeit gegen lesende Frauen sind mit ein Grund, daß die Literatur - besonders im Sturm und Drang - die schädliche Wirkung

der Lektüre sehr gerne an weiblichen Wesen vorführt. Der Stand spielt dabei keine Rolle; vielfach haben die Leserinnen aber eine starke Bindung zum Vater, der ihre Lektüre mißbilligt. Im Lesen konkretisiert sich der Gegensatz der Generationen.

(6) Der Leseakt erfüllt je nach Intention des Werkes, worin er integriert wird, verschiedene Aufgaben. Eine eindeutige Fixierung des indikatorischen Lesens auf Autobiographien und des katalysatorischen Lesens auf fiktionale Texte der Epik und Dramatik ist nicht sinnvoll: Zu häufig sind die Ausnahmen (etwa der Einsatz der literarischen Indikation in Goethes "Werther"), von den Beispielen wie dem "Anton Reiser", der sich mit Recht in jede der beiden Gruppen einordnen ließe, ganz zu schweigen. Man muß vorsichtiger formulieren: Die Wahrscheinlichkeit, daß indikatorisches Lesen in biographischen Texten vorkommt, ist größer als die allfällige Integration katalysatorischer Leseakte. Lebensbeschreibung ist Beschreibung der inneren Entwicklung; Bücher sind die Relaisstellen, an denen sie für den Außenstehenden ablesbar wird. Die Vita hält sich dadurch selbst in Schwung; die Handlung folgt klar dem Leben des Beschriebenen bzw. Beschreibenden als roten Faden, bedarf daher nicht unbedingt äußerer Anstöße zur Weiterentwicklung. Deswegen haben diese Impulse ihren Platz auch eher in der fiktionalen Literatur, als Element bewußt kalkulierender Dramaturgie.

(7) Die biographischen Texte sind eher dazu geneigt, die Wirkung jener Texte zu zeigen, die von Kritik und Literaturgeschichte anerkannt werden. Künstlerisch Hochwertiges vermag dabei ebenso zu begeistern wie Lektüre minderer Qualität. An der Wirkung der gehaltvolleren Texte wird aber schließlich die Entwicklung des Charakters ablesbar. Die Thematisierung des Lesens in der biographischen Selbstdarstellung ist vom Konformismus geprägt, indem sie das bereits Kanonisierte - beispielsweise Shakespeare - in seiner Qualität bestätigt. Anders im Bereich des Fiktionalen: Während die Autobiographie teleologisch auf die Vollendung des Subjekts ausgerichtet ist und alle Verirrungen nur momentane Abweichungen vom deterministischen Lebensplan sind, zeigen die fiktionalen Wirklichkeitsausschnitte von Epik und Dramatik

die schädlichen Lektüreeinflüsse viel unbedingter und nachhaltiger an. Auch Triviales hinterläßt hier auf gravierende Art und Weise Spuren. Eine andere Möglichkeit: Gehaltvolle Texte werden vom Rezipienten auf eine banale Formel reduziert, was die unkritische Konsumation erleichtert. Shakespeare wird im "Hofmeister" nicht als Shakespeare gelesen, sondern als rührselige Liebesgeschichte. Lektüre kann also - je nach Situation - einen Fortschritt oder einen Rückschritt in der Persönlichkeitsentwicklung anzeigen. Das bedeutet: Die Wirkung eines Werkes ist unabhängig von seiner rein ästhetischen Qualität. Lichtenberg formuliert dies so:

> Es hatte die Würkung, die gemeiniglich gute Bücher haben. Es machte die Einfältigen einfältiger, die Klugen klüger und die übrigen Tausende blieben ungeändert. (2)

(8) Die Thematisierung der Lektüre verarbeitet nicht nur Entwicklungen der außerliterarischen Wirklichkeit (etwa Veränderungen im Rezeptionsverhalten), in ihr spiegeln sich auch literaturgeschichtliche und ästhetische Prozesse. Als verdinglichtes Verführungselement wirkt Lesen analog zum Motiv des männlichen Eindringlings von außen. Es verliert seine Position in einem religiös-ethischen Bezugssystem und folgt damit also ganz dem Geist edr Säkularisation. Zuweilen manifestiert sich in der Präsentation des lesenden Helden gar das poetische Konzept des ganzen Werkes: Das Lesen, das die Struktur des Quixote-Romans bestimmt, schlägt die Brücke zwischen der traditionellen Abenteuergeschichte und einer Art Roman, die ihr Hauptaugenmerk auf die Veränderungen der individuellen Seele richtet.

- Das Phänomen des Lesens in der Literatur läßt sich auf mannigfache Weise in den Kontext der deutschen Literaturentwicklung des ausgehenden 18.Jahrhunderts einordnen - als Reflexion über die gegenwärtigen Veränderungen im Konsum und in der Herstellung von Büchern ebenso wie als Möglichkeit zur Artikulation literarischer Kritik, als Hilfsmittel zum Ausformulieren der für die Dichtung in steigendem Maß interessant werdenden seelischen Prozesse ebenso wie als Mahnung zur Lesehygiene.

Eines darf dabei aber nicht vergessen werden: Eine Zeit, die sich zunehmend dem Individualismus und dem Freiheitsgedanken verschreibt, die sich unter der Flagge der bürgerlichen Emanzipation und Selbstbehauptung 'in tyrannos' sammelt, kann sich der Literatur zwar als Instrument ihrer Ideologie bedienen, gleichzeitig aber auch nicht an der Doppelseitigkeit dieses Phänomens vorbeigehen. Denn Literatur kann nicht nur zur Freiheit hinführen, sondern auch von ihr wegführen. Insofern wird die Kalkulation mit der literarischen Wirkung fatal, weil sie einen um das berauben kann, was sie ihm vermitteln will. Wenn Lesen zu einem 'beständigen Hören-Müssen auf andere Selbste' entartet, wie Nietzsche hundert Jahre später formuliert;[3] wenn Lektürereize automatisch ihre Verhaltensänderung vom Leser abzufordern beginnen; wenn mit jedem Buch ein Stück der natürlichen Persönlichkeit verschwindet - wo bleibt da das eigene Denken, das eigene Handeln, letztlich: die Freiheit?

Möglicherweise hilft dieser Aspekt ein wenig bei der Erklärung mit, warum sich die Literatur in der zweiten Hälfte des 18.Jahrhunderts so vehement für den Leser zu interessieren beginnt. Der Verlust der persönlichen Autonomie droht nicht nur von seiten der Fürsten und Landesherren; die Schar der vorgestellten Leser und Lesesüchtigen, in deren Handlungsfreiheit das Buch machtvoll eingreift, legt darüber Zeugnis genug ab. Mündigkeit bedeutet, daß der Leser kritisch genug ist, um das wahrzunehmen, was die Lektüre mit ihm bewirken kann. Erst wenn er seine persönliche Freiheit erkennt, das Gelesene abzulehnen oder mit konform zu gehen, sogar in die tätige Wirklichkeit umzusetzen, erst dann kann Literatur ihm den Weg zu einer anderen, größeren Freiheit weisen.

ANMERKUNGEN

VORBEMERKUNG

Zur Zitierweise:

Alle Eigentümlichkeiten in der Orthographie und Zeichensetzung wurden beibehalten. Die numerische Zählung der Anmerkungen beginnt mit jedem Abschnitt neu. Wird innerhalb eines Abschnitts ein Werk häufiger zitiert, so erfolgt die Nennung verkürzt. Mit dem Beginn eines neuen Abschnittes werden die Werke jedoch wieder vollständig zitiert, um dem selektiv lesenden Benützer die Lektüre der Einzelinterpretationen zu erleichtern. Einzige Ausnahme sind die Abschnitte des ersten Teils ("Lesen und Leser in der zweiten Hälfte des 18.Jahrhunderts"); hier können verkürzende Nennungen durchaus unter Berufung auf die vollständige Zitierung in einem vorangehenden Abschnitt aufscheinen. Auf den Gebrauch von Siglen wird zu Beginn eines jeden Abschnitts bei der ersten Zitierung des entsprechenden Werkes hingewiesen.

1 Vgl.Inferno V/127-138

"Noi leggevamo un giorno per diletto
Di Lancialotto come amor lo strinse:
Soli eravamo e senza alcun sospetto.
Per più fiate gli occhi ci sospinse
Quella lettura, e scolorocci il viso;
Ma solo un punto fu quel che ci vinse.
Quando leggemmo il disiato riso
Esser baciato da contanto amante,
Questi, che mai da me non fia diviso,
La bocca mi baciò tutto tremante.
Galeotto fu il libro e chi lo scrisse:
Quel giorno più non vi leggemo avante."

Zit. nach Dante Alighieri, La Divina Commedia. Hg.v.G.M.Tamburini. Firenze: Società Editrice Toscana o.J.

1/I: LITERATURGESCHICHTLICHE GRUNDLAGEN

[1] Passagenweise wurden die einleitenden Abschnitte bereits veröffentlicht als: Martin Neubauer, Die Leseexplosion im 18.Jahrhundert. Von Büchern, Lesern und Verlegern. In: Geschichte. Historisches Magazin 69 (März/April 1985); S.38-44

[2] Voltaire, Dictionnaire philosophique. 8 Bde. Paris: Edition Touquet 1821. Bd.6: Ide.-Mat. Artikel: Livres S.333-345; S.337

[3] Joachim Heinrich Campe, Ueber einige verkannte wenigstens ungenützte Mittel zur Beförderung der Indüstrie, der Bevölkerung und des öffentlichen Wohlstandes. Wolfenbüttel: Schulbuchhandlung 1786; I/S.7

[4] E 311. In: Georg Christoph Lichtenberg, Schriften und Briefe. Hg.v.Wolfgang Promies. 4 Bde. München: Hanser 1968 ff. Bd.1; S.415

[5] Ulrich Bräker, Über die Bücher. In: U.Bräker, Leben und Schriften /.../. Dargestellt und hg.v.Samuel Voellmy. 3 Bde. Basel: Birkhäuser 1945. Bd.2/S.139-142; S.139

[6] /Johann Gottwerth Müller/, Siegfried von Lindenberg. 4 Teile. Wien 1787; I/S.10

[7] Vgl.Albert Ward, Book Production, Fiction, and the German Reading Public 1740-1800. London: Oxford University Press 1974; S.167-168

[8] Vgl. Geschichte der deutschen Literatur. Von den Anfängen bis zur Gegenwart. Bd.6: Vom Ausgang des 17.Jahrhunderts bis 1789. Von einem Autorenkollektiv unter der Leitung von Werner Rieck, Paul Günter Krohn, Hans-Heinrich Reuter, Regine Otto. Berlin: Volk und Wissen 1979; S.459

[9] Vgl.Ward, Book Production; S.96

[10] Christian August Vulpius, Rinaldo Rinaldini, der Räuberhauptmann. Romantische Geschichte. Hg. und Nachwort von Karl Riha. Frankfurt/Main: Insel 1980; S.457

[11] Vgl.Jane H.Jack, The Periodical Essayists. In: The Pelican Guide to English Literature 4: From Dryden to Johnson. Hg.v.Boris Ford. Harmondsworth: Penguin 1968. S.217-229; S.225

[12] Vgl.Otto F.Best, Der weinende Leser. Kitsch als Tröstung, Droge und teuflische Verführung. Frankfurt/M.:Fischer 1985; S.15

[13] Johann Wolfgang Goethe, Werke. Hg.v.Erich Trunz. 14 Bde. München: dtv 1982. Band 9: Autobiographische Schriften I/Aus meinem Leben. Dichtung und Wahrheit. Buch 1-13; S.35-36

[14] Vgl.Rolf Engelsing, Der Bürger als Leser. Lesergeschichte in Deutschland 1500-1800. Stuttgart: Metzler 1974; S.457

[15] Vgl.Ward, Book Production; S.107

[16] Vgl.ebd.; S.92-93

17 Vgl.Jakob Michael Reinhold Lenz, Empfindsamster aller Romane oder Lehrreiche und angenehme Lektüre fürs Frauenzimmer. Von L... In: J.M.R.Lenz, Gesammelte Schriften. Hg.v.Franz Blei. 5 Bde. München und Leipzig: Georg Müller 1909-1913. Bd.V/S.313-341; S.317

18 Vgl.Werner Krauss, Studien zur deutschen und französischen Aufklärung. Berlin: Rütten & Loenig 1963 (= Neue Beiträge zur Literaturwissenschaft 16); S.87-88

19 K 172. In: Lichtenberg, Schriften/Promies. Bd.2; S.430

20 Zit.nach Ward, Book Production; S.88

21 Vgl.Manfred Koch, Die abenteuerliche und andenkenswürdige Staats- und Liebesgeschichte des Pommerschen Krautjunkers Siegfried von Lindenberg. In: J.G.Müller von Itzehoe und die deutsche Spätaufklärung. Studien zur Literatur und Gesellschaft im 18.Jahrhundert. Hg.v.Alexander Ritter. Heide: Westholsteinische Verlagsanstalt Boyens & Co. 1978 (= Steinburger Studien 1). S.119-135; S.121

22 Vgl.Robert Escarpit, Y a-t-il des degrès dans la littèrature? In: Littèrature savante et littèrature populaire. Bardes, conteurs, écrivains (Société française de littérature comparée. Actes du sixième congrès national. Rennes 1963). Paris 1965. S.1-10; S.2

23 Aldous Huxley, Beyond the Mexique Bay. A Traveller's Journal. London: Chatto & Windus 1950; S.275

24 Vgl. dazu Ward, Book Production; S.133-134. Insbesondere die Aussage Göckingks, der jeden, der für das Publikum auch nur ein Lied schreibt, als Hundsfott bezeichnet, und jene Bürgers, der gar zwischen Publikum und Pöblikum trennt.

25 Xenion Nr.31. In: Goethe, Werke. Band 1: Gedichte und Epen I; S.252

26 Lenz, Gesammelte Schriften. Bd.I; S.93

27 F 69. In: Lichtenberg, Schriften/Promies. Bd.1; S.471

28 Karl Philipp Moritz, Reisen eines Deutschen in England im Jahre 1782. In: K.Ph. Moritz, Werke. Hg.V.Horst Günther. 3 Bde. Frankfurt/M.:Insel 1981. Bd.2/S.7-125; S.24

29 Ebd.; S.25

30 Zum Verhältnis Schillers zur Trivialliteratur vgl.: Klaus L.Berghahn, Volkstümlichkeit ohne Volk? Kritische Überlegungen zu einem Kulturkonzept Schillers. In: Popularität und Trivialität. Fourth Wisconsin Workshop. Hg.v.Reinhold Grimm und Jost Hermand. Frankfurt/M.: Athenäum 1974. S.51-75; S.56-57. - Helmut Kreuzer, Gefährliche Lesesucht? Bemerkungen zu politischer Lektürekritik im ausgehenden 18. Jahrhundert. In: Leser und Lesen im 18.Jahrhundert. Colloquium der Arbeitsstelle Achtzehntes Jahrhundert. Gesamthochschule Wuppertal, Schloß Lüntenbeck, 24.-26. Oktober 1975. Heidelberg: Winter 1977 (= Beiträge zur Geschichte der Literatur und Kunst des achtzehnten Jahrhunderts Bd.1). S.62-75; S.71-72

31 Johann Georg Hamann, Leser und Kunstrichter nach perspektivischem Unebenmaaße.

In: J.G.Hamann, Sämtliche Werke. Hg.v.Josef Nadler. 6 Bde. Wien: Herder 1949 ff. Band 2: Schriften über Philosophie/Philologie/Kritik 1758-1763 (1950). S.339-349; S.347

32 Friedrich Schiller, Über Bürgers Gedichte. In.: Schillers Werke. Nationalausgabe. 43 Bde.Hg.v.Julius Petersen u.a. Weimar: H.Böhlaus Nachf. 1943 ff. Band 22: Vermischte Schriften. Hg.v. Herbert Meyer. 1958. S.245-264; S.247

33 Ebd.; S.248

34 Schiller an Sophie Mereau (23.Dezember 1795). In: Schiller, Nationalausgabe. Band 28: Briefwechsel. Schillers Briefe 1.7.1795-31.10.1796. Hg.v.Norbert Oellers. 1969. S.139-140; S.140

35 Vgl.Helmut Kreuzer, Trivialliteratur als Forschungsproblem. Zur Kritik des deutschen Trivialromans seit der Aufklärung. In: DVjS 41 (1967). S.173-191; S.185-186

36 Vgl.Marion Beaujean, Der Trivialroman in der zweiten Hälfte des 18.Jahrhunderts. Die Ursprünge des modernen Unterhaltungsromans. Bonn:H.Bouvier u.Co. ²1969 (= Abhandlungen zur Kunst-, Musik- und Literaturwissenschaft 22); S.8

37 Vgl. Manfred Naumann, Dieter Schlenstedt, Karlheinz Barck, Dieter Kliche, Rosemarie Lenzer: Gesellschaft - Literatur - Lesen. Literaturrezeption in theoretischer Sicht. Berlin u.Weimar: Aufbau 1976; S.196

38 Ueber die Mittel, bessere Bücher in die Hände der niedrigern lesenden Menschenklasse zu bringen. In: Berlinische Monatsschrift. Hg.v.F.Gedike u. J.E.Biester. 6 (Juli-Dezember 1785). Berlin: Haude u.Spener 1785. S.295-311; S.302

39 Vgl.ebd.; S.309

40 Vgl.Ward, Book Production; S.81

41 Kleist an Wilhelmine von Zenge (14.September 1800). In: H.v.Kleist, Werke. 5 Bde. Hg.v. Erich Schmidt. Leipzig: Bibliogr.Institut o.J. Band 5: Briefe. S.124-125; S.124

42 Vgl. Alberto Martino/ Marlies Stützel-Prüsener, Publikumsschichten, Lesegesellschaften und Leihbibliotheken. In: Deutsche Literatur. Eine Sozialgeschichte. Hg. v.Horst Albert Glaser. Bd.5: Zwischen Revolution und Restauration. 1786-1815. Hg. v.Horst Albert Glaser. Reinbek bei Hamburg: Rowohlt 1980. S.45-57; S.51-57

43 Vgl. Henry Fielding, Joseph Andrews. Hg.v. Martin C.Battestin. Oxford: Clarendon Press 1967; S.79-80

44 Vgl.Ward, Book Production; S.47

45 Vgl. B 200. In: Lichtenberg, Werke/Promies. Bd.1; S.101-102

46 Jakob Michael Reinhold Lenz, Die Freunde machen den Philosophen. Eine Komödie. (I/iv) In: Lenz, Gesammelte Schriften. Bd.III/S.95-145; S.106

47 Kreuzer, Trivialliteratur; S.189

[48] Vgl. Jakob Reinhold Michael Lenz, Der Landprediger. Eine Erzählung. In: Lenz, Gesammelte Schriften. Bd.V/S.147-206; S.183-185

[49] Ebd.; S.184

1/II: BIBLIOMANIE UND LESESUCHT

1 Vgl.Dominik von König, Lesesucht und Lesewut. In: Buch und Leser. Vorträge der ersten Jahrestreffens des Wolfenbütteler Arbeitskreises für Geschichte des Buchwesens, 13. und 14.Mai 1976. Hg.v.Herbert G.Göpfert. Hamburg: Dr.Ernst Hauswedell & Co 1977; S.89-125 (= Schriften des Wolfenbütteler Arbeitskreises für Geschichte des Buchwesens 1)

2 Zum folgenden Absatz vgl. die Bibliographie bei Rudolf Schenda, Volk ohne Buch. Studien zur Sozialgeschichte der populären Lesestoffe 1770-1910. München: dtv 1977; S.495-560

3 Hans Blumenberg, Die Lesbarkeit der Welt. Frankfurt/M.: Suhrkamp 1981; S.17

4 Vgl.I/Jaxthausen.Götzens Burg. In: Goethe, Werke. Band 6: Dramatische Dichtungen II; S.88

5 Zur Rezeption Rousseaus in Deutschland vgl.den entsprechenden Abschnitt in: Ralph-Rainer Wuthenow, Das Bild und der Spiegel. Europäische Literatur im 18.Jahrhundert. München und Wien: Hanser 1984; S.79-113

6 Vgl.Friedrich Christoph Schlosser, Zeitgenossen. Berlin 1874; S.35 f. Die entsprechende Stelle findet sich in: Lese-Erlebnisse 2. Hg.v.Heinrich Pleticha. Frankfurt/M.: Suhrkamp 1978; S.27

7 Heinrich Zschokke, Stunden der Andacht zur Beförderung wahren Christenthums und häuslicher Gottesverehrung. 8 Bde. Aarau: H.R.Sauerländer 1818. Bd.5: Andachtsbuch für die Jugend; S.156

8 Jean Paul, Freiheitsbüchlein; oder dessen verbotene Zueignung an den regierenden Herzog August von Sachsen-Gotha; dessen Briefwechsel mit ihm; - und die Abhandlung über die Preßfreiheit. In: Jean Paul, Sämtliche Werke. I.Abt.: 19 Bde. II.Abt.: 5 Bde. III.Abt.: 9 Bde. Hg.v.d. Preussischen Akademie der Wissenschaften/Deutschen Akademie der Wissenschaften zu Berlin. Weimar: H.Böhlaus Nachf. 1927 ff./Berlin: Akademie-Verlag 1952 ff. (Reprint 1975 ff.). Band I/12: Freiheits-Büchlein - Levana - Ergänzungsblatt zur Levana (1937 (Reprint 1980). S.1-65; S.44

9 B 264. In: Lichtenberg, Werke/Promies. Bd.1; S.115

10 Vgl. König, Lesesucht; S.101-102. Die Beispiele, die dazu angeführt werden, sind: Christian Gotthilf Salzmann, Über die heimlichen Sünden der Jugend. Leipzig 1785 - Karl Gottfried Bauer, Über die Mittel dem Geschlechtstriebe eine unschädliche Richtung zu geben ... mit einer Vorrede und Anmerkungen von C.G.Salzmann. Leipzig 1791

11 J 1150. In: Lichtenberg, Werke/Promies. Bd.1; S.814-815

12 Dieter Richter, Die Leser und die Lehrer. Bilder aus der Geschichte der literarischen Sozialisation. In: Lesebilder. Geschichten und Gedanken zur literarischen Sozialisation. Hg. v.Dietmar Larcher und Christine Spiss. Reinbek b.Hamburg: Rowohlt 1980. S.201-222; S.220

13 Zschokke, Stunden der Andacht. Bd.5; S.157

14 F 439. In: Lichtenberg, Schriften/Promies. Bd.1; S.520

15 G 82. In: Ebd. Bd.2; S.147

16 /Christian Friedrich Timme/, Der Empfindsame Maurus Pankratius Ziprianus Kurt, auch Selmar genannt. Ein Mode-Roman. 4 Teile. Erfurt: G.A.Keyser 1781-82; I/S.72

17 Vgl.Kurt Hauck, Das Spiel in der Erziehung des 18.Jahrhunderts. Phil.Diss. Halle/Saale 1935; S.3-20

18 Jakob Michael Reinhold Lenz, Die Soldaten. Ein Schauspiel.(III/iii).In: Lenz, Gesammelte Schriften. Bd.III/S.29-93; S.61

19 Vgl. Philippe Ariès, Geschichte der Kindheit. Mit einem Vorwort von Hartmut von Hentig. München u.Wien: Hanser 1976; S.156

20 Johan Huizinga, Homo Ludens. Vom Ursprung der Kultur im Spiel. Reinbek: Rowohlt 1956; S.118

21 Vgl. Sigmund Freud, Der Dichter und das Phantasieren. In: S.Freud, Studienausgabe. 10 Bde. Hg.v.Alexander Mitscherlich, Angela Richards u.James Strachey. Frankfurt/M.: S.Fischer 1969. Bd.10: Bildende Kunst und Literatur. S.169-179; S.172

22 Ebd.; S.172

23 Zit.nach Jack, Periodical Essayists; S.224

24 Vgl.Albrecht Schoene, Säkularisation als sprachbildende Kraft. Studien zur Dichtung deutscher Pfarrersöhne. Göttingen: Vandenhoeck & Rupprecht 1958; S.76-115

25 K.F.Pockels, Fragmente zur Kenntniß und Belehrung des menschlichen Herzens. Hannover 1788; S.45. Zit.nach König, Lesesucht; S.97

26 Vgl.Ulrich Bräker, Lebensgeschichte und Natürliche Ebentheuer des Armen Mannes im Tockenburg. In: U.Bräker, Leben und Schriften. Bd.I/S.67-338; S.327-330

27 Goethe an Cornelia Goethe (12.-14.Oktober 1767). In: Johann Wolfgang Goethe, Gedenkausgabe der Werke, Briefe und Gespräche. 28.August 1949. 24 Bde.u. 3 Ergänzungsbde. Hg. v.Ernst Beutler. Zürich: Artemis 1948 ff. Bd.18: Briefe der Jahre 1764-1786 (1951). S.66-73; S.67-68

28 Vgl.Kleist an W.v.Zenge (14.Sept.1800). In: Kleist, Werke. Bd.5; S.124

29 Vgl.Gerhard Sauder, Gefahren empfindsamer Vollkommenheit für Leserinnen und die Furcht vor Romanen in einer Damenbibliothek. Erläuterungen zu Johann Georg Heinzmann, "Vom Lesen der Romanen" und "Einleitung und Entwurf zu einer Damenbibliothek". Aus: J.G.H., Die Feyerstunden der Grazien. Ein Lesebuch, Bern 1780. In: Colloquium Arbeitsstelle Achtzehntes Jahrhundert; S.83-91

30 Ernst Brandes, Ueber die Weiber. Leipzig 1787; S.186. Zit.nach König, Lesesucht; S.99

31 Johann Bernhard Basedow, Elementarwerk. Ein geordneter Vorrath aller nöthigen Erkenntniß. Zum Unterrichte der Jugend, von Anfang, bis ins academische Alter, zur Belehrung der

Eltern, Schullehrer und Hofmeister, zum Nutzen eines jeden Lesers, die Erkenntnis zu vervollkommnen. 4 Bde. Dessau: Crusius 1774. Bd.4/10.Buch (Abschnitt e: "Von der vernünftigen Art, Leser zu bilden."); S.250

32 Vgl.König, Lesesucht; S.104

33 Adolph Freiherr von Knigge, Sämtliche Werke. 24 Bde. Hg.v.Paul Raabe. Nendeln: KTO Press 1978 ff. (= Reprint der Erstausgabe). Band 2: Der Roman meines Lebens. In Briefen herausgegeben. Teil 3+4. Tl.4; S.146

34 Vgl.Krauss, Studien; S.151

35 Eine Polizeiverordnung in Bremen gestattete es den Schauspielern z.B. nicht, Kontakte mit Jugendlichen zu pflegen, öffentliche Lokale zu besuchen oder nach zehn Uhr abends ihre Wohnung zu verlassen. (Vgl.Heinz Kindermann, Theatergeschichte der Goethezeit. Wien: H. Bauer 1948; S.532)

36 Christoph Martin Wieland, Die Abenteuer des Don Sylvio von Rosalva. Hg.v.Heinrich Vormweg. Köln u.Berlin: Kiepenheuer & Witsch 1963; S.292

37 Ebd.; S.294

38 Vgl.Friedrich Maximilian Klinger, Das leidende Weib (II/i). In: F.M.Klinger, Dramatische Jugendwerke. 3 Bde. Hg.v.Hans Berendt und Kurt Wolff. Leipzig: E.Rowohlt 1912 ff. Bd.I/ S.141-227; S.178 - Vgl.auch die Darstellung der Zustände in den Theatern des 17.und 18.Jahrhunderts bei: Eduard Fuchs, Illustrierte Sittengeschichte. 6 Bde. Ausgewählt und eingeleitet v.Thomas Huonker. Frankfurt/M.: Fischer 1985. Bd.4: Die galante Zeit II; S.206-214: "Schaustück und Publikum sind stets ein Ganzes. Denn die Bühne ist nur der gefügige Vollstrecker und Interpret der Wünsche des Publikums; sie erfüllt vorhandene Bedürfnisse. Darum entsprach auch die Haltung des Partners, und selbstverständlich auch die der Logen und der Galerien, durchaus der Tonart und der Temperatur vor der Rampe - das Publikum ging stets in gleicher Weise mit. Mit anderen Worten: die auf der Bühne vorgeführten dramatisierten und getanzten Zoten wirkten auch als Stimulanzmittel auf die Beschauer. Und diese zweite Seite ist für die Beurteilung der öffentlichen Sittlichkeit jener Epoche von nicht minder großer Bedeutung. Um so mehr, als der demoralisierende Einfluß, den das mit der stärksten und lüsternsten Pornographie verschwisterte Theater nicht bloß einen nur mutmaßlichen Einfluß auf die öffentlichen Sitten fand, sondern weil sich diese Stimulanswirkung in unzähligen Fällen gleich an Ort und Stelle in die entsprechenden "Taten" umsetzte. Mit den Bacchanalien auf der Bühne gingen nicht selten solche im Zuschauerraum Hand in Hand, der in seinen Hauptteilen, den Logen, überdies gerade in Rücksicht darauf eingerichtet war." (S.2o9-210)

39 Timme, Maurus Pankratius Ziprianus Kurt; I/S.166

40 Johann Ludwig Ewald, Die Kunst, ein gutes Mädchen, eine gute Gatinn, Mutter und Hausfrau zu werden. Ein Handbuch für erwachsene Töchter, Gattinnen und Mütter. Hg.v.Friedrich Jacobs. Wien: Mausberger [5]1827; S.124

41 Vgl.Kindermann, Theatergeschichte; S.525/526

42 Ewald, Kunst; S.123

43 Timme, Maurus Pankratius Ziprianus Kurt; II/S.64-65

1/III: DIE BEWERTUNG DES LESENS

1 Ludwig Giesz, Phänomenologie des Kitsches. Ein Beitrag zur anthropologischen Ästhetik. Heidelberg: W.Bothe 1960; S.49.

2 Vgl.auch den Hinweis auf die "Haut- (Leib-)Nähe des Genüßlichen". Ebd.; S.49

3 F 203. In: Lichtenberg, Schriften/Promies. Bd.1; S.490-491

4 J 133. In: Ebd.; S.673

5 Timme, Maurus Pankratius Ziprianus Kurt; IV/S.385

6 /Johann Pezzl/, Abdul Erzerums neue persische Briefe. Wien u.Leipzig: Joseph Stahel 1787; S.202

7 Peter Bichsel, Der Leser. Das Erzählen. Frankfurter Poetik-Vorlesungen. Darmstadt u.Neuwied: Luchterhand 1982; S.28

8 Walter Benjamin, Denkbilder. In: W.Benjamin, Gesammelte Schriften. Hg.v.Tillman Rexroth. Bd.IV/I: Kleine Prosa. Baudelaire-Übertragungen. Frakfurt/M.: Suhrkamp 1972. S.305-438; S.436 ("Romane lesen")

9 Vgl.Beaujean, Trivialroman; S.31

10 Vgl. Wolfgang Martens, Formen bürgerlichen Lesens im Spiegel der deutschen Moralischen Wochenschriften. In: Lesegesellschaften und bürgerliche Emanzipation. Ein europäischer Vergleich. Hg.v. Otto Dann. München: C.H.Beck 1981. S.55-70; S.55

11 Johann Gottfried Herder, Ueber die Würkung der Dichtkunst auf die Sitten der Völker in alten und neuen Zeiten (1778). In: J.G.Herder, Sämmtliche Werke. Hg.v.Bernhard Suphan. 33 Bde. Berlin: Weidmannsche Buchhandlung 1877 ff. Bd.8 (1892)/S.334-436; S.420

12 Anne Grant an Mrs.Brown (9.März 1789). ("Letters from the mountains". Vol.II. London ²1807). Zit.nach: Fritz Adolf Hünich, Aus der Werther-Zeit. In: Jahrbuch der Sammlung Kippenberg 4 (1924). S.249-281; S.254

13 Vgl.Lieselotte E.Kurth, Die zweite Wirklichkeit. Studien zum Roman des achtzehnten Jahrhunderts. Chapel Hill: The University of North Carolina Press 1969; S.34/35

14 Wilhelm Ehrenfried Neugebauer, Der teutsche Don Quichotte oder die Begebenheiten des Marggraf von Bellamonte. Komisch und satyrisch beschrieben. Mit einem Anhang der Fabeln und Totengespräche. Hg.v.Lieselotte E.Kurth und Harold Jantz. Berlin u.New York: De Gruyter 1972 (= Ausgaben deutscher Literatur des XV. bis XVIII.Jahrhunderts. Unter Mitwirkung von Käthe Kahlenberg. Hg.v.Hans-Gert Roloff. Reihe Roman I); S.91

15 Hinter diesen Pseudonymen verstecken sich August Bohse (1661-1738), Christian Friedrich Hunold (1681-1721) und Johann Leonhard Rost (1688-1727).

16 Vgl.dazu Beaujean, Trivialroman; S.31

17 Aus: Balthasar Anton Dunker, Parodie auf Hallers Doris /1785/. Zit.nach: Die deutschen

Werther-Gedichte. Hg.v.Fritz Adolf Hünich. In: Jahrbuch der Sammlung Kippenberg 1 (1921). S.181-254. S.231-233; S.232

18 Timme, Maurus Pankratius Ziprianus Kurt; II/S.36-37

19 Vgl.Martens, Moralische Wochenschriften; S.55

20 F 500. In: Lichtenberg, Schriften/Promies. Bd.1/S.528-529; S.529

21 Vgl. Johann Heinrich Jung-Stilling, Lebensgeschichte. Hg.v.Gustav Adolf Benrath. Darmstadt: Wissensch.Buchgesellschaft 1976; S.274

22 Ebd.; S.280

23 Karl Philipp Moritz, Anton Reiser. Ein psychologischer Roman. Hg.v.Wolfgang Martens. Stuttgart: Ph.Reclam jr. 1980; S.114

24 Heinrich Leopold Wagner, Die Kindermörderin. Hg.v.Jörg-Ulrich Fechner. (III) Stuttgart: Ph.Reclam jr. 1969; S.37

25 "I read no "Night Thoughts" - no fustian about Church-yards - no bugaboo tales /.../." Edgar Allan Poe, The Premature Burial. In: E.A.Poe, Collected Works. Hg.v.Thomas Ollive Mabbott. 3 Bde. Cambridge/Mass. u.London: The Belknap Press of Harvard University Press 1969. Bd.3: Tales and Sketches 1843-1849 (1978). S.953-972; S.969

26 Daniel Jenisch, Ueber die Schwärmerey und ihre Quellen in unseren Zeiten. In: Karl Philipp Moritz, ΓΝΩΘΙ ΣΑΥΤΟΝ oder Magazin zur Erfahrungsseelenkunde als ein Lesebuch für Gelehrte und Ungelehrte. 10 Bde. Berlin: A.Mylius 1783-1792. Bd.5 (1787), 3.Stück; S.23-48. Die zitierte Stelle stammt aus dem Nachwort von C.F.Pockels (S.41-48; S.42).

27 Timme, Maurus Pankratius Ziprianus Kurt; I/S.228-229

28 Thomas Koebner, Lektüre in freier Landschaft. Zur Theorie des Leseverhaltens im 18. Jahrhundert. In: Colloquium Arbeitsstelle Achtzehntes Jahrhundert. S.40-57; S.42

29 August /Heinrich Julius/ Lafontaine, Das Nadelöhr. In: A.H.J.Lafontaine, Moralische Erzählungen. 4.Bde. Berlin: Vossische Buchhandlung 1796. Bd.III/S.3-306; S.44-47

30 Vgl.Johann Wolfgang Goethe, Der Triumph der Empfindsamkeit. In: J.W.Goethe, Sämtliche Werke. Jubiläumsausgabe. 40 Bde. Stuttgart u.Berlin: J.G.Cotta 1907. Band 7: Jugenddramen - Farcen und Satiren. Mit Einleitung und Anmerkungen von Albert Köster. S.225-278; S.238-239

31 Ebd.; S.266

32 Ebd.; S.266/267

33 Herder, Würkung der Dichtkunst; S.431

34 Ebd.; S.433

35 Christoph Martin Wieland, Wie man liest. Eine Anekdote. In: Chr.M.Wieland, Werke. /Hg. v.H.Düntzer/. 40 Bde. Berlin: Hempel /1839 ff./. Band 38: Zur deutschen Sprache, Dichtung und Literatur (o.J.). S.208-210; S.210

36 E 197. In: Lichtenberg, Schriften/Promies. Bd.1; S.389

37 D 399. In: Ebd.; S.291

38 Vgl.Kurth, Zweite Wirklichkeit; S.26-35

39 Vgl.dazu Walter Killy, Schreibweisen - Leseweisen. München: C.H.Beck 1982; S.14-15

40 Goethe an Johann Friedrich Rochlitz (13.Juni 1819). In: Goethe, Gedenkausgabe/Beutler. Bd.21: Briefe der Jahre 1814-1832 (1951); S.337

41 Johann Adam Bergk, Die Kunst, Bücher zu lesen. Nebst Bemerkungen über Schriften und Schriftsteller. Jena: Hempel 1799 (= Reprint München-Pullach u.Berlin: Dokumentation Saur 1971); S.63

42 Vgl.ebd.; S.243-247

43 Ebd.; S.245/246

44 Vgl. D 506. In: Lichtenberg, Schriften/Promies. Bd.1; S.307

45 Henry Fielding, The History of Tom Jones. Hg.v. R.P.C.Mutter. Harmondsworth: Penguin 1966; S.94

46 Bertolt Brecht, Lob des Lernens. In: B.Brecht, Gesammelte Gedichte. 4 Bde. Frankfurt/M.: Suhrkamp 1976. Bd.2/S.462-463; S.463

47 Friedrich Hölderlin, An die Deutschen. In: F.Hölderlin, Sämtliche Werke. 8 Bde. Hg.v. Friedrich Beißner. Stuttgart: J.G.Cottasche Buchhandlung Nachfolger 1946 ff. Band 1/1; S.256

48 Vgl.Schenda, Volk ohne Buch; S.88

49 Vgl. Naumann u.a., Gesellschaft - Literatur - Lesen; S.191

50 Vgl. Kreuzer, Lesesucht; S.74/75

1/IV: DIE THEMATISIERUNG DES LESENS IN DER LITERATUR

1 Vgl.dazu Arnold Hauser, Sozialgeschichte der Kunst und Literatur. München: C.H.Beck 1973; S.550-599

2 Geschichte der deutschen Literatur (Volk u.Wissen). Bd.6; S.32

3 Vgl. A.R.Humphreys, The Social Setting. In: Pelican Guide 4. S.15-48

4 Vgl.Ian Watt, Der bürgerliche Roman. Aufstieg einer Gattung. Defoe - Richardson - Fielding. Frankfurt/M.: Suhrkamp 1974; S.12-37

5 Rolf Grimminger, Roman. In: Hansers Sozialgeschichte der deutschen Literatur vom 16.Jahrhundert bis zur Gegenwart. Hg.v. Rolf Grimminger. Bd.3: Deutsche Aufklärung bis zur Französischen Revolution 1680-1789. Hg.v.Rolf Grimminger. München: dtv 1980; S.635-715; S.703

6 Johann Wolfgang Goethe, Die Leiden des jungen Werther (16.Junius). In: Goethe, Werke. Band 6: Romane und Novellen I. S.7-124; S.23

7 Jörg Schönert, Roman und Satire im 18.Jahrhundert. Ein Beitrag zur Poetik. Stuttgart: Metzler 1969 (= Germanistische Abhandlungen 27); S.99-100

8 Hauser, Sozialgeschichte; S.585

9 Vgl.Klaus-Detlef Müller, Autobiographie und Roman. Studien zur literarischen Autobiographie der Goethezeit. Tübingen: Niemeyer 1976 (=Studien zur deutschen Literatur 46); S.2

10 Vgl. Eva D.Becker, Der deutsche Roman um 1780. Stuttgart: Metzler 1964 (=Germanistische Abhandlungen 5); S.167

11 Vgl.dazu Gerhard Sauder, Argumente der Fiktionskritik 1680-1730 und 1960-1970. In: GRM 26 (1976); S.129-140

12 Vgl.Grimminger, Roman; S.645

13 Goethe, Werther (26. November); S.88

14 Vgl.Beaujean, Trivialroman; S.24

15 Kleist an W.v.Zenge (14.Sept.1800). In: Kleist, Werke. Bd.5; S.124

16 Koebner, Lektüre in freier Landschaft; S.56

17 Goethe, Werther (16.Junius); S.22

18 Anselm Haverkamp, Illusion und Empathie. Die Struktur der 'teilnehmenden Lektüre' in den "Leiden Werthers". In: Erzählforschung. Ein Symposion. Hg.v. Eberhard Lämmert. Stuttgart: Metzler 1982 (= Germanistische Symposien. Berichtsbände 4). S.243 - 268; S.244

19 Vgl. Georg Jäger, Empfindsamkeit und Roman. Wortgeschichte, Theorie und Kritik im

18. und frühen 19.Jahrhundert. Stuttgart: Kohlhammer 1969 (= Studien zur Poetik und Geschichte der Literatur 11); S.401-404

[20] Wolfgang Iser, Der Akt des Lesens. Theorie ästhetischer Wirkung. München: W.Fink 1976; S.252-253

[21] Christian Friedrich von Blanckenburg, Neue Bibliothek der schönen Wissenschaften und der freien Künste. Leipzig 1775. Bd.18, 1.Stück; S.46-95. Zit.nach: Zeitgenössische Rezensionen und Urteile über Goethes "Götz" und "Werther". Hg.v.Hermann Blumenthal. Berlin: Junker und Dünnhaupt 1935 (= Literarhistorische Bibliothek 14). S.75-99; S.97

[22] Wieland, Wie man liest; S.209

[23] Heiner Willenberg, Zur Psychologie literarischen Lesens. Wahrnehmungen, Sprache und Gefühle. Paderborn: Schöningh 1978 (= Informationen zur Sprach- und Literaturdidaktik 15); S.29

[24] Ebd.; S.29

[25] Ebd.; S.29

[26] Karl Philipp Moritz, Gemüthsgeschichte Christian Gragerts eines Gensd'armes in Berlin. In: K.Ph.Moritz, Magazin zur Erfahrungsseelenkunde. Bd.1 (1783), 1.Stück; S.24-26.

2/I: DER QUIXOTE ROMAN

1 Michel Foucault, Die Ordnung der Dinge. Eine Archäologie der Humanwissenschaften. Frankfurt/M.: Suhrkamp 1974; S.78

2 B 7. In: Georg Christoph Lichtenberg, Schriften und Briefe. Hg.v.Wolfgang Promies. 4 Bde. München: Hanser 1968 ff. Bd.1; S.47

3 Marthe Robert, Das Alte im Neuen. Von Don Quichotte zu Franz Kafka. München: Hanser 1968; S.151

4 Friedemann Berger, Die bürgerliche Emanzipation und ihr komischer Held. Größe und Grenzen Siegfried von Lindenbergs. In: J.G.Müller von Itzehoe und die deutsche Spätaufklärung. Studien zur Literatur und Gesellschaft im 18.Jahrhundert. Hg.v.Alexander Ritter. Heide: Westholsteinische Verlagsanstalt Boyens & Co. 1978 (= Steinberger Studien 1). S. 136-145; S.140

5 Jurij Tynjanov, Über die literarische Evolution. In: Russischer Formalismus. Texte zur allgemeinen Literaturtheorie und zur Theorie der Prosa. Hg.u.eingeleitet von Jurij Striedter. München: W.Fink 1971. S.433-461; S.451

6 Victor Erlich, Russischer Formalismus. München: Hanser 1964; S.284

7 Ebd.; S.289

8 Der folgende Abschnitt stützt sich auf folgende Untersuchungen: Lienhard Biegel, Cervantes in Germany. In: Cervantes Across the Centuries. A Quadricentennial Volume edited by Angel Flores and M.J.Benardete. New York: Gordian Press 1969; S.315-352. - Cervantes und seine Werke nach deutschen Urtheilen. Mit einem Anhange: Die Cervantes-Bibliographie. Hg.v.Edmund Dorer. Leipzig: W.Friedrich 1881 - Charles Haywood, Musical Settings to Cervantes Texts. In: Cervantes (Flores/Bernardete); S.264-273 /inklusive bibliographischer Auflistung/ - Gerhart Hoffmeister, Spanien und Deutschland. Geschichte und Dokumentation der literarischen Beziehungen. Berlin: E.Schmid 1976 (= Grundlagen der Romanistik 9) - Max Hellmut Neumann, Cervantes in Deutschland. In: Die neueren Sprachen 25 (1918); S.147-162, S.193-213 - Julius Schwering, Cervantes' Don Quijote und der Kampf gegen den Roman in Deutschland. In: Euphorion 29 (1928); S.497-503. - Für die Erforschung der Rezeption des "Don Quixote" äußerst hilfreich ist: Dana B.Drake, Don Quijote in World Literature. A Selective, Annotated Bibliography. New York u.London: Garland 1980 (= Don Quijote (1894-1970): A Selective, Annotated Bibliography, Vol.III)

9 Neumann, Cervantes in Deutschland; S.156

10 Immanuel Kant, Beantwortung der Frage: Was ist Aufklärung? In: I.K., Sämmtliche Werke. Hg.v. Karl Rosenkranz und Friedrich Wilhelm Schubert. 12 Bde. Leipzig: L.Voss 1838 ff. Bd.7: Kleine anthropologisch-praktische Schriften. S.143-154; S.145

11 Miguel de Cervantes Saavedra, Don Quixote de la Mancha. Hg.v.Martín de Riquer. Barcelona: Editorial Juventud 1950; S.37-38

12 Ebd.; S.38

13 Vgl. Gustav Becker, Die Aufnahme des Don Quijote in die englische Literatur (16o5 bis c. 1770). Phil.Diss.Berlin 1902; S.3-4

14 Vgl.Berger, Bürgerliche Emanzipation; S.140

15 Vgl.Augustus Wood, Einfluß Fieldings auf die deutsche Literatur. Phil.Diss. Yokohama 1895; S.1

16 Georg Christoph Lichtenberg, Orbis pictus. Erste Fortsetzung. In: G.C.L., Schriften/Promies. Bd.3. S.395-403; S.395

17 Wood, Einfluß Fieldings; S.4

18 Vgl. Gerhard Buck, "Written in Imitation of the Manner of Cervantes". In: GRM 29 (1941). S.53-61; S.53-54

19 Vgl.ebd.; S.55-56

20 Henry Fielding,Joseph Andrews. Hg.v.Martin C.Battestin. Oxford: Clarendon Press 1967; S.187

21 Ebd.; S.188

22 Vgl.Wolfgang Iser, Der implizite Leser. Kommunikationsformen des Romans von Bunyan bis Beckett. München: W.Fink 1972; S.58-60

23 F 7. In: Lichtenberg, Schriften/Promies. Bd.1; S.460

24 Iser, Impliziter Leser; S.79

25 Vgl. Lieselotte E.Kurth, W.E.N. -Der Teutsche Don Quichotte, oder die Begebenheiten des Marggraf von Bellarmonte. Ein Beitrag zur Geschichte des deutschen Romans im 18.Jahrhundert. In: Jahrbuch der deutschen Schillergesellschaft 9 (1965); S.106-130. Lieselotte E.Kurth hat auch die Neuausgabe des äußerst schwierig zugänglichen Werkes besorgt: Wilhelm Ehrenfried Neugebauer, Der Teutsche Don Quichotte oder die Begebenheiten des Marggraf von Bellarmonte. Komisch und satyrisch beschrieben. Mit einem Anhang der Fabeln und Totengespräche. Hg.v.Lieselotte E.Kurth und Harold Jantz. Berlin u.New York: De Gruyter 1972 (= Ausgaben Deutscher Literatur des XV. bis XVIII. Jahrhunderts. Unter Mitwirkung von Käthe Kahlenberg hg.v.Hans-Gert Roloff. Reihe Roman I). Von Lieselotte E.Kurth stammt als wichtiger Beitrag zum Genre des Quixote-Romans auch: Die zweite Wirklichkeit. Studien zum Roman des achtzehnten Jahrhunderts. Chapel Hill: The University of North Carolina Press 1969

26 Neugebauer, Don Quichotte; S.15

27 Ebd.; S.16

28 Ebd.; S.92

29 Ebd.; S.213

30 Vgl.ebd.; S.213

31 Vgl.ebd.; S.215-218

32 Ebd.; S.216-217

33 Ebd.; S.217

34 Guy Stern, A German Imitation of Fielding: Musäus' "Grandison der Zweite". In: Comparative Literature 10 (1958); S.335-343; S.335

35 Bezuggenommen wird auf die erste Fassung: Johann Karl August Musäus, Grandison der Zweite, Oder Geschichte des Herrn von N***. Eisenach 1760

36 Vgl.dazu Manfred Koch, Die abenteuerliche und andenkenswürdige Staats- und Liebesgeschichte des pommerschen Krautjunkers Siegfried von Lindenberg. In: J.G.Müller/Ritter. S.119-135; S.132-133

37 /Johann Gottwerth Müller/, Siegfried von Lindenberg. 4 Tle. Wien 1787; I/S.139

38 Ebd.; I/S.65

39 Ebd.; I/S.105

40 Ebd.; I/S.10

41 Ebd.; I/S.44-45

42 Theodor Gottlieb von Hippel, Kreuz- und Querzüge des Ritters A. bis Z. Zwei Teile. Leipzig: Göschen 1860; I/S.124

43 Ebd.; I/S.111-112

44 Ebd.; I/S.113

45 Ebd.; I/S.187

46 Ebd.; I/S.188

47 Ebd.; II/S.327

48 Ebd.; II/S.7

49 § 92. Ebd.; II/S.24-25

50 Werner M.Bauer, Fiktion und Polemik. Studien zum Roman der österreichischen Aufklärung. Phil. Habil. Innsbruck 1976; S.411

51 Vgl. /Johann Pezzl/, Ulrich von Unkenbach und seine Steckenpferde. 2 Teile. Wien: J.W. Degen 1800-1802; I/S.42-43

52 Vgl.ebd.; I/S.48

53 Vgl.Bauer, Fiktion und Polemik; S.422-424

54 Vgl.Jörg Schönert, Roman und Satire im 18.Jahrhundert. Ein Beitrag zur Poetik. Stuttgart: Metzler 1969; S.131-145

55 Vgl. Christoph Martin Wieland, Die Abenteuer des Don Sylvio von Rosalva. Hg.v.Heinrich Vormweg. Köln u.Berlin: Kiepenheuer & Witsch 1963; S.291

56 Ebd.; S.254

57 Ebd.; S.152

58 Vgl.Neumann, Cervantes in Deutschland; S.159

59 Vgl.Wieland an Johann Georg Zimmermann (18.Oktober 1758). In: Christoph Martin Wieland, Briefwechsel. Hg.v.Hans Werner Seiffert. Berlin: Akademieverlag 1963 ff. Band 1: Briefe der Bildungsjahre (1.Juni 1750 - 2.Juni 1760). S.371-375; S.373

60 Wieland an Johann Georg Zimmermann. In: Wieland, Briefwechsel I. S.389-392; S.390

61 Wolfgang Preisendanz, Die Auseinandersetzung mit dem Nachahmungsprinzip in Deutschland und die besondere Rolle der Romane Wielands (Don Sylvio, Agathon). In: Nachahmung und Illusion. Kolloquium Gießen Juni 1963. Vorlagen und Verhandlungen. Hg.v.Hans Robert Jauss. München: Eidos 1964. S.72-95; S.79

62 Wieland, Don Sylvio; S.19

63 Ebd.; S.65

64 Ebd.; S.18

65 Ebd.; S.57

66 Ebd.; S.19

67 Ebd.; S.19

68 Ebd.; S.213

69 Ebd.; S.35

70 Ebd.; S.17

71 Ebd.; S.17

72 Ebd.; S.24

73 Vgl.ebd.; S.76-77

74 Ebd.; S.23

75 Ebd.; S.23

76 Ebd.; S.25

77 Ebd.; S.23

78 Vgl.ebd.; S.18

79 Ebd.; S.18-19

80 Ebd.; S.167-168

81 Ebd.; S.23

82 Ebd.; S.25

83 Ebd.; S.66

84 Ebd.; S.213

85 Vgl.ebd.; S.22

86 Ebd.; S.21

87 Ebd.; S.59

88 Vgl.Kurth, Zweite Wirklichkeit; S.149-153

89 Wieland, Don Sylvio; S.59

90 Vgl.ebd.; S.148

91 Ebd.; S.264

92 Ebd.; S.97

93 Vgl.ebd.; S.73

94 Vgl.ebd.; S.81-85

95 Ebd.; S.248

96 Vgl.ebd.; S.258

97 Ebd.; S.142

98 Ebd.; S.98

99 Ebd.; S.52

100 Ebd.; S.40

101 Vgl.ebd.; S.56-57

102 Vgl.ebd.; S.155

103 Vgl.ebd.; S.155

104 Vgl.ebd.; S.270-271

105 Vgl.ebd.; S.321

106 Vgl.ebd.; S.347

107 Ebd.; S.351

108 Ebd.; S.401

109 Vgl.ebd.; S.405

110 Ebd.; S.405

111 Vgl. Wolfgang Kayser, Entstehung und Krise des modernen Romans. Stuttgart: Metzler 1955 (=Sonderdruck aus DVjs 28 (1954)); S.14

112 Wieland, Don Sylvio; S.59-60

113 Ebd.; S.200

114 Vgl.ebd.; S.223-227

115 Ebd.; S.225

116 Ebd.; S.225

117 Vgl.ebd.; S.226-227

118 Ebd.; S.79

119 Ebd.; S.94

120 Ebd.; S.46

121 Ebd.; S.22

122 Ebd.; S.283

123 Vgl.ebd.; S.28-31

124 Kayser, Moderner Roman; S.14-15

125 Alfred Martens, Untersuchungen über Wielands Don Sylvio mit Berücksichtigung der übrigen Dichtungen der Biberacher Zeit. Phil.Diss.Halle/S. 1901; S.80

126 Vgl.Ralph-Rainer Wuthenow, Im Buch die Bücher oder Der Held als Leser. Frankfurt/M.: Europ.Verlagsanstalt 1980; S.30-31

127 Vgl. Kurth, Zweite Wirklichkeit; S.155-156

128 Georg Wilhelm Friedrich Hegel, Werke. 20 Bde. Hg.v.Eva Moldenauer und Karl Markus Michel. Frankfurt/M.: Suhrkamp 1970. Band 15: Vorlesungen über die Ästhetik III; S.393

129 Georg Lukács, Die Theorie des Romans. Ein geschichtsphilosophischer Versuch über die Formen der großen Epik. Neuwied/Rhein u.Berlin-Spandau: Luchterhand ²1963; S.97

130 Ebd.; S.98

131 Ebd.; S.104

132 Vgl.Wolfgang Iser, Der Akt des Lesens. Theorie ästhetischer Wirkung. München: W.Fink 1976; S.247-248

133 Vladimir Nabokov, Die Kunst des Lesens. Cervantes' "Don Quijote". Hg.v.Fredson Bowers. Mit einem Vorwort von Guy Davenport. Frankfurt/M.: S.Fischer 1985; S.80

134 Kayser, Moderner Roman; S.15

135 Neugebauer, Don Quichotte; S.45

2/II: JOHANN WOLFGANG GOETHE, "DIE LEIDEN DES JUNGEN WERTHER"

1 Zitiert werden "Die Leiden des jungen Werther" nach: Johann Wolfgang Goethe, Werke. Hg. v.Erich Trunz. 14 Bde. München: dtv 1982. Band 6: Romane und Novellen I; S.7 - 124. Beim Zitieren des "Werther" wird in diesem Abschnitt die Sigle "LW" verwendet.

2 Vgl. Wolff Fleischer, Enttäuschung und Erinnerung. Untersuchungen zur Entstehung des modernen deutschen Romans im letzten Drittel des 18.Jahrhunderts. Frankfurt/M. /Bern/New York: Lang 1983 (= Marburger Germanistische Studien 1); S.111

3 /Johann Melchior Goeze/, Kurze aber nothwendige Erinnerungen über die Leiden des jungen Werthers, über eine Recension derselben, und über verschiedene nachher erfolgte dazu gehörige Aufsätze. Hamburg: C.G.Schröders Wittwe 1775; S.3/4

4 So beispielsweise in: /Ernst August Anton von Göchhausen/, Das Werther-Fieber, ein unvollendetes Familienstück. Nieder-Teutschland 1776; S.26-27

5 Klaus R.Scherpe, Werther und Wertherwirkung. Zum Syndrom bürgerlicher Gesellschaftsordnung im 18.Jahrhundert. Bad Homburg/Berlin/Zürich: Gehlen 1970; S.80

6 Stefan Blessin, Die Romane Goethes. Königstein:Athenäum 1979; S.269

7 Vgl. Goethe, Werke. Band 9: Autobiographische Schriften I; S.556-598

8 Vgl.LW; S.124

9 /Goeze/, Erinnerungen; S.5

10 Anselm Haverkamp, Illusion und Empathie. Die Struktur der 'teilnehmenden Lektüre' in den "Leiden Werthers". In: Erzählforschung. Ein Symposion. Hg.v.Eberhard Lämmert. Stuttgart: Metzler 1982 (= Germanistische Symposien. Berichtsbände 4). S. 243-268 ; S.252

11 Ebd.; S.253

12 Die gesamte Interpretation der Vorrede findet sich bei: Erdmann Waniek, "Werther" lesen und Werther als Leser. In: Goethe Yearbook. Publications of the Goethe Society of North America. Hg.v.Thomas P.Saine. Vol.I. Columbia: Camden House 1982. S.51-92; S.51-57

13 LW; S.7

14 Ebd.; S.7

15 Georg Jäger, Die Wertherwirkung. Ein rezeptionsästhetischer Modellfall. In: Historizität in Sprach- und Literaturwissenschaft. Vorträge und Berichte der Stuttgarter Germanistentagung 1972. Hg.v.Walter Müller-Seidel. München: Fink 1974. S.389-409; S.407

16 Waniek, "Werther" lesen; S.53

17 Zur Bedeutung für die deutsche Rezeptionsgeschichte vgl. Peter Müller, Der junge Goethe im zeitgenössischen Urteil. Berlin: Akademie-Verlag 1969 (= Deutsche Bibliothek 2); S.37-40

18 Zum folgenden Abschnitt vgl. den Aufsatz von Jäger, Wertherwirkung

19 /Christian Friedrich Timme/, Der Empfindsame Maurus Pankratius Ziprianus Kurt, auch Selmar genannt. Ein Mode-Roman. 4 Teile. Erfurt: G.A.Keyser 1781-82; I/S.184

20 Jäger, Wertherwirkung; S.406

21 Georg Christoph Lichtenberg an Johann Christian Dieterich (London; 1.Mai 1775). In: Georg Christoph Lichtenberg, Schriften und Briefe. Hg.v.Wolfgang Promies. 4 Bde. München: Hanser 1968 ff. Bd.4; S.239-240

22 Vgl.LW; S.7

23 Friedrich Nicolai, Freuden des jungen Werthers. Leiden und Freuden Werthers des Mannes. Voran und zuletzt ein Gespräch. Berlin: Nicolai 1775; S.49

24 Johann Melchior Goeze, Freiwillige Beiträge zu den Hamburgischen Nachrichten aus dem Reiche der Gelehrsamkeit. 4. April 1775. Zit. nach: Zeitgenössische Rezensionen und Urteile über Goethes "Götz" und "Werther". Hg.v.Hermann Blumenthal. Berlin: Junker und Dünnhaupt 1935 (= Literarhistorische Bibliothek 14). S.41-48; S.43

25 Benjamin Rush, Thoughts upon Female Education, Accommodated to the Present State of Society, Manners and Government, in the United States of America. In: Essays, Literary,Moral and Philosophical. Philadelphia ^{2}1806. S.75-92; S.82. Zitiert nach: Stuart Pratt Atkins, The Testament of Werther in Poetry and Drama. Cambridge/Mass.: Harvard University Press 1949 (= Harvard Studies in Comparative Literature 19); S.34

26 Nicolai, Freuden; S.55

27 Vgl.zu diesem Abschnitt Scherpe, Werther und Wertherwirkung; S.50-51

28 F 232. In: Lichtenberg, Schriften/Promies. Bd.1; S.495

29 Vgl. Johann Wilhelm Appell, Werther und seine Zeit. Zur Goethe-Literatur. Oldenburg: Schulzesche Hof-Buchhandlung und Hof-Buchdruckerei ^{3}1882; S.111 - 113

30 Karl Philipp Moritz, Ein neuer Werther. Auszug aus einem Briefe. In: K.Ph.M., ΓΝΩΘΙ ΣΑΥΤΟΝ oder Magazin zu Erfahrungsseelenkunde als ein Lesebuch für Gelehrte und Ungelehrte. 10 Bde. Berlin: A.Mylius 1783-1792. Bd.3 (1785), 2.Stück; S.115-120; S.119

31 August Gottlieb Meißner, Nachschrift zum 'Lezten Aufsaz eines Selbstmörders' (/Zeitschrift/ "Für Aeltere Litteratur und Neuere Lectüre" (Zweiter Jahrgang. 4.Quartal 2.Heft. Leipzig 1784)). Zit.nach: Fritz Adolf Hünich, Aus der Werther-Zeit. In: Jahrbuch der Sammlung Kippenberg 4 (1924). S.249-281; S.267-268

32 Johann Heinrich Merck, Pätus und Arria. Eine Künstlerromanze /1775/. In: Die deutschen Werther-Gedichte. Hg.v.Fritz Adolf Hünich. In: Jahrbuch der Sammlung Kippenberg 1 (1921). S.181-254. S.192-197; S.193

33 /Goeze/, Erinnerungen; S.6

34 Einfall, unter drei erbärmliche Gedichte auf Werthern geschrieben /verf.1776/. Zit.nach: Werther-Gedichte/Hünich; S.212

35 Auf Werthers Leiden, und Werthers Leiden und Freuden, zwei sehr beliebte Modeschriften /anonym 1777/. Zit.nach: Werther-Gedichte/Hünich; S.215

36 Christian Friedrich Daniel Schubart, Deutsche Chronik. 5.12.1774. Zit.nach: Müller, Junger Goethe, S.205-206; S.205

37 Nicolai, Freuden; S.5

38 Wehrter /1779/. Zit.nach: Werther-Gedichte/Hünich; S. 218-220; S.219

39 Vgl.Salomon Gessner an Friedrich Nicolai (2.Februar 1775). In: Müller, Junger Goethe; S.156-157

40 Vgl.Friedrich Heinrich Jacobi an Johann Wolfgang Goethe (21.Oktober 1774). In: Rezensionen/ Blumenthal; S.1o3-1o4

41 Vgl.Gottlob David Hartmann an Johann Caspar Lavater. In: Hünich, Werther-Zeit; S.265

42 Vgl. Henry Crabb Robinson, Bericht über ein Gespräch mit Goethe. 2.August 1829 . (Robinson, Diary. Ed.by Th.Sadler. Vol.2. London 1869. S.432). Zitiert im Kommentar zu LW; S.641

43 Vgl. die Erinnerungen des Kanzlers Friedrich von Müller. Zitiert im Kommentar zu LW; S.537-538

44 Vgl. Jäger, Wertherwirkung; S.404

45 Vgl.Anmerkung 49

46 Timme, Maurus Pankratius Ziprianus Kurt; I/S.181

47 Ebd.; I/S.185/186

48 Vgl. /Göchhausen/, Werther-Fieber; S.11

49 Ebd.; s.102

50 Nicolai, Freuden; S.35

51 Ebd.; S.43

52 August Siegfried von Goué, Masuren oder der junge Werther. Ein Trauerspiel aus dem Illyrischen. Frankfurt u.Leipzig 1775. Goué gab zwar vor, den Originaltext auf einer Reise durch Böhmen gefunden zu haben, baute in seine 'Übersetzung' aber einige Partien aus Goethes "Werther" ein - mit der Begründung, daß sich die beiden Geschichten ohnehin sehr glichen. Das war Grund genug, das Buch nach seinem Erscheinen in Österreich zusammen mit anderen Wertheriaden zu verbieten.

53 Vgl.ebd.; S.24/25

54 Man denkt verschieden bey Werthers Leiden. Ein Schauspiel in drey Aufzügen. o.O. 1779; S.92

55 Vgl. Karl Ludwig Gieseke, Der travestierte Hamlet. Eine Burleske in deutschen Knittelversen mit Arien und Chören. Wien: Binzische Buchhandlung 1798; S.26

56 In ein Exemplar von Werthers Leiden /Almanach der deutschen Musen aus das Jahr 1776/. Zit. nach: Werther-Gedichte/Hünich. S.192-197; S.193

57 Dondinos Verlangen nach den Leiden des jungen Werthers /1790/. Zit.nach: Werther-Gedichte/ Hünich. S.236-237; S.237

58 Zit.nach Müller, Junger Goethe; S.129

59 Vgl.Hünich, Werther-Zeit; S.251

60 Vgl.Jäger, Wertherwirkung; Angaben in Fußnote 14 (S.395)

61 Alfred Nollau, Das literarische Publikum des jungen Goethe von 1770 bis zur Übersiedlung nach Weimar. Weimar: Böhlau 1935 (= Literatur und Leben 5); S.48/49

62 Klaus Hübner, Alltag im literarischen Werk. Eine literatur-soziologische Studie zu Goethes Werther. Heidelberg:Groos 1982; S.96

63 Heinz Schlaffer, Exotik und Esoterik in Goethes Romanen. In: Goethe-Jahrbuch 95 (1978). S.212-227; S.216

64 13.Mai. LW; S.10

65 Ähnlich stark wird das Moment der Selbsttäuschung unterstrichen bei: Bruce Duncan, "Emilia Galotti lag auf dem Pult aufgeschlagen": Werther as (Mis-)Reader. In: Goethe Yearbook. Publications of the Goethe Society of North America. Hg.v.Thomas P.Saine. Vol.I. Columbia: Camden House 1982; S.42-50

66 Vgl.dazu den Kommentar zu LW; S.591-593

67 Waniek, "Werther" lesen; S.60

68 15.August. LW; S.51

69 16.Junius. LW; S.23

70 Ebd.; S.23

71 Ebd.; S.27

72 Vgl.Richard Alewyn, "Klopstock!". In: Euphorion 73 (1979); S.357-358

73 Johann Heinrich Voß an Ernestine Boie (22.Oktober 1774). Zit.nach Müller, Junger Goethe; S.214

74 29.Junius. LW; S.75

75 Vgl. bereits den Brief vom 13.Mai. LW; S.10

76 Vgl.Ralph-Rainer Wuthenow, Im Buch die Bücher oder Der Held als Leser. Frankfurt/M.: Europäische Verlagsanstalt 1980; S.67

77 Wolfgang Kayser, Die Entstehung von Goethes "Werther". In: DVJS 19 (1941). S.430-457; S.455

78 Georg Christoph Lichtenberg, Vorschlag zu einem Orbis pictus für deutsche dramatische Schriftsteller, Romanen-Dichter und Schauspieler. Nebst einigen Beiträgen dazu. In: G.C.L., Schriften/Promies. Bd.3.S.377-394; S.384. Vgl. auch F 500 (Bd.1; S.528-529) und F 734 (Bd.1; S.562-563).

79 Vgl.dazu Thomas Koebner, Lektüre in freier Landschaft. Zur Theorie des Leseverhaltens im 18. Jahrhundert. In: Leser und Lesen im 18.Jahrhundert. Colloquium der Arbeitsstelle Achtzehntes Jahrhundert. Gesamthochschule Wuppertal, Schloß Lüntenbeck, 24.-26.Oktober 1975. Heidelberg: Winter 1977 (= Beiträge zur Geschichte der Literatur und Kunst des achtzehnten Jahrhunderts Bd.1); S.40-57

80 Vgl.etwa Darstellungen von Balthasar Anton Duncker oder Heinrich Beck, abgebildet in: Die Leiden des jungen Werthers. Goethes Roman im Spiegel seiner Zeit. Eine Ausstellung des Goethe-Museums Düsseldorf. Anton-und-Katharina-Kippenberg-Stiftung in Verbindung mit der Stadt Wetzlar. Hg.v.Jörn Görres. Düsseldorf: Goethe-Museum 1972; S.198/199

81 Vgl. 28.August. LW; S.54

82 Vgl. 26.Mai. LW; S.14

83 Schlaffer, Exotik und Esoterik; S.215

84 Vgl. 9.Mai. LW; S.73

85 Vgl. 21.Junius. LW; S.29

86 22.Mai. LW; S.13

87 15.März. LW; S.69

88 Scherpe, Werther und Wertherwirkung; S.58

89 12.Oktober. LW; S.82

90 Christian Friedrich von Blankenburg, Neue Bibliothek der schönen Wissenschaften und der freien Künste. Bd.18, 1.Stück. Leipzig 1775; S.46-95. Zit.nach Rezensionen/Blumenthal. S.75-99; S.89

91 13.Mai. LW; S.10

92 Peter Müller, Zeitkritik und Utopie in Goethes "Werther". Berlin: Rütten & Loening 1969; S.174

93 Vgl.LW; S.107-115

94 Ebd.; S.114

95 Vgl.dazu John Hennig, Goethes Translations of Ossian's "Songs of Selma". In: The Journal of English and Germanic Philology 45 (1946); S.77-87

96 LW; S.124

97 Ebd.; S.105

98 Zit.nach: Goethe und Werther. Briefe Goethe's, meistens aus seiner Jugendzeit, mit erläuternden Documenten. Hg.v. August Kestner. Stuttgart u. Tübingen: Cotta 1854; S.98/99

99 Eine Übersicht über die verschiedensten Interpretationsansätze findet sich bei Leonard Forster, Werther's Reading of "Emilia Galotti". In: Publications of the English Goethe Society NS 27 (1957/58). S.33-45; S.33/34

100 Gottfried Fittbogen, Die Charaktere in den beiden Fassungen von Werthers Leiden. In: Euphorion 17 (1910). S.556-582; S.557

101 Zit.nach:Goethe und Werther/Kestner; S.87/88

102 Vgl.Brief von Karl Friedrich Zelter an Johann Wolfgang Goethe (14.November 1812). In: Briefwechsel zwischen Goethe und Zelter in den Jahren 1796 bis 1832. 6 Teile. Hg.v.Friedrich Wilhelm Riemer. Berlin: Duncker und Humblot 1833/1834. 2.Teil; S.33-39.

103 Aus Ernst Friedrich Peguilhens Niederschrift (1812/1813). Zit.nach: Heinrich von Kleists Nachruhm. Eine Wirkungsgeschichte in Dokumenten. Hg.v. Helmut Sembdner. Bremen: Schünemann 1967; S.39-44

104 Vgl. Julius Petersen, Goethe und Lessing. Ansprache zur Eröffnungsfeier des Braunschweiger Goethe-Lessing-Jahres am 20.Januar 1929. In: Euphorion 29 (1930). S.175 - 188; S.178/179

105 Vgl. dazu Ernst Feise, Lessings "Emilia Galotti" und Goethes "Werther". In: Modern Philology 15 (1917), S.321-338

106 Vgl.Anmerkung 99

107 Vgl.Robert T.Ittner, Werther and "Emilia Galotti". In: The Journal of English and Germanic Philology 41 (1942); S.418-426

108 Feise, "Emilia Galotti" and "Werther"; S.333

109 Ilse Appelbaum Graham, Minds without Medium. Reflections on "Emilia Galotti" and "Werthers Leiden". In: Euphorion 56 (1962). S.3-24; S.23

110 10.Mai. LW; S.9

111 Gotthold Ephraim Lessing, Emilia Galotti (1.Akt/4.Szene). In: G.E.L., Werke. 8 Bde. Hg.v.Herbert G.Göpfert. München: Hanser 1970 ff. Band 2: Trauerspiele - Nathan - Dramatische Fragmente (1971). S.127-204; S.134

112 30.Mai. LW; S.18

113 Vgl. Scherpe, Werther und Wertherwirkung; S.70

2/III: FRIEDRICH MAXIMILIAN KLINGER

1 Vgl.Christoph Hering, Friedrich Maximilian Klinger. Der Weltmann als Dichter. Berlin: De Gruyter 1966; S.3

2 Aus diesem Grunde sind die Klinger-Zitate auch verschiedenen Editionen entnommen. Als Basis für den "Faust"-Roman und die "Betrachtungen und Gedanken" gilt: Friedrich Maximilian Klinger, Werke in zwei Bänden. Ausgewählt und eingeleitet von Hans Jürgen Geerdts. Berlin und Weimar: Aufbau-Verlag 1964 (Beim Zitieren aus dieser Ausgabe wird im Abschnitt über Klinger die Bezeichnung "Klinger/Geerdts" verwendet). Als Referenzausgabe für die Dramen gilt: Friedrich Maximilian Klinger, Dramatische Jugendwerke. 3 Bde. Hg.v.Hans Berendt und Kurt Wolff. Leipzig: E.Rowohlt 1912 ff. (In diesem Abschnitt unter der Sigle "DJW" zitiert.) Für Texte, die in keiner der beiden Ausgaben aufscheinen, wird als Grundlage herangezogen: Friedrich Maximilian Klinger, Werke. 12 Bde. Leipzig:G.Fleischer 1832. Für die daraus entnommenen Belege gilt in diesem Abschnitt die Sigle "WA".

3 Klinger an Ernst Schleiermacher (29. August 1789). In: Friedrich Maximilian Klinger, Briefbuch. Hg. v. Max Rieger. Darmstadt: A.Bergsträsser 1896 (=M.Rieger, Friedrich Maximilian Klinger. Sein Leben und Werke. Zugabe zum zweiten Teil). Nr.9 (S.8-10); S.9

4 Klinger an Ernst Schleiermacher (7.Januar 179o). In: Klinger, Briefbuch. Nr.10 (S.10-12); S.11

5 Vgl.Klinger an Georg Heinrich Ludwig Nicolovius (26.Mai 1799). In: Klinger, Briefbuch. Nr.41 (S.49)

6 Vgl.Klinger an Ernst Schleiermacher (10.April 1790). In: Klinger, Briefbuch. Nr.11 (S.13-15); S.14

7 Vgl.Klinger an Ernst Schleiermacher (20.Dezember 1795). In: Klinger, Briefbuch. Nr.24 (S.29-30); S.30

8 Vgl.Klinger an Ernst Schleiermacher (25.September 1776). In: Max Rieger, Friedrich Maximilian Klinger. Sein Leben und Werke. 2 Tle. Darmstadt: A.Bergsträsser 1880 u. 1896. Bd.1: Klinger in der Sturm- und Drangperiode. Nr.25 (S.400-401); S.401

9 Vgl.Klinger an Ernst Schleiermacher (ohne Datum aus Dresden). In: Rieger, Klinger I. Nr.29 (S.403-405); S.404

10 Klinger an Ernst Schleiermacher (10.April 1790). In: Klinger, Briefbuch. Nr.11 (S.13-15); S.14

11 Vgl.Hans Jürgen Geerdts, Einleitung zu Klinger/Geerdts. I/S.5-34; S.9, S.31

12 Klinger an Ernst Schleiermacher (10.April 1790). In: Klinger, Briefbuch. Nr.11 (S.13-15); S.14

13 Vgl.Klinger an Christoph Kayser (25.Mai 1782). In: Klinger, Briefbuch. Nr.3 (S.3-4); S.4

14 Johann Wolfgang Goethe, Werke. Hg.v.Erich Trunz. 14 Bde. München: dtv 1982. Band 10: Autobiographische Schriften II/ Aus meinem Leben. Dichtung und Wahrheit. Buch 14-20 u.a./; S.13

[15] Vgl. Friedrich Maximilian Klinger, Betrachtungen und Gedanken. In: Klinger/Geerdts I/S.257-288. Nr.352; S.271

[16] Vgl.ebd. Nr.926; S.288

[17] Goethe, Dichtung und Wahrheit; Bd.10/S.12

[18] Vgl.Ludwig Jacobowski, Klinger und Shakespeare. Ein Beitrag zur Shakespearomanie der Sturm- und Drangperiode. Dresden und Leipzig: E.Pierson 1891; S.7-9

[19] Vgl.Christian Friedrich Daniel Schubart an seinen Bruder Conrad Schubart (17.November 1775). In: Chr.F.D.Schubart, Briefe. Hg.v.Ursula Wertheim u. Hans Böhm. München: C.H. Beck 1984. Nr.88 (S.151-153); S.152

[20] Vgl. Chr.F.D.Schubart an Conrad und Katharina Schubart (13.Juli 1775). In: Schubart, Briefe. Nr.86 (S.148-149)

[21] Vgl.Hering, Klinger; S.43

[22] Vgl.ebd.; S.93

[23] Vgl.ebd.; S.98

[24] Friedrich Maximilian Klinger, Das leidende Weib (I/iv) . In: DJW I/S.141-227; S.162

[25] Vgl.Jacobowski, Klinger und Shakespeare; S.34-35

[26] William Shakespeare, The Tragedy of Hamlet, Prince of Denmark. Hg.v.Edward Hubler. New York: Signet 1963; S.123

[27] Friedrich Maximilian Klinger, Die Zwillinge (III/ii). In: DJW I/S.229-321; S.299

[28] Klinger, Betrachtungen und Gedanken. Nr.861; Klinger/Geerdts S.286

[29] Ebd. Nr.19. S.259-260; S.259

[30] Ebd. Nr.692. S.277-278; S.277

[31] Vgl. Klinger/Geerdts: Einleitung des Herausgebers (S.31) sowie Anmerkungen (S.300).

[32] Ebd. Nr.738. S.280-281; S.281

[33] Vgl.Friedrich Maximilian Klinger, Der Derwisch (II/ii). In: DJW III/S.211-326; S.247

[34] Vgl.Friedrich Maximilian Klinger, Prinz Seiden-Wurm der Reformator oder die Kron-Kompetenten. Ein moralisches Drama aus dem fünften Theil des Orpheus (I/i). In: DJW III/ S.133-209; S.144-145

[35] Friedrich Maximilian Klinger, Sturm und Drang (II/i). In: DJW II/S.261-355; S.285. Vgl. auch Erwähnungen in (I/i), S.267, sowie in (III/i), S.304.

[36] Friedrich Maximilian Klinger, Der Schwur gegen die Ehe (IV/iii). In: WA I/S.365-491; S.444

37 Vgl.ebd. (III/i); S.411-412

38 Vgl.Friedrich Maximilian Klinger, Die neue Arria (I/ii). In: DJW II/S.7-124; S.23-25

39 Vgl.Hering, Klinger; S.80-81

40 Vgl.Friedrich Maximilian Klinger, Simsone Grisaldo (III/iii). In: DJW II/S.125-259; S.213

41 Vgl.Friedrich Maximilian Klinger, Otto (I/v). In: DJW I/S.1-140; S.21

42 Vgl.ebd. (II/vii); S.51

43 Vgl.Klinger, Zwillinge (I/i); S.234

44 Ebd. (I/i); S.237

45 Ebd. (I/v); S.258

46 Vgl. Friedrich Schiller, Die Räuber (Schauspiel 1782) (I/ii). In: Schillers Werke. Nationalausgabe. 43 Bde. Hg.v.Julius Petersen u.a. Weimar: H.Böhlaus Nachf. 1943 ff. Bd.3: Die Räuber. Hg.v. Herbert Stubenbach. 1953. S.1-135; S.20

47 Klaus R.Scherpe, Die Räuber. In: Schillers Dramen. Neue Interpretationen. Hg.v.Walter Hinderer. Stuttgart: Ph.Reclam jr. 1979; S.9-36; S.9

48 "Stelle mich vor ein Heer Kerls wie ich, und aus Deutschland soll eine Republik werden, gegen die Rom und Sparta Nonnenklöster seyn sollen." (I/ii); III/S.21

49 Fritz Martini, Die Feindlichen Brüder. Zum Problem des gesellschaftskritischen Dramas von J.A.Leisewitz, F.M.Klinger und F.Schiller. In: Jahrbuch der deutschen Schillergesellschaft 16(1972). S.208-266; S.222

50 Johann Anton Leisewitz, Julius von Tarent (I/iii). In: J.A.L., Julius von Tarent und die dramatischen Fragmente. Stuttgart: Göschen 1889 (= Deutsche Literaturdenkmale des 18. und 19.Jahrhunderts 32 /= Reprint Darmstadt: Wissenschaftliche Buchgesellschaft 1969/). S.5-127; S.17

51 Vgl.ebd. (II/v); S.52

52 Vgl.ebd. (I/vi); S.28

53 Martini, Feindliche Brüder; S.231

54 Vgl.Hering, Klinger; S.54

55 Rieger, Klinger I; S.50

56 Klinger, Leidendes Weib (I/i); S.150

57 Vgl.ebd. (I/i); S.152-153

58 Ebd. (I/i); S.151

59 Hering, Klinger; S.57

60 Klinger, Leidendes Weib (II/iii); S.186

61 Vgl.ebd. (V/iii); S.208

62 Vgl.ebd. (II/i); S.177

63 Ebd. (III/ii); S.197

64 Vgl.ebd. (III/iii), S.199-200; (III/iv), S.200 ; (III/v), S.200-202

65 Vgl.ebd. (III/i); S.190-195

66 Vgl.ebd. (III/i); S.194

67 Friedrich Maximilian Klinger, Die falschen Spieler. In: WA I/S.91-192. Zur früheren Fassung vgl. F.M.Klinger's Theater. 4.Bde. Riga:J.F.Hartknoch 1786 f.;I/S.233-350

68 Vgl.Gottlieb Fritz, Der Spieler im deutschen Drama des achtzehnten Jahrhunderts. Phil. Diss. Berlin: B.Paul 1896; S.29

69 Vgl. dazu die Polemik in Hering, Klinger, S.168; u.a. gegen Rieger und Newald - "ein trübes Kapitel der Einflußspezialisten".

70 Klinger, Spieler (IV/iii); S.157

71 Ebd. (I/i); S.93

72 Vgl.ebd. (I/i); S.94

73 Vgl.ebd. (I/i); S.95

74 Ebd. (I/ii); S.101

75 Vgl.ebd. (IV/v); S.160

76 Vgl.ebd. (V/iv); S.181

77 Ebd. (III/iv); S.135. Angespielt wird auf den Beginn des 3.Aktes in Goethes "Stella". Vgl. Goethe, Werke. Band 4: Dramatische Dichtungen II; S.324. Aus Juliette spricht ganz die Einstellung Klingers zu Goethes Drama: "Ja Stella! Stella! das ist freylich ein Stük wobey das Herz einem helle schlägt." (F.M.Klinger an Agnes Klinger (17.Februar 1776). In: Rieger, Klinger I. Nr.9 (S.381-382); S.381

78 Klinger, Spieler (III/iv); S.136

79 Ebd. (IV/viii); S.167-168

80 Ebd. (V/ii); S.173

81 Hering, Klinger; S.171

82 Ebd.; S.172

83 Klinger, Spieler (V/viii); S.187-188

84 Klinger, Schwur (III/i); S.414

85 Johann Wolfgang Goethe, Urfaust (Nacht). In: J.W.G., Werke. Band 3: Dramatische Dichtungen I. S.365-420; S.368

86 Ebd.(Nacht); S.369

87 Vgl. Friedrich Müller (Maler Müller), Fausts Leben. In: F.M., Dichtungen. 2 Bde. Hg.v. Hermann Hettner. Leipzig: Brockhaus 1868 (= Bibliothek der deutschen Nationalliteratur des 18. und 19.Jahrhunderts 10, 11). I/S.171-242; S.187-188

88 Klinger an Ernst Schleiermacher (24.März 1791). In: Klinger, Briefbuch. Nr.15 (S.18-20); S.19

89 Ebd.; S.18

90 Vgl. Fritz Osterwalder, Die Überwindung des Sturm und Drang im Werk Friedrich Maximilian Klingers. Die Entwicklung der republikanischen Dichtung in der Zeit der Französischen Revolution. Berlin: E.Schmidt 1979 (=Philologische Studien und Quellen 96); S.80

91 Vgl. Friedrich Maximilian Klinger, Fausts Leben, Taten und Höllenfahrt. In fünf Büchern. In: Klinger Geerdts II/S.11-212; S.83-84

92 Ebd.; S.190-191

93 Hering, Klinger; S.277

94 In der "Geschichte Giafars des Barmeciden" (1792-1794) - einem Werk, das gewisse Ideen des "Faust" weiterentwickelt - verwahrt sich Klinger allerdings "vor der stolzen Anmaßung", im "Faust"-Roman "Die Träume von Theodiceen" vermehrt zu haben (WA V/S.III (Vorrede)). Jedoch hat die Forschung seinem philosophischen Gedankengebäude öfters Widersprüchlichkeit bescheinigt (z.B. Herbert Morgan Waidson, F.M.Klingers Stellung zur Geistesgeschichte seiner Zeit. Phil.Diss.Leipzig: M.Dittert 1939; S.5-7)

95 Vgl.Heinz Steinberg, Studien zu Schicksal und Ethos bei F.M.Klinger. Berlin: E.Ebering 1941 (=Germanistische Studien 234); S.116-117

96 Klinger, Faust; S.210

97 Ebd.; S.13

98 Ebd.; S.14

99 Johann Heinrich Zedler, Grosses vollständiges Universal-Lexikon.64 Bde.+ 4 Suppl.-Bde. Leipzig: J.H.Zedler 1732 ff. (Reprint Graz: Akad.Druck- und Verlagsanstalt 1961 ff.). Bd.11 (Gm-Gz) o.J. (Reprint 1982). Sp.1481-1482; Sp.1482

100 Vgl.Olga Smoljan, Friedrich Maximilian Klinger. Leben und Werk. Weimar: Arion 1962 (= Beiträge zur deutschen Klassik 12); S.148-149

101 Klinger, Faust; S. 55 - 56

102 Ebd.; S.26

103 Ebd.; S.14

104 Ebd.; S.26

105 Zit.nach Will und Ariel Durant, Kulturgeschichte der Menschheit. 18 Bde. Frankfurt/M., Wien u.Berlin: Ullstein 1981 ff. Band 8: Glanz und Zerfall der italienischen Renaissance (1981); S.83

106 Klinger, Faust; S.28

107 Ebd.; S.28

108 Vgl.ebd.; S.13, S.14

109 Ebd.; S.26

110 Vgl.Smoljan, Klinger; S.166-167

111 WA; Band 9: Der Weltmann und der Dichter; S.109

112 Klinger an Ernst Schleiermacher (22.Juni 1792). In: Klinger, Briefbuch. Nr.17 (S.22-23); S.22

113 Vgl. Rieger, Klinger I; S.66-70

114 Klinger an Deinet, den Herausgeber der Frankfurter Gelehrten Anzeigen (darin abgedruckt am 11.August 1775). In: Rieger, Klinger I. Nr.6 (S.377-379); S.377

115 Ebd.; S.378-379

116 Klinger, Faust; S.50

117 Ebd.; S.105

118 Johann Carl Wezel, Belphegor oder Die wahrscheinlichste Geschichte unter der Sonne. Hg. u.mit einem Nachwort versehen von Hubert Gersch. Frankfurt/M.: Insel 1984

2/IV: JAKOB MICHAEL REINHOLD LENZ

1 So urteilte der Komponist Johann Friedrich Reichardt: "Eine sehr vermischte Lektüre und eigene poetische Ausarbeitungen beschäftigten ihn ganz, so oft er in seiner kleinen Kammer allein sein konnte." Berlinisches Archiv der Zeit und ihres Geschmacks I (1796); S.113. Zit. nach Ottomar Rudolf, Jacob Michael Reinhold Lenz. Moralist und Aufklärer. Bad Homburg/Berlin/Zürich: Gehlen 1970; S.53

2 Vgl.u.a. Curt Hohoff, Jakob Michael Reinhold Lenz in Selbstzeugnissen und Bilddokumenten. Reinbek b.Hamburg: Rowohlt 1977; S.17-18

3 Lenz an Salzmann (Fort Louis; 31.August 1772). In: Briefe von und an J.M.R.Lenz. Gesammelt und herausgegeben von Karl Freye und Wolfgang Stammler. 2 Bde. Leipzig: Kurt Wolff 1918. Bd.I/S.31-33; S.31

4 Jakob Michael Reinhold Lenz, Über die deutsche Dichtkunst. In: J.M.R.Lenz, Gesammelte Schriften. Hg.v.Franz Blei. 5 Bde. München u.Leipzig: Georg Müller 1909-1913. Bd.I/S.148-150. Alle Zitate, die der Blei-Ausgabe entnommen sind, werden im folgenden Abschnitt mit der Sigle "GS" und der Angabe der jeweiligen Bandnummer angeführt.

5 Ebd.; S.148

6 Jakob Michael Reinhold Lenz, Programmentwurf einer Zeitschrift. In: GS IV/S.264-266; S.265

7 Jakob Michael Reinhold Lenz, Abgerissene Beobachtungen über die launigen Dichter. In: GS IV/S.269-270; S.269/270

8 Jakob Michael Reinhold Lenz, Briefe über die Moralität der Leiden des jungen Werthers. Eine verloren geglaubte Schrift der Sturm- und Drangperiode aufgefunden und herausgegeben von L.Schmitz-Kallenberg. Münster: Franz Coppenrath 1918. Dieser Text scheint in der Ausgabe von Blei nicht auf.

9 Ebd.; S.17

10 Ebd.; S.20

11 Jakob Michael Reinhold Lenz, Der Hofmeister oder Vorteile der Privaterziehung. Eine Komödie. In: GS I/S.327-421

12 Vgl.Roy Pascal, Shakespeare in Germany 1740-1815. Cambridge: University Press 1937; S.14

13 Jakob Michael Reinhold Lenz, Shakespeares Geist. In: GS I/S.193-194

14 Jakob Michael Reinhold Lenz, Pandämonium Germanikum. Eine Skizze. In: GS III/S.3-28; S.25

15 Jakob Michael Reinhold Lenz, Anmerkungen übers Theater. In: GS I/S.221-255; S.244

16 Ebd.; S.255

17 Johann Wolfgang Goethe, Werke. Hg.v.Erich Trunz. 14 Bde. München: dtv 1982. Band 9: Autobiographische Schriften I/Aus meinem Leben. Dichtung und Wahrheit. Buch 1-13; S.495

18 Vgl.Pascal, Shakespeare; S.31

19 Vgl.Lenz, Hofmeister; GS I/S.339-341

20 Ebd.; S.339

21 Ebd.; S.339

22 Vgl. Britta Titel, "Nachahmung der Natur" als Prinzip dramatischer Gestaltung bei Jakob Michael Reinhold Lenz. Phil.Diss. Frankfurt/Main 1963; S.124-125

23 Lenz, Hofmeister (I/v); GS I/S.339

24 Ebd.; S.340

25 Ebd. (II/v); S.359-360

26 William Shakespeare, The Tragedy of Romeo and Juliet (V/iii). Hg.v.J.A.Bryant jr. New York: Signet 1963; S.151

27 Vgl.Lenz, Hofmeister; GS I/S.387

28 Vgl.dazu die Zitate zu den Anmerkungen (21) und (23) in diesem Abschnitt

29 Vgl. Jakob Michael Reinhold Lenz, Der Landprediger. Eine Erzählung. In: GS V/S.147-206; S.191-192

30 Vgl. Lenz, Hofmeister (IV/iii); GS I/S.386

31 Vgl.ebd. (V/iii); S.398

32 Jakob Michael Reinhold Lenz, Die Freunde machen den Philosophen. Eine Komödie. In: GS III/S.95-145

33 Vgl.ebd. (III/iii); S.127

34 Vgl.ebd. (II/iv); S.120

35 Ebd. (IV/ii); S.135

36 Ebd. (I/ii); S.102

37 Ebd.; S.97

38 Ebd. (I/ii); S.102

39 Ebd. (I/iv); S.106

40 Ebd. (I/iv); S.106

41 Ebd. (I/iv); S.106

42 Vgl. Jakob Michael Reinhold Lenz, Der neue Menoza oder Geschichte des kumbanischen Prinzen Tandi. Eine Komödie (II/vi). In: GS II/S.249-325; S.277

43 Jakob Michael Reinhold Lenz, Prinz Tandi an den Verfasser des neuen Menoza. In: GS II/S.461-474; S.463

44 Jakob Michael Reinhold Lenz, Die Soldaten. Ein Schauspiel. In: GS III/S.29-93

45 Vgl.Kurt-Ingo Flessau, Familien-, Unterhaltungs- und Reiseromane. In: Deutsche Literatur. Eine Sozialgeschichte. Hg.v.Horst Albert Glaser. Bd.4: Zwischen Absolutismus und Aufklärung: Rationalismus, Empfindsamkeit, Sturm und Drang. 1740-1786. Hg.v.Ralph-Rainer Wuthenow. Reinbek b.Hamburg: Rowohlt 1980. S.204-218; S.210-211

46 Lenz, Soldaten (III/x); S.74

47 Lenz, Werther; S.28

48 Vgl. Paul Michael Lützeler, Jakob Michael Reinhold Lenz: Die Soldaten. In: Interpretationen. Dramen des Sturm und Drang. Stuttgart: Reclam 1987. S.129-159; S.154-156

49 Jakob Michael Reinhold Lenz, Rezension des neuen Menoza, vom Verfasser selbst aufgesetzt. In: GS II/S.327-334; S.334

50 Vgl.Lenz, Soldaten (I/iv); S.39-42

51 Ebd.; S.40

52 Vgl. die Eintragungen zum Stichwort "Komödie" in: Jacob und Wilhelm Grimm, Deutsches Wörterbuch. 33 Bde. Reprint München: dtv 1984. Bd.11; Sp.1683-1684

53 Lenz, Die Soldaten (I/iv); S.39-40

54 Ebd.; S.41

55 Ebd. (I/v); S.43

56 Ebd.; S.44

57 Ebd.; S.43

58 Jakob Michael Reinhold Lenz, Piramus und Tisbe. In: GS I/S.69-73; S.69

59 Jakob Michael Reinhold Lenz, Henriette von Waldeck oder Die Laube. Eine Szene. I. In: GS III/S.209-234; S.212

60 Jakob Michael Reinhold Lenz, Von Shakespeares Hamlet. In: GS IV/S.214-222; S.222

61 Jakob Michael Reinhold Lenz, Ueber Delikatesse der Empfindung oder Reise des berühmten Franz Gulliver /.../. In: GS V/S.241-298; S.260

62 Lenz, Werther; S.24

63 J 735. In: Georg Christoph Lichtenberg, Schriften und Briefe. Hg.v.Wolfgang Promies. 4 Bde. München: Hanser 1968 ff. Bd.1; S.758

64 Jakob Michael Reinhold Lenz, Der neue Amadis. In: GS I/S.87-88

65 Vgl.dazu das Zitat zur Anmerkung (59) in diesem Abschnitt

66 Lenz, Werther; S.30

67 Lenz, Neuer Amadis; S.88

68 Vgl.Mario Praz, Liebe, Tod und Teufel. Die schwarze Romantik. München: dtv [2]1981

69 Jakob Michael Reinhold Lenz, Der Magister. In: GS III/S.397-399

70 Vgl. ebd.; S.399: "Ich mag nicht heraus und nach ihr sehen, das würde den Hausleuten gar zu viel Verdacht - Ja, ja! sie haben so schon - der Pat hat's in einer großen Gesellschaft erzählt, ich unterhielt eine Mätresse-"

71 Ebd.; S.398

72 Vgl. Lenz, Landprediger; S.192

73 E 276. In: Lichtenberg, Werke/Promies. Bd.1; S.411

74 Lenz an Salzmann (Landau; 18.September 1772). In: Briefe an Lenz. Bd.1. S.44-47; S.46

75 Jakob Michael Reinhold Lenz, Matz Höcker. Schulmeister in B.. im St...l. An die Damen, An die Kunstrichter, Und an das ganze menschliche Geschlecht. Eine Chrie, von dem Verfasser selbst, unter beständigen Gestikulationen der linken Hand, in einer zahlreichen Gesellschaft verlesen. In: GS I/S.151-160; S.152

76 Ebd.; S.153

77 Vgl.Jakob Michael Reinhold Lenz, Ueber Ovid. In: IV/S.205-214; S.210

78 Lenz, Delikatesse; S.260

79 Vgl.Jakob Michael Reinhold Lenz, Der Waldbruder. In: GS V/S.107-146; S.144

80 Jakob Michael Reinhold Lenz, Moralische Bekehrung eines Poeten, von ihm selbst geschrieben. In: GS V/S.49-76; S.54

81 Jakob Michael Reinhold Lenz, Zerbin oder die neuere Philosophie. Eine Erzählung. In: GS V/S.77-106; S.84

[82] Lenz, Waldbruder; S.134

[83] Ebd.; S.139

[84] Lenz, Landprediger; S.184

[85] Ebd.; S.185

[86] Lenz, Moralische Bekehrung; S.51

[87] Lenz, Waldbruder; S.119

[88] Vgl.Roy Pascal, Der Sturm und Drang. Stuttgart: Kröner ²1977; S.61

3/I: LEKTÜRE ALS FUNKTIONALES ELEMENT BIOGRAPHISCHER SELBSTDARSTELLUNG

1 Ralph-Rainer Wuthenow, Das erinnerte Ich. Europäische Autobiographie und Selbstdarstellung im 18.Jahrhundert. München: C.H.Beck 1974; S.214

2 James Olney, Metaphors of Self. The meaning of autobiography. Princeton: University Press 1972; S.20/21

3 Wuthenow, Erinnertes Ich; S.211

4 Werner Mahrholz, Deutsche Selbstbekenntnisse. Ein Beitrag zur Geschichte der Selbstbiographie von der Mystik bis zum Pietismus. Berlin: Furche 1919; S.231

5 Vgl. Wuthenow, Erinnertes Ich; S.119

6 Ebd.; S.101

7 Vgl.Klaus-Detlef Müller, Autobiographie und Roman. Studien zur literarischen Autobiographie der Goethezeit. Tübingen: Niemeyer 1976 (= Studien zur deutschen Literatur 46); S.1-5

8 Vgl.Hugo Eybisch, Anton Reiser. Untersuchungen zur Lebensgeschichte von K.Ph.Moritz und zur Kritik seiner Autobiographie. Leipzig: Voigtländer 1909 (= Probefahrten. Erstlingsarbeiten aus dem Deutschen Seminar in Leipzig 14)

9 Karl Philipp Moritz, Zur Seelennaturkunde. Erinnerungen aus den frühesten Jahren der Kindheit. In: K.Ph.M., ΓΝΩΘΙ ΣΑΥΤΟΝ oder Magazin zur Erfahrungsseelenkunde als ein Lesebuch für Gelehrte und Ungelehrte. 10 Bde. Berlin: A.Mylius 1783-1792. Bd.3 (1785), 1.Stück. S.104-106; S.104

10 Johann Wolfgang Goethe, Werke. Hg.v.Erich Trunz. 14 Bde. München: dtv 1982. Band 9: Autobiographische Schriften I/Aus meinem Leben. Dichtung und Wahrheit. Buch 1 - 13; S.9

11 Christian Friedrich Daniel Schubart, Leben und Gesinnungen. Von ihm selbst, im Kerker aufgesetzt. 2 Tle. Stuttgart: Gebr.Mäntler 1791; S.16/17

12 Vgl. Ludwig Fertig, Zeitgeist und Erziehungskunst. Eine Einführung in die Kulturgeschichte der Erziehung in Deutschland von 1600 bis 1900. Darmstadt: Wiss. Buchges.1984; S.53

13 Wolfgang Promies, Kinderliteratur im späten 18.Jahrhundert. In: Hansers Sozialgeschichte der deutschen Literatur vom 16.Jahrhundert bis zur Gegenwart. Hg.v.Rolf Grimminger. Bd.3: Deutsche Aufklärung bis zur Französischen Revolution 1680-1789. Hg.v.Rolf Grimminger. München: dtv 1980. S.765-831; S.766

14 Vgl. Levin L.Schücking, Die puritanische Familie in literar-soziologischer Sicht. Bern u. München: Francke ^{2}1964; S.165

15 Lk 2,41 - 2,52. Zitiert wird nach der Ausgabe: Die ganze Heilige Schrift des Alten und Neuen Testamentes. Das Buch der Bücher /Vorl.Endfassung d.Einheitsübersetzung/. Stuttgart: Belser 1974; II/S.69

16 Vgl. Goethe, Dichtung und Wahrheit; S.127-129

17 Conf. VIII, 12, 29. Zit.nach: Aurelius Augustinus, Confessionum libri tredecim. Hg. v.Pius Knöll. Prag, Wien u. Leipzig: Freytag u.Tempsky 1896; S.195

18 Vgl. Pierre Courcelle, Les confessions de Saint Augustin dans la tradition littéraire. Antécédents et postérité. Paris: Études augustiennes 1963; darin besonders das Kapitel II/x ("L'interprétation traditionelle du 'tolle, lege': images et textes"), S.169-177

19 Johannes Geffcken, Augustinus Tolle-lege-Erlebnis. In: Archiv für Religionswissenschaft 31 (1934). S.1-13; S.13

20 Conf. III, 4 , 8. Zit. nach: Augustinus/Knöll; S.49

21 Contra Academicos II, 2, 5. Zit.nach: Contra Academicos libri tres, de beata vita liber unus, de ordine libri duo. Hg.v. Pius Knöll. Wien u.Leipzig: Hölder-Pichler-Tempsky 1922; S.26

22 De beata uita 1, 4. Zit.nach Augustinus/Knöll; S.92 /Vgl. vorangehende Anmerkung/.

23 Vgl.Courcelle, Tradition littéraire; S.275

24 Vgl.dazu: Die Besteigung des Mont Ventoux 1336. Konzipiert u.gestaltet v.Werner Hohl. Buchausstellung der Universitätsbibliothek Graz 1986. - Geliefert werden darin Textabdruck, Rezeptions- und Forschungsgeschichte.

25 Vgl. Conf. X, 8, 15. Abgedr.in: Augustinus/Knöll; S.237

26 Vgl. Pierre Courcelle, Recherches sur les confessions de Saint Augustin. Paris: Éditions E.de Boccard 1968; S.188-202

27 Gisela Brude-Firnau, Aus meinem Leben. Dichtung und Wahrheit. In: Goethes Erzählwerk. Interpretationen. Hg.v.Paul Michael Lützeler und James E.McLeod. Stuttgart: Reclam 1985. S.319-343; S.331

28 Goethe, Dichtung und Wahrheit; S.80

29 Ebd.; S.80

30 Ebd.; S.429

31 Ebd.; S.427

32 Ebd.; S.430

33 Aus dem Vorwort zu: Lese-Erlebnisse 2. Hg.v.Heinrich Pleticha. Frankfurt/M.: Suhrkamp 1978; S.7

34 Christa Wolf, Kindheitsmuster. Roman. Darmstadt u.Neuwied: Luchterhand 1979; S.339

35 Vgl. Goethe, Dichtung und Wahrheit; S.27-28, S.39

36 Vgl. ebd.; S.7-8

37 Johann Heinrich Voss, Erinnerungen aus meinem Jugendleben. In: Briefe. 3 Bde. Nebst erläuternden Beilagen. Hg.v. Abraham Voß. Leipzig: H.Weinedel 1840. I/S.1-49; S.25

38 Karl Philipp Moritz, Aussichten zu einer Experimentalseelenlehre. In: K.Ph.M., Werke. Hg.v.Horst Günther. 3 Bde. Frankfurt/M.: Insel 1981. Bd.3. S.85-99; S.92

39 Vgl. Ingrid Aichinger, Künstlerische Selbstdarstellung. Goethes "Dichtung und Wahrheit" und die Autobiographie der Folgezeit. Wien: Phil.Habil. 1973; S.11

40 Ebd.; S.10

41 Vgl.Jean Paul Sartre, Les mots. O.o.: Gallimard 1964

42 Peter Bichsel, Der Leser. Das Erzählen. Frankfurter Poetikvorlesungen. Darmstadt u. Neuwied: Luchterhand 1982; S.35

43 Karl Philipp Moritz, Denkwürdigkeiten, aufgezeichnet zur Beförderung des Edlen und Schönen. In: Moritz, Werke. Bd.3. S.179-269. Der erwähnte Text "Almansor" ist abgedruckt auf S.182-183.

44 B 132. In: Georg Christoph Lichtenberg. Schriften und Briefe. Hg.v.Wolfgang Promies. 4 Bde. München: Hanser 1968 ff. Bd.1; S.82

45 B 204. In: Ebd. S.102-103; S.103

3/II: JOHANN HEINRICH JUNG-STILLING

1 Johann Wolfgang von Goethe, Werke. Hg.v.Erich Trunz. 14 Bde. München: dtv 1982. Band 9: Autobiographische Schriften I /Aus meinem Leben. Dichtung und Wahrheit. Buch 1 - 13/; S.371

2 Ebd.; S.414

3 Goethe, Werke. Band 1o: Autobiographische Schriften II /Aus meinem Leben. Dichtung und Wahrheit.Buch 14 - 2o u.a./; S.93

4 Johann Heinrich Jung-Stilling, Lebensgeschichte. Hg.v.Gustav Adolf Benrath. Darmstadt: Wissensch.Buchgesellschaft 1976; S.264. Beim Zitieren der "Lebensgeschichte" wird im Abschnitt über Jung-Stilling die Sigle "LG" verwendet.

5 Ebd.; S.266

6 Vgl.ebd.; S.274

7 Vgl.ebd.; S.322

8 Ebd.; S.271: "Niemahlen hat er in seinem Leben mehr einen Menschen bewundert, als diesen Mann."

9 Vgl.ebd.; S.271

1o So die Zeile "Wen Gott lieb hat, dem geb er so eine Frau!" aus Goethes "Götz von Berlichingen" (Dritter Akt; Goethe, Werke. Band 4: Dramatische Dichtungen II; S.138), die in der "Lebensgeschichte" ebenso auftaucht (vgl.ebd.; S.435) wie in seiner Korrespondenz (vgl.den Brief an den Juristen Burkhardi (2.Februar 1797). In: Johann Heinrich Jung-Stilling, Briefe an Verwandte, Freunde und Fremde aus den Jahren 1787 - 1816. Hg. v. Hans W.Panthel. Hildesheim: Gerstenberg 1978. S.62 - 64; S.64

11 Vgl.ebd.; S.344

12 Vgl.ebd.; S.113

13 Vgl.ebd.; S.124

14 Ebd.; S.64

15 Vgl.ebd.; S.84

16 Vgl.ebd.; S.274

17 Ebd.; S.115

18 Ebd.; S.47

19 Ebd.; S.49

2o Ebd.; S.123

21 Vgl.ebd.; S.45

22 Ebd.; S.46

[23] Vgl.ebd.; S.64

[24] Vgl.ebd.; S.55

[25] Vgl.ebd.; S.54/55, S.84

[26] Ebd.; S.46

[27] Vgl.ebd.; S.98/99

[28] Ebd.; S.46

[29] Ebd.; S.46

[3o] Vgl.ebd.; S.236/237

[31] Ebd.; S.88

[32] Ebd.; S.99/1oo

[33] Vgl. Karl Philipp Moritz, Anton Reiser. Ein psychologischer Roman. Hg.v.Wolfgang Martens. Stuttgart: Ph.Reclam jr. 1980; S.4o3/4o4

[34] LG; S.93

[35] Ebd.; S.93

[36] Vgl.ebd.; S.1o7

[37] Vgl.ebd.; S.123

[38] Ebd.; S.123/124

[39] Vgl. Goethe, Werke. Band 7: Romane und Novellen II /Wilhelm Meisters Lehrjahre/; S.23

[4o] Vgl.LG; S.124/125

[41] Vgl. Lieselotte E.Kurth, Die zweite Wirklichkeit. Studien zum Roman des achtzehnten Jahrhunderts. Chapel Hill: The University of North Carolina Press 1969; S.29/3o

[42] Vgl.LG; S.124

[43] Ebd.; S.154

[44] Ebd.; S.125

[45] Ebd.; S.197

[46] Ebd.; S.231

[47] Ebd.; S.231

[48] Vgl.ebd.; S.231

[49] Vgl.ebd.; S.239

5o Vgl.Anmerkung 9

51 Vgl.LG; S.272

52 Ebd.; S.331

53 Vgl.ebd.; S.341/342

54 Ebd.; S.376/377

55 Vgl. Dieter Gutzen, Johann Heinrich Jung-Stilling. In: Deutsche Dichter des 18.Jahrhunderts. Ihr Leben und Werk. Hg.v.Benno von Wiese. Berlin: E.Schmidt 1977. S.446 - 461; S.45o

56 LG; S.34o

57 Vgl.ebd.; S.449 - 451. Zum Verhältnis Jung-Stilling - Kant vgl. Max Geiger, Aufklärung und Erweckung. Beiträge zur Erforschung Johann Heinrich Jung-Stillings und der Erweckungstheologie. Zürich: EVZ-Verlag 1963 (= Basler Studien zur historischen und systematischen Theologie 1); S.497 - 5o1

58 Brief an Diakon M.Daun (21.Juni 1797); In: Jung-Stilling, Briefe. S.65 - 68; S.66

59 Vgl.LG; S.488/489

6o Vgl.ebd.; S.49o

61 Vgl.ebd.; S.516

62 Vgl.ebd.; S.515

63 Vgl.ebd.; S.556. Jung-Stilling über die Verbreitung der Schriften Lavaters: "/.../ Jeder Schweizer, der nur lesen konnte, las sie." (Ebd.; S.531)

64 Vgl.ebd.; S.485/486

65 Vgl.ebd.; S.572

66 Ebd.; S.486

67 Vgl.ebd.; S.514

68 Brief an Onkel (11.März 1792); In: Jung-Stilling, Briefe. S.44 - 45; S.44/45

69 Vgl.LG; S.15

7o Vgl.LG; S.2o/21

71 Vgl.ebd.; S.55

72 Vgl.ebd.; S.59

73 Ebd.; S.59

74 Ebd.; S.49

75 Ebd.; S.51

76 Ebd.; S.1o2

77 Vgl.ebd.; S.14o

78 Werner Bergengruen, Zu Heinrich Stillings Jugend /Rede im NWR; 23.Oktober 1949/. In: W.B., Mündlich gesprochen. Zürich: Arche 1963. S.18o - 184; S.182

79 LG; S.292

8o Ebd.; S.292

81 Ebd.; S.143

82 Ebd.; S.481/482

83 Ebd.; S.514

84 Ebd.; S.483

85 Vgl.ebd.; S.5o6

86 Vgl.ebd.; S.567

87 Vgl. Geschichte der deutschen Literatur vom 18.Jahrhundert bis zur Gegenwart. Hg.v. Viktor Žmegač. Bd. I/1. Königstein/Taunus: Athenäum 1978; S.425/426

88 LG; S.46

89 Ebd.; S.48/49

9o Vgl. ebd.; S.47, S.67

91 Vgl.ebd.; S.92

92 Ebd.; S.47

93 Ebd.; S.46

94 Vgl.ebd.; S.47

95 Vgl.Ralph-Rainer Wuthenow, Das erinnerte Ich. Europäische Autobiographie und Selbstdarstellung im 18.Jahrhundert. München: C.H.Beck 1974; S.86 - 91

96 LG; S.489

97 Zur Argumentation aufgeklärter Lesekritik vgl.u.a. Wolfgang Martens, Formen bürgerlichen Lesens im Spiegel der deutschen Moralischen Wochenschriften. In: Lesegesellschaften und bürgerliche Emanzipation. Ein europäischer Vergleich. Hg.von Otto Dann. München: C.H.Beck 1981; S.55 - 7o

98 LG; S.165

99 Ebd.; S.6o8

1oo Vgl.ebd.; S.613

1o1 Vgl.Klaus-Detlef Müller, Autobiographie und Roman. Studien zur literarischen Autobiographie der Goethezeit. Tübingen: Niemeyer 1976 (= Studien zur deutschen Literatur 46); S.338/339

1o2 LG; S.61/62

1o3 Ebd.; S.66

1o4 Ebd.; S.86

1o5 Ebd.; S.6o5/6o6

1o6 Ebd.; S.93

1o7 Ebd.; S.86

1o8 Vgl.ebd.; S.13o - 134

1o9 Ebd.; S.154

11o Ebd.; S.49

111 Ebd.; S.5o

112 Ebd.; S.6o3 - 6o4

113 Vgl.ebd.; S.1o7

114 Vgl.ebd.; S.1o7

115 Vgl.ebd.; S.113

116 Vgl.ebd.; S.159

117 Ebd.; S.435

118 Ebd.; S.234

119 Goethe, Werke. Band 1o /Dichtung und Wahrheit/; S.93

12o Vgl.Moritz, Anton Reiser; S.84

121 LG; S.7

122 2.Tim.3/16-17; Zitiert nach: Die ganze Heilige Schrift des Alten und Neuen Testamentes. Das Buch der Bücher /Vorl.Endfassung d.Einheitsübersetzung/. Stuttgart: Belser 1974; S.247

123 Vgl.LG; S.44, und Moritz, Anton Reiser; S.4o, S.44

124 LG; S.512

125 Vgl.ebd.; S.215 - 218

126 Ebd.; S.216

127 Vgl.ebd.; S.382

128 Brief vom 9.Juni 18o2; In: Jung-Stilling, Briefe; S.87 - 9o; S.88

129 Johann Heinrich Jung-Stilling, Sämmtliche Werke. Neue vollständige Ausgabe. 12 Bde. Stuttgart: J.Scheible 1841 - 1842. Band 6: Theobald oder die Schwärmer - Theorie der Geisterkunde. S.97

13o Vgl.LG; S.3o5/3o6

131 Vgl.ebd.; S.386

132 Vgl.ebd.; S.517

133 Vgl.ebd.; S.372

134 Vgl.ebd.; S.348

135 James Olney, Metaphors of Self. The meaning of autobiography. Princeton: University Press 1972; S.37

136 Vgl.LG; S.436

137 Ebd.; S.492

138 Ebd.; S.514

139 Wuthenow, Erinnertes Ich; S.42

3/III: KARL PHILIPP MORITZ

1 Johann Wolfgang von Goethe, Werke. Hg.v.Erich Trunz. 14 Bde. München:dtv 1982. Band 11: Autobiographische Schriften III/Italienische Reise; S.174

2 Arno Schmidt, Die Schreckensmänner/Karl Philipp Moritz zum 2oo.Geburtstag. In: A.S., Der sanfte Unmensch. Unverbindliche Betrachtungen eines Überflüssigen. Frankfurt/M. u.Berlin: Ullstein 1963. S.133-156 ; S.136

3 Karl Philipp Moritz, Anton Reiser. Ein psychologischer Roman. Hg.v.Wolfgang Martens. Stuttgart: Ph.Reclam jr. 198o; S.4o3/4o4. Beim Zitieren dieses Romans wird im Abschnitt über Karl Philipp Moritz die Sigle "AR" verwendet. Die von Martens in eckigen Klammern aufgelösten Abkürzungen wurden unaufgelöst gelassen. Für alle anderen Zitate dient als Basis: Karl Philipp Moritz, Werke.Hg.v.Horst Günther. 3.Bde. Frankfurt/M.: Insel 1981. Für sie wird in diesem Abschnitt die Sigle "WA" verwendet.

4 Eine Analyse des Leseweges findet sich bei: Lieselotte E.Kurth, Die zweite Wirklichkeit. Studien zum Roman des achtzehnten Jahrhunderts. Chapel Hill: The University of North Carolina Press 1969; S.184-2o3. Weiters ist zu nennen: H.E.Meredith, Self-Education in the 18th Century: The Readings of K.Ph.Moritz. Diss.Univ.of Texas, Austin 1963

5 Vgl.AR; S.15

6 Vgl.ebd.; S.16

7 Vgl.ebd.; S.11/12

8 Vgl.ebd.; S.18

9 Vgl.ebd.; S.19

1o Vgl.ebd.; S.2o-24

11 Vgl.ebd.; S.251

12 Vgl.ebd.; S.34o

13 Vgl.ebd.; S.3o/31

14 Vgl.ebd.; S.31

15 Vgl.ebd.; S.26

16 Ebd.; S.28

17 Vgl.ebd.; S.33

18 Vgl.ebd.; S.33

19 Ebd.; S.41

2o Vgl.ebd.; S.33

21 Vgl.ebd.; S.4o

22 Vgl.ebd.; S.4o

[23] Vgl.ebd.; S.41

[24] Vgl.ebd.; S.44

[25] Vgl.ebd.; S.67

[26] Ebd.; S.1o1

[27] Vgl.ebd.; S.141

[28] Vgl.ebd.; S.152

[29] Vgl.ebd.; S.178

[3o] Vgl.ebd.; S.13o; S.154

[31] Vgl.ebd.; S.138

[32] Karl Philipp Moritz, ΑΝΘΟΥΣΑ oder Roms Altertümer. Ein Buch für die Menschheit. In: WA II/S.487-526; S.491

[33] Vgl.Karl Philipp Moritz, Reisen eines Deutschen in Italien in den Jahren 1786 bis 1788 in Briefen. In: WA II/S.126-485; S.228

[34] Vgl.ebd.; S.237

[35] Vgl.ebd.; S.237/238

[36] Vgl.AR; S.177

[37] Vgl.ebd.; S.185

[38] Vgl.ebd.; S.34

[39] Ebd.; S.189

[4o] Ebd.; S.189

[41] Vgl.ebd.; S.196

[42] Vgl.ebd.; S.315/316

[43] Vgl.ebd.; S.197-199

[44] Vgl.ebd.; S.2o2

[45] Vgl.ebd.; S.2o3

[46] Vgl.ebd.; S.2o4

[47] Ebd.; S.2o4

[48] Vgl.ebd.; S.21o

[49] Vgl.ebd.; S.21o

50 Vgl.ebd.; S.300

51 Vgl.ebd.; S.213

52 Vgl.ebd.; S.229

53 Vgl.ebd.; S.229

54 Vgl.ebd.; S.306

55 Vgl.ebd.; S.232

56 Ebd.; S.252

57 Vgl.ebd.; S.252

58 Ebd.; S.253

59 Vgl.ebd.; S.255

60 Vgl.ebd.; S.259

61 Vgl.ebd.; S.259

62 Vgl.ebd.; S.270/271; S.288/289

63 Ebd.; S.266

64 Ebd.; S.266

65 Ebd.; S.276/277

66 Vgl.ebd.; S.361

67 Vgl.Dietrich Weber, Lektüre im "Anton Reiser". In: Leser und Lesen im 18.Jahrhundert. Colloquium der Arbeitsstelle Achtzehntes Jahrhundert. Gesamthochschule Wuppertal, Schloß Lüntenbeck, 24.-26. Oktober 1975. Heidelberg: Winter 1977 (= Beiträge zur Geschichte der Literatur und Kunst des achtzehnten Jahrhunderts Bd.1). S.58-61; S.60

68 AR; S.425

69 Ebd.; S.267

70 Ebd.; S.254

71 Ebd.; S.267

72 Ebd.; S.267

73 Moritz, Reisen/Italien; S.376/377

74 Vgl.AR; S.281

75 Vgl.ebd.; S.282

[76] Vgl.ebd.; S.292-295

[77] Vgl.ebd.; S.31o

[78] Vgl.Weber, Lektüre im "Anton Reiser"; S.6o/61

[79] AR; S.292

[8o] Vgl.ebd.; S.293. Reiser bezieht sich dabei auf Werthers Brief vom 2o.Januar 1772 (Vgl.Goethe, Werke. Band 6: Romane und Novellen I. S.64-66; S.65)

[81] AR; S.294. Reiser bezieht sich dabei auf Werthers Brief vom 21.Dezember 1772 (Vgl. Goethe, Werke. Band 6. S.1o4-1o5; S.1o4)

[82] AR; S.342

[83] Ebd.; S.479

[84] Vgl. Heinrich Heine, Die Nordsee 3.Abteilung /= Reisebilder, 2.Teil/. In: H.H., Werke und Briefe. Hg.v.Hans Kaufmann. 1o Bde. Berlin u.Weimar: Aufbau 198o. Band 3: Reisebilder. S.89-123; S.95

[85] AR; S.297

[86] Vgl.ebd.; S.295-297

[87] Vgl.ebd.; S.3oo

[88] Vgl.ebd.; S.388. Das Werk wird bereits kurz zuvor im dritten Buch erwähnt (vgl. ebd.; S.377).

[89] Vgl.ebd.; S.4o3/4o4

[9o] Vgl.ebd.; S.447; S.46o

[91] Ebd.; S.452

[92] Vgl.ebd.; S.468-47o

[93] Ludwig Völker, Langeweile. Untersuchungen zur Vorgeschichte eines literarischen Motivs. München: Fink 1975; S.1o3

[94] AR; S.47o

[95] Vgl.Thomas Koebner, Lektüre in freier Landschaft. Zur Theorie des Leseverhaltens im 18.Jahrhundert. In: Leser und Lesen im 18.Jahrhundert (Vgl.Anm.67). S.4o-57; S.54/55

[96] Vgl.AR; S.473

[97] Vgl.ebd.; S.473

[98] Vgl.ebd.; S.474-478

[99] Vgl.im Abschnitt über Jung-Stilling den Text zu den Anmerkungen 18 - 2o.

[100] AR; S.483

[101] Ebd.; S.266

[102] Ebd.; S.47o

[103] Ebd.; S.473

[104] Ebd.; S.259

[105] Vgl.ebd.; S.2o2

[106] Vgl.ebd.; S.266/267

[107] Vgl.ebd.; S.391

[108] Vgl.ebd.; S.386

[109] Vgl.ebd.; S.388

[110] Vgl.ebd.; S.19o

[111] Vgl.ebd.; S.211/212

[112] Vgl.ebd.; S.163

[113] Vgl.ebd.; S.295

[114] Vgl.ebd.; S.352

[115] Ebd.; S.388

[116] Ebd.; S.47o

117 Vgl. Eduard Mörike, Waldplage. In: E.M., Sämtliche Werke. Hg. v.Gerhart Baumann. 3 Bde. Stuttgart: Cotta 1954. Band 1: Gedichte - Übersetzungen - Dramatisches - Erzählendes - Kleine Schriften. S.197 - 198

[118] Vgl.AR; S.37o/371

[119] Vgl. Karl Philipp Moritz, Reisen eines Deutschen in England im Jahre 1782. In: WA II/ S.7-125; S.111

[120] Vgl.z.B.AR; S.229; S.248; S.3oo

[121] Vgl.ebd.; S.231

[122] Z.B.Alexander Popes "Universal Prayer"; vgl.ebd.; S.248

[123] Ebd.; S.252/253

[124] Vgl.ebd.; S.119

[125] Vgl.ebd.; S.388

[126] Vgl.ebd.; S.394

127 Ebd.; S.421

128 Vgl.ebd.; S.472

129 Ebd.; S.48o

13o Heinrich Zschokke, Stunden der Andacht zur Beförderung wahren Christenthums und häuslicher Gottesverehrung. 8 Bde. Aarau: H.R.Sauerländer 1818. Bd.5: Andachtsbuch für die Jugend. S.157/158

131 AR; S.413

132 Ebd.; S.34

133 Ebd.; S.89

134 Ebd.; S.147

135 Zum Moment der Phantasie im "Anton Reiser" vgl.: Eckehart Catholy, Karl Philipp Moritz und die Ursprünge der deutschen Theaterleidenschaft. Tübingen: M.Niemeyer 1962; S.36-4o. Weiters: Josef Grolimund, Das Menschenbild in den autobiographischen Schriften Karl Philipp Moritz'. Eine Untersuchung zum Selbstverständnis des Menschen in der Goethezeit. Zürich: Juris 1967; S.75-81

136 Vgl.AR; S.55/56

137 Ebd.; S.59

138 Ebd.; S.98

139 Ebd.; S.73

14o Vgl.ebd.; S.34/35

141 Ebd.; S.493

142 Ebd.; S.39o

143 Ebd.; S.383

144 Ebd.; S.92

145 Ebd.; S.93

146 Ebd.; S.99

147 Ebd.; S.1oo

148 "Es fällt einem ein, daß man sich bei der Lektüre von Romanen immer wunderbarere Vorstellungen von den Gegenden und Örtern gemacht hat, je weiter man sie sich entfernt dachte." - Ebd.; S.29o

149 Ebd.; S.185

15o Ebd.; S.1o8

151 Ebd.; S.318

152 Ebd.; S.45o

153 Ebd.; S.291

154 Vgl.ebd.; S.33o

155 Vgl.ebd.; S.331; S.336

156 Vgl.ebd.; S.374/375

157 Ebd.; S.375

158 Ebd.; S.375

159 "Es ist merkwürdig, wie die verächtlichsten wirklichen Dinge, auf die Weise in die glänzendsten Gebäude der Phantasie eingreifen und sie zerstören können, und wie auf eben diesen verächtlichen Dingen eines Menschen Schicksal beruhen kann." - Ebd.; S.4o5/4o6

16o Vgl.Grolimund, Menschenbild; S.8o/81

161 AR; S.299

162 Ebd.; S.86

163 Ebd.; S.87

164 Ebd.; S.9o

165 Ebd.; S.179

166 Ebd.; S.84

167 Ebd.; S.84

168 Vgl.ebd.; S.65

169 Vgl.ebd.; S.1o7

17o Ebd.; S.126

171 Ebd.; S.132

172 Ebd.; S.366

173 Ebd.; S.61

174 Vgl.ebd.; S.369

175 Vgl.ebd.; S.397

176 Vgl.ebd.; S.394

177 Vgl.ebd.; S.66/67

[178] Vgl.ebd.; S.215

[179] Ebd.; S.11o

[18o] Vgl.ebd.; S.116/117

[181] Ebd.; S.314

[182] Vgl. Moritz, Reisen/England; S.24/25

[183] Vgl.A.R.Humphreys, The Social Setting. In: The Pelican Guide to English Literature. Bd.4: From Dryden to Johnson. Hg.v.Boris Ford. Harmondsworth: Penguin 1968. S.15-48; S.18

[184] Moritz, Reisen/England; S.25

[185] AR; S.225

[186] Vgl.ebd.; S.226

[187] Ebd.; S.227

[188] Vgl.ebd.; S.425

[189] Vgl.ebd.; S.395

[19o] Ebd.; S.436

[191] Ebd.; S.249

[192] Ebd.; S.234

[193] Ebd.; S. 174

[194] Ebd.; S.248

[195] Ebd.; S.141

[196] Vgl.ebd.; S.353

[197] Ebd.; S.131

[198] Vgl.ebd. S.138

[199] Vgl.ebd.; S.153. Moritz hat sich mit diesem Problem auch theoretisch auseinandergesetzt: Vom Unterschiede des Akkusativs und Dativs oder des mich und mir, sie und ihnen usw. für solche, die keine gelehrte Sprachkenntnis besitzen. In Briefen. Berlin: Wever 178o. Anhang zu den Briefen vom Unterschiede des Akkusativs und Dativs worin der Unterschied zwischen für und vor erklärt, und die Ursach gezeigt wird, warum durch und für immer den Akkusativ, und von, mit, aus, nach und zu, beständig den Dativ nach sich haben. Berlin: Wever 1781

[2oo] AR; S.143

[2o1] Ebd.; S.325

202 Vgl.ebd.; S.3o2

203 Vgl.ebd.; S.315

204 Ebd.; S.295

205 Ebd.; S.489

206 Vgl.ebd.; S.466

207 Vgl. Karl Philipp Moritz, Noch etwas über das Schiller'sche Trauerspiel: Kabale und Liebe. In: WA III/S.767 - 773; S.769

208 Vgl.AR; S.189

209 Vgl.ebd.; S.187; S.19o

21o Koebner, Lektüre in freier Landschaft; S.55

211 Vgl.AR; S.2oo

212 Ebd.; S.294

213 Ebd.; S.259

214 Vgl.ebd.; S.295

215 Ebd.; S.266

216 Ebd.; S.294

217 Ebd.; S.279

218 Vgl.ebd.; S.279

219 Vgl.ebd.; S.367; S.378

22o Ebd.; S.328

221 Ebd.; S.2o1

222 Ebd.; S.2o1/2o2

223 Ebd.; S.22o

224 Ebd.; S.2o2

225 Ebd.; S.213

226 Ebd.; S.2o2

227 Ebd.; S.213

228 Ebd.; S.2o2

229 Ebd.; S.221

23o Ebd.; S.213/214

231 Zu deren Ursachen vgl.Grolimund, Menschenbild; S.3o-35

232 Vgl. Ralph-Rainer Wuthenow, Das erinnerte Ich. Europäische Autobiographie und Selbstdarstellung im 18.Jahrhundert. München: C.H.Beck 1974; S.115

233 AR; S.23o

234 Vgl.Weber, Lektüre im "Anton Reiser"; S.61

235 AR; S.239

236 Ebd.; S.243

237 Ebd.; S.253

238 Ebd.; S.254

239 Ebd.; S.197

24o Ebd.; S.382

241 Ebd.; S.183

242 Ebd.; S.346

243 Vgl.zu diesem Abschnitt Karl Philipp Moritz, Ein unglücklicher Hang zum Theater. In: K.Ph.M., ΓΝΩΘΙ ΣΑΥΤΟΝ oder Magazin zur Erfahrungsseelenkunde als ein Lesebuch für Gelehrte und Ungelehrte. 1o.Bde. Berlin: A.Mylius 1783-1792. Bd.3 (1785), 1.Stück; S.117-125

244 Vgl.AR; S.197/198

245 Vgl.ebd.; S.348

246 Vgl.ebd.; S.457

247 Vgl.Catholy, Theaterleidenschaft; S.9; S.138

248 AR; S.2o9

249 Vgl.ebd.; S.24o-243

25o Ebd.; S.242

251 Ebd.; S.432/433

252 Ebd.; S.218

253 Ebd.; S.219

254 Ebd.; S.22o

255 Vgl.ebd.; S.221-223

[256] Ebd.; S.224

[257] Ebd.; S.224

[258] Vgl.ebd.; S.236

[259] Ebd.; S.359

[26o] Vgl.ebd.; S.343

[261] Vgl.ebd.; S.343

[262] Ebd.; S.391

[263] Ebd.; S.391

[264] Ebd.; S.343

[265] Ebd.; S.421

[266] Ebd.; S.351

[267] Ebd.; S.351

[268] Ebd.; S.369

[269] Ebd.; S.364

[27o] Vgl.ebd.; S.413/414

[271] Ebd.; S.177

[272] Ebd.; S.35o

[273] Vgl.dazu Catholy, Theaterleidenschaft; S.37

[274] AR; S.185

[275] Vgl.ebd.; S.195

[276] Vgl.ebd.; S.331

[277] Vgl.ebd.; S.339/34o

[278] Vgl.ebd.; S.246

[279] Ebd.; S.246

[28o] Ebd.; S.268

[281] Vgl.ebd.; S.284/285

[282] Ebd.; S.349

[283] Vgl.ebd.; S.296/297

284 Vgl.ebd.; S.321

285 Ebd.; S.35o. Vgl. dazu auch Karl Philipp Moritz, Über Moses Mendelssohn. In: Denkwürdigkeiten, aufgezeichnet zur Beförderung des Edlen und Schönen. 2.Stück, S.17-24; 4.Stück, S.49-53; 7.Stück, S.97-1o1; 9.Stück, S.129-133. Abgedruckt in: WA III/ S.189-199

286 Vgl.AR; S.4o8. Einen ähnlich tiefgreifenden Eindruck hat das Buch bei Moritz selbst hinterlassen: "/.../ Man kann sagen, daß Moritz von diesem Moment an buchstäblich auf Goethe zulebte." (Hans Joachim Schrimpf, Karl Philipp Moritz. Stuttgart: Metzler 198o (= Sammlung Metzler 195)

287 Vgl.AR; S.291

288 Ebd.; S.316

289 Ebd.; S.319

29o Ebd.; S.348

291 Vgl.ebd.; S.354/355

292 Ebd.; S.3o9

293 Ebd.; S.35o

294 Vgl.ebd.; S.318/319

295 Ebd.; S.464. Zu diesem Absatz vgl.ebd.; S.46o-465

296 Karl Philipp Moritz, Die Leiden der Poesie. In: K.Ph.M., Magazin zur Erfahrungsseelenkunde. Bd.8 (179o), 3.Stück, S.1o8-125; S.112

297 H.Rudolf Vaget, das Bild vom Dilettanten bei Moritz, Schiller und Goethe. In: Jahrbuch des Freien Deutschen Hochstifts. Hg.v. Detlev Lüders. Tübingen: Niemeyer 197o. S.1- 31; S.9

3/IV: ULRICH BRÄKER

1 Hans Mayer, Aufklärer und Plebejer: Ulrich Bräker, Der arme Mann im Tockenburg. In: H.M., Von Lessing bis Thomas Mann. Wandlungen dre bürgerlichen Literatur in Deutschland. Pfullingen: Neske 1959; S.11o - 133. Zur biographischen Orientierung vgl. vor allem: Samuel Voellmy, Ulrich Bräker. der arme Mann im Tockenburg. Ein Kultur- und Charakterbild aus dem achtzehnten Jahrhundert. Zürich: Seldwyla 1923

2 Vgl.Wolfgang Pfeiffer-Belli, Nachwort zu: Ulrich Bräker, Der arme Mann im Tockenburg. München: Winkler 1965; S.219 - 229

3 Vgl. Ulrich Bräker, Lebensgeschichte und Natürliche Ebentheuer des Armen Mannes im Tockenburg. In: U.Bräker, Leben und Schriften /.../. Dargestellt u.hg. v. Samuel Voellmy. 3 Bde. Basel: Birkhäuser 1945. Bd.I/S. 67 - 338; S.243. Beim Zitieren aus dieser Ausgabe wird im Abschnitt über Ulrich Bräker bloß die Bandnummer und die Seitenzahl verwendet.

4 Ebd.; S.69

5 Ebd.; S.27o

6 Brief vom 22.März 1784; II/S.1o1 - 1o2

7 Vgl. I/S.87

8 Vgl.ebd.; S.1o6

9 Vgl.Kommentar; I/S.374

1o I/S.1o7

11 Vgl. Kapitel XXII. Ebd.; S.111-113

12 Ebd.; S.113

13 Ebd.; S.112

14 Vgl.ebd.; S.114

15 Ebd.; S.112

16 Ebd.; S.113

17 Ulrich Bräker, Über die Bücher. In: II/S.139 - 142; S.142.

18 Vgl.Bräker, Lebensgeschichte; I/S.139

19 Ebd.; S.187

2o Ebd.; S.3o6

21 Vgl.ebd.; S.25o

22 Vgl.ebd.; S.267

23 Vgl.ebd.; S.111

[24] Ebd.; S.117

[25] Ebd.; S.149

[26] Ebd.; S.91

[27] Ebd.; S.99

[28] Vgl.ebd.; S.129

[29] Ebd.; S.274/275

[3o] Vgl.Anmerkung 17

[31] II/S.14o

[32] Ebd.; S.14o

[33] Ebd.; S.141

[34] Vgl.Tagebucheintragung vom 7.Januar 1791; II/S.1o3/1o4

[35] Ebd.; S.1o4

[36] Ebd.; S.1o4

[37] Bräker, Lebensgeschichte; I/S.328

[38] Ulrich Bräker, Schreiben an meinen Sohn - /11.April 1788/. In: I/S.364 - 365;S.365

[39] Vgl.Bräker, Lebensgeschichte; I/S.3o6

[4o] Ebd.; S.3o6

[41] Ebd.; S.3o7

[42] Bräker, Über die Bücher; II/S.142

[43] Vgl.Bräker, Lebensgeschichte; I/S.116

[44] Bräker, Über die Bücher; II/S.141

[45] Ebd.; S.142

[46] Bräker, Lebensgeschichte; I/S.252

[47] Vgl.Mayer, Aufklärer und Plebejer; S.124 - 126

[48] Vgl.Ulrich Bräker,Etwas über William Shakespeares Schauspiele. Von einem armen ungelehrten Weltbürger, der das Glück genoß, ihn zu lesen. In: III/S.333 - 442

[49] Peter Wapnewski, Ulrich Bräker, Der arme Mann im Tockenburg. In: Die ZEIT-Bibliothek der 1oo Bücher. Hg.v.Fritz J.Raddatz. Frankfurt/M.: Suhrkamp 198o. S.129 - 132; S.13o

[5o] Vgl.Johann Wolfgang von Goethe, Zum Shakespeares-Tag. In: J.W.G., Werke. Hg.v.Erich Trunz. 14 Bde. München: dtv 1982. Band 12: Schriften zur Kunst. Schriften zur Litera-

tur. Maximen und Reflexionen. S.224-227

51 Ebd.; S.227

52 Werner Mahrholz, Deutsche Selbstbekenntnisse. Ein Beitrag zur Geschichte der Selbstbiographie von der Mystik bis zum Pietismus. Berlin: Furche 1919; S.199/2oo

53 Bräker, Shakespeare; III/S.336

54 Vgl.ebd.; S.439

55 Karl Philipp Moritz, Anton Reiser. Ein psychologischer Roman. Hg.v. Wolfgang Martens. Stuttgart: Philipp Reclam jr. 198o; S.266

56 Bräker, Shakespeare; III/S.374

57 Ebd.; S.388

58 Ebd.; S.395

59 Ebd.; S.4o4

6o Ebd.; S.427

61 Ebd.; S.433

62 Ebd.; S.4o8

63 Ebd.; S.416

64 Ebd.; S.42o

65 Ebd.; S.421

66 Ebd.; S.371

67 Ebd.; S.432

68 Ebd.; S.335

69 Ebd.; S.442

7o Ebd.; S.437

71 Vgl.Heinrich Heine, Shakespeares Mädchen und Frauen. In: H.H., Werke und Briefe. Hg. v.Hans Kaufmann. 1o Bde. Berlin u.Weimar: Aufbau 198o. Band 5. S.459-588; S.462

72 Bräker, Shakespeare; III/S.438

73 Ebd.; S.4o7

74 Ebd.; S.4oo

75 Vgl.dazu besonders die Vorrede: Ebd.; S.335-336

[76] Mayer, Aufklärer und Plebejer; S.117

[77] Bräker, Lebensgeschichte; I/S.71/72

[78] Tagebucheintragung vom 17.Februar 1779. Vgl.Voellmy, Ulrich Bräker; S.219/22o

[79] Tagebucheintragung vom 15.Oktober 1795. Vgl.ebd.; S.31

[8o] Bräker, Lebensgeschichte; I/S.145

[81] Vgl.ebd.; S.113

[82] Ebd.; S.118, S.147

[83] Ebd.; S.113, S.122

[84] Ebd.; S.146

[85] Ebd.; S.147

[86] Ebd.; S.16o

[87] Vgl. Kapitel XLIV, "Reise nach Berlin". Ebd.; S.177-181

[88] Ebd.; S.197

[89] Ebd.; S.225

[9o] Ebd.; S.242

[91] Ebd.; S.257

[92] Ebd.; S.271

[93] Ebd.; S.281

[94] Ebd.; S.312

[95] Ebd.; S.25o

[96] Ebd.; S.251

[97] Tagebucheintragung vom 12.August 1787. Vgl.Voellmy, Ulrich Bräker; S.32

[98] Bräker, Lebensgeschcihte; I/S.267

[99] Vgl.ebd.; S.277

[1oo] Vgl. Kapitel LXXIV, "Wohlehrwürdiger, Hoch- und Wohlgelehrter Herr Pfarrer Johann Caspar Lavater!". Ebd.; S.278-283

[1o1] Vgl. Kapitel LXXI. Ebd.; S.267-269

[1o2] Ebd.; S.267/268

[1o3] Ebd.; S.269

[1o4] Ebd.; S.27o

[1o5] Vgl.dazu die beiden Dialoge "Peter und Paul" (I/S.346-358) und "Balz und Andres" (I/S.359-363) aus dem Anhang zur Lebensgeschichte

[1o6] Ebd.; S.342

[1o7] Bräker, Lebensgeschichte; I/S.288

[1o8] Ebd.; S.29o

[1o9] Ebd.; S.292

[11o] Ebd.; S.291

ZUSAMMENFASSUNG

[1] So der Titel eines Aufsatzes, erschienen in: Harald Weinrich, Literatur für Leser. Essays und Aufsätze zur Literaturwissenschaft. Stuttgart: Kohlhammer 1971; S.23-30

[2] E 129. In: Georg Christoph Lichtenberg, Schriften und Briefe. Hg.v. Wolfgang Promies. 4 Bde. München: Hanser 1966 ff. Bd.1; S.368

[3] Vgl. Friedrich Nietzsche, Ecce homo. Wie man wird, was man ist. In: F.N., Werke in zwei Bänden. Hg.v.Ivo Frenzel. München u.Wien: Hanser [5]1981. S.399-481; S.449

BIBLIOGRAPHIE

(A) PRIMÄRLITERATUR

(1) Deutsche Literatur des 18.Jahrhunderts

Johann Bernhard Basedow, Elementarwerk. Ein geordneter Vorrath aller nöthigen Erkenntniß. Zum Unterrichte der Jugend, von Anfang, bis ins academische Alter, zur Belehrung der Eltern, Schullehrer und Hofmeister, zum Nutzen eines jeden Lesers, die Erkenntnis zu vervollkommnen. 4 Bde. Dessau: Crusius 1774

Johann Adam Bergk, Die Kunst, Bücher zu lesen. Nebst Bemerkungen über Schriften und Schriftsteller. Jena: Hempel 1799 /= Reprint München-Pullach u.Berlin: Dokumentation Saur 1971/

Ulrich Bräker, Leben und Schriften /.../. Dargestellt u.hg.v.Samuel Voellmy. 3 Bde. Basel: Birkhäuser 1945

Joachim Heinrich Campe, Ueber einige verkannte wenigstens ungenützte Mittel zur Beförderung der Indüstrie, der Bevölkerung und des öffentlichen Wohlstandes. Wolfenbüttel: Schulbuchhandlung 1786

Johann Ludwig Ewald, Die Kunst, ein gutes Mädchen, eine gute Gattinn, Mutter und Hausfrau zu werden. Ein Handbuch für erwachsene Töchter, Gattinnen und Mütter. Hg.v. Friedrich Jacobs. Wien: Mausberger ^{5}1827

Karl Ludwig Gieseke, Der travestierte Hamlet. Eine Burleske in deutschen Knittelversen mit Arien und Chören. Wien: Binzische Buchhandlung 1798

/Ernst August Anton von Göchhausen/, Das Wertherfieber, ein unvollendetes Familienstück. Nieder-Teutschland 1776

Johann Wolfgang Goethe, Sämtliche Werke. Jubiläumsausgabe. 40 Bde. Stuttgart u.Berlin: J.G. Cotta 1907

Johann Wolfgang Goethe, Gedenkausgabe der Werke, Briefe und Gespräche. 28.August 1949. 24 Bde. u. 3 Ergänzungsbde. Hg.v.Ernst Beutler. Zürich: Artemis 1948 ff.

Johann Wolfgang Goethe, Werke. Hg.v.Erich Trunz. 14 Bde. München: dtv 1982

Briefwechsel zwischen Goethe und Zelter in den Jahren 1796 bis 1832. 6 Teile. Hg.v. Friedrich Wilhelm Riemer. Berlin: Duncker und Humblot 1833/34

/Johann Melchior Goeze/, Kurze aber nothwendige Erinnerungen über die Leiden des jungen Werthers, über eine Recension derselben, und über verschiedene nachher erfolgte dazu gehörige Aufsätze. Hamburg: C.G.Schröders Wittwe 1775

August Siegfried von Goué, Masuren oder der junge Werther. Ein Trauerspiel aus dem Illyrischen. Frankfurt u.Leipzig 1775

Johann Georg Hamann, Sämtliche Werke. Hg.v. Josef Nadler. 6 Bde. Wien: Herder 1949 ff.

Johann Gottfried Herder, Sämmtliche Werke. Hg.v.Bernhard Suphan. 33 Bde. Berlin: Weidmannsche Buchhandlung 1877 ff.

Theodor Gottlieb von Hippel, Kreuz- und Querzüge des Ritters A. bis Z. Zwei Teile. Leipzig: Göschen 1860

Friedrich Hölderlin, Sämtliche Werke. Hg.v.Friedrich Beißner. 8 Bde. Stuttgart: J.G. Cottasche Buchhandlung Nachfolger 1946 ff.

Jean Paul, Sämtliche Werke. I.Abteilung: 19 Bde. II.Abteilung: 5 Bde. III.Abteilung: 9 Bde. Hg.v.d. Preußischen Akademie der Wissenschaften/ Deutschen Akademie der Wissenschaften zu Berlin. Weimar: H.Böhlaus Nachf. 1927 ff./ Berlin: Akademie-Verlag 1952 ff. (Reprint 1975 ff.)

Johann Heinrich Jung-Stilling, Sämmtliche Werke. Neue vollständige Ausgabe. 12 Bde. Stuttgart: J.Scheible 1841-42

Johann Heinrich Jung-Stilling, Lebensgeschichte. Hg.v. Gustav Adolf Benrath. Darmstadt: Wiss. Buchgesellschaft 1976

Johann Heinrich Jung-Stilling, Briefe an Verwandte, Freunde und Fremde aus den Jahren 1787 - 1816. Hg.v. Hans W.Panthel. Hildesheim: Gerstenberg 1978

Immanuel Kant, Sämmtliche Werke. Hg.v.Karl Rosenkranz und Friedrich Wilhelm Schubert. 12 Bde. Leipzig: L.Voss 1838 ff.

Heinrich von Kleist, Werke. Hg.v.Erich Schmidt. 5 Bde. Leipzig: Bibliogr.Institut o.J.

Friedrich Maximilian Klinger, Werke. 12 Bde. Leipzig: G.Fleischer 1832

Friedrich Maximilian Klinger, Dramatische Jugendwerke. Hg.v. Hans Berendt und Kurt Wolff. 3 Bde. Leipzig: E.Rowohlt 1912 ff.

Friedrich Maximilian Klinger, Werke in zwei Bänden. Ausgewählt und eingeleitet von Hans Jürgen Geerdts. Berlin und Weimar: Aufbau-Verlag 1964

F.M.Klinger's Theater. 4 Bde. Riga: J.F.Hartknoch 1786 f.

Friedrich Maximilian Klinger, Briefbuch. Hg.v.Max Rieger. Darmstadt: A.Bergsträsser 1896 (= M.Rieger, Friedrich Maximilian Klinger. Sein Leben und Werke. Zugabe zum zweiten Teil)

Adolph Freiherr von Knigge, Sämtliche Werke. Hg.v.Paul Raabe. 24 Bde. Nendeln: KTO Press 1978 ff. (= Reprint der Erstausgabe)

August /Heinrich Julius/ Lafontaine, Moralische Erzählungen. 4 Bde. Berlin: Vossische Buchhandlung 1796

Johann Anton Leisewitz, Julius von Tarent und die dramatischen Fragmente. Stuttgart: Göschen 1889 (= Deutsche Literaturdenkmale des 18. und 19.Jahrhunderts 32 /= Reprint Darmstadt: Wissenschaftliche Buchgesellschaft 1969/)

Jakob Michael Reinhold Lenz, Gesammelte Schriften. Hg.v.Franz Blei. 5 Bde. München und

Leipzig: Georg Müller 1909-1913

Jakob Michael Reinhold Lenz, Briefe über die Moralität der Leiden des jungen Werthers. Eine verloren geglaubte Schrift der Sturm- und Drangperiode aufgefunden und herausgegeben von L. Schmitz-Kallenberg. Münster: Franz Coppenrath 1918

Briefe von und an J.M.R.Lenz. Gesammelt und herausgegeben von Karl Freye und Wolfgang Stammler. 2 Bde. Leipzig: Kurt Wolff 1918

Gotthold Ephraim Lessing, Werke. Hg.v. Herbert G.Göpfert. 8 Bde. München: Hanser 1970 ff.

Georg Christoph Lichtenberg, Schriften und Briefe. Hg.v.Wolfgang Promies. 4 Bde. München: Hanser 1968 ff.

Man denkt verschieden bey Werthers Leiden. Ein Schauspiel in drey Aufzügen. O.O. 1779

Johann Martin Miller, Siegwart. Eine Klostergeschichte. 2 Bde. Leipzig: Weygand 1776 (Reprint Stuttgart: Metzler 1971 /= Deutsche Neudrucke. Reihe Texte des 18. Jahrhunderts/)

Karl Philipp Moritz, Werke. Hg.v. Horst Günther. 3 Bde. Frankfurt/M.: Insel 1981

Karl Philipp Moritz, Anton Reiser. Ein psychologischer Roman. Hg.v.Wolfgang Martens. Stuttgart: Ph.Reclam jr. 1980

Karl Philipp Moritz, ΓΝΩΘΙ ΣΑΥΤΟΝ oder Magazin zur Erfahrungsseelenkunde als ein Lesebuch für Gelehrte und Ungelehrte. 10 Bde. Berlin: A.Mylius 1783-1792

Friedrich Müller (Maler Müller), Dichtungen. Hg.v.Hermann Hettner. 2 Bde. Leipzig: Brockhaus 1868 (= Bibliothek der deutschen Nationalliteratur des 18. und 19.Jahrhunderts 10 u. 11)

/Johann Gottwerth Müller/, Siegfried von Lindenberg. 4 Teile. Wien 1787

Johann Karl August Musäus, Grandison der Zweite, Oder Geschichte des Herrn von N***. Eisenach 1760

Wilhelm Ehrenfried Neugebauer, Der teutsche Don Quichotte oder die Begebenheiten des Marggraf von Bellamonte. Komisch und satyrisch beschrieben. Mit einem Anhang der Fabeln und Totengespräche. Hg.v.Lieselotte E.Kurth und Harold Jantz. Berlin u. New York: De Gruyter 1972 (= Ausgaben Deutscher Literatur des XV. bis XVIII. Jahrhunderts. Unter Mitwirkung von Käthe Kahlenberg. Hg.v. Hans-Gert Roloff. Reihe Roman I)

Friedrich Nicolai, Freuden des jungen Werthers. Leiden und Freuden Werthers des Mannes. Voran und zuletzt ein Gespräch. Berlin: Nicolai 1775

/Johann Pezzl/, Abdul Erzerums neue persische Briefe. Wien u.Leipzig: Joseph Stahel 1787

/Johann Pezzl/, Ulrich von Unkenbach und seine Steckenpferde. 2 Teile. Wien: J.W.Degen 1800-1802

Friedrich Schiller, Werke. Nationalausgabe. Hg.v.Julius Petersen u.a. 43 Bde. Weimar: H.

Böhlaus Nachf. 1943 ff.

Christian Friedrich Daniel Schubart, Briefe. Hg.v.Ursula Wertheim u. Hans Böhm. München: C.H.Beck 1984

Christian Friedrich Daniel Schubart, Leben und Gesinnungen. Von ihm selbst, im Kerker aufgesetzt. 2 Tle. Stuttgart: Gebr.Mäntler 1791

Stürmer und Dränger. Hg.v.H.Sauer. 3 Bde. Berlin u.Stuttgart: W.Seemann o.J. (=Deutsche National Literatur. Historisch kritische Ausgabe. Hg.v. Joseph Kürschner. Bd.79-81)

/Christian Friedrich Timme/, Der Empfindsame Maurus Pankratius Ziprianus Kurt, auch Selmar genannt. Ein Mode-Roman. 4 Tle. Erfurt: G.A.Keyser 1781-82

Ueber die Mittel, bessere Bücher in die Hände der niedrigern lesenden Menschenklasse zu bringen. In: Berlinische Monatsschrift. Hg.v.F.Gedike u. J.E.Biester. 6 (Juli-Dezember 1785). Berlin: Haude u.Spener 1785; S.295-311

Johann Heinrich Voss, Briefe. Nebst erläuternden Beilagen hg.v. Abraham Voß. 3 Bde. Leipzig: H.Weinedel 1840

Christian August Vulpius, Rinaldo Rinaldini, der Räuberhauptmann. Romantische Geschichte. Hg. und Nachwort v. Karl Riha. Frankfurt/M.: Insel 1980

Heinrich Leopold Wagner, Gesammelte Werke in fünf Bänden. Zum ersten Mal vollständig hg. durch Leopold Hirschberg. Potsdam: Hadern 1923 /nur Band 1 erschienen/

Heinrich Leopold Wagner, Die Kindermörderin. Ein Trauerspiel. Hg.v. Jörg-Ulrich Fechner. Stuttgart: Ph.Reclam jr. 1969

Johann Carl Wezel, Belphegor oder Die wahrscheinlichste Geschichte unter der Sonne. Hg.u. mit einem Nachwort versehen von Hubert Gersch. Frankfurt/M.: Insel 1984

Christoph Martin Wieland, Werke /Hg.v.H.Düntzer/. 40 Bde. Berlin: Hempel /1839 ff./

Christoph Martin Wieland, Die Abenteuer des Don Sylvio von Rosalva. Hg.v. Heinrich Vormweg. Köln u.Berlin: Kiepenheuer & Witsch 1963

Christoph Martin Wieland, Briefwechsel. Hg.v. Hans Werner Seiffert. Berlin: Akademie-Verlag 1963 ff.

Heinrich Zschokke, Stunden der Andacht zur Beförderung wahren Christenthums und häuslicher Gottesverehrung. 8 Bde. Aarau: H.R.Sauerländer 1816

(2) Literatur anderer Sprachen und Epochen

Dante Alighieri, La divina commedia. Hg.v.G.M.Tamburini. Firenze: Società Editrice Toscana o.J.

Aurelius Augustinus, Confessionum libri tredecim. Hg.v.Pius Knöll. Prag, Wien u.Leipzig: Freytag u.Tempsky 1896

Aurelius Augustinus, Contra Academicos libri tres, de beata vita liber unus, de ordine libri duo. Hg.v.Pius Knöll. Wien u.Leipzig: Hölder-Pichler-Tempsky 1922

Bertolt Brecht, Gesammelte Gedichte. 4 Bde. Frankfurt/M.: Suhrkamp 1976

Miguel de Cervantes Saavedra, Don Quixote de la Mancha. Hg.v.Martín de Riquer. Barcelona: Editorial Juventud 1950

Miguel de Cervantes Saavedra, Leben und Taten des scharfsinnigen Edlen Don Quixote von La Mancha. Übersetzt von Ludwig Tieck. Mit Illustrationen von Gustave Doré. 2 Bde. Berlin: Rütten & Loening 1966

Henry Fielding, The History of Tom Jones. Hg.v.R.P.C.Mutter. Harmondsworth: Penguin 1966

Henry Fielding, Joseph Andrews. Hg.v.Martin C.Battestin. Oxford: Clarendon Press 1967

Die ganze Heilige Schrift des Alten und Neuen Testamentes. Das Buch der Bücher /Vorl.Endfassung d.Einheitsübersetzung/. Stuttgart: Belser 1974

Georg Wilhelm Friedrich Hegel, Werke. Hg.v.Eva Moldenhauer und Karl Markus Michel. 20 Bde. Frankfurt/M.: Suhrkamp 1970

Heinrich Heine, Werke und Briefe. Hg.v.Hans Kaufmann. 10 Bde. Berlin u.Weimar: Aufbau-Verlag 1980

Eduard Mörike, Sämtliche Werke. Hg.v.Gerhart Baumann. 3 Bde. Stuttgart: Cotta 1954

Friedrich Nietzsche, Werke in zwei Bänden. Hg.v.Ivo Frenzel. München u.Wien: Hanser ^{5}1981

Edgar Allan Poe, Collected Works. Hg.v.Thomas Ollive Mabbott. 3 Bde. Cambridge/Mass.u. London: The Belknap Press of Harvard University Press 1969 ff.

Jean-Paul Sartre, Les mots. O.O.: Gallimard 1964

William Shakespeare, The Tragedy of Hamlet, Prince of Denmark. Hg.v.Edward Hubler. New York: Signet 1963

William Shakespeare, The Tragedy of Romeo and Juliet. Hg.v.J.A.Bryant jr. New York: Signet 1963

Voltaire, Dictionnaire philosophique. 8 Bde. Paris: Edition Touquet 1821

Christa Wolf, Kindheitsmuster. Roman. Darmstadt u.Neuwied: Luchterhand 1979

(B) SEKUNDÄRLITERATUR

(1) Lexika, Literaturgeschichten und allgemeine Hilfsmittel

Will und Ariel Durant, Kulturgeschichte der Menschheit. 18 Bde. Frankfurt/M., Wien u.Berlin: Ullstein 1981 ff.

Eduard Fuchs, Illustrierte Sittengeschichte. Ausgewählt u.eingeleitet v.Thomas Huonker. 6 Bde. Frankfurt/M.: Fischer 1985

Geschichte der deutschen Literatur vom 18.Jahrhundert bis zur Gegenwart. Hg.v. Viktor Žmegač Bd.I/1. Königstein/Ts.: Athenäum 1978

Geschichte der deutschen Literatur von den Anfängen bis zur Gegenwart. Bd.6: Vom Ausgang des 17.Jahrhunderts bis 1789. V.einem Autorenkollektiv unter d.Leitung v.Werner Rieck, Paul Günter Krohn, Hans-Heinrich Reuter, Regine Otto. Berlin: Volk und Wissen 1979

Jacob und Wilhelm Grimm, Deutsches Wörterbuch. 33 Bde. Reprint München: dtv 1984

Arnold Hauser, Sozialgeschichte der Kunst und Literatur. München: C.H.Beck 1973

Kindlers Literatur Lexikon. Hg.v.Wolfgang von Einsiedel. 25 Bde. München: dtv 1974

The Pelican Guide to English Literature 4: From Dryden to Johnson. Hg.v.Boris Ford. Harmondsworth: Penguin 1968

Hainer Plaul, Illustrierte Geschichte der Trivialliteratur. Hildesheim, Zürich u.New York: Olms Presse 1983

Johann Heinrich Zedler, Grosses vollständiges Universal-Lexikon. 64 Bde. + 4 Suppl.-Bde. Leipzig: J.H.Zedler 1732 ff. (Reprint Graz: Akad. Druck- und Verlagsanstalt 1961 ff.)

(2) Literaturtheorie

Victor Erlich, Russischer Formalismus. München: Hanser 1964

Georg Lukács, Die Theorie des Romans. Ein geschichtsphilosophischer Versuch über die Formen der großen Epik. Neuwied/Rhein u. Berlin-Spandau: Luchterhand ^{2}1963

Krystyna Pomorska, Russian Formalist Theory and its Poetic Ambiance. Den Haag u.Paris: Mouton 1968 (= Slavistic Printings and Reprintings 82)

Russischer Formalismus. Texte zur allgemeinen Literaturtheorie und zur Theorie der Prosa. Hg. u.eingeleitet von Jurij Striedter. München: W.Fink 1971

(3) Literatur im 18.Jahrhundert

Werner M.Bauer, Fiktion und Polemik. Studien zum Roman der österreichischen Aufklärung. Phil. Habil.Innsbruck 1976

Marion Beaujean, Der Trivialroman in der zweiten Hälfte des 18.Jahrhunderts. Die Ursprünge des modernen Unterhaltungsromans. Bonn: H.Bouvier u.Co. [2]1969 (= Abhandlungen zur Kunst-, Musik- und Literaturwissenschaft 22)

Eva D.Becker, Der deutsche Roman um 1780. Stuttgart: Metzler 1964 (= Germanistische Abhandlungen 5)

Klaus L.Berghahn, Volkstümlichkeit ohne Volk? Kritische Überlegungen zu einem Kulturkonzept Schillers. In: Popularität und Trivialität. Fourth Wisconsin Workshop. Hg.v.Reinhold Grimm und Jost Hermand. Frankfurt/M.: Athenäum 1974; S.51-75

Jörg-Ulrich Fechner, Leidenschafts- und Charakterdarstellung im Drama. In: Sturm und Drang. Ein literaturwissenschaftliches Studienbuch. Hg.v.Walter Hinck. Kronberg/Ts.: Athenäum 1978

Wolff Fleischer, Enttäuschung und Erinnerung. Untersuchungen zur Entstehung des modernen deutschen Romans im letzten Drittel des 18.Jahrhunderts. Frankfurt/M., Bern u.New York: Lang 1983 (= Marburger germanistische Studien 1)

Kurt-Ingo Flessau, Familien-, Unterhaltungs- und Reiseromane. In: Deutsche Literatur. Eine Sozialgeschichte. Hg.v.Horst Albert Glaser. Bd.5: Zwischen Revolution und Restauration. 1786-1815. Hg.v.Horst Albert Glaser. Reinbek b.Hamburg: Rowohlt 1980; S. 204-218

Rolf Grimminger, Roman. In: Hansers Sozialgeschichte der deutschen Literatur vom 16.Jahrhundert bis zur Gegenwart. Hg.v. Rolf Grimminger. Bd.3: Deutsche Aufklärung bis zur Französischen Revolution 1680-1789. Hg.v.Rolf Grimminger. München: dtv 1980; S.635-715

Karl S.Guthke, Kabale und Liebe. In: Schillers Dramen. Neue Interpretationen. Hg.v. Walter Hinderer. Stuttgart: Ph.Reclam jr. 1979; S.58-86

Heide Hüchting, Die Literatursatire der Sturm- und Drang-Bewegung. Berlin: Junker und Dünnhaupt 1942 (= Neue deutsche Forschungen/ Abt.Neuere deutsche Literaturgeschichte 36)

Andreas Huyssen, Drama des Sturm und Drang. Kommentar zu einer Epoche. München: Winkler 1980

Wolfgang Kayser, Entstehung und Krise des modernen Romans. Stuttgart: Metzler 1955 (=Sonderdruck aus DVjs 28 (1954))

Heinz Kindermann, Theatergeschichte der Goethezeit. Wien: H.Bauer 1948

Heinrich von Kleists Nachruhm. Eine Wirkungsgeschichte in Dokumenten. Hg.v.Helmut Sembdner. Bremen: Schünemann 1967

Werner Kließ, Sturm und Drang. Gerstenberg, Lenz, Klinger, Leisewitz, Wagner, Maler Müller. Velber: Friedrich 1966 (= Friedrichs Dramatiker des Welttheaters 25)

Werner Krauss, Studien zur deutschen und französischen Aufklärung. Berlin: Rütten & Loening 1963 (=Neue Beiträge zur Literaturwissenschaft 16)

Lieselotte E.Kurth, Die zweite Wirklichkeit. Studien zum Roman des achtzehnten Jahrhunderts. Chapel Hill: The University of North Carolina Press 1969

Gert Mattenklott, Melancholie in der Dramatik des Sturm und Drang. Stuttgart: Metzler 1968

(= Studien zur allgemeinen und vergleichenden Literaturwissenschaft 1)

Kurt Otten, Der englische Roman vom 16. zum 19.Jahrhundert. Berlin: E.Schmidt 1971 (= Grundlagen der Anglistik und Amerikanistik 4)

Roy Pascal, Shakespeare in Germany 1740-1815. Cambridge: University Press 1937

Roy Pascal, Der Sturm und Drang. Stuttgart: Kröner [2]1977

Mario Praz, Liebe, Tod und Teufel. Die schwarze Romantik. München: dtv [2]1981

Wolfgang Promies, Kinderliteratur im späten 18.Jahrhundert. In: Hansers Sozialgeschichte der deutschen Literatur vom 16.Jahrhundert bis zur Gegenwart. Hg.v. Rolf Grimminger. Bd.3: Deutsche Aufklärung bis zur Französischen Revolution 1680-1789. Hg.v. Rolf Grimminger. München: dtv 1980; S.765-831

Heinz Hubert Saddeler, Die Muttergestalt im Drama des Sturmes und Dranges. Phil.Diss. Düsseldorf: J.B.Gerlach & Co. 1938

Gerhard Sauder, Argumente der Fiktionskritik 1680-1730 und 1960-1970. In: GRM 26 (1976); S.129-140

Albrecht Schoene, Säkularisation als sprachbildende Kraft. Studien zur Dichtung deutscher Pfarrersöhne. Göttingen: Vandenhoek & Ruprecht 1958 (= Palaestra. Untersuchungen aus der deutschen und englischen Philologie und Literaturgeschichte 226)

Jörg Schönert, Roman und Satire im 18.Jahrhundert. Ein Beitrag zur Poetik. Stuttgart: Metzler 1969 (= Germanistische Abhandlungen 27)

Herbert Singer, Der galante Roman. Stuttgart: Metzler 1961

Ian Watt, Der bürgerliche Roman. Aufstieg einer Gattung. Defoe - Richardson - Fielding. Frankfurt/M.: Suhrkamp 1974

Rudolf Weil, Das Berliner Theaterpublikum unter A.W.Ifflands Direktion (1796 bis 1814). Ein Beitrag zur Methodologie der Theaterwissenschaft. Berlin: Selbstverlag der Gesellschaft für Theatergeschichte 1932 (= Schriften der Gesellschaft für Theatergeschichte 44)

Erwin Wolff, Der englische Roman im 18.Jahrhundert. Wesen und Formen. Göttingen: Vandenhoek & Ruprecht 1964

Ralph-Rainer Wuthenow, Das Bild und der Spiegel. Europäische Literatur im 18.Jahrhundert. München u. Wien: Hanser 1984

(4) Theorie des Lesens

André Banuls, "Phantastisch zwecklos"? - Variationen über die Bücher und das Leben. In: André Banuls, Phantastisch zwecklos? Essays über Literatur. Zum 65. Geburtstag. Hg.v. Wolfgang Zimmer u. Marie-Louise Roth. Würzburg: Königshausen + Neumann 1986; S.3-11

Walter Benjamin, Denkbilder. In: Walter Benjamin, Gesammelte Schriften. Hg.v.Tillman Rexroth.

Bd.IV/I: Kleine Prosa. Baudelaire-Übertragungen. Frankfurt/M.: Suhrkamp 1972; S. 305-438

Otto F. Best, Der weinende Leser. Kitsch als Tröstung, Droge und teuflische Verführung. Frankfurt/M.: Fischer 1985

Peter Bichsel, Der Leser. Das Erzählen. Frankfurter Poetik-Vorlesungen. Darmstadt u.Neuwied: Luchterhand 1982

Hans Blumenberg, Die Lesbarkeit der Welt. Frankfurt/M:: Suhrkamp 1981

Robert Escarpit, Y a-t-il des degrés dans la littérature? In: Littérature savante et littérature populaire. Bardes, conteurs, écrivains. (Société française de littérature comparée. Actes du sixième congrès national. Rennes 1963) Paris 1965; S.1 -10

Sigmund Freud, Studienausgabe. Hg.v. Alexander Mitscherlich, Angela Richards u.James Strachey. 10 Bde. Frankfurt/M.: S.Fischer 1969

Ludwig Giesz, Phänomenologie des Kitsches. Ein Beitrag zur anthropologischen Ästhetik. Heidelberg: W.Rothe 1960

Aldous Huxley, Beyond the Mexique Bay. A Traveller's Journal. London: Chatto & Windus 1950

Wolfgang Iser, Der Akt des Lesens. Theorie ästhetischer Wirkung. München: W.Fink 1976

Wolfgang Iser, Der implizite Leser, Kommunikationsformen des Romans von Bunyan bis Beckett. München: W.Fink 1972

Walter Killy, Schreibweisen - Leseweisen. München: C.H.Beck 1982

Helmut Kreuzer, Trivialliteratur als Forschungsproblem. Zur Kritik des deutschen Trivialromans seit der Aufklärung. In: DVjs 41 (1967); S.173-191

Victor Lange, Das Interesse am Leser. In: Historizität in Sprach- und Literaturwissenschaft. Vorträge und Berichte der Stuttgarter Germanistentagung 1972. Hg.v. Walter Müller-Seidel. München: W.Fink 1974; S.31-46

Lesebilder. Geschichten und Gedanken zur literarischen Sozialisation. Hg.v.Dietmar Larcher und Christine Spiess. Reinbek b.Hamburg: Rowohlt 1980; S.42-46

Lese-Erlebnisse 2. Hg.v.Heinrich Pleticha.Frankfurt/M.: Suhrkamp 1978

Ludwig Muth, Die Frau als Leserin - damals und heute. In: Librarium. Zeitschrift der schweizerischen Bibliophilen-Gesellschaft 18 (1975); S.51-57

Manfred Naumann, Dieter Schlenstedt, Karlheinz Barck, Dieter Kliche, Rosemarie Lenzer: Gesellschaft - Literatur - Lesen. Literaturrezeption in theoretischer Sicht. Berlin u. Weimar: Aufbau-Verlag 1976

Ludwig Völker, Langeweile. Untersuchungen zur Vorgeschichte eines literarischen Motivs. München: W.Fink 1975

Harald Weinrich, Für eine Literaturgeschichte des Lesers. In: Harald Weinrich, Literatur für

Leser. Essays und Aufsätze zur Literaturwissenschaft. Stuttgart: Kohlhammer 1971; S.23-30

Heiner Willenberg, Zur Psychologie literarischen Lesens. Wahrnehmung, Sprache und Gefühle. Paderborn: Schöningh 1978 (= Informationen zur Sprach- und Literaturdidaktik 15)

Heinke Wunderlich u. Gisela Klemt-Kozinowski, Leser und Lektüre. Bilder und Texte aus zwei Jahrhunderten. Dortmund: Harenberg 1985

(5) Lesen im 18.Jahrhundert

Rolf Engelsing, Der Bürger als Leser. Lesergeschichte in Deutschland 1500-1800. Stuttgart: Metzler 1974

Georg Jäger, Empfindsamkeit und Roman. Wortgeschichte, Theorie und Kritik im 18.und frühen 19.Jahrhundert. Stuttgart: Kohlhammer 1969 (= Studien zur Poetik und Geschichte der Literatur 11)

Thomas Koebner, Lektüre in freier Landschaft. Zur Theorie des Leseverhaltens im 18.Jahrhundert. In: Leser und Lesen im 18.Jahrhundert. Colloquium der Arbeitsstelle Achtzehntes Jahrhundert. Gesamthochschule Wuppertal, Schloß Lüntenbeck, 24.-26.Oktober 1975. Heidelberg: Winter 1977 (= Beiträge zur Geschichte der Literatur und Kunst des achtzehnten Jahrhunderts 1); S.40-57

Dominik von König, Lesesucht und Lesewut. In: Buch und Leser. Vorträge des ersten Jahrestreffens des Wolfenbütteler Arbeitskreises für Geschichte des Buchwesens, 13.und 14.Mai 1976. Hg.v.Herbert G.Göpfert. Hamburg: Dr.Ernst Hauswedell & Co. 1977 (= Schriften des Wolfenbütteler Arbeitskreises für Geschichte des Buchwesens 1); S.89-125

Helmut Kreuzer, Gefährliche Lesesucht? Bemerkungen zu politischer Lektürekritik im ausgehenden 18.Jahrhundert. In: Lesen und Leser im 18.Jahrhundert. Colloquium der Arbeitsstelle Achtzehntes Jahrhundert. Gesamthochschule Wuppertal, Schloß Lüntenbeck, 24.-26. Oktober 1975. Heidelberg: Winter 1977; S.62-75

Wolfgang Martens, Formen bürgerlichen Lesens im Spiegel der deutschen Moralischen Wochenschriften. In: Lesegesellschaften und bürgerliche Emanzipation. Ein europäischer Vergleich. Hg.von Otto Dann. München: C.H.Beck 1981; S.55-70

Alberto Martino u. Marlies Stützel-Prüsener, Publikumsschichten, literarische und Lesegesellschaften, Leihbibliotheken. In: Deutsche Literatur. Eine Sozialgeschichte. Hg.v. Horst Albert Glaser. Bd.4: Zwischen Absolutismus und Aufklärung: Rationalismus, Empfindsamkeit, Sturm und Drang. 1740-1786. Hg.v.Ralph-Rainer Wuthenow. Reinbek b.Hamburg: Rowohlt 1980; S.42-54

Alberto Martino u. Marlies Stützel-Prüsener, Publikumsschichten, Lesegesellschaften und Leihbibliotheken. In: Deutsche Literatur. Eine Sozialgeschichte. Hg.v.Horst Albert Glaser. Bd.5: Zwischen Revolution und Restauration. 1786-1815. Hg.v.Horst Albert Glaser. Reinbek bei Hamburg: Rowohlt 1980; S.45-57

Martin Neubauer, Die Leseexplosion im 18.Jahrhundert. Von Büchern, Lesern und Verlegern. In: Historisches Magazin 69 (März/April 1985); S.38-44

Gerhard Sauder, Gefahren empfindsamer Vollkommenheit für Leserinnen und die Furcht vor Romanen in einer Damenbibliothek. Erläuterungen zu Johann Georg Heinzmann, "Vom Lesen der Romanen" und "Einleitung und Entwurf zu einer Damenbibliothek" aus: J,G.H., Die Feyerstunden der Grazien. Ein Lesebuch, Bern 1780. In: Leser und Lesen im 18.Jahrhundert. Colloquium der Arbeitsstelle Achtzehntes Jahrhundert. Gesamthochschule Wuppertal, Schloß Lüntenbeck, 24.-26.Oktober 1975. Heidelberg: Winter 1977; S.83-91

Rudolf Schenda, Volk ohne Buch. Studien zur Sozialgeschichte der populären Lesestoffe 1770-1910. München: dtv 1977

Levin L.Schücking, Die puritanische Familie in literar-soziologischer Sicht. Bern u.München: Francke [2]1964

Albert Ward, Book Production, Fiction, and the German Reading Public 1740-1800. London: Oxford University Press 1974

(6) Erziehungswissenschaft

Philippe Ariès, Geschichte der Kindheit. Mit einem Vorwort von Hartmut von Hentig. München u.Wien: Hanser 1976

Ludwig Fertig, Zeitgeist und Erziehungskunst. Eine Einführung in die Kulturgeschichte der Erziehung in Deutschland von 1600 bis 1900. Darmstadt: Wiss. Buchgesellsch. 1984

Kurt Hauck, Das Spiel in der Erziehung des 18.Jahrhunderts. Phil.Diss. Halle/Saale 1935

Johan Huizinga, Homo ludens. Vom Ursprung der Kultur im Spiel. Reinbek: Rowohlt 1956

(7) Theorie und Geschichte der Autobiographie

Ingrid Aichinger, Künstlerische Selbstdarstellung. Goethes "Dichtung und Wahrheit" und die Autobiographie der Folgezeit. Wien: Phil.Habil. 1973

Die Besteigung des Mont Ventoux 1336. Konzipiert u.gestaltet v.Werner Hohl. Buchausstellung der Universitätsbibliothek Graz 1986

Gisela Brude-Firnau, Aus meinem Leben. Dichtung und Wahrheit. In: Goethes Erzählwerk. Interpretationen. Hg.v.Paul Michael Lützeler und James E.McLeod. Stuttgart: Reclam 1985; S.319-343

Pierre Courcelle, Les confessions de Saint Augustin dans la tradition littéraire. Antécédents et postérité. Paris: Études augustiennes 1963

Pierre Courcelle, Recherches sur les confessions de Saint Augustin. Paris: Éditions E.de Boccard 1968

Johannes Geffcken, Augustins Tolle-lege-Erlebnis. In: Archiv für Religionswissenschaft 31 (1934); S.1-13

Werner Mahrholz, Deutsche Selbstbekenntnisse. Ein Beitrag zur Geschichte der Selbstbiographie von der Mystik bis zum Pietismus. Berlin: Furche 1919

Klaus-Detlef Müller, Autobiographie und Roman. Studien zur literarischen Autobiographie der Goethezeit. Tübingen: Niemeyer 1976 (= Studien zur deutschen Literatur 46)

James Olney, Metaphors of Self. The meaning of autobiography. Princeton: University Press 1972

Ralph-Rainer Wuthenow, Das erinnerte Ich. Europäische Autobiographie und Selbstdarstellung im 18.Jahrhundert. München: C.H.Beck 1974

(8) Zu einzelnen Autoren

(a) Ulrich Bräker

Werner Günther, Nachwort zu: Ulrich Bräker, Lebensgeschichte und natürliche Ebenteuer des Armen Mannes im Tockenburg. Stuttgart: Reclam 1965; S.247-261

Hans Mayer, Aufklärer und Plebejer: Ulrich Bräker, der arme Mann im Tockenburg. In: H.M., Von Lessing bis Thomas Mann. Wandlungen der bürgerlichen Literatur in Deutschland. Pfullingen: Neske 1959; S.110-133

Wolfgang Pfeiffer-Belli, Nachwort zu: Ulrich Bräker, der arme Mann im Tockenburg. München: Winkler 1965; S.219-229

Samuel Voellmy, Ulrich Bräker. Der arme Mann im Tockenburg. Ein Kultur- und Charakterbild aus dem achtzehnten Jahrhundert. Zürich: Seldwyla 1923

Peter Wapnewski, Ulrich Bräker, Der arme Mann im Tockenburg. In: Die ZEIT-Bibliothek der 100 Bücher. Hg.v.Fritz J.Raddatz. Frankfurt/M.: Suhrkamp 1980; S.129-132

(b) Goethes "Leiden des jungen Werther"

Richard Alewyn, "Klopstock!" In: Euphorion 73 (1979); S.357-358

Johann Wilhelm Appell, Werther und seine Zeit. Zur Goethe-Literatur. Oldenburg: Schulzesche Hof-Buchhandlung und Hof-Buchdruckerei [3]1882

Stuart Pratt Atkins, The Testament of Werther in Poetry and Drama. Cambridge/Mass.: Harvard University Press 1949 (= Harvard Studies in Comparative Literature 19)

Stefan Blessin, Die Romane Goethes. Königstein: Athenäum 1979

Die deutschen Werther-Gedichte. Hg.v.Fritz Adolf Hünich. In: Jahrbuch der Sammlung Kippenberg 1 (1921); S.181-254

Bruce Duncan, "Emilia Galotti lag auf dem Pult aufgeschlagen": Werther as (Mis-)Reader. In: Goethe Yearbook. Publications of the Goethe Society of North America. Hg.v.Thomas P. Saine. Vol.I. Columbia: Camden House 1982; S.42-50

Ernst Feise, Lessings "Emilia Galotti" und Goethes "Werther". In: Modern Philology 15 (1917); S.321-338

Gottfried Fittbogen, Die Charaktere in den beiden Fassungen von Werthers Leiden. In: Euphorion 17 (1910); S.556-582

Leonard Forster, Werther's Reading of "Emilia Galotti". In: Publications of the English Goethe Society NS 27 (1957/58); S.33-45

Richard Friedenthal, Goethe. Sein Leben und seine Zeit. München: dtv 1968

Goethes "Werther" als Modell für kritisches Lesen. Materialien zur Rezeptionsgeschichte, zusammengestellt und eingeleitet von Karl Hotz. Stuttgart: Klett 1974

Goethe und Werther. Briefe Goethe's, meistens aus seiner Jugendzeit, mit erläuternden Documenten. Hg.v.August Kestner. Stuttgart u.Tübingen: Cotta 1854

Ilse Appelbaum Graham, Minds without Medium. Reflections on "Emilia Galotti" and "Werthers Leiden". In: Euphorion 56 (1962); S.3-24

Anselm Haverkamp, Illusion und Empathie. Die Struktur der 'teilnehmenden Lektüre' in den "Leiden Werthers". In: Erzählforschung. Ein Symposion. Hg.v.Eberhard Lämmert. Stuttgart: Metzler 1982 (= Germanistische Symposien. Berichtsbände 4); S.243-268

John Hennig, Goethes Translations of Ossian's "Songs of Selma". In: The Journal of English and Germanic Philology 45 (1946); S.77-87

Klaus Hübner, Alltag im literarischen Werk. Eine literatursoziologische Studie zu Goethes Werther. Heidelberg: Groos 1982

Fritz Adolf Hünich, Aus der Wertherzeit. In: Jahrbuch der Sammlung Kippenberg 4 (1924); S.249-281

Robert T.Ittner, Werther and "Emilia Galotti". In: The Journal of English and Germanic Philology 41 (1942); S.418-426

Georg Jäger, Die Wertherwirkung. Ein rezeptionsästhetischer Modellfall. In: Historizität in Sprach- und Literaturwissenschaft. Vorträge und Berichte der Stuttgarter Germanistentagung 1972. Hg.v.Walter Müller-Seidel. München: Fink 1974; S.389-409

Wolfgang Kayser, Die Entstehung von Goethes "Werther". In: DVjs 19 (1941); S.430-457

Die Leiden des jungen Werthers. Goethes Roman im Spiegel seiner Zeit. Eine Ausstellung des Goethe-Museums Düsseldorf. Anton-und-Katharina-Kippenberg-Stiftung in Verbindung mit der Stadt Wetzlar. Hg.v.Jörn Göres. Düsseldorf: Goethe-Museum 1972

Walther Migge, Goethes "Werther". Entstehung und Wirkung. In: Insel Almanach auf das Jahr 1973. Die Leiden des jungen Werthers. Goethes "Werther" als Schule der Leidenschaften. Frankfurt/M.: Insel 1972; S.23-69

Peter Müller, Der junge Goethe im zeitgenössischen Urteil. Berlin: Akademie-Verlag 1969 (= Deutsche Bibliothek 2)

Alfred Nollau, Das literarische Publikum des jungen Goethe von 1770 bis zur Übersiedlung nach Weimar. Weimar: Böhlau 1935 (= Literatur und Leben 5)

Julius Petersen, Goethe und Lessing. Ansprache zur Eröffnungsfeier des Braunschweiger Goethe-Lessing-Jahres am 20.Januar 1929. In: Euphorion 29 (1930); S.175-188

Ilse H.Reis, Ulrich Plenzdorfs Gegen-Entwurf zu Goethes "Werther". Francke: Bern u.München 1977

Klaus R.Scherpe, Werther und Wertherwirkung. Zum Syndrom bürgerlicher Gesellschaftsordnung im 18.Jahrhundert. Bad Homburg/Berlin/Zürich: Gehlen 1970

Heinz Schlaffer, Exotik und Esoterik in Goethes Romanen. In: Goethe-Jahrbuch 95 (1978); S.212-227

Hans Rudolf Vaget, Die Leiden des jungen Werthers. In: Goethes Erzählwerk. Interpretationen. Hg.v.Paul Michael Lützeler und James E.McLeod. Stuttgart: Reclam 1985; S.37-72

Erdmann Waniek, "Werther" lesen und Werther als Leser. In: Goethe Yearbook. Publications of the Goethe Society of North America. Hg.v.Thomas P.Saine. Vol.I. Columbia: Camden House 1982; S.51-92

Zeitgenössische Rezensionen und Urteile über Goethes "Götz" und "Werther". Hg.v.Hermann Blumenthal. Berlin: Junker und Dünnhaupt 1935 (= Literarhistorische Bibliothek 14)

(c) Johann Heinrich Jung-Stilling

Gustav Adolf Benrath, Einleitung zu: Johann Heinrich Jung-Stilling, Lebensgeschichte. Hg.v.Gustav Adolf Benrath. Darmstadt: Wiss.Buchgesellsch. 1976; S.IX-XXXI

Werner Bergengruen, Zu Heinrich Stillings Jugend. In: W.Bergengruen, Mündlich gesprochen. Zürich: Arche 1963; S.180-184

Max Geiger, Aufklärung und Erweckung. Beiträge zur Erforschung Johann Heinrich Jung-Stillings und der Erweckungstheologie. Zürich: EVZ-Verlag 1963 (= Basler Studien zur historischen und systematischen Theologie 1)

Dieter Gutzen, Johann Heinrich Jung-Stilling. In: Deutsche Dichter des 18.Jahrhunderts. Ihr Leben und Werk. Hg.v.Benno von Wiese. Berlin: E.Schmidt 1977; S.446-461

(d) Friedrich Maximilian Klinger

Gottlieb Fritz, Der Spieler im deutschen Drama des achtzehnten Jahrhunderts. Phil.Diss. Berlin: B.Paul 1896

Hans-Jürgen Geerdts, Über die Romane Friedrich Maximilian Klingers. In: Wissenschaftliche Zeitschrift der Friedrich-Schiller Universität Jena 3 (1953/54); S.455-470

Christoph Hering, Friedrich Maximilian Klinger. Der Weltmann als Dichter. Berlin: De Gruyter 1966

Ludwig Jacobowski, Klinger und Shakespeare. Ein Beitrag zur Shakespearomanie der Sturm-

und Drangperiode. Dresden u.Leipzig: E.Pierson 1891

Fritz Martini, Die Feindlichen Brüder. Zum Problem des gesellschaftskritischen Dramas von J.A.Leisewitz, F.M.Klinger und F.Schiller. In: Jahrbuch der deutschen Schillergesellschaft 16 (1972); S.208-266

Fritz Osterwalder, Die Überwindung des Sturm und Drang im Werk Friedrich Maximilian Klingers. Die Entwicklung der republikanischen Dichtung in der Zeit der Französischen Revolution. Berlin: E.Schmidt 1979 (= Philologische Studien und Quellen 96)

Max Rieger, Friedrich Maximilian Klinger. Sein Leben und Werke. 2 Tle. Darmstadt: A.Bergsträsser 1880 u.1896

Klaus R.Scherpe, Die Räuber. In: Schillers Dramen. Neue Interpretationen. Hg.v.Walter Hinderer. Stuttgart: Ph.Reclam jr. 1979; S.9-36

Friedrich-Adolf Schmidt, Maler Müllers dramatisches Schaffen unter besonderer Berücksichtigung seiner Faust-Dichtungen. Phil.Diss.Göttingen 1936

Olga Smoljan, Friedrich Maximilian Klinger. Leben und Werk. Weimar: Arion 1962 (= Beiträge zur deutschen Klassik 12)

Heinz Steinberg, Studien zu Schicksal und Ethos bei F.M.Klinger. Berlin: E.Ebering 1941 (= Germanistische Studien 234)

Herbert Morgan Waidson, F.M.Klingers Stellung zur Geistesgeschichte seiner Zeit. Phil.Diss. Leipzig: M.Dittert 1939

(e) Jakob Michael Reinhold Lenz

Curt Hohoff, Jakob Michael Reinhold Lenz in Selbstzeugnissen und Bilddokumenten. Reinbek b.Hamburg: Rowohlt 1977

Paul Michael Lützeler, Jakob Michael Reinhold Lenz: Die Soldaten. In: Interpretationen. Dramen des Sturm und Drang. Stuttgart: Ph.Reclam jr. 1987; S.129-159

Ottomar Rudolf, Jacob Michael Reinhold Lenz. Moralist und Aufklärer. Bad Homburg, Berlin u. Zürich: Gehlen 1970

Britta Titel, "Nachahmung der Natur" als Prinzip dramatischer Gestaltung bei Jakob Michael Reinhold Lenz. Phil.Diss. Frankfurt/M. 1963

(f) Karl Philipp Moritz

Adam John Bisanz, Die Ursprünge der 'Seelenkrankheit' bei Karl Philipp Moritz. Heidelberg: C.Winter 1970

Eckehart Catholy, Karl Philipp Moritz und die Ursprünge der deutschen Theaterleidenschaft. Tübingen: M.Niemeyer 1962

Hugo Eybisch, Anton Reiser. Untersuchungen zur Lebensgeschichte von K.Ph.Moritz und zur Kritik seiner Autobiographie. Leipzig: Voigtländer 1909 (= Probefahrten. Erstlingsarbeiten aus dem Deutschen Seminar in Leipzig 14)

Josef Fürnkäs, Der Ursprung des psychologischen Romans. Karl Philipp Moritz' "Anton Reiser". Stuttgart: Metzler 1977

Josef Grolimund, Das Menschenbild in den autobiographischen Schriften Karl Philipp Moritz'. Eine Untersuchung zum Selbstverständnis des Menschen in der Goethezeit. Zürich: Juris 1967

H.E.Meredith, Self-education in the 18th Century: The Readings of K.Ph.Moritz. Diss.Univ. of Texas, Austin 1963

Arno Schmidt, Die Schreckensmänner/Karl Philipp Moritz zum 200. Geburtstag. In: A.Schmidt, Der sanfte Unmensch. Unverbindliche Betrachtungen eines Überflüssigen. Frankfurt/M. u. Berlin: Ullstein 1963; S.133-156

Hans Joachim Schrimpf, Karl Philipp Moritz. Stuttgart: Metzler 1980 (= Sammlung Metzler 195)

H.Rudolf Vaget, Das Bild vom Dilettanten bei Moritz, Schiller und Goethe. In: Jahrbuch des Freien Deutschen Hochstifts. Hg.v. Detlev Lüders. Tübingen: Niemeyer 1970; S.1-31

Dietrich Weber, Lektüre im "Anton Reiser". In: Leser und Lesen im 18.Jahrhundert. Colloquium der Arbeitsstelle Achtzehntes Jahrhundert. Gesamthochschule Wuppertal, Schloß Lüntenbeck, 24.-26.Oktober 1975. Heidelberg: Winter 1977; S.58-61

(g) Heinrich Leopold Wagner

Jürgen Haupt, "Die Kindermörderin". Ein bürgerliches Trauerspiel vom 18.Jahrhundert bis zur Gegenwart. In: Orbis litterarum 32 (1977); S.285-301

Erich Schmidt, Heinrich Leopold Wagner. Goethes Jugendgenosse. Jena: Ed.Fromann 2 1879

Heinz-Dieter Weber, Kindesmord als tragische Handlung. In: Der Deutschunterricht 28/2 (1976); S.75-97

(h) Christoph Martin Wieland und der Quixote-Roman

Gustav Becker, Die Aufnahme des Don Quixote in die englische Literatur (1605 bis c.1770). Phil.Diss.Berlin 1902

Lienhard Bergel, Cervantes in Germany. In: Cervantes Across the Centuries. A Quadricentennial Volume edited by Angel Flores and M.J.Benardete. New York: Gordian Press 1969; S.315-352

Gerhard Buck, "Writtem in Imitation of the Manner of Cervantes". In: GRM 29 (1941); S.53-61

Cervantes und seine Werke nach deutschen Urtheilen. Mit einem Anhange: Die Cervantes-Bibliographie. Hg.v.Edmund Dorer. Leipzig: W.Friedrich 1881

Dana B.Drake, Don Quijote in World Literature. A Selective, Annotated Bibliography. New

York u.London: Garland 1980 (= Don Quijote (1894-1970): A Selective, Annotated Bibliography, Vol.III)

Michel Foucault, Die Ordnung der Dinge. Eine Archäologie der Humanwissenschaften. Frankfurt/M.: Suhrkamp 1974

Kathleen Harris, Beiträge zur Wirkung Fieldings in Deutschland (1742-1792). Phil.Diss. Göttingen 1960

Charles Haywood, Musical Settings to Cervantes Texts. In: Cervantes Across the Centuries. A Quadricentennial Volume edited by Angel Flores and M.J.Bernadete. New York: Gordian Press 1969; S.264-273

Gerhart Hoffmeister, Spanien und Deutschland. Geschichte und Dokumentation der literarischen Beziehungen. Berlin: E.Schmidt 1976 (= Grundlagen der Romanistik 9)

Volker Klotz, Das europäische Kunstmärchen. Fünfundzwanzig Kapitel seiner Geschichte von der Renaissance bis zur Moderne. München: dtv 1987

Lieselotte E.Kurth, W.E.N. - Der Teutsche Don Quichotte, oder die Begebenheiten des Marggraf von Bellamonte. Ein Beitrag zur Geschichte des deutschen Romans im 18.Jahrhundert. In: Jahrbuch der deutschen Schillergesellschaft 9 (1965); S.106-130

Harry Levin, The Example of Cervantes. In: H.Levin, Contexts of Criticism. Cambridge/ Mass.: Harvard University Press 1958 (=Harvard Studies in Comparative Literature 22); S.79-96

Alfred Martens, Untersuchungen über Wielands Don Sylvio mit Berücksichtigung der übrigen Dichtungen der Biberacher Zeit. Phil.Diss. Halle/Saale: E.Karras 1901

J.G.Müller von Itzehoe und die deutsche Spätaufklärung. Studien zur Literatur und Gesellschaft im 18.Jahrhundert. Hg.v. Alexander Ritter. Heide: Westholsteinische Verlagsanstalt Boyens & Co. 1978 (= Steinburger Studien 1)

Vladimir Nabokov, Die Kunst des Lesens. Cervantes' "Don Quijote". Hg.v. Fredson Bowers. Mit einem Vorwort von Guy Davenport. Frankfurt/M.: S.Fischer 1985

Max Hellmut Neumann, Cervantes in Deutschland. In: Die neueren Sprachen 25 (1918); S.147-162; S.193-213

Wolfgang Preisendanz, Die Auseinandersetzung mit dem Nachahmungsprinzip in Deutschland und die besondere Rolle der Romane Wielands (Don Sylvio, Agathon). In: Nachahmung und Illusion. Kolloquium Gießen Juni 1963. Vorlagen und Verhandlungen. Hg.v. Hans Robert Jauss. München: Eidos 1964; S.72-95

Marthe Robert, Das Alte im Neuen. Von Don Quichotte zu Franz Kafka. München: Hanser 1968

Julius Schwering, Cervantes' Don Quijote und der Kampf gegen den Roman in Deutschland. In: Euphorion 29 (1928); S.497-503

Guy Stern, A German Imitation of Fielding: Musäus' "Grandison der Zweite". In: Comparative Literature 10 (1958); S.335-343

Augustus Wood, Einfluß Fieldings auf die deutsche Literatur. Phil.Diss. Yokohama 1895

DANKSAGUNGEN

An dieser Stelle sei allen jenen Universitätslehrern gedankt, die mir während meines Studiums bei meiner methodischen und fachlichen Ausbildung geholfen haben; insbesondere dem Betreuer der vorliegenden Arbeit, Herrn Univ.-Prof.Mag.Dr. Wendelin Schmidt-Dengler, der deren Entstehungsprozeß - ausgehend von einer fünfzehnseitigen Proseminarsarbeit - stets mit hilfreichem und wohlwollendem Interesse verfolgt hat. Für die Ausarbeitung des Kapitels 3/I erhielt ich zu Aurelius Augustinus eine Reihe bibliographischer und sachlicher Hinweise von Herrn Dr.Werner Hensellek und Herrn Mag.Dr.Peter Schilling, beide von der Kirchenväterkommission der Österreichischen Akademie der Wissenschaften; ihnen sei an dieser Stelle ebenfalls herzlich gedankt. Vorrangig gebührt mein Dank aber meinen Eltern Rosa und Martin Neubauer, die mich nicht nur in meiner Studienzeit voller Verständnis und Liebe unterstützt haben. Ihnen sei diese Arbeit auch zugeeignet.

STUTTGARTER ARBEITEN ZUR GERMANISTIK
herausgegeben von
Ulrich Müller, Franz Hundsnurscher und Cornelius Sommer

SAG 1: Christian Hörburger, Das Hörspiel der Weimarer Republik.Versuch einer kritischen Analyse. 1975, 512 Seiten, kart., ISBN 3-88099-002-6 DM 75.-

SAG 2: Jürgen Friedmann, Frank Wedekinds Dramen nach 1900. Eine Untersuchung zur Erkenntnisfunktion seiner Dramen.
1975, 192 Seiten, kart., ISBN 3-88099-00-X DM 32.-

SAG 3: Knud Willenberg, Tat und Reflexion. Zur Konstitution des bürgerlichen Helden im deutschen Trauerspiel des 18. Jahrhunderts,
1975, 304 Seiten, kart., ISBN 3-88099-001-8 DM 42.-

SAG 4: Festschrift für Adalbert Schmidt zum 70. Geburtstag. Herausgeben von Gerd Stein und Gerlinde Weiss.
1976, 568 Seiten, 12 Abb., kart., ISBN 3-88099-033-4 DM 78.-

SAG 5: David Bathrick, The Dialectic and the Early Brecht: An Interpretive Study of "Trommeln in der Nacht". 1975, 152 Seiten, kart., ISBN 3-88099-004-3 DM 30.-

SAG 6: Klaus-Peter Ewald, Engagierte Dichtung im 17. Jahrhundert. Versuch einer Erklärung des Psalmendichtungsphänomens dargestellt am Beispiel der Psalmen 23 und 130. 1975, 390 Seiten, kart., ISBN 3-88099-005-0 DM 55.-

SAG 7: Erika Haas, Ideologie und Mythos, Studien zur Erzählstruktur und Sprache im Werk Anna Seghers. 1975, 260 Seiten, kart., ISBN 3-88099-006-9 DM 34.-

SAG 8: Josemaria Taberner Prat, Über den "Marat/Sade" von Peter Weiss: Artistische Kreation und rezeptive Mißverständnisse.
1976 438 Seiten, kart., ISBN 3-88099-007-5 DM 54.-

SAG 9: Hans Ternes, Das Groteske in den Werken Thomas Manns.
1975, 142 Seiten, kart., ISBN 3-88099-008-5 vergriffen

SAG 10: Peter Nasse, Die Frauenzimmer-Bibliothek des Hamburger "Patrioten" von 1724. Zur weiblichen Bildung in der Frühaufklärung.
1976, 775 Seiten, kart., ISBN 3-88099-009-3 DM 88.-

SAG 11: Angelika Steets, Die Prosawerke Ödön von Horvaths. Versuch einer Bedeutungsanalyse. 1975, 292 Seiten, kart., ISBN 3-88099-010-7 DM 38.-

SAG 12: Albert J. Camigliano, Friedrich Schiller and Christian Gottfried Körner, A Critical Relationship. 1976, 218 Seiten, kart., ISBN 3-88099-011-5 DM 32.-

SAG 13: Frederick George Thomas Bridgham, Rainer Maria Rilke: Urbild and Verzicht.
1975, 250 Seiten, kart., ISBN 3-88099-013-1 vergriffen

SAG 14: Isolde Vöpel, Der Satzduktus in Schillers dramatischer Versrede.
1976, 182 Seiten, kart., ISBN 3-88099-013-1 DM 32.-

SAG 15: Gunda Lusser-Mertelsmann, Max Frisch. Die Identitätsproblematik in seinem Werk aus psychoanalytischer Sicht.
1976, 352 Seiten, kart., ISBN 3-88099-014-X vergriffen

SAG 16: Leoni Müller-Loreck, Die erzählende Dichtung Lou Andrea Salomes. Ihr Zusammenhang mit der Literatur um 1900.
1976. 256 Seiten, kart., ISBN 3-88099-015-8 DM 32.-

SAG 17: Philipp A. Mellen, Gerhart Hauptmann and Utopia.
1976, 124 Seiten, kart., ISBN 3-88099-016-6 DM 24.-

SAG 18: Richard D. Hacken, The Religious Thought of Martin Opitz as the Determinant of this Poetic Theory and Practice.
1976, 124 Seiten, kart., ISBN 3-88099-017-4 DM 21.-

SAG 19: Ute Schneider, Der moralische Charakter. Versuch einer Gattungsbestimmung anhand der frühen Moralischen Wochenschriften.
1976, 265 Seiten, kart., ISBN 3-88099-018-2 DM 42.-

SAG 20: Fritz Rüdiger Sammern-Frankenegg, Perspektivische Strukturen einer Erinnerungsdichtung. Studien zur Deutung von Storms "Immensee".
1976, 231 Seiten, kart., ISBN 3-88099-019-0 DM 33.-

SAG 21: Judith Popovich Aikin, The Mission of Rome in the Dramas of Daniel Caspar von Lohenstein, Historical Tragedy as Prophecy and Polemic.
1976, 348 Seiten, kart., ISBN 3-88099-020-4 DM 46.-

SAG 22: Günter Scholdt, Der Fall Norbert Jacques. Über Rang und Niedergang eines Erzählers (1880-1954),
1976, 532 Seiten, kart., ISBN 3-88099-021-2 DM 69.-

SAG 23: Wolfgang Minaty, Paul Boldt und die 'Jungen Pferde' des Expressionismus.
1976, 122 Seiten, kart., ISBN 3-88099-022-0 DM 18.-

SAG 24: George Wallis Field, Hermann Hesse. Kommentar zu seinen sämtlichen Werken. 1976, 2. Auflage 1980, 256 Seiten, kart., ISBN 3-88099-023-9 DM 38.-

SAG 25: Käte Hamburger, Kleine Schriften zur Literatur und Geistesgeschiche. 1976, 2. erweiterte Aufl. 1986, 352 Seiten, kart., ISBN 3-88099-024-7 DM 50.-

SAG 26: Edward Mc Innes, The Development of German Social Drama 1840-1900.
1976, 300 Seiten, kart., ISBN 3-88099-025-5 vergriffen

SAG 27: Rolf-Werner Nolle, Das Motiv der Verführung. Verführer und "Verführte" als dramatische Entwürfe moralischer Wertordnung in den Trauerspielen von Gryphius, Lohenstein und Lessing.
1976, 408 Seiten, kart., ISBN 3-88099-026-3 DM 45.-

SAG 28: Karl Müller, Das Dekadenz-Problem in der österreichischen Literatur um die Jahrhundertwende, dargelegt an Texten von Hermann Bahr, Richard von Schaukal, Hugo von Hofmannsthal und Leopold von Andrian.
1976, 164 Seiten, kart., ISBN 3-88099-02-1 vergriffen

SAG 29: Jaikyung Hahn, Helfrich Peter Sturz (1736-1799): Der Essayist, der Künstler der Weltmann. Leben und Werke. Mit einer Edition des vollständigen Briefwechsels.
1976, 532 Seiten, 32 Abb. kart., ISBN 3-88099-028-X DM 75.-

SAG 30: Manfred Michael, Friedrich Hebbels Herodes und Mariamne: Litera historische Studien zur gesellschaftlichen Funktion und Klassenbedingtheit von Werk und Wirkung.
1977, 742 Seiten, kart., ISBN 3-88099-029-8 DM 80.-

SAG 31: Glen A. Dolberg, The Reception of Johann Joachim Winckelmann in Modern German Prose Fiction.
1977, 165 Seiten, kart., ISBN 3-88099-030-1 DM 28.-

SAG 32: Anthony J. Harper, "David Schirmer - a Poet of the German Baroque"
1977, 262 Seiten, kart., ISBN 3-88099-031-X DM 40.-

SAG 33: Martin Hüttel, Marxistisch-leninistische Literaturtheorie: Die theoretische Bedeutung der Literaturkritik von Marx, Engels und Lenin.
1977, 164 Seiten, kart., ISBN 3-88099-032-8 DM 20.-

SAG 34: Jens Rieckmann, Der Zauberberg: Eine geistige Autobiographie Thomas Manns.
1977, 186 Seiten, kart., ISBN 3-88099-033-6 DM 29.-

SAG 35: Beth Bjorklund, A Study in Comparative Prosody: English and German Iambic Pentameter. 1978, 494 Seiten, kart., ISBN 3-88099-034-4 DM 68.-

SAG 36: Karl-Heinz Köhler, Poetische Sprache und Sprachbewußtsein um 1900: Untersuchungen zum frühen Werk Hermann Hesses, Paul Ernsts und Ricarda Huchs. 1977, 302 Seiten, kart., ISBN 3-88099-035-2 DM 42.-

SAG 37: Nancy Lukens, Büchner's Valerio and the Theatrical Fool Tradition.
1978, 232 Seiten, kart., ISBN 3-88099-035-0 DM 25.-

SAG 38: Alan Corkhill, The Motif of "Fate" in the Works of Ludwig Tieck.
1978, 240 Seiten, kart., ISBN 3-88099-039-5 DM 42.-

SAG 39: Vicki Hill, Bertolt Brecht and the Post-War French Drama
1978, 310 Seiten, kart., ISBN 3-88099-040-9 DM 42.-

SAG 40: Sibylle Mulot, Der junge Musil. Seine Beziehung zur Literatur und Kunst der Jahrhundertwende.
1977, 284 Seiten, kart., ISBN 3-88099-041-7 vergriffen

SAG 41: Guiseppe Dolei, L'arte come espiazione imperfetta: Saggio su Trakl.
1978, 186 Seiten, kart., ISBN 3-88099-042-5 DM 22.-

SAG 42: Naomi Ritter, House and Individual: The House Motif in German Literature of the 19th Century.
1978, 210 Seiten, kart., ISBN 3-88099-043-3 DM 34.-

SAG 43: William H. Wilkening, Otto Julius Bierbaum: The Tragedy of a Poet. A Biography,
1978, 216 Seiten, kart., ISBN3-888099-044-1 DM 45.-

SAG 44: Michael Wulff, Konkrete Poesie und sprachimmanente Lüge. Von Ernst Jandl zu Ansätzen einer Sprachästhetik.
1978, 672 Seiten, kart., ISBN 3-88099-045-X DM 85.-

SAG 45: Werner Brändle, Die dramatischen Stücke Martin Walsers. Variationen über das Elend des bürgerlichen Subjekts.
1978, 248 Seiten, kart., ISBN 3-88099-046-8 DM 34.-

SAG 46: Wolfgang Lechner, Mechanismen der Literaturrezeption in Österreich am Beispiel Ödön von Horvaths.
1978, 568 Seiten, kart., ISBN 3-88099-047-6 DM 78.-

SAG 47: Theodor Mechtenberg, Utopie als ästhetische Kategorie. Eine Untersuchung der Lyrik Ingeborg Bachmanns.
1978, 140 Seiten, kar., ISBN 3-88099-048-4 DM 18.-

SAG 48: Ekkehard Gühne, Gottscheds Literaturkritik in den "Vernünftigen Tadlerinnen" (1725/1726).
1978, 470 Seiten, kart., ISBN 3-88099-049-2 DM 65.-

SAG 49: Carolyn Thomas Dussere, The Image of the Primitive Giant in the Work of Gerhart Hauptmann.
1978, 263 Seiten, kart., ISBN 3-88099-50-6 DM 35.-

SAG 50: Hans Höller, Kritik einer literarischen Form: Versuch über Thomas Bernhard.
1979, 157 Seiten, kart., ISBN 3-88099-051-4 vergriffen

SAG 51: Manfred Léfèvre, Von der poletarisch-revolutionären zur antifaschistisch-sozialistischen Literatur. Die Entwicklung der Literaturkonzeption deutscher kommunistischer Schriftsteller von der End-Phase der Weimarer Republik bis zum Jahr 1935.
1979, 402 Seiten, kart., ISBN 3-88099-052-2 DM 62.-

SAG 52: Ehard Jöst, Agitation druch Kriegslyrik. Ein Unterrichtsmodell für den Deutschunterricht auf der Sekundarstufe II.
1978, 117 Seiten, kart., ISBN 3-88099-053-0 DM 10.-

SAG 53: Maria-Eva Jahn, Techniken der fiktiven Bildkomposition in Heinrich Heines Reisebildern.
1978, 80 Seiten, 8 Abb., ISBN 3- 88099-054-9 DM 26.-

SAG 54: Mary Gerhart-Weber, The Question of Belief in Literary Criticism: An Introduction of the Hermeneutical Theory of Paul Ricoeur.
1979, 408 Seiten, kart., ISBN 3-88099-055-7 DM 42.-

SAG 55: Heike Mück, Unterrichtseinheit Lustspiel: Gerhart Hauptmann. Der Biberpelz.
1979, 102 Seiten, kart., ISBN 3-88099-056-5 vergriffen

SAG 56: Gordon Browning, Tristan Tzara: The Genesis of the Dada Poem or from Dada to AA. 1979, 196 Seiten, kart., ISBN 3-88099-057-3 DM 35.-

SAG 57: Sabine D. Jordan, Ludwig Ferdinand Huber (1764-1804). His Life and Works.
1979, 307 Seiten, kart., ISBN 3-88099-58-1 DM 48.-

SAG 58: Erich Mayser, Heinrich Heines "Buch der Lieder" im 19. Jahrhundert.
1979, 286 Seiten, kart., ISBN 3-88099-059-X DM 40.-

SAG 59: Günther Gottschalk, Dichter und ihre Handschriften: Betrachtungen zu Autographen des jungen Hermann Hesse im Marbacher Archiv. .
1979, 108 Seiten, kart., ISBN 3-88099-060-3 DM 26.-

SAG 60: Elisabeth Welzig, Literatur und journalistische Literaturkritik: Untersucht an den steirischen Tageszeitungen 1945-1955.
1979, 232 Seiten, kart., ISBN 3-88099-061-1 DM 38.-

SAG 61: W. B: Mullan, Grillparzer's Aesthetic Theory: A Study with Special Reference to his Conception of the Drama as "eine Gegenwart".
1979, 188 Seiten, kart., ISBN 3-88099-62-X DM 32.-

SAG 62: Karl-Friedrich Dürr, Opern nach literarischen Vorlagen. Shakespeares: The Merry Wives of Windsor in den Vertonungen von Mosenthal - Nicilai: Die lustigen Weiber von Windsor und Boito - Verdi: Falstaff.
1979, 283 Seiten, kart., ISBN 3-88099-63-8 DM 40.-

SAG 63: Albrecht Staffhorst, Die Subjekt-Objekt-Struktur. Ein Beitrag zur Erzähltheorie.
1979, 275 Seiten, kart., ISBN 3-88099-064-6 DM 46.-

SAG 64: Mustafa Maher, Das Motiv der orientalischen Landschaft in der deutschen Dichtung von Klopstocks "Messias" bis zu Goethes "Diwan".
1979, 160 Seiten, kart., ISBN 3-88099-065-4 DM 32.-

SAG 65: Uwe Wolff, Thomas Mann. Der erste Kreis der Höller - Der Mythos im Doktor Faustus -. 1979, 204 Seiten, kart., ISBN 3-88099-066-2 vergriffen

SAG 66: Italo Michele Battafarano, Von Andrea zu Vico. Untersuchungen zur Beziehung zwischen deutscher und italienischer Literatur im 17. Jahrundert.
1979, 270 Seiten, kart., ISBN 3-88099-067-0 DM 49.-

SAG 67: Malcolm Pender, Max Frisch - His Work and its Swiss Background.
1980, 350 Seiten, kart., ISBN 3-88099-068-9 vergriffen

SAG 68: Keith Bullivant, Between Chaos and Order: The Work of Gerd Gaiser.
1980, 162 Seiten, kart., ISBN 3-88099-69-7 DM 35.-

SAG 69: Baher M. Elgohary, Joseph Freiherr von Hammer-Purgstall (1174-1856). Ein Dichter und Vermittler orientalischer Literatur.
1979, 276 Seiten, kart.,ISBN 3-88099-070-0 DM 45.-

SAG 70: Uwe Wolff, Goethes Paradies in Rätseln: Die 'Natürliche Tochter' im Spiegel der Wassermetaphorik.1980, 120 Seiten, kart., ISBN 3-88099-071-9 DM 22.-

SAG 71: Klaus Dautel, Zur Theorie des literarischen Erbes in der 'entwickelten sozialistischen Gesellschaft' der DDR: Rezeptionsvorgabe und Identitätsangebot.
1980, 452 Seiten, kart., ISBN 3-88099-072-7 DM 60.-

SAG 72: Marion Faber, Angels of Daring. Tightrope Walker and Acrobat in Nietzsche, Kafka, Rilke and Thomas Mann.1980, 177 Seiten, kart., ISBN 3-88099-076-X DM 35.-

SAG 73: Alan Bance, The German Novel 1945-1960.
1980, 184 Seiten, kart., ISBN 3-88099-077-8 DM 38.-

SAG 74: Ute M. Oelmann, Deutsche poetologische Lyrik nach 1945: Ingeborg Bachmann, Günter Eich, Paul Celan.
1980, 458 Seiten, kart., ISBN 3-88099-078-6 DM 64.-

SAG 75: Françoise Sopha, Die Romanwelt des Dichters Herbert Rosendorfer. Utopie und Groteske. 1980, 110 Seiten, kart., ISBN 3-88099-079-4 DM 25.-

SAG 76: David Hill, Klinger's Novels: The Structure of the Cycle. 1982, 234 Seiten, kart., ISBN 3-88099-080-8 DM 39.-

SAG 77: Gisela Gorski, ETA Hoffmann. Das Fräulein von Scuderi. 1980, 230 Seiten, kart., ISBN 3-88099-081-6 DM 38.-

SAG 78: Dieter Kasang, Wilhelminismus und Expressionismus: Das Frühwerk Fritz von Unruhs 1904-1921.
1980, 644 Seiten, kart., ISBN 3-88099-082-4 DM 90.-

SAG 79: Christian Sand, Anomie und Identität in der Prosa von Conrad Ferdinand Meyer. 1980, 282 Seiten, kart., ISBN 3-88099-083-2 DM 42.-

SAG 80: Sigrid Suesse-Fiedler, Lessings 'Nathan der Weise' und seine Leser. Eine wirkungsästhetische Studie. 1980, 384 Seiten, kart., ISBN 3-88099-084-0 DM 45.-

SAG 81: Sigrid Schmid-Bortenschlager, Dynamik und Stagnation. Hermann Brochs ästhetische Ordnung des politischen Chaos.
1980, 384 Seiten, kart., ISBN 3-88099-085-9 DM 39.-

SAG 82: Helen Elizabeth Chambers, Supernatural and Irrational Elements in the Works of Theodor Fontane. 1980, 278 Seiten, kart., ISBN 3-88099-086-7 DM 42.-

SAG 83: Michael Schneider, Geschichte als Gestalt. Gustav Freytags Roman "Soll und Haben". 1981, 200 Seiten, kart., ISBN 3-88099-087-5 DM 32.-

SAG 84: Gabriele Berginz-Plank, Literaturrezeption in einer Kleinstadt: Lesever-halten und Mediennutzung. Eine empirische Untersuchung.
1981, 420 Seiten, kart., ISBN 3-88099-088-3 DM 58.-

SAG 85: Stephen Roy Giles, The Problem of Action in Modern EuropeanDrama.
1981, 315 Seiten, kart., ISBN 3-88099-089-1 DM 45.-

SAG 86: Beverly Harris-Schenz, Black Images in 18th Century German Literatur.
1981, 176 Seiten, kart., ISBN 3-88099-090-5 DM 34.-

SAG 87: Edward Dvoretzky (Hg.), Lessing heute. Beiträge zur Wirkungsgeschichte.
1981, 412 Seiten, kart., ISBN 3-88099-091-3 DM 35.-

SAG 88: Thilo Joerger, Roman und Emanzipation. Johann Carl Wezels "Bürgerliche Epopee".
1981, 268 Seiten, kart., ISBN 3-88099-092-1 DM 44.-

SAG 89: Ingrid Laurien, 'Höfische' und 'bürgerliche' Elemente in den "Gaistlichen und Weltlichen Gedichten" Georg Rodolf Weckherlins (1684).
1981, 502 Seiten, kart., ISBN 3-88099-093-X DM 65.-

SAG 90: Helmut Rössler, Karl Kraus und Nestroy. Kritik und Verarbeitung.
1981, 208 Seiten, kart., ISBN 3-88099-094-8 DM 38.-

SAG 92: Klemens Renoldner, Utopie und Geschichtsbewußtsein. Versuche zur Poetik Christa Wolfs. 1981, 166 Seiten, kart., ISBN 3-88099-096-4 DM 35.-

SAG 93: Roland Schlink, Hoffmanns von Fallersleben vaterländische und gesellschaftskritische Lyrik. 1981, 120 Seiten, kart., ISBN 3-88099-097-X DM 29.-

SAG 94: Karl Menges (Hg.), AXIA. Davis Symposium on Literary Evaluation.
1981, 130 Seiten, kart., ISBN 3-88099-098-0 DM 35.-

SAG 95: Mohammad Qasim, Gustav Meyrink. Eine monographische Untersuchung.
1981, 238 Seiten, kart., ISBN 3-88099-099-9 vergriffen

SAG 96: Cornelia Stoffer-Heibel, Metaphernstudien: Versuch einer Typologie der Text- und Themafunktionen der Metaphorik in der Lyrik Ingeborg Bachmanns, Peter Huchels und Hans Magnus Enzenbergers. 1981, 468 Seiten, kart., ISBN 3-88099-100-6 DM 62.-

SAG 97: Renate M. Marschner, Utopie der Möglichkeit: Ästhetische Theorie dargestellt am "Mann ohne Eigenschaften" von Robert Musil.
1981, 234 Seiten, kart., ISBN 3-88099-101-4 DM 39.-

SAG 98: Susan L. Cocalis/Kay Goodman, Beyond the Eternal Feminine. Critical Essays on Women and German Literature.
1982, 442 Seiten, kart., ISBN 3-88099-102-2 DM 66.-

SAG 99: Amadou Booker Sadji, Lessing und das französische Theater.
1982, 342 Seiten, kart., ISBN 3-88099-103-0 DM 50.-

SAG 100: Josef Donnenberg (Hg.), Pose, Possen und Poesie. Zum Werk Hans Carl Artmanns. 1981, 186 Seiten, kart., ISBN 3-88099-104-9 vergriffen

SAG 101: Stanley Craven, Wolfgang Koeppen: A Study in Modernist Alienation.
1982, 415 Seiten, kart., ISBN 3-88099-105-7 DM 55.-

SAG 102: M.P.A. Travers, German Novels on the First World War and their Ideological Implications (1918-1933). 1982, 300 Seiten, kart., ISBN 3-88099-106-5 DM 44.-

SAG 103: Winfried Taschner, Tradition und Experiment. Erzählstrukturen und -funktionen des Bildungsromans in der DDR-Aufbauliteratur.
1981, 386 Seiten, kart., ISBN 3-88099-107-3 DM 53.-

SAG 104: Stephan Wackwitz, Trauer und Utopie um 1800 - Studien zu Hölderlins Elegienwerk. 1982, 216 Seiten, kart., ISBN 3-88099-108-1 vergriffen

SAG 105: Agnes Cardinal, The Figure of Paradox in the Work of Robert Walser.
1982, 116 Seiten, kart., ISBN 3-88099-109-X DM 28.-

SAG 106: Paul Peterken, Gesellschaftliche und fiktionale Identität. Eine Studie zu Theodor Gottlieb von Hippels Roman "Lebensläufe nach aufsteigender Linie nebst Beilagen A, B, C".
1981, 366 Seiten, kart., ISBN 3-88099-110-3 DM 48.-

SAG 107: Merle Curtis Krueger, Authors and the Opposition: West German Writers and the Social Democratic Party from 1945 to 1969.
1982, 818 Seiten, kart., ISBN 3-88099-111-1 DM 90.-

SAG 108: Belinda Carstens, Prostitution in the Works of Ödön von Horvath.
1982, 132 Seiten, kart., ISBN 3-88099-112-X DM 28.-

SAG 109: Wolfgang Ertl, Natur und Landschaft in der Lyrik der DDR: Walter Werner, Wulf Kirsten und Uwe Greßmann.
1982, 108 Seiten, kart., ISBN 3-88099-113-8 DM 24.-

SAG 110: Alain Michel, Militärschwank des kaiserlichen Deutschland. Dramaturgische Struktur und politische Funktion einer trivialen Lustspielform.
1982, 110 Seiten, kart., ISBN 3-88099-114-6 DM 24.-

SAG 111: Bruce Irvin Turner, Doderer and the Politics of Marriage: Personal and Social History in "Die Dämonen". 1982, 120 Seiten, kart., ISBN 3-88099-115-4 DM 25.-

SAG 112: Ronald M. Paulson, Robert Musil and the Ineffable: Hieroglyph, Myth, Fairy Tale and Sign. 1982, 242 Seiten, kart., ISBN 3-88099-116-2 DM 38.-

SAG 113: Martina Lauster, Die Objektivität des Innenraums. Studien zur Lyrik Georges, Hofmannsthals und Rilkes. 1982, 418 Seiten, kart., ISBN 3-88099-117-0 DM 60.-

SAG 114: Gilbert Merlio, Oswald Spengler, Temoin de son temps.
1983, 2 Bde, 1016 Seiten, kart., ISBN 3-88099-118-9 DM 138.-

SAG 115: Richard Carl Spuler, "Germanistik" in America: The Reception of German Classicism 1870-1905. 1983, 192 Seiten, kart., ISBN 3-88099-119-7 DM 38.-

SAG 116: Roger Woods, Ernst Jünger and the Nature of Political Commitment.
1983, 330 Seiten, kart., ISBN 3-88099-120-0 DM 40.-

SAG 117: Wull-Duk Yu, Max Frischs "Andorra" - Studien zur Rezeption eines 'Erfolgstücks'.
1982, 342 Seiten, kart., ISBN 3-88099-121-9 DM 46.-

SAG 118: Karl Schimpl, Weiterführung und Problematisierung. Untersuchungen zur künstlerischen Entwicklung von Gerhard Fritsch.
1982, 260 Seiten, kart., ISBN 3-88099-122-7 DM 40.-

SAG 119: Sigrid Schmid-Bortenschlager/Hanna Schnedl-Bubenicek, Österreichische Schriftstellerinnen 1880-1938. 1982, 226 Seiten, kart., ISBN 3-88099-123-5 DM 28.-

SAG 120: Werner Buthge, Anna Seghers: Werk - Wirkungsabsicht - Wirkungsmöglichkeit in der Bundesrepublik Deutschland.
1982, 280 Seiten, kart., ISBN 3-88099-124-3 vergriffen

SAG 121: Wolfgang Herles, Der Beziehungswandel zwischen Mensch und Natur im Spiegel der deutschen Literatur seit 1945. 1982, 234 Seiten, kart., ISBN 3-88099-125-1 DM 39.-

SAG 122: Marlis Mehra, Die Bedeutung der Formel "Offenbares Geheimnis" in Goethes Spätwerk. 1982, 280 Seiten, kart., ISBN 3-88099-126-X DM 39.-

SAG 123: Johann Pernkopf, Der 17. Juni 1953 in der Literatur der beiden deutschen Staaten. 1983, 326 Seiten, kart., ISBN 3-88099-127-8 DM 40.-

SAG 124: Rosemarie K. Lester, "Trivialneger". Das Bild des Schwarzen im westdeutschen Illustriertenroman. 1982, 304 Seiten, kart., ISBN 3-88099-128-6 DM 40.-

SAG 125: Peter Stockinger, Semiotik. Beitrag zu einer Theorie der Bedeutung.
1983, 460 Seiten, kart., ISBN 3-88099-129-4 DM 60.-

SAG 126: Ulrike Hick, Martin Walsers Prosa. Möglichkeiten des zeitgenössischen Romans unter Berücksichtigung des Realismusanspruchs.
1983, 304 Seiten., kart., ISBN 3-88099-130-8 DM 44.-

SAG 127: Christoph Frey, Das Subjekt als Objekt der Darstellung. Untersuchungen zur Bewußtseinsgestaltung fiktionalen Erzählens.
1983, 328 Seiten, kart., ISBN 3-88099-131-6 DM 45.-

SAG 128: Richard Wagner auf der Probe: 1876. Das Bayreuther Tagebuch des Ballettmeisters und Hilfsregisseurs **Richard Fricke.** Mit einem Nachwort von **Joachim Herz.**
1983, 174 Seiten, kart., ISBN 3-88099-132-4 DM 22.-

SAG 129: Richard Wagner 1883-1983. Die Rezeption im 19. und 20. Jahrhundert. Gesammelte Beiträge des Salzburger Symposions vom 3.-6.3.1983.
1984, 600 Seiten, kart., ISBN 3-88099-133-2 DM 75.-

SAG 130: Hugh Alexander Boag, Ernst Wiechert: The Prose Works in Relation to His Life and Times. 1985, 342 Seiten kart., ISBN 3-88099-134-0 DM 56.-

SAG 131: Anthony J. Harper, Schriften zur Lyrik Leipzigs 1620-1670.
1985, 152 Seiten, kart., ISBN 3-88099-135-9 DM 29.-

SAG 132: Andreas Mielke, Zeitgenosse Bonaventura.
1984, 296 Seiten, kart., ISBN 3-88099-136-7 DM 42.-

SAG 133: Heinrich Aretz, Heinrich von Kleist als Journalist. Untersuchungen zum "Phöbus", zur "Germania" und den "Berliner Abendblättern".
1984, 312 Seiten, kart., ISBN 3-88099-137-5 DM 45.-

SAG 134: Christa Gürtler, Schreiben Frauen anders? Untersuchungen zu Ingeborg Bachmann und Barbara Frischmuth.
1983, 418 Seiten, kart., ISBN 3-88099-138-3 DM 45.-

SAG 135: James Phillips, Yvan Goll and Bilingual poetry.
1984, 334 Seiten, kart., ISBN 3-88099-139-1 DM 46.-

SAG 136: Regine Fourie, Das "Abgrund"-Motiv in Hebbels Tagebüchern und Tragödien.
1984, 182 Seiten, kart., ISBN 3-88099-140-5 DM 39.-

SAG 137: Michael Sauer, Brecht in der Schule: Beiträge zu einer Rezeptionsgeschichte Brechts (1949-1980).
1984, 404 Seiten, kart., ISBN 3-88099-141-3 DM 58.-

SAG 138: Clement Reichholf, Gerhard Amanshauser. Ironie und Satire.
1986, 210 Seiten, kart., ISBN 3-88099-142-1 DM 32.-

SAG 139: Konstanze Bäumer, "Bettine, Psyche, Mignon". Bettina von Arnim und Goethe.
1986. 324 Seiten, kart., ISBN 3-88099-143-X DM 42.-

SAG 140: Cornelia Blasberg, Krise und Utopie der Intellektuellen. Kulturkritische Aspekte in Robert Musils Roman "Der Mann ohne Eigenschaften".
1984, 438 Seiten, kart., ISBN 3-88099-144-8 DM 59.-

SAG 141: Magdalena Maier-Petersen, Der "Fingerzeig Gottes" und die "Zeichen der Zeit". Pietistische Religiosität auf dem Weg zu bürgerlicher Identitätsfindung, untersucht an Selbstzeugnissen von Spener, Francke und Oetinger.
1984, 550 Seiten, kart., ISBN 3-88099-145-6 DM 69.-

SAG 142: William John Niven, The Reception of Friedrich Hebbel in Germany in the Era of National Socialism. 1984, 254 Seiten, kart., ISBN 3-88099-164-4 DM 36.-

SAG 143: Otto H. Olzien, Rainer Maria Rilke. Wirklichkeit und Sprache.
1984, 610 Seiten, kart., ISBN 3-88099-147-2 DM 74.-

SAG 144: Andrea Reiter, Der "Eckartbote" (1952-1982): Modell einer computer-gestützten Zeitschriftenanalyse als Beitrag zur Kritik völkisch-nationaler Ideologie.
1985, 440 Seiten, kart., ISBN 3-88099-148-0 DM 60.-

SAG 145: Fred Sommr, "Halb-Asien". German Nationalism and the Eastern European Works of Karl Emil Franzos. 1984, 204 Seiten, kart., ISBN 3-88099-149-9 DM 35.-

SAG 146: Hartmut Fröschle, Der Spätaufklärer Johann Heinrich Voß als Kritiker der deutschen Romantik. 1985, 208 Seiten, kart., ISBN 3-88099-150-2 DM 39.-

SAG 147: Hanna Schnedl-Bubenicek, Relationen. Zur Verfremdung des Christlichen in Texten von Heinrich Böll, Barbara Frischmuth, Günter Herburger, Jutta Schutting u.a.
1984, 278 Seiten, kart., ISBN 3-88099-151-0 DM 36.-

SAG 148: Nicole Pelletier, Franz Kafka et Robert Walser. Etude d'une relation litteraire.
1985. 368 Seoten, kart., ISBN 3-88099-152-9 DM 48.-

SAG 149: Philippe Buschinger, Die Arbeit in Goethes "Wilhelm Meister".
1985, 100 Seiten, kart., ISBN 3-88099-153-7 DM 24.-

SAG 150: Beiträge zur schwäbischen Literatur- und Geistesgeschichte. Hrsg. von **Hartmut Fröschle.** 1985, 180 Seiten, ISBN 3-88099-154-5 DM 28.-

SAG 151: Brian Keith-Smith, Lothar Schreyer. Gesammelte Aufsätze zu seinem Werk.
1988, 260 Seiten, kart., ISBN 3-88099-155-3 DM 60.-

SAG 152: Martin Norman Watson, The literary presentation of "Youth" in GDR Fiction: 1971-1980. 1987, 400 Seiten, kart., ISBN 3-88099-156-1 DM 66.-

SAG 153: Sylvia Weigelt, Otto Brunfels. Seine Wirksamkeit in der frühbürgerlichen Revolutin unter besonderer Berücksichtigung seiner Flugschrift "Vom Pfaffenzehnten".
1986, 138 Seiten, kart., ISBN 3-88099-157-0 DM 34.-

SAG 154: Yong Liang: Untersuchungen zur deutschen Fachsprache der elektronischen Datenverarbeitung (EDV). Eine morphematisch-semantische Analyse der Substantivbenennungen. 1985, 332 Seiten, kart., ISBN 3-88099-158-8 DM 45.-

SAG 155: Das Verkaufs-/Einkaufs-Gespräch. Eine linguistische Analyse. Hrsg. von **Franz Hundsnurscher** und **Wilhelm Franke.**
1985, 216 Seiten, kart., ISBN 3-88099-159-6 DM 30.-

SAG 156: Gerhard Keck, Ortserkundung. Interpretationen zu Kurzprosa aus der DDR.
1991, ca. 200 Seiten, kart., ISBN 3-88099-160-X in Vorbereitung

SAG 157: Sybille Hubach, Galizische Träume. Die jüdischen Erzählungen des Karl Emil Franzos. 1986, 224 Seiten, kart., ISBN 3-88099-161-8 DM 37.-

SAG 158: Walter Hartmann, Volksbildung. Ein Kapitel Literaturgeschichte der Goethezeit. 1985, 478 Seiten, kart., ISBN 3-88099-162-6 DM 60.-

SAG 159: Marc Muylaert, L'image de la femme dans l'oeuvre de Frank Wedekind. 1985, 300 Seiten, kart., ISBN 3-88099-163-4 DM 42.-

SAG 160: John Pizer, The Development of a Historial Perspective in German Genre Theory from Gottsched to Hegel. 1986, 320 Seiten, kart., ISBN 3-88099-164-2 DM 49.-

SAG 161: Raymond Cunningham, Myth and Politics in Thomas Mann's "Joseph und seine Brüder". 1985, 338 Seiten, kart., ISBN 3-88099-165-0 DM 45.-

SAG 162: Aladin Hilmy, Die Rezeption Goethes in Ägypten. 1986, 246 Seiten, kart., ISBN 3-88099-166-9 DM 40.-

SAG 163: Literatur und Sprache im Österreich der Zwischenkriegszeit. Polnisch-österreichisches Germanisten-Symposion 1983 in Salzburg. Hrsg. von **Walter Weiss** und **Eduard Beutner.** 1985, 274 Seiten, kart., ISBN 3-88099-167-7 DM 39.-

SAG 164: Dean Stroud, The sacred journey: The religious function of nature motifs in selected works by Peter Rosegger. 1986, 174 Seiten, kart., ISBN 3-88099-268-5 DM 34.-

SAG 165: Peter Hess, Poetik ohne Trichter: Harsdörffers "Dicht- und Reimkunst". 1986, 274 Seiten, kart., ISBN 3-88099-169-3 DM 40.-

SAG 166: Heide Stamm, Das Turnierbuch des Ludwig von Eyb (cgm 961). Edition und Untersuchung. Mit einem Anhang: Die Turnierchronik des Jörg Rugen (Textabdruck). 1986, 330 Seiten, kart., ISBN 3-88099-170-7 DM 49.-

SAG 167: Das Große Rauriser Berggerichtsbuch 1509 bis 1537. Hrsg. und eingeleitet von **Karl-Heinz Ludwig.** 1986, 438 Seiten, kart., ISBN 3-88099-171-5 DM 62.-

SAG 168: Karl Heinz Ludwig (Hg.), Das Kleine Rauriser Berggerichtsbuch 1509 bis 1524. 1989, 241 Seiten, kart., ISBN 3-88099-172-3 DM 39.-

SAG 169: Martin F. A. Simon, Friedrich Hölderlin: The theory and practice of religious poetry. Studies in the Elegies. 1987, 284 Seiten, kart., ISBN 3-88099-173-1 DM 40.-

SAG 170: Marie-Luise Waldeck, The Theme of Freedom in Schiller's Plays. 1986, 102 Seiten, kart., ISBN 3-88099-174-X DM 24.-

SAG 171: Luise Liefländer-Koistinen, Studien zu Jörg Preining. Ein Weber, Dichter und Laienprediger im spätmittelalterlichen Augsburg. 1986, 242 Seiten, kart., ISBN 3-88099-177-4 DM 38.-

SAG 172: Christa Kühnhold, N.F.S. Grundtvigs und Sören Kierkegaards Sprachauffassung. 1986, 100 Seiten, kart., ISBN 3-88099-176-6 DM 24.-

SAG 173: David J. T. Ball, Thomas Mann's Recantation of Faust: Doktor Faustus in the context of Mann's Relationship to Goethe. 1986, 220 Seiten, kart., ISBN 3-88099-177-4 DM 38.-

SAG 174: Annegret Schmidjell, Quartier of Probe. Tendenzen feministischer Literaturpraxis aus der neuen Frauenbewegung.
1986, 322 Seiten, kart., ISBN 3-88099-178-2 DM 44.-

SAG 175: Kurt Strasser, Experimentelle Literaturansätze im Nachkriegs-Wien. Konrad Bayer als Beispiel. 1986, 132 Seiten, kart., ISBN 3-88099-179-0 DM 28.-

SAG 176: Helmuth Bublatzky, Literatur lesen lernen. Zur Konzeption eines schüler- und gegenstandsadäquaten Literaturunterrichts als begreifender Erkenntnis von Literatur.
1986, 268 Seiten, kart., ISBN 3-88099-180-4 DM 44.-

SAG 177: Deutsche Romantik und das 20. Jahrhundert. Londoner Symposium 1985. Herausgegeben von **Hanne Castein** und **Alexander Stillmark**
1986, 178 Seiten, kart., ISBN 3-88099-181-2 vergriffen

SAG 178: Ruth Dinesen, Und Leben hat immer wie Abschied geschmeckt. Frühe Gedichte und Prosa der Nelly Sachs. 1987, 266 Seiten, kart., ISBN 3-88099-182-0 vergriffen

SAG 179: Manfred Allenhöfer, Vierter Stand und Alte Ordnung bei Fontane. Zur Realistik des bürgerlichen Realismus. 1986, 190 Seiten, kart., ISBN 3-88099-183-9 DM 33.-

SAG 180: Klaus Groth und Johannes Kneppelhout: Ein Briefwechsel 1868-1883 (nebst dazugehörigen Dokumenten) Herausgegeben von **U. Henry Gerlach.**
1986, 100 Seiten, kart., ISBN 3-88099-184-7 DM 24.-

SAG 181: Fifteenth Century Studies. Vol. 12. Hrsg. von **Edelgard DuBruck.**
1987, 180 Seiten, kart., ISBN 3-88099-185-5 DM 38.-

SAG 182: Karl Menges, Das Private und das Politische. Bermerkungen zur Studentenliteratur, zu Handke, Celan und Grass.
1987, 130 Seiten, kart., ISBN 3-88099-186-3 DM 29.-

SAG 183: Sabine Lutz, Vom Ereignis zur Erzählung. Ein Vergleich zwischen C.F. Meyers Geschichtsdichtung und der zeitgenössischen Geschichtsschreibung.
1992, 270 Seiten, kart., ISBN 3-88099-187-1 in Vorbereitung

SAG 184: Spuren. Festschrift für Theo Schumacher. Hrsg. von **Heidrun Colberg** und **Doris Petersen.** 1986, 504 Seiten, kart., ISBN 3-88099-188-X DM 80.-

SAG 185: Friedrich Tulzer, Karl Valentin und die Konstituenten seiner Komik.
1987, 250 Seiten, kart., ISBN 3-88099-189-8 DM 36.-

SAG 186: Patricia A. Giangrosso, Four Franciscan Saints' Lives: German texts from Codes Sangallensis 589. 1987, 264 Seiten, kart., ISBN 3-88099-190-1 DM 40.-

SAG 187: Lisa Jessel, Die Egerer Marienklage der Prager Handschrift SVI.G.33, Band 2. Edition und Untersuchung. 1987, 120 Seiten, kart., ISBN 3-88099-191-X DM 26.-

SAG 188: Nelly Sachs-Briefregister, zusammengestellt von **Ruth Dinesen.**
1989, Ln., 342 Seiten, 17 Mikrofiches, ISBN 3-88099-192-8 DM 168.-

SAG 189: "Sinnlichkeit in Bild und Klang". Festschrift für Paul Hoffmann zum 70. Geburtstag. Herausgegeben von **Hansgerd Delbrück.**
1987, 526 Seiten, Ln., ISBN 3-88099-193-6 DM 75.-

SAG 190: Angelika Hille-Sandvoss, Überlegungen zur Bildlichkeit im Werk von Günter Grass. 1987, 346 Seiten, kart., ISBN 3-88099-194-4 DM 64.-

SAG 191: Karl A. Zaenker, Sankt Brandans Meerfahrt. Ein lateinischer Text und seine drei deutschen Übertragungen aus dem 15. Jahrhundert.
1987, 196 Seiten, kart., ISBN 3-88099-195-2 DM 56.-

SAG 192: August Obermayer, Livia Z. Wittmann, "Fernste Dinge erkannten sich". Kritische Studien zu Johannes R. Bechers früher Prosa.
1987, 214 Seiten, kart., ISBN 3-88099-196-0 DM 40.-

SAG 193: Hans Michael Winteroll, Summae Innumerae. Die Buchanzeigen der Inkunabelzeit und der Wandel lateinischer Gebrauchstexte im frühen Buchdruck.
1987, 484 Seiten, kart., ISBN 3-88099-197-9 DM 63.-

SAG 194: Uta Sadji (Hg.), Deutschlands Schriftstellerinnen von Samuel Baur (1790). Als Nachdruck herausgegeben und mit einer Einleitung versehen.
1990, 136 Seiten, kart., ISBN 3-88099-198-7 DM 25.-

SAG 195: Philippe Marcq, Spatiale und temporale Präpositionen im heutigen Deutsch und Französisch. 1988, 130 Seiten, kart., ISBN 3-88099-199-5 DM 29.-

SAG 196: Jeremias Jakob Oberlin: Abhandlungen zu Konrad von Würzburg und Ulrich Boner. Edition der "Diatribe de Conrado Herbipolita" und Faksimile der "Bonerii Gemma sive Boners Edelstein". Mit einer Einleitung, Bibliographie und Register. Hrg. von **Rüdiger Brandt.**
1988, 122 Seiten, kart., ISBN 3-88099-200-2 DM 30.-

SAG 197: Dorothea Klein, Bildung und Belehrung. Untersuchungen zum Dramenwerk des Hans Sachs. 1988, 322 Seiten, kart., ISBN 3-88099-201-0 DM 43.-

SAG 198: Richard Zach. "Streut die Asche in den Wind". Ausgewählte Gedichte. Herausgegeben und eingeleitet von **Christian Hawle.**
1988, 348 Seiten, kart., ISBN 3-88099-202-9 DM 50.-

SAG 199: Harald Bräuner, Die Suche nach dem "deutschen Fielding". Englische Vorlagen und deutsche Nachahmer in Entwürfen des 'Originalromans' (1750-1780).
1988, 158 Seiten, kart., ISBN 3-88099-203-7 DM 29.-

SAG 200: Christian Rechberger, Studienkarrieren. Leben, Leiden, Doktorhut. Studienbiographien von Doktoranden als erzählte Leidensgeschichten.
1988, 478 Seiten, kart., ISBN 3-88099-204-5 DM 49.-

SAG 201: Hans Höller (Hg.), Hinter jedem Wort die Gefahr des Verstummens. Sprachproblematik und literarische Tradition in der "Ästhetik des Widerstands" von Peter Weiss.
1988, 200 Seiten, kart., ISBN 3-88099-205-3 vergriffen

SAG 202: Werner Gerabek, Naturphilosophie und Dichtung bei Jean Paul. Das Problem des Commercium mentis et corporis. 1988, 320 Seiten, kart., ISBN 3-88099-206-1 DM 43.-

SAG 203: Marie-Renée Diot-Duriatti, La femme dans le Roman et le Thèatre allemands du dix-huitième siècle (1725-1784). 1990, 496 Seiten, kart., ISBN 3-88099-207-X DM 70.-

SAG 204: Harald Klauhs, Franz Theodor Csokor. Leben und Werk bis 1938 im Überblick.
1988, 592 Seiten, kart., ISBN 3-88099-208-8 DM 70.-

SAG 205: Monika Harand, Die Aussteiger als Einsteiger. Zivilisationsflüchtige Romanhelden in der völkischen Literatur (1931-1944)
1988, 320 Seiten, kart., ISBN 3-88099-209-6 DM 50.-

SAG 206: Herbert Genzmer, verlogen, mendacious, mentiroso -. On contrastive Discourse Structures in German, English and Spanish.
1988, 144 Seiten, kart., ISBN 3-88099-210-X DM 30.-

SAG 207: Annette Daigger/Gerti Militzer (Hg.), Die Übersetzung literarischer Texte am Beispiel Robert Musil. Beiträge des Internationalen Übersetzer Kolloquiums in Straelen vom 8. - 10. Juni 1987. 1988, 292 Seiten, kart., ISBN 3-88099-211-8 DM 45.-

SAG 208: Gerd-Dieter Stein (Hg.), Kafka-Nachlese.
1988, 320 Seiten, kart., ISBN 3-88099-212-6 vergriffen

SAG 209: Uwe Jahnke, Die Erfahrung von Entfremdung. Sozialgeschichtliche Studien zum Werk Franz Kafkas. 1988. 480 S., kart., ISBN 3-88099-213-4 DM 70.-

SAG 210: Harry Redman, Jr., German Romantic Poetry's Treatment of the Roland Legend.
1988, 152 Seiten, kart., ISBN 3-88099-214-2 DM 30.-

SAS 211: Cordula Wollny, Das 'Bovary-Prinzip'. Zum ästhetischen und politischen Wandel bei Jean-Paul Sartre und Christa Wolf.
1988, 182 Seiten, kart., ISBN 3-88099-215-0 DM 35.-

SAG 212: Hartmut Fröschle (Hg.), SUEVICA. Beiträge zur schwäbischen Literatur- und Geistesgeschichte. Band 4. 1988, 250 Seiten, kart., ISBN 3-88099-216-9 DM 36.-

SAG 213: Jean-Claude Aubailly/Edelgard E. DuBruck (Hg.), Le theatre et la Cité dans l'Europe medievale. Actes du Veme Colloque International de la Societé Internationale pur l'étude du Theatre Medieval. Fifteenth-Century Studies Vol. 13.
1988, 632 Seiten, kart., ISBN 3-88099-217-7 DM 63.-

SAG 214: Manfred Mittermayer, Ich werde. Versuch einer Thomas-Bernhard-Lektüre.
1988, 352 Seiten, kart., ISBN 3-88099-218-5 DM 48.-

SAG 215: Leopold Federmair, Die Leidenschaften der Seele Johann Christian Günthers. Ein Versuch über den Mißerfolg. 1989, 560 Seiten, kart., ISBN 3-88099-219-3 DM 75.-

SAG 216: Gudrun Aker, Narrenschiff. Literatur und Kultur in Deutschland an der Wende zur Neuzeit. 1990, 308 Seiten, kart., ISBN 3-88099-220-7 DM 40.-

SAG 218: Eva-Maria Zimmermann, Semantische Analyse der Basismorpheme der Substantive der deutschen Gegenwartssprache.
1989, 182 Seiten, kart., ISBN 3-88099-222-3 DM 36.-

SAG 219: Uwe Stamer, Beiträge zur Literaturkritik. Rezensionen zu Romanen und Erzählungen der deutschsprachigen Gegenwartsliteratur aus den Jahren 1978-1988.
1989, 124 Seiten, kart., ISBN 3-88099-223-1 DM 26.-

SAG 220: In Search of the Poetic Real. Essays in Honor of Clifford Albrecht Bernd on the Occasion of his Sixtieth Birthday. Ed. by **John E. Fetzer, Roland Hoermann, Winder McConnell.** 1989, 328 Seiten, 1 Abb., kart., ISBN 3-88099-224-X DM 50.-

SAG 221: Jeff Bernard, Theresia Klugsberger, Gloria Withalm (Hg.), Semiotik der Geschlechter. Akten des 6. Symposium der österr. Gesellschaft für Semiotik, Salzburg 1987. 1989, 482 Seiten, kart., ISBN 3-88099-225-8 DM 56.-

SAG 222: Theresia Klugsberger, Verfahren im Text. Meerjungfrauen in literarischen Versionen und mythischen Konstruktionen von H.C. Andersen, H.C. Artmann, K. Bayer, C.M. Wieland, O. Wilde.
1989, 270 Seiten, kart., ISBN 3-88099-226-6 DM 42.-

SAG 223: Thomas Strawman, The New Myth of Organicism: Recreation of Self and Society in Eighteenth-Century Philosophy and Aesthetic Theory
1991, 250 Seiten, kart., ISBN 3-88099-227-4 in Vorbereitung

SAG 224: Roland Hoermann, Achim von Arnim's 1854 'Kronenwächter' Text. Bettina's forgery or Berthold's forerunner start of a sequel or end of an Ur-Kronenwächter?
1991, 132 Seiten, kart., ISBN 3-88099-228-2 DM 32.-

SAG 225: Sabine Heimann, Begriff und Wertschätzung der menschlichen Arbeit bei Sebastian Brant und Thomas Murner. 1990, 244 Seiten, kart., ISBN 3-88099-229-0 DM 30.-

SAG 226: Gerhard J. Schmidt, Automobil-Werbung in Wort und Bild. Untersuchungen zur Semiotik in der Werbung.
1989, 410 Seiten mit zahlreichen Abb., kart., ISBN 3-88099-230-4 DM 62.-

SAG 227: Ines Franke-Gremmelspacher, "Notwendigkeit der Kunst"? Zu den späten Schriften Carl Einsteins. 1989, 242 Seiten, kart., ISBN 3-88099-231-2 DM 42.-

SAG 228: Reinhard Tschapke, Anmutige Vernunft. Christoph Martin Wieland und die Rhetorik. 1990, 378 Seiten, kart., ISBN 3-88099-232-0 DM 56.-

SAG 229: Elisabeth Galvan, Mütter-Reich: Zur deutschen Erzählprosa der Dreißiger Jahre. 1991, kart., ISBN 3-88099-233- in Vorbereitung

SAG 230: Hartmut Fröschle (Hg.), SUEVICA. Beiträge zur schwäbischen Literatur- und Geistesgeschichte. Band 5. 1989, 204 Seiten, kart., ISBN 3-88099-234-7 DM 25.-

SAG 231: Soziokulturelle Kontexte der Sprach- und Literaturentwicklung. Festschrift für Rudolf Große zum 65. Geburtstag. Herausgegeben von **Sabine Heimann, Gotthard Lerchner, Ulrich Müller, Ingo Reiffenstein, Uta Störmer.**
1989, 530 Seiten, kart., ISBN 3-88099-235-5 DM 80.-

SAG 232: Herwig Gottwald, Wirklichkeit bei Kafka. Methodenkritische Untersuchungen zu ihrer Gestaltung, Funktion und Deutung anhand der Romane "Der Prozeß" und "Das Schloß". 1990, 184 Seiten, kart., ISBN 3-88099-236-3 DM 34.-

SAG 233: Wolf Haas, Sprachtheoretische Grundlagen der konkreten Poesie.
1990, 302 Seiten, kart., ISBN 3-88099-237-1 DM 44.-

SAG 234: Wolfgang Pöckl, Formen produktiver Rezeption François Villons im deutschen Sprachraum. 1990, 416 Seiten, kart., ISBN 3-88099-238-X DM 60.-

SAG 235: John H. Collins, A Chinese story from a Berlin practice. Alfred Döblin's Narrative Technique in "Die drei Sprünge des Wang-lun"
1990, 246 Seiten, kart., ISBN 3-88099-239-8 DM 40.-

SAG 236: Armin Krause, Zur Sprache des Reformators Andreas Bodenstein von Karlstadt. Untersuchungen zum Einfluß von Versehens- und Sprachtraditionen auf die Ausprägung individuellen Sprach- und Schriftverständnisses, Sprachverhaltens und die Bedeutung ausgewählter Schlüsselwörter der Reformationszeit.
1990, 328 Seiten, kart., ISBN 3-88099-240-1 DM 56.-

SAG 237: Hanne Castein/Alexander Stillmark (Hg.), Erbe und Umbruch in der neueren deutschsprachigen Komödie. Londoner Symposium 1987.
1990, 190 Seiten, kart., ISBN 3-88099-241-X DM 30.-

SAG 238: Friedrich Tulzer, Studien zum süddeutschen Wortschatz des Reitens vom 16. bis zum 18. Jahrhundert. 1990, 80 Seiten, 8 Abb., kart., ISBN 3-88099-242-8 DM 25.-

SAG 239: Matthias Thibaut, Sich-selbst-Erzählen. Schreiben als poetische Lebenspra-xis. Untersuchungen zu diaristischen Prosatexten von Goethe, Jean Paul, Dostojewskij, Rilke u.a. 1990, 224 Seiten, kart., ISBN 3-88099-243-6 DM 35.-

SAG 240: Ulrike Greiner-Kemptner, Subjekt und Fragment: Textpraxis in der (Post-) Moderne. Aphoristische Strukturen in Texten von Peter Handke, Botho Strauß, Jürgen Becker, Thomas Bernhard, Wolfgang Hildesheimer, Felix Ph. Ingold und André V. Heiz.
1990. 312 Seiten, kart., ISBN 3-88099-244-4 DM 45.-

SAG 242: Alaaeldin Hilmi/Ursula Müller-Speiser (Hg.), Al Harafisch - Beiträge zur arabischen und deutschen Literatur und Sprache. Festschrift für Moustafa Maher.
1990, 268 Seiten, kart., ISBN 3-88099-246-0 DM 54.-

SAG 243: Katrina Bachiner, Ingrid Bennewitz, Gabrile Blaikner-Hohenwart und Gertraud Steiner (Hg.), Feministische Wissenschaft. Methoden und Perspektiven. Beiträge zur 2. Salzburger Frauenringvorlesung.
1990, 242 Seiten, kart., ISBN 3-88099-247-9 DM 38.-

STUTTGARTER TEXTBEITRÄGE (STB)

STB 1: Gotthold Ephraim Lessing, Miss Sara Samson. A Tragedy in five Acts. Translated and with an Introduction by G. Hoern Schlage.
1977, 93 Seiten, kart., ISBN 3-88099-037-9 DM 12.-

STB 2: Reinhard Goering, Seeschlacht, Seabattle. Tragedy 1917. The German Text, with an English Translation, Introduction and Selected Bibliography by Ingeborg H. Solbrig and a Bibliographical Appendix by Bernd Stenzig.
1977, 253 Seiten, kart., ISBN 3-88099-038-7 DM 12.-

STB 3: Ernst Wiechert, The white Buffalo or Concerning great Justice. Translation and Introduction by Ford B. Parkes. 1986, 118 Seiten, kart., ISBN 3-88099-073-5 DM 12.-

STB 4: Gotthold Ephraim Lessing. Philotas. Übersetzung von Edward Dvoretzky.
1979, 56 Seiten, kart., ISBN 3-88099-074-3 DM 8.-

STB 5: Hans Johst, Schlageter. Übersetzung von Ford B. Parkes.
1984, 100 Seiten, kart., ISBN 3-88099-075-1 DM 20.-